Art

THINKING

Freely

让我们  一起追寻

〔美〕安德鲁·S. 柯伦———— 著 — 何 铮 ————译

狄德罗
与
自由
思考的艺术

Andrew S. Curran

DIDEROT AND
THE ART OF THINKING FREELY

社会科学文献出版社
SOCIAL SCIENCES ACADEMIC PRESS (CHINA)

本书获誉

柯伦充满激情地讲述了狄德罗的人生故事和狄德罗创作于晚年,在他在世时不为人知,而为后世而写的杰作。

——索菲娅·罗森菲尔德(Sophia Rosenfeld),

著有《常识》(*Common Sense*)

这幅对 18 世纪法国生活的素描非常引人入胜,对上帝的存在和自由言论这样的关键问题提出了精彩的见解。

——蒂埃里·奥凯(Thierry Hoquet),著有《物种的起源再讨论》(*Revisiting the Origin of Species*)

这个扣人心弦的叙述让读者得以近距离观察狄德罗的人生和他的思想发展过程。

——艾琳娜·拉索(Elena Russo),著有《启蒙风格》(*Styles of Enlightenment*)

这部传记生气勃勃——充满了对生命的思考,并且讲述了充满思想的一生。

——埃里克·法桑(Éric Fassin),著有《平民主义左与右》(*Populism Left and Right*)

这是一部极具吸引力的作品……柯伦重新捕捉到了里程碑式的《百科全书》以及其他文本中成为启蒙运动经典作品基石的激进思想。

——劳拉·奥里基奥(Laura Auricchio),著有《侯爵》(*The Marquis*)

极佳的写作，研究无可挑剔……柯伦分析了狄德罗在一个被审查和狂热控制的时代中如何义无反顾地追寻自由，同时揭示了狄德罗天才的头脑的多个侧面，以及他与我们这个时代的关联。

——乌里达·穆斯塔法伊（Ourida Mostefai），著有
《卢梭和败类》（*Rousseau and L' Infame*）

献给珍（Jen）

目　录

序言　发掘狄德罗

　　1793 年多雪之冬的一天，在夜色掩护下，一小群盗贼偷偷探进了圣罗克堂的木门。强行闯入巴黎圣所这种事在法国大革命期间几乎每周都有发生。在 18 世纪 90 年代早期，反教权的破坏公物者将大量宗教绘画从墙上扯下来，把画布划个稀烂。另有违法入侵者盗走了更易于移动的艺术品，包括一座出自艾蒂安 – 莫里斯·法尔康涅之手的精美雕塑。但在这个特别的夜晚，闯入者的目标是盗走他们所能找到的，藏在圣母小教堂地下室中的一切铜、银和铅。他们在小教堂的圣坛前开始下手，用长铁棍撬开了地板中央厚如床垫的大理石板。尽管他们肯定对地下墓室中所葬之人的身份一无所知，但哪怕是最粗野的盗窃团伙成员，只要不是文盲，就一定能认出镌刻着作家德尼·狄德罗姓名的那口灵柩。这位声名狼藉的无神论者当时辞世已九年，生前曾是 18 世纪最具争议的图书计划《百科全书》背后的重要推力。这部卷帙浩繁的百科辞典不仅将对神明的亵渎和自由思想拉到了大庭广众之下，而且还触发了一个持续数十年的丑闻，牵涉了索邦神学院、巴黎最高法院、耶稣会、詹森派、国王乃至教皇等多个方面。

　　这些陈年往事对于盗贼来说却毫无意义。他们把狄德罗的铅制棺材移出地下墓室后，便把仍在腐化的尸体一股脑儿地倒在了教堂的地板上。据说，狄德罗的遗骸在第二天和地窖中其他遭到亵渎的尸体被收拾到了一起，转移到教堂往东 1 英里的一个集体墓地，在没有任何仪式的情况下又被掩埋了。[1]没人注意到这件事，也没有报纸报道。假设教堂中所剩不多的几个神父意识到狄德罗被葬在他们的教堂，他们毫无疑问会为摆脱了这个丑闻缠身的不信神者而松一口气。

在他的遗体被小车推出圣罗克堂之前二十多年，狄德罗曾经预言："无论是在大理石下还是在地底，人都会腐朽。"[2]但是，被抛弃或被遗忘于一堆新近在大革命中身首异处的贵族尸体之中，肯定非他所愿。无神论者与否，狄德罗长久以来一直在表达自己对于被世人铭记的希望，并且，若事情如他所计划的那样发展，他还会受到后世的尊崇。他曾说，"后世属于哲人"，而"天堂属于教徒"。[3]

狄德罗对于在死后与后世对话的兴趣是受情势所迫而产生的。1749年，这位时年三十四岁的作家在发表了毫不掩饰的无神论作品《论盲人的书简》之后不久，两个法国宪兵出现在了他家门口，逮捕了他，将他拖到了万塞讷监狱。三个月后，在狄德罗出狱之际，警察总监专门来到牢房警告这位作家，说他若是继续发表不道德和反宗教的文章，他面临的牢狱之期就将以数十年计，而不是短短几个月。

狄德罗将警告牢记于心。此后的三十年，他没有把年轻时所写的煽动性书作付诸发表。他把本将投入这类作品的能量全部转移到了《百科全书》上，编撰它耗费了他全部心力。1772年，当他终于完成了该书最后一册图编①的编辑工作时，这位年近花甲的作家清楚自己的盛名已经享誉整个欧洲，甚至远播北美部分地区，但他并不是作为文学巨擘而为人所知。狄德罗坦言，他的命运也许是在他那《百科全书》编撰者的名

---

① 本书中提及的"图编"是指《百科全书》中的插图卷，与"正编"相对应，"正编"指《百科全书》的文字卷。

号褪色之后"苟活"许久，随后不断衰老，并最终消逝，却留不下任何一部重要作品。[4]在他于1784年去世之时，情形看似确实如此。尽管不少讣告都将他誉为改变了国家的一代思想家中的领袖人物，但人们也暗示了他的作品与他天才的名头并不相符[5]。连他的友人都不得不认同这个看法。对狄德罗十分崇敬的雅克－亨利·迈斯特极不情愿地承认，狄德罗从没有贡献出任何一部能让他在"我们的先贤和诗人"中位列一等的作品。[6]

　　宽厚的友人将狄德罗看似有限的文学产出归咎于编撰《百科全书》的重担。另一些人私下认为这一失败源于他那著名的活跃多变的头脑。对狄德罗既欣赏又怀疑的伏尔泰以其一贯犀利的措辞，给出了关于这个问题最机敏的评价。他开玩笑说，这位《百科全书》编撰者的大脑"像个烤糊一切菜肴的烤箱"。[7]

　　但是，伏尔泰和几乎所有人都不知道，狄德罗其实创作过一系列涉题惊人地宽广，思想不可思议地现代，按法国人的说法"要藏在小抽屉里"的书籍和散文。在他人生的后三分之一时光中，狄德罗将这部分作品藏匿在他位于塔兰内路上的公寓第六层的阁楼办公室里，期待着它们有一天会像炸弹一样被引爆。他为这一刻的到来做了精心的准备。他于六十岁高龄（在18世纪这被算作向上天借来的寿数）开始雇人将这些作品抄写成三份不同的手抄本。第一部最为完整，交给了他的女儿安热莉克，即我们后来所知的范德尔夫人；第二部不尽完整，转交给了他指定的文学继承人、忠实崇拜者雅克－安德烈·奈容。在狄德罗去世后六个月，另有三十二卷装订完整的手抄本与他整个图书馆中的全部三千本藏书一起，漂洋过海，被送到了身在圣彼得堡的叶卡捷琳娜大帝那里。

狄德罗未经编辑的书籍、散文和评论远远多于他生前发表的作品。在前一类作品中，有两部风格迥异但同样精彩的小说。一部叫《修女》，以伪回忆录的形式展开，讲的是一个宣布要脱离修道院的修女如何受到了难以言表的残忍折磨。另一部《宿命论者雅克》是开放式结尾的反小说，狄德罗在其中用虚构的方法探讨了自由意志的问题。其他作品还包括多本厚重的革新性艺术批评笔记，无神的类科幻人类纪年史一部，为叶卡捷琳娜大帝秘密写作的政论文一篇，以大溪地为背景讽刺基督教性规范荒谬之处的讽刺文章一篇，以及法国文学史上最为动人的情书若干。了解狄德罗作品涵盖范围的广度后，你会为此震惊：不说别的，单说他于达尔文之前畅想了自然选择，在弗洛伊德之前提出了俄狄浦斯情结，在绵羊多莉被制造出来之前两百年预见了基因改造，就足够了。

这些隐秘的作品并没有在狄德罗去世后的几个月中涌现，而是在他死后的几十年里渐渐地传出来。他的多本下落不明的作品在法国大革命末期得以出版；另一些在波旁复辟时期（1814—1830）"现身"，更多的则在法兰西第二帝国时期（1852—1870）浮出水面。对于完善狄德罗文献起最重要作用的也许要算他创作的《拉摩的侄儿》的完整手稿，它于1890年由一个图书管理员在塞纳河畔的一个二手书摊上发现。在这部思维狂野的哲学对话中，这位作家凭着勇气为一个令人难忘的反英雄注入了生命，这个角色一边赞颂邪恶和寄生的好处，一边宣扬人拥有无限享乐的权利。

说这些遗失书籍的到来对后世产生了影响都算是轻描淡写了。狄德罗丰沛的艺术批评激发了司汤达、巴尔扎克和波德莱尔的灵感。埃米尔·左拉将自己和巴尔扎克小说中标志性的自然主义手法的基础归功于狄德罗对社会的"活体解剖"[8]。社会理论家也同样为狄德罗的先见之明而着迷。卡尔·马克思从狄德罗对阶级斗争的思考中深有借鉴，并将后者列为自己最钟爱的作家。[9]西格蒙德·弗洛伊德先于自己的精神分析同行，认可了这位生活在法国旧制度时期的思想家在《拉摩的侄儿》中对童年时期的无意识性心理欲望的发现。[10]即便很多批评家依然因为狄德罗过于无神论，过于悖谬和过于放肆而对他表示不屑，但他仍然成为19世纪先锋派偏爱的作家。[11]

人们一直未能真正了解狄德罗产生的影响的深度和广度，直到一个名叫赫伯特·迪克曼的年轻德裔美国学者找到了最后一部分遗失的狄德罗作品。这位哈佛教授听传言说，狄德罗保守的后代仍然保存着他当初交给女儿的手稿，于是想尽办法获得许可，终于在1948年来到了狄德罗家人位于诺曼底的庄园拜访。由于二战造成的疑虑，庄园的管理员起初因迪克曼操着一口带有德国腔的法语而对他十分厌恶，但最终还是将他引至了放在城堡二层的几个大衣柜前。迪克曼走进一间立着好几个独立衣柜的房间，犹犹豫豫地走到第一个衣柜跟前，摘下了陈旧的柜门板。他原本期望着或许能找到一两本遗失的作品，不料出现在他面前的却是数量惊人的一大堆装订好的狄德罗作品的手抄本。迪克曼无比震惊，一下子跪到了地上。就这样，狄德罗最后藏匿起来的作品——他交给女儿的遗失已久的手抄本——终于重见天日了。

今天，因狄德罗女儿而获名范德尔档案的这批文献是帮助我们了解狄德罗及其作品的最重要的资料。其中，最出人意料的要算狄德罗亲手批注的几本手稿，它们揭示了狄德罗才是修道院院长雷纳尔的著述《东西印度群岛哲学及政治历史》①的主要代笔，这本书曾是评论欧洲殖民的畅销书籍。在这部厚重的多卷著作中，论述反殖民主义的部分影响力最强，名声也最响，其中一个虚构的片段还描写了一个被奴役的非洲人不仅宣布自己享有自由的权利，还预言了加勒比的奴隶终有一天将会让奴隶主为自己的罪恶付出应有的代价，而这些内容原来竟都出自狄德罗之手。1789年，即狄德罗写下这些内容的十年之后，预言在法属圣多明戈（今海地）得到了应验，这足以充分证明狄德罗政治思想之超前，以及他预见未来的能力。

距他出生三百多年后的今天，狄德罗已成为和我们这个时代最息息相关的启蒙哲学家。他之所以没有发表自己最具前瞻性的作品，甚至没有在上面署名，并不单单是因为躲避迫害；他刻意选择放弃和自己同时代的人交流，为的是能够与后世，也就是我们，展开更有裨益的对话。他全心全意地盼望我们，作为富于同情心、思想开明、来自未来的对话者，可能会最终具备评判他隐匿作品的能力，而这些作品对道德、美学、政治和哲学传统提出的挑战不仅适用于法国旧制度时期，同样适用于我们这个时代。

描绘狄德罗

尽管狄德罗一再将目光投向后世，但书写他的一生对传记

---

① 完整标题为《欧洲人在东西印度群岛殖民和贸易的哲学及政治历史》（法语：*Histoire philosophique et politique des établissements et du commerce des Européens dans les deux Indes*）。（本书页下脚注皆为译者注。）

作家来说却并不容易。比他更有合作精神的传记主人公会留下一连串的书信，作为理解其行为、言辞和内心世界的原始资料。在这个方面，尤其是关于他的早年时光，狄德罗留下的资料颇为贫乏。据说他三十岁前曾寄出了几百封信件，但流传下来的仅有十三封。使一手资料的匮乏雪上加霜的是，这位哲人对自己的青年时代相对缄默。让-雅克·卢梭深入自己对早年的回忆，通过这种方式来认识真实的自我，而狄德罗却不遗余力地拒绝回首往事，不愿以任何有实质意义的方式追忆他在小小大学城一般的家乡朗格勒度过的成长时光。这位作家对自己的青春期和青年时代的记述同样少得可怜，对在阿尔古学院和索邦神学院修习的经历也仅贡献了寥寥数语，而关于自己到底是如何从一个充满理想的基督教教士转变成启蒙时代最著名的无神论者，他更是只字未提。

　　狄德罗早期书信的缺失或许可以在其友人和同事对他多种多样并且相互交叠的描述中获得弥补。从 18 世纪 50 年代开始，人们开始称狄德罗为"哲人"（*le philosophe*①），即哲学家中的典范（the philosopher）而不是哲学家中的一位（a philosopher），这一部分归因于他传奇式的学习精神。伏尔泰称他为"万事通"，因为狄德罗深切地热爱他研究的每一个课题，无论是数学、科学、医学、哲学、政治学，还是古典时期、戏剧、文学、音乐学和艺术。这种学习热情使他看起来像一位古代的真理追寻者，一个"生来没有企图心"、简单而"真诚的人"。[12] 另一部分原因在于狄德罗是宣扬哲学解放思想之伟力的人物中最重要的一个。随着充满质疑的反对声浪越来越清晰，人

---

　　① 　法语的"philosophe"一词还特指 18 世纪启蒙运动的拥护者。

们开始严厉地拷问一切被灌输到他们头脑中的思想，比如宗教、政治、道德标准等，狄德罗超越了伏尔泰，在此刻成为时代的化身。他在《百科全书》中精辟地总结了哲学家的使命，指出其职责在于"将偏见、传统、古代、盟约、权威——一言以蔽之，束缚普通民众思想的一切事物——踏于脚下"。[13]

狄德罗的名望很大程度上来自他文人的身份，还有一部分原因来自他的健谈，或者更确切地说，来自他对谈话艺术的超群掌握。作为思想家，狄德罗不仅为《百科全书》撰写了7000个内容迥然的条目，还将不同领域的知识结合到了一起，和这样一位人物相处常常令人难以招架，甚至精疲力竭。连两位从未见过狄德罗的人物，歌德和斯塔尔夫人，都知道狄德罗的谈话所散发出的活力、力量、机智、丰富和优雅无人能及。[14]卢梭称他为"惊人的，全面的，或许是独一无二的天才"。[15]作为狄德罗最为珍视的友人和同事，格林男爵弗雷德里希·梅尔希奥，惊叹于"他想象力的强度和跨度"。[16]曾为了狄德罗没能创造出任何一部遗世独立的文学著作而哀叹的雅克 - 亨利·迈斯特同样拜服狄德罗的思考方式。按迈斯特的说法，狄德罗无拘无束的头脑并不受他自己的控制，他"并不能停止或掌控思想的动态"，相反，是思想在时刻左右着他。[17]一旦狄德罗开始追逐自己的想法，他就如同着了魔一般，从一个念头飞快而轻盈地跳跃到另一个念头，犹如树梢上的金翅雀。

最能生动描绘狄德罗的一则趣闻来自叶卡捷琳娜大帝。在18世纪70年代广为流传于巴黎的一封信中（现已遗失），这位君主复述了如下情景。当狄德罗来到埃尔米塔日博物馆觐见时，叶卡捷琳娜大帝命人把一张桌子放在了自己和这位哲人之间，因为在之前几次谈话中，狄德罗每当讲到激动之处，想要加强语气的时候，他都会习惯性地用力抓住她的膝盖并且拍打她的大腿。[18]

有关这位哲人的各种故事和趣闻给我们留下了一个复杂的、马赛克式的形象。但是，狄德罗也告诉了我们他希望后代记住一个怎样的自己。这些关于自我的深刻见解来源于狄德罗对与他同时期的艺术家以他为原型创作出的肖像、绘画和大理石半身雕像的评论。他在品评这些艺术作品的同时，专门花时间谈论起自己的性格、心理甚至身材这一点并不出人意料：他在多个场合都曾强调"好好刻画这样的肖像对于后世是绝对必要的"。[19]正如他所预料的，他的遗产正是在这些形象中得到了具化。

狄德罗眼中刻画他最准确的一幅肖像创作于 1760 年 9 月，创作者是一位四处流浪、几乎无人知晓的艺术家，此人名叫让－巴蒂斯特·加朗。加朗机缘巧合地与狄德罗初次相识是在后者的作家友人露易丝·德·埃皮奈小山羊庄园里，这座庄园位于巴黎乡村，景致如画。加朗先前因围着城堡的喷泉追逐天鹅而不小心撞上了有人小腿高的金属栏杆，现在只能安坐在椅子上，所以对他来说，时年四十七岁的狄德罗是最理想的模特。[20]加朗的油画现已遗失，原作中狄德罗右手托腮平静地坐着。狄德罗曾这样评价道："见画如人。"[21]

狄德罗最受大众认可的肖像出自他的朋友路易－米歇尔·范·洛。范·洛是为路易十五绘制肖像的一众画家中比较著名的一位，他表现人物的政治实力及威风华贵的才能自然无可置疑。[22]相比之下，狄德罗不戴假发，比起丝绸和天鹅绒他更爱穿自己那略显破旧的黑色西服，从很多方面来看都不值得这位画家描绘。但这位画家欣然接受了这一艺术挑战，并且努力将

德尼·狄德罗，版画
版画家皮埃尔·舍尼仿加朗原作

威严人物身上散发的贵族气息融入狄德罗的形象。在自己位于
卢浮宫的画室里，范·洛让狄德罗端坐在一张洒满颜料的书桌
后面，在他的右手里放了一支羽毛笔，并让他想象沉思的
感觉。

1767 年的夏天，法兰西皇家绘画与雕塑学院在卢浮宫举
行了两年一次的艺术沙龙，狄德罗在此时终于与这幅油画见面
了。这幅肖像与其他数十幅名人画像一同被悬挂于观赏者平视
可见的高度，因其精湛的技法立刻受到了广泛赞誉。范·洛画
中的狄德罗端坐于一把竹椅上，他前面的书桌上有一盏墨汁摆

在一边，一摞折叠好的手稿散落在另一边。画家没有描绘狄德罗平日在办公室里穿着的沾满墨点的旧晨衣，而是在画中给自己的这位作家朋友穿上了合身的西服背心，背心外面罩着一件柔和的、用光彩熠熠的蓝灰色闪光丝绸制成的宽松家居服。画中的这位哲人向右侧望去，一束温柔的光照亮了他充满同情心的、有着厚厚双眼皮的棕色眼睛和他高耸的额头。很明显，范·洛不仅意在捕捉这位哲人忙碌工作的时刻，还希望将他和他的事业变为经典。

在沙龙于9月结束后，范·洛慷慨地将这幅画赠予狄德罗，这令狄德罗十分感动。他表示这幅肖像画得确实逼真，回家后就迫不及待地把画挂在了女儿安热莉克的羽管键琴上方。然而，这位艺术评论家内心里却对这幅画暗暗感到失望。他觉得范·洛没有展现出他的强壮和高大，而自己的身材明明就像一个门卫一样挺拔。狄德罗越想越感到心绪不宁，最终认定范·洛静态且程式化的技法没能抓住自己的标志性特点——深刻的多变性。他随即提醒我们，他是一个多么难以被捕捉到的人。这段有趣的抱怨之语以下面的话作结，狄德罗称画中的自己为"俊俏的哲学家"，并对着他说起了话。

俊俏的哲学家，你将见证我和一位艺术家之间的友谊直到永远，他是一个优秀的艺术家，还是一个更为优秀的人。但是，当我的孙辈把我的愚作和这个满脸堆笑、装模作样、不男不女、"搔首弄姿"的老家伙做对比时，他们会怎么说呢？我的孩子们，记住我的提醒：画中的那个人可不是我。真实的我能在一天中根据影响我的事物变化出一百种不同的形态。我是宁静的，悲伤的，沉思的，温柔

德尼·狄德罗，路易－米歇尔·范·洛作品

的，强烈的，热情的，兴奋的。但我从来不是你们在画中看到的那样。[23]

　　狄德罗在他的整个创作生涯中一再强调他的情绪和头脑如何在瞬息之间就能千变万化。最著名的一次，是他将自己的精神比作了随风旋转的风信鸡。[24] 在另一个场合，他将自己的思想比作了皇家宫殿花园中的风尘女子，她们的情影来去如风，使得浪荡青年不得不四处追逐。[25] 与有些人理解的不同，这个比喻形容的并不是狄德罗的多变和轻佻，而是他追寻一切思想的强烈欲望，无论那些思想将把他领向何方。

多年以来，我在阅读、思考狄德罗那耀眼的才智，并将其转换为文字的过程中认识到，我们这个时代可以从狄德罗那里学到很多。但是，要充分、全面地描绘狄德罗并不是一件容易的事，毕竟这位哲人可以晨起就写下关于中国古代哲学和古希腊音乐的文章，研究纺织机的机械原理到中午，下午为叶卡捷琳娜大帝购买画作，最后回到家中为自己的情妇写下一出戏剧和一封二十页长的信。为了能够将这样复杂又忙碌的人生表述得容易理解，尤其是对于不熟悉狄德罗的读者来说，本书的前半部分将用编年史的形式整理出狄德罗人生的各个阶段：他首先是生长于小城朗格勒、充满理想的教士，然后是在巴黎学习时逐渐成为怀疑主义自由思想者的学生，接着是被政府囚禁的无神论者，最后是 18 世纪最著名的百科全书派。书的后半部分则专注于不同的主题，大致对应狄德罗开始进行自我言论控制之后的时期，也是在这一时期（大约在 1760 年至 1784 年），他创作出一系列未被出版的著作，并且为启蒙运动时期迟来的丰收播撒下了种子。在这一部分，我将主要探讨以下这些狄德罗一生都密切关注的问题：在没有上帝的世界里，保持崇高道德的动力在哪里？我们如何鉴赏艺术？生而为人意味着什么？我们从哪里来？什么是性？什么是爱？作家或哲人如何有效地参与政治事件？这些章节恰好与狄德罗在人生中扮演的各种角色一一对应：作家、艺术评论家、科幻小说家、性学家、道德家、父亲、情人、政治理论家和评论人。这些角色让我们看到了狄德罗的创造力，也让我们了解了狄德罗为什么是他那个时代最值得关注的思想家，即便他选择了更多地与后世对话。

第一部分
禁果

为了防止你毁灭，我禁止你吞下这个果实。
你有什么借口违背？

——圣约翰·克里索斯托，

《论〈创世记〉的布道或宣道文》，约 388

如果你禁止我谈论宗教或是政府，
那我就无话可谈了。

——狄德罗，《怀疑论者的漫步》，1748

朗格勒城，1700 年

第一章　朗格勒的神父

　　小城朗格勒坐落在弗朗什-孔泰、洛林和勃艮第这三个大区的交界处，面积仅 1 平方英里；550 米的石质壁垒从这座小城脚下的深谷高高耸起，将它紧紧包围。两千多年来，无论是路经此地的行人、马车，还是现代的汽车，要想到达如军事要塞一般的朗格勒，都得沿着陡峭的山路一路攀爬。穿过小城重重石门后再走几分钟，一个三角形的广场便出现在眼前。这个广场所在的位置曾是一个名为尚博的地方，就是在这里，迪迪埃和安热莉克的儿子德尼·狄德罗，于 1713 年 10 月 5 日这一天诞生了。

　　朗格勒的中心广场至今仍散发着 18 世纪的气息。城里二层至四层的石灰岩小楼看起来依然如故，尽管有些楼的横梁已经被岁月微微压弯了。[1]对于尚博和大多数法国古城来说，街区最明显的变化是具有象征性的。1789 年，法国革命政府为尚博冠以"革命广场"的名号，这个名号一直到 1814 年波旁王朝复辟时期才停用。第二次象征性变化发生在那 70 年之后的 1884 年 8 月 3 日，这一天，朗格勒市长让-埃内斯特·达尔博将这个三角形的广场重新命名为"狄德罗广场"，以纪念这位最著名的朗格勒之子。

　　这场命名仪式为朗格勒吸引到的国际媒体关注之多，可以说是前无古人、后无来者。据无数报道称，当时的整个城市在达尔博市长的安排下张灯结彩。[2]市长和市议会组织了体操表

尚博广场，朗格勒，绘于 1840 年前后

演、射击比赛，还有一支游行队伍吹着号角。音乐和两万欢庆人群的喧哗声混合在一起，从早到晚，持续了整整一天。[3]但是，这一整天的亮点还要属狄德罗铜像的揭幕仪式，设计铜像的正是设计自由女神像的设计师、备受赞誉的弗雷德里克·奥古斯特·巴特勒迪。铜像展示的狄德罗外面披着一件长外衣，里面穿着一件休闲西服马甲。他站在高高的大理石基座上，俯视着三角形广场，头微微向右方倾斜，显得若有所思。当狄德罗的雕像在朗格勒左手持书眺望远方时，巴特勒迪的巨型自由女神像正在巴黎建造中。[4]

记者们写道，当人群第一眼看到狄德罗的雕像时，他们不约而同地欢呼道："共和国万岁！"然而，一小撮儿天主教徒却聚在人群边缘闷闷不乐。这一切肯定让他们极为愤慨，因为达尔博和朗格勒的其他共和党人不仅将雕像的揭幕仪式安排在了礼拜日，当地工人还将这尊雕像安放在了一个让他们难以接受的位置：它完全背对着朗格勒的宗教标志——圣马梅大教堂。①

坐落于朗格勒的狄德罗雕像

① 即朗格勒大教堂。该教堂建于 12 世纪，由于兴建时是为了纪念 3 世纪的殉道者凯撒利亚的马梅（Mammes of Caesarea），所以又被称为圣马梅大教堂。下文统称为朗格勒大教堂。

　　直到揭幕仪式完成之后的一百三十五年的今天，朗格勒仍然沉浸在对狄德罗的回忆之中。与狄德罗广场相连的是狄德罗路，沿着这条路可以走到城市的初级中学——狄德罗中学。路边的小店中，每三四个就有一个张贴着狄德罗的名字。城中不仅有一座精心修建的新博物馆专门纪念这位哲人，还有狄德罗咖啡馆、狄德罗咖啡豆商店、狄德罗烘焙房、狄德罗香烟和雪茄店、狄德罗摩托车经销店，以及狄德罗驾校。我在和咖啡馆中的一位客人闲聊时得知，朗格勒镇中的共济会成员每个月都会在狄德罗分会举行集会。

狄德罗在这座楼里出生

　　然而，更重要的是狄德罗平生熟悉的那些近代早期的建筑物、房屋和教堂。直到今天，站在狄德罗父母房子的白色石灰岩外墙前，人们仍可以看到小楼二层狄德罗出生的那个房间。广场向西 100 英尺处矗立着另一个地标性建筑，这是一座四层石质小楼。1714 年初，迪迪埃·狄德罗在儿子出生之后几个月将它买下，为了他期望中人丁兴旺的大家庭做准备。

迪迪埃·狄德罗

　　迪迪埃和安热莉克在尚博生育的九个孩子中，多数都没能活过危险的头一年。在德尼出生前已有一个男婴不幸夭折，另外四个女孩也接连患上了不同疾病，其中三个分别在狄德罗两岁、五岁和六岁时死去，第四个何时死去未被记载。包括狄德罗在内，活下来的一共有两个男孩和两个女孩，他们的性格形成了鲜明对比。狄德罗的大妹妹丹妮丝（1715—1797，狄德罗将她描绘成女性版的第欧根尼），性格热烈且强势，讲话幽默又善讥诮。而更为年幼的那个男孩和女孩成年后却成了严肃、虔诚的人。我们对德尼的小妹安热莉克（1720—约 1749）几乎一无所知，只知道她十九岁时就决定加入乌尔苏拉女修道院。最小的孩子迪迪埃 - 皮埃尔（1722—1787）比哥哥小九岁，他和安热莉克一样，将一生奉献给了上帝。他的人生仿佛是对兄长的自由思想和对传统发起挑战的回应。他的兄长是个叛逆、不敬上帝、自我放纵的怀疑论者，而他却是个规矩、虔诚、自我节制的教条主义神父。最终，迪迪埃－皮埃尔不仅成为朗格勒坚定的神职人员之一，还成了朗格勒大教堂的副主教。

　　德尼和他的弟弟妹妹们在中产阶级的社会环境中成长，女孩子的理想出路是门当户对的有利婚姻，而男孩子一般会成为制刀匠和制革工匠，或是神父。狄德罗的母亲（原名安热莉克·维涅龙）就出生在一个制革工匠家庭，家中做的是鞣革和贩卖动物皮毛这样"有气味"的生意。德尼的父亲迪迪埃·狄德罗也继承了家业，追随父亲和祖父的脚步成了制作刀具和外科工具的匠人。[5]迪迪埃将祖业发扬光大，他制作的外科工具工艺精良，而且还发明了柳叶刀，因而成为法国东部最有名的工匠。

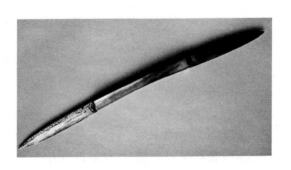

制刀大师迪迪埃·狄德罗制作的小刀

　　他们在尚博的生活围绕着制刀生意展开。每周六天，爸爸狄德罗从二楼的家庭生活区走下楼来，在位于一楼的工坊和其他几个工人一同开始辛勤工作。整个家里都充满了刀具制作过程带来的气味和声音：鼓风机的"喘息"和闷烧时发出的声音；圆钉锤乒乒乓乓的敲打声；还有砂轮尖刺的响声，一个工人趴在一块长木板上，真的是鼻子贴着磨刀石，辛苦地操作着机器。

刀匠的工坊

虽然狄德罗最终没能喜欢上制刀的生意，但他对父亲一直无比钦佩。直到去世，狄德罗都对父亲那以父权为核心的中产阶级生活中体现出来的公民价值观和道德标准称赞有加，甚至还将其中一些搬上了舞台。关于老狄德罗的为数不多的几段描写和趣闻都将他描绘成了勤劳的工匠、虔诚的天主教徒和国王忠实的臣民。迪迪埃的孙女范德尔夫人着重描述了祖父的公平和严厉，说他曾经把三岁的小狄德罗抱去围观一名罪犯被公开处决。她还特别注明说，这个可怕的景象让小狄德罗大病了一场。[6]

狄德罗还是孩子的时候，他的父母某天突然意识到，自己的儿子不是做刀匠或皮匠的料。狄德罗的父母也许是发现儿子惊人的智力，于是开始为他成为教士铺路，而且二人的亲戚中也有许多选择了这样的职业。狄德罗肯定见过这些虔诚的家庭成员，其中包括临镇沙西尼的一位代理牧师，在朗格勒城外担任神父的两位伯（叔）祖父和两位表亲，还有一位叔叔（伯伯）是多明我会修士。[7]然而，对狄德罗来说最重要的人，也是亲戚中最著名的神职人员，还要数狄德罗母亲的兄长、在朗格勒大教堂担任法政牧师这一要职的迪迪埃·维涅龙。

很多年间，迪迪埃和安热莉克不仅期待着儿子成为神父，还希望他能接替他这位年迈舅父的职位。若真能如此，狄德罗就可以成为朗格勒大教堂天主教分会中相当有影响力的一员，与其他教士共同执掌朗格勒主教管辖区的事务。[8]这不仅会给狄德罗的家族带来极高的声望，作为法政牧师，年轻的狄德罗还能得到一笔相当可观的年薪（被称为"牧师俸"），这笔丰厚的薪资的来源是一片广阔的主教管辖区，包含了朗格勒城的壁垒之外的 600 个堂区和 1700 名神父。[9]在当时，一个普通工人一年大概只有 200 里弗尔的收入，而一位法政牧师的年薪则能达到 1000 里弗尔，甚至 2000 里弗尔之多。

年轻的德尼在他七岁生日时向着成为神职人员的目标迈出了最初的一小步。七岁在当时被认为是男性开始"承担责任的年纪"。[10]从这一年开始，小德尼每个周日都要随着教堂钟声的敲响，在附近的圣马丁教堂开始一天的敬奉和学习。在最初的几年中，他对用拉丁语完成的礼拜仪式并不能理解。但在弥撒之后进行的教义问答用的却是法语。这个程序在朗格勒主教管辖区的几百个教堂每周都会例行开展，其过程十分单调乏味。在前来学习的孩子们全部就座之后，当地堂区的神父或是他的代表人会朗诵一系列提前准备好的关于信仰、宗教实践和上帝的问题。[11] 年长一些的孩子已经将答案背得滚瓜烂熟，于是齐声回答。年纪小一些的则尽其所能，结结巴巴地跟着一起说。

　　1723 年 10 月，十岁的狄德罗进入朗格勒耶稣会学校学习。狄德罗之所以有资格接受这样的进阶教育，是因为他的家庭负担得起拉丁语和法语家教或专门课程的开销，而这两门语言是入学所必需的。入学之后，狄德罗和其余两百名学生立刻开始学习以《教学大全》为基础的课程，这是由国际耶稣会学者于 16 世纪末期共同制订的耶稣会官方教育计划。为了帮助狄德罗更深入地理解天主教信仰的基础，这个学习计划使他第一次接触到了当代意义上的人文学科，学习的课程包括希腊语、拉丁语、文学、诗歌、哲学和修辞学。[12]

　　在十二岁的狄德罗马上就要结束第三年的中学课程之时，狄德罗和他的父母决定让他向成为神职人员的目标更进一步：成为一名神父①。这个具有严格流程的仪式于 1726 年 8 月 22 日在朗格勒大教堂举行。首先，狄德罗从长木椅上起身，走到脸庞像面团一样肥软的朗格勒辖区主教皮埃尔·德·帕尔代朗·德·贡德兰②面前双膝跪下。随后，主教开始剃度仪式，他依次在狄德罗脑袋前部、后部、两侧和顶部剪去一小缕头发，如是画出一个十字，随后摘下主教冠，将它置于狄德罗的头顶，开始祷告。在仪式的最后一部分，主教一边帮助新剃度的狄德罗穿上一件白色罩袍，一边宣布上帝正在为他披上新的外衣。[13]

---

①　神父（法语：abbé）是天主教的低级教士，他们很少在大修道院和教堂任职，大多数是在上层社会的家庭中担任家庭教师和精神导师。

②　他同时也是朗格勒公爵及朗格勒大教堂主教。

神父的剃度仪式

　　狄德罗就此成为初级神职人员，但父母想让他接替舅父成为法政牧师的愿望却注定要落空。1728 年的早春，此时狄德罗成为神父还不满两年，朗格勒教区分会通过投票明确反对了迪迪埃·维涅龙任人唯亲的计划。维涅龙非常气愤，于是做出一个大胆的决定，他准备越过朗格勒主教管辖区，直接写信给教宗本笃十三世，请求其将提拔狄德罗的计划推行下去。不幸的是，维涅龙没等到信件寄到梵蒂冈就去世了，他的请求就此失去了效力，狄德罗刚刚起步的事业也随之受到了打击。在这之后不久，当地主教管辖区就投票将法政牧师一职指派给了其他人。19 世纪，该辖区的一位历史学家忧伤地写道："如果狄德罗的舅父晚几天离世，那么狄德罗无疑会成为朗格勒的法政牧师……尽管狄德罗不一定是个完美的法政牧师，但他后来一定不会成为一个不信神的人。"[14]

巴黎

在得知自己无法继承舅父的职位后，十四岁的狄德罗便潜心投入了在朗格勒中学最后一年的学业。他在学校的最后几个月表现依旧优异，但也惹了不少麻烦。这首先表现为他对老师的"钓鱼执法"。狄德罗自己承认，他经常故意把拉丁语或者希腊语翻译得晦涩难懂，但句法上准确无误。当老师指出他的错误时，他就会得意扬扬地反过来指出老师们的错误。

除了这种学术类的恶作剧，年少的狄德罗还常常和人发生肢体冲突。有一次，狄德罗因为打架被学校勒令回家，到家之后，他突然想起来那天是学校一年一度的颁奖日，在这一天，教师们会通过一系列考试和竞赛遴选出最优秀的学生。狄德罗不想错过比赛，于是试着混在学生堆儿里溜进学校，可惜被学校门卫一眼发现。警卫虽然没能抓住狄德罗，但用斧枪捅伤了他。狄德罗的伤口持续流血了整整一周之后家人才发现他受了伤，可他却仍然超过了其他学生，在散文写作、诗歌和拉丁文翻译的比赛中拔得头筹。在狄德罗为数不多的对朗格勒耶稣会中学的回忆中，他明显对于这次凯旋十分满意。

> 我对那一刻记忆犹新。从学校回到家，我手中都是奖杯，肩上扛着桂冠，因为我的头太小戴不稳，头冠总是滑下来。父亲远远地看到了我，停下了手中的活儿，走到楼道里，大哭了起来。能看到一个诚实、质朴的男人哭泣真是一件美好的事。[15]

狄德罗性格中最根深蒂固的两个特点在这个故事中体现了出来：他与各种特权经久不休的抗争，以及他对父亲深沉的敬意和钦佩。

尽管狄德罗的学业为他赢得了荣誉，也让他看到父亲流下了激动的泪水，但当他在 1728 年从耶稣会学校毕业时，他清楚地意识到朗格勒已经没有多少职业可供他选择了。教区拒绝让他成为法政牧师，他自己又不愿继承让他头脑麻木的制刀手艺，年轻的德尼只好为成为神职人员而另做打算，这就意味着他需要去巴黎继续研修哲学。大概是在这个阶段，狄德罗受到了一位耶稣会神父的影响，决定离家出走，加入巴黎的耶稣会。狄德罗明显没有把决定透露给家中的任何人，除了一个嘴不大严实的表亲，这个亲戚赶紧把这个秘密告诉了狄德罗的父亲。狄德罗离家的当晚，父亲在门口拦住了他。父亲问："你这是要去哪儿？"儿子回答："去巴黎，加入耶稣会。""你想去可以，但是今晚不行。"父亲答道。[16]很快，迪迪埃允许了狄德罗赴巴黎学习的决定，但前提是，这件事必须经他这个一家之主同意。

1728 年末至 1729 年初，迪迪埃买了两张车票，和儿子在朗格勒站上车，搭乘从特鲁瓦驶来的驿站马车到巴黎去。这段路线穿过了绵延起伏的平原和广阔的农场。经过一天的行程，马车在满是车辙和树根的路道上行进了 50 公里，在晚间停在路边的小酒店。狄德罗父子会在酒馆里简单吃了一些平常旅客的饭食，大多数时候是炖羊肉。就这样四五天之后，父子俩终于到达了巴黎，一个比朗格勒大 50 倍的城市。

像所有第一次进城的乡下旅客一样，德尼和他的父亲震惊于眼前外墙被厚厚的煤灰覆盖的建筑群，狭窄泥泞的街道，以及环境恶劣，满是忍饥挨饿、衣不蔽体的儿童的街区。父子俩从城市边缘慢慢走向巴黎的中心，这一路上，他们一定也因这座都城的王宫和宗教建筑而赞叹不已。

狄德罗父子旅程的终点是德尼在巴黎的新学校——阿尔古学院，它坐落于巴黎拉丁区的阿尔普路上，距巴黎圣母院步行仅需五分钟。[17]阿尔古学院是一个隶属于巴黎大学、具有旧天主教会倾向的机构，其建筑风格多种多样、紧紧相连，大多数建于 13 世纪。迪迪埃·狄德罗给德尼办理了临时入学手续，并在学校附近的旅店租了两周的房间。据范德尔夫人说，年少的德尼差点儿在试入学期间被退学，原因是他帮助另一名学生写了拉丁文作业。作业的内容颇具讽刺意味，其题目是"蛇对夏娃说了什么"，意在考查学生对"诱惑"的理解。德尼肯定因为帮助同学而受到了严厉的训斥，但两周之后，他告诉父亲，自己希望留在学院继续学习。在做出决定之后，狄德罗父子相互道了别。这之后没过几天，迪迪埃渡过塞纳河，来到布拉克路上，登上了回朗格勒的马车。当马车以每小时四五英里的速度载着迪迪埃缓缓向东南方前进时，这位制刀大师也许想着一两年后就能再与儿子相见。然而，父子俩再次相会却是十三年后的事了。

阿尔古学院和索邦神学院

阿尔古学院的生活并没有让狄德罗感到满意。和朗格勒的耶稣会学校一样，学院的整个组织架构如同一面镜子，映射出法兰西旧制度时期的社会分级。住校生大约一百五十人，其中家境殷实的学生大多有仆人服侍，住的房间配有温暖的壁炉；

而家境一般的学生，比如狄德罗这样的刀匠之子，只能住在狭小的房间里。

学校每日的例行安排也让人精疲力竭。早晨 6 点钟，学生们要起床参加祷告，紧接着就要参加一门接一门的课程，还要在自习课上把修辞学和物理课的内容一页页抄到笔记本上。[18] 其中难得的几个间隙仅有一次简短的午餐以及各种必须履行的宗教义务，包括晚间 8 点 45 分的一次晚祷。[19] 每周一次对学生的"算账"在周六进行。这一天，在弥撒之后，教师们会最后一次审阅每个学生一周来的功课，然后按照每个学生的情况予以奖励或惩罚。狄德罗没有详细记录下阿尔古学院的这些仪式，但他之后对这所宗教学院重复而又封闭的生活怨言颇多，在他口中，他人生最好的年华都被浪费在了这里。[20]

阿尔古学院，版画

在阿尔古学习了三年之后，十九岁的狄德罗于 1732 年 9 月 2 日获得了学院颁发的最普通的文学硕士学位，相当于今天的本科学位。[21]紧接着，狄德罗进入了索邦神学院①，这是巴黎大学系统内指定的神学院。[22]包括狄德罗在内的所有一年级新生都将在这里开始研修哲学课程。第二年，狄德罗开始学习物理和神学课程，以及令他厌烦的经院哲学。这种哲学流派将亚里士多德的哲学思想曲解一番，用以阐释天主教教义。和很多优秀的哲学家一样，狄德罗对这种极为"肤浅"的研究方法很是不屑。关于狄德罗这段时期的经历的记载很少，但可以想见，当狄德罗身处众多满怀抱负的教士之中，看着他们为了实体的形式、物质的不同类型、灵魂的非物质性，以及所有肉体的终极意义等问题展开令人难以理解的经院哲学辩论时，作为一个怀疑主义思想日益加深的思想家，他该有多么恼怒。伏尔泰对这些令人发疯的抽象化研究做出过精彩的总结，他调侃说，这就像是"亚里士多德偏执的教徒用没人能懂的词汇试图解释一堆人们无法认知的事物"。[23]

狄德罗从没记述过自己放弃成为神父的确切原因。据我们所知，到了 1735 年，二十二岁的狄德罗走到了可以选择投身于神职事业的关键时刻。此时，他顺利在巴黎完成了五年期的学习，已经具备了申请圣俸或补助金的资格，其数目也颇为可观，大约是每年 400 ~ 600 里弗尔。[24]1735 年 10 月，狄德罗为此做出了初步尝试，向朗格勒的主教吉尔贝·加斯帕尔·德·蒙莫兰·德·圣埃朗姆提出了这样的申请。但狄德罗没有完成

---

① 巴黎大学前身，由神学家罗贝尔·德·索邦（Robert de Sorbon，1201—1274）于 1253 年创立。

索邦神学院,版蚀画

申请过程,而是让机会就这样流失了,在之后的多个人生节点上,他又不断重复着与此相似的做法。[25]

　　狄德罗对于教廷和进一步接受宗教深造模棱两可的态度与他不愿投身于任何一种正常职业的习惯有重叠之处。在 1736 年到大约 1738 年,狄德罗不情不愿地在一位名叫克莱芒·勒·里斯的初级律师①手下工作,据说狄德罗把大多数工作时间都用在了研究数学、拉丁语和希腊语上,同时还自学了两门

---

①　初级律师(solicitor),也可译为诉状律师,与本段后文提到的律师(lawyer)的区别在于:律师是一个概括性词语,指任何取得了法学学士(Bachelor of Laws)或法律博士(Juris Doctor)的法律从业者,其中包括初级律师和专门律师(barrister,也可译为出庭律师)。初级律师拥有基础的法律学位,需要完成一定时长的专业训练,取得执业证书,主要给予被代理人初步的法律意见,负责法庭外的各种日常法律事务,专门律师则负责出庭事务,并且一般专注于一个领域的事务。

新的语言——意大利语和英语。狄德罗明显对法律事业没什么兴趣，导致勒·里斯不得不写信告知狄德罗的父亲，他的儿子实在不适合这项工作。据称，老狄德罗回信给这位律师，请他转告自己那消极怠工的儿子说，他必须在医生、初级律师或律师三种职业之间做出选择。范德尔夫人在复述她的父亲对祖父恶作剧般的回信时，字里行间透露出一丝微笑。

　　父亲提出他需要好好考虑一段时间，祖父答应了。几个月后，同样的问题又摆到了父亲面前。他回应说，自己不喜欢当医生，因为他不想杀人；当初级律师太难，因为自己做不到事无巨细、严谨认真；他倒是很乐意当律师，只不过他对打理别人的事物抱有坚定不移的厌烦。[26]

范德尔夫人继而讲述了父亲对于"到底想要以何为业"这一问题的回应，他的答案是："天啊，我什么都不想做，完全不想做。我喜欢学习；我很快乐，很满足；我别无他求。"[27]没过多久，狄德罗和法律行业以及勒·里斯律师的关系就彻底结束了。

在这之后，为了维持生活，狄德罗找到了一份薪资颇丰的工作：在富有的银行家埃利·朗东·德·马萨内家中给他的几个孩子当家教。狄德罗从清晨到夜晚全天照管并教导了这群孩子短短三个月之后便提出辞职，因为他无法再忍受被关在屋里的生活了。"先生，"据传狄德罗这样说，"请您看看我，柠檬都没我的脸黄。我努力想将您的孩子们教得有点儿大人样儿，可和他们在一起，我却一天比一天更像个孩子。我在您家里真是富裕过头了一千倍，但我实在待不下去了。"[28]

狄德罗提到这段前途未卜的时光的次数不多，但每次他都对这段生活的艰难之处轻描淡写，对其中的欢乐加以发挥，比如与交际花和女演员谈情说爱，在卢森堡公园中漫步，同朋友在普罗科皮这样的咖啡馆畅谈良久，以及在有闲钱的时候，在法兰西喜剧院和其他观众一起站着看一场戏。[29]然而，如何支撑如此放纵的生活很快成了一个问题。尽管狄德罗的固执和独立在他之后的生活中对他很有帮助，但是在18世纪30年代中后期，这些性格却让他的父亲无比气愤，最终切断了对他的经济支持。他的母亲明显心软一些，她至少一次让仆人给狄德罗送过钱，这位仆人不可思议地步行了238公里——把钱从朗格勒送到了巴黎，又从巴黎走了回来。

尽管有母亲偶尔的帮助，但这个时期的狄德罗在巴黎的拉丁区还是过着贫穷的生活，他在肮脏、老旧的房子之间搬来搬去，袜子破破烂烂，壁炉冷冷清清，橱柜空空荡荡。直到18世纪40年代，他最稳定的收入仍是给人当数学家教。他还靠其他把戏挣些小钱。有一次，据说狄德罗利用自己的神学教育背景为一名即将奔赴葡萄牙殖民地的传教士撰写了一系列布道文。

但是，说到狄德罗最精彩的挣钱手段，就不得不提到他从一名叫安格的加尔默罗会修士那里骗取钱财的事情。[30]安格修士不是狄德罗家族的朋友就是远亲，和狄德罗一样也在朗格勒长大，与其他修士一同住在卢森堡公园南边不远处的加尔默罗会修道院。狄德罗联系上了这位修士，先是假装想要参观修道院藏有1.5万本书籍和手稿的图书馆。范德尔夫人用欢乐的语气描述说，她的父亲在第一次参观时，故意提到自己厌倦了修道院外"狂乱"的生存状态，如今非常渴望修道士那平静、勤勉的生活。[31]安格立刻意识到，博学多才的狄德罗对他的修道会来说将是极佳的成员。狄德罗之后又去拜访了安格几次，并宣称自己决定申请加入修道院，但他需要还清在俗世欠下的债务。他特别告诉安格，自己还得再工作一年才能挣到足够的钱来补偿因自己而不幸失足的一位年轻女子。安格修士担心这样会耽误事情的进度，于是预付了足足 1200 里弗尔供狄德罗开销。不久之后，狄德罗又来到修道院，说自己已经向着宣誓成为修士迈进了一大步，但还需要偿还他欠自己所在街道的厨子和裁缝的钱。好心的安格于是又借了八九百里弗尔给他。狄德罗最后一次拜访安格时再次用了同样的借口：他迫不及待地想要加入修道会，但是他需要资金来购置入会之后所需的书本、布料以及家具。安格向他保证说，这些都不需要他操心，一切都会为他准备齐全的。话说到这里，狄德罗愤怒地宣布，如果不借给他钱，他就不再愿意成为修士了，然后拂袖而去。[32]安格感到受骗又受辱，便写信给迪迪埃·狄德罗，向他抱怨说德尼从他手中骗走了 2000 里弗尔。老狄德罗之前就曾为儿子支付过类似的债务，这次也照样补偿了这位修士，但也因为安格如此容易受骗上当而好好嘲讽了他一番。[33]

让－雅克·卢梭和安妮－安托瓦妮特

　　狄德罗混日子和骗钱花的时光大约在 18 世纪 40 年代初基本告一段落。狄德罗此时已经年近三十，不仅对数学、物理和博物学研读颇深，而且自学了意大利语和英语（他在自学过程中用的是一本拉丁文－英文词典，这一点尤其令人觉得不可思议）。掌握英语对狄德罗的事业产生了积极的作用。在 1742年初，他得到了人生中第一个有真正收入的工作：翻译坦普尔·斯塔尼安所著的《古希腊史》。

与此同时，狄德罗遇到了他生命中最重要的两个人。1742年9月，狄德罗在摄政咖啡馆一边喝咖啡一边看人下棋时，认识了一个体格纤细的日内瓦人，此人时年三十岁，名叫让-雅克·卢梭。两个年轻人刚一相识就立刻意识到他们之间有非常多的共同点。他们都热爱下棋、阅读、音乐、戏剧、哲学和文学，也都拒绝了平稳、安定的职业，而选择追求前途未卜的事业。就连他们和自己家庭的关系都有关键的相似之处：和狄德罗一样，卢梭也生长于匠人之家，只不过他的父亲是钟表匠；更重要的是，这两个漂泊在巴黎的年轻人都疏远了自己的家人。

狄德罗和卢梭之间的根本区别在于性格。狄德罗是个极度积极乐观的人，一个强势的谈话艺术家，远比内向的卢梭要热情、自信。这其中的部分原因在于二人不同的家庭背景。狄德罗离家是自己的选择，而卢梭总觉得自己仿佛是一个出生就被抛弃的孤儿。在他的著作《忏悔录》中，卢梭提到自己的母亲在他出生九天后就去世了时，他写下了这两个著名的句子："是我害死了母亲。我的出生是我人生一切不幸的开始。"[34] 卢梭在父亲和姑母的抚养下长大，没能享受到狄德罗那样的正式教育，而是在研读奥诺雷·德·于尔菲等作家创作的冒险小说的过程中自己学会了读写。这段短暂的平静生活在1722年卢梭十岁生日时戛然而止。这一年，他的父亲伊萨克·卢梭因侵犯了一位贵族的财产而被逮捕。由于害怕被法庭问罪，卢梭的父亲抛弃了家人，逃到了瑞士伯尔尼。

在这之后，卢梭和哥哥被交到了另一位姑母手中，很快卢梭又被单独送到相邻的博赛村，由一位信奉加尔文教义的牧师抚养。两年之后，十三岁的卢梭开始为自己的成年生活做准

让-雅克·卢梭肖像，拉·图尔作品

备，他先是给一个公证员当学徒，之后又在一个粗野的雕刻工那里学艺，这个名叫迪科曼的人经常毒打卢梭。十六岁时，卢梭离开了日内瓦，来到了向西大约 40 英里的阿讷西。在这里，卢梭遇到了容貌美丽、眼神温柔的贵族女性弗朗索瓦兹·路易丝·德·华伦（原姓德·拉·图尔·杜·皮尔），对年幼的卢梭来说，她将同时充当"母亲"和"欲望的对象"这两个角色。

　　此后大约十年间，卢梭游走于多个城市，先到达了都灵，并在这里放弃了加尔文教信仰成为天主教徒，之后又去了里昂、蒙彼利埃、纳沙泰尔和尚贝里。但在频繁旅行的间隙，他总是会回到华伦夫人身边小住。卢梭在十九、二十岁时，曾经像卢梭母亲一样的华伦夫人将卢梭变成了自己的情人。这一怪异的关系一直持续到 1742 年，在华伦夫人用另一个年轻、迷惘的加尔文教徒替代了卢梭的位置之后才最终结束。正是在这个时间点，三十岁的卢梭决定前往巴黎生活，并迅速与这里的作家和哲人打成了一片，这些人在后来成为《百科全书》的编撰者。

卢梭到巴黎的头几个月，狄德罗正忙着追求他心中的一生所爱，她的名字叫安妮－安托瓦妮特·尚皮翁，是一位风姿迷人、高挑丰满且非常虔诚的姑娘。[35]这位被狄德罗亲昵地称为"图瓦妮特"或"南妮特"的女性当时三十一岁，是一个勤劳的洗衣女工，她本应在家乡勒芒过着乡绅阶层的生活，凭自己的地位和美貌嫁入一个门当户对的人家。不幸的是，她的家庭遭受了一系列严重的经济打击。她的祖父是一个贵族，不幸在战争中毁了自己的前程。[36]尽管如此，他的女儿，也就是图瓦妮特的母亲，成功地以自己的贵族出身为筹码为自己说成了一门体面的婚事，嫁给了靠皮草生意发家的富裕中产阶级安布鲁瓦兹·尚皮翁。这段婚姻同样以经济灾难而结束。随着尚皮翁的投资消失在被积雪覆盖的加拿大森林里，他和他的贵族岳父一样，破产了。更糟的是，尚皮翁很快病倒，并在 1713 年去世，留下了他一贫如洗的妻子和三岁的女儿孤苦无依地活在世上。尚皮翁夫人别无选择，只得带着女儿前往巴黎，放下贵族的身段，在这里经营起了一个不大的洗衣生意。她用微薄的积蓄（也许是她在家乡积攒的，也许是在巴黎挣来的）将女儿送给米拉米翁女修道院照管。图瓦妮特在十三岁离开此地时仍几乎一字不识。[37]

1741 年，狄德罗搬到了布特布里路，和尚皮翁母女恰好住在同一个楼里，他就是从那时开始追求尚皮翁小姐的。在几次惹得尚皮翁夫人不悦之后，狄德罗明白，想要成功接近漂亮的图瓦妮特，必须先用点儿骗术，以获取她母亲的信任。于是，狄德罗重新向尚皮翁母女介绍了自己，这一次他宣称自己即将加入圣维克托路上的圣尼各老神学院，成为那里的神父，他就这样把自己塑造成了一位毫无威胁的未来的神职人员，并且表示以后将依赖两位洗衣女工的帮助。范德尔夫人在叙述这段故事时说，这个把戏一方面成功地化解了尚皮翁夫人的合理怀疑，另一方面制造了更多与图瓦妮特相处的机会。最后，狄德罗不但向图瓦妮特表达了爱意，还对她坦白说，整个骗局完全是为了娶她才想出来的。不久之后，狄德罗终于向尚皮翁夫人说明了自己的真实心意。一开始，这位夫人对于女儿要"嫁给这样一个思想虚浮、一无所成，仅凭花言巧语就引诱了女儿"的男人感到深恶痛绝。但据狄德罗的女儿说，尚皮翁夫人的犹豫很快就烟消云散了。[38]狄德罗从尚皮翁夫人那里得到了祝福后，便决定立刻请求自己父母的允许。他匆忙地凑齐了车费，于 1742 年 12 月离开巴黎回到了朗格勒，这是他十多年来第一次回到家乡。[39]

狄德罗在朗格勒短暂的停留一开始还算不错，但这段旅程却以牢狱之灾结束。他到家后的第一件事就是向众人解释自己在首都做了什么。多年以来，从巴黎传来的消息将他形容成一个一事无成、游手好闲、很可能是找不到正当职业的自由思想者。但到了 1742 年，狄德罗已经能够以风靡巴黎的新一代"文化人"的姿态向亲友介绍自己了。多亏了狄德罗正在翻译的《古希腊史》的出版人安托万 - 克洛德·布里亚松，他的这个形象在朗格勒才得到了完美的证实。[40]由于书已临近出版，狄德罗在离开巴黎之前特意安排人把书的校样用马车送到朗格勒。不时从巴黎发来的邮包明显让狄德罗的家人赞叹不已。想想看，巴黎的大出版人费心将印刷好的文稿用马车送到朗格勒的一个小伙子手中，这该是多么令人惊喜的事啊！随着这个从前的神职人员变成了现在的翻译家，狄德罗的家人又有了在人前夸耀的资本了。

狄德罗安排的这场"浪子回头"的好戏因他向家人说明了此次回乡的主要来意而终结了。他希望父母能够允准自己与一位洗衣女工的婚事，她幼年丧父，没有嫁妆，尽管出身贵族家庭，但在狄德罗父母眼中，这个姑娘远远配不上自己的长子。狄德罗伤了父母的心还不够，更让他们蒙羞：他向父母索要每年25皮斯托尔（合2500里弗尔）的经济资助来维持新家庭的开销。[41]迪迪埃·狄德罗对这个提议嗤之以鼻。众所周知，神圣的婚姻可不是爱意和柔情就够了的：它更是父母绑在子女身上的枷锁。事实上，除非父母的同意，不然狄德罗在三十岁之前都没有权利与任何人结成合法夫妻。

狄德罗父子就这门婚事吵得不可开交，其间儿子甚至还威胁父亲说要采取法律手段，随后就被父亲关了起来。据多位历史学家估计，囚禁地点就在离狄德罗家不远处的加尔默罗会修道院。之后，迪迪埃马不停蹄地写了一封冷酷无情的信给图瓦妮特的母亲，希望彻底拆散这对毫无责任感的年轻情侣："若您的女儿［真的］是贵族后代，并且如我儿子所说的［对他］情真意切的话，她应当说服他离开她。这是能让她所爱之人重获自由的唯一办法。我的几位友人也因我那儿子之胆大妄为而愤慨不已，在众人的帮助下，我已将他囚禁在一个安全之地，他将会在那里一直待到［对您女儿］改变心意。"[42]

这封信被送往巴黎的同时，朗格勒的加尔默罗会修士迫不及待地要给轻率、鲁莽、被恋爱冲昏了头的狄德罗好好上一课。按照狄德罗自己的记述，这些人不仅以恫吓、推搡他为乐，还把他的头剃了个半秃，以方便他们在狄德罗试图逃跑的时候及时发现。也许是狄德罗的父亲允准了这样的惩罚，但也有可能是这些修士公报私仇，因为狄德罗先前愚弄了他们的兄弟安格修士。

　　狄德罗这次被剪头发是他第二次也是最后一次在朗格勒接受剃度。被囚禁了几天后，他想办法在半夜爬上了一个开着的窗户，跑到最近的市场大门，溜出了城。之后，狄德罗因为害怕父亲会派人追来，所以一路逃跑，走了 120 公里到达了朗格勒和巴黎的中间点特鲁瓦，在乘上去往巴黎的马车前在这里找到了一家旅店，给图瓦妮特写了一封语气夸张的信。他说："我已经在恶劣的天气中走了 30 里格①……父亲现在一定怒不可遏，他肯定会像他先前威胁过的那样剥夺我的继承权。要是再失去你，我还有什么理由活在世上？"[43]图瓦妮特看到信时肯定备受打击。狄德罗去朗格勒前曾对她保证自己会获得父母的允许，还能得到一笔生活费用，现在他却堕落成了罪人和逃犯。

　　接下来的几个月充满了痛苦忧虑。由于被家庭抛弃，同时担心会被逮捕然后送回朗格勒，狄德罗只好匆忙离开了之前的公寓，搬到了西岱岛上的双桥路。更糟的是，狄德罗发现，图瓦妮特明显受到了他父亲书信的影响。她明确地告诉他说，自己不愿意嫁入一个"不认可"她的家庭，并取消了与他的婚约。[44]

———————

　　①　里格（League），长度单位，大约 3 英里，步行需一小时。

　　根据范德尔夫人的记述，图瓦妮特的这一决定直到1743年初才发生了动摇。有一天，她听说自己从前的恋人重病缠身，一个人住在西岱岛上的小房间里。最终，她和母亲赶到了前未婚夫的病床前，看到他形容消瘦，非常可怜。[45]母女二人在这里悉心照料着营养不良、奄奄一息的狄德罗，直到他恢复健康。也许是在这期间，也许是在这不久之后，图瓦妮特改变了心意，再次决定嫁给狄德罗。1743年11月6日，这对新人在巴黎的圣皮埃尔公牛教堂结为连理，在这里，年轻情侣可以在没有父母同意的情况下成婚，同类的教堂在当时的巴黎没有几个。狄德罗在1743年10月年满三十岁，理论上已可以与图瓦妮特合法成婚，但他还是选择在午夜举行了一个低调的仪式。

　　除了他写给图瓦妮特的几封多愁善感的情书之外，狄德罗没有保存多少这一时期的信件。不知为什么，当评论到尼古拉－居伊·布勒内在1767年卢浮宫沙龙上展出的画作时，狄德罗提到了自己的早年生活。在与他的妻子相识二十五年后，狄德罗用他一贯轻率的风格总结了那段混乱的时光。

　　　　我来到巴黎。我本应穿上学者的外衣［神学教授穿着的带皮毛领子的长袍］，正式成为索邦神学院的一位博士。我认识了一位天使一般美丽的女性；我想和她同床共枕，于是我这样做了；我和她有了四个孩子，然后我发现自己不得不放弃我热爱的数学，放弃我装在兜里的荷马和维吉尔的诗歌，放弃我喜爱的戏剧。[46]

　　狄德罗在这段文字中闭口不提的反而最能说明问题。他的这段话将自己形容成某种不可抗力的受害者，但实际上他没有提到父亲对图瓦妮特的正确判断；图瓦妮特受到的教育和她的社会地位确实使得她与狄德罗不般配。狄德罗也没有表达出（尽管他偶然承认）内心强烈的负罪感，因为他在人生的这个阶段让父亲失望透顶，在母亲去世前都没能见她最后一面，还导致了狄德罗家族内部产生了裂痕。但是，狄德罗对早年生活的仓促总结也在很大程度上反映了他心理上的真实情况。尽管狄德罗对自己的行为很不负责，但他认为自己的渴求是正当的，并且欣然承认了自己对充分、全面、大胆的生活方式不计后果、贯彻终生的向往。正是这些性格特点让他很快写出了一系列书作，勇敢地向法国旧制度时期的宗教基础发起了挑战。

第二章　告别上帝

狄德罗从加尔默罗会修道院逃跑并回到了巴黎，在这之后的几年间，他的父母愈发清楚地认识到，他们的儿子在巴黎的自由思想者和怀疑者的圈子中越陷越深。两位老人的负罪感和失望一定令他们感到万分煎熬。他们的长子竟敢抛弃明明白白的真理，而代之以个人信念，这该多让他们忧心啊！同时，用亵渎上帝带来的短暂快乐代替信仰上帝带来的永恒喜乐又是多么地缺乏远见啊！狄德罗的母亲为自己的儿子感到无比痛心，用她的话说，狄德罗在巴黎的那几年让他"完全丧失了理智"。[1]

狄德罗却是从一个完全不同的视角来看待自己叛教这件事的。放弃宗教能为他带来的舒适生活完全不是欠缺考虑或自私自利的行为。相反，他经过了严肃的、足以改变他人生的思考，最终帮他做出决定的并不是盲从，而是启迪。也许他在离开索邦神学院之际得出的最具批判性意义的见解，就是理性的人有权利仔细检验包括宗教在内的所有人类传统和习俗。从这个角度来看，天主教信仰本身是可以被理性化、被优化，甚至被抛弃的。

狄德罗容易受到这类思想影响的原因有很多。首先，他的某种内在特质显然使他对权威缺乏耐心，令他经常质疑权威的思想基础。但除此之外，狄德罗之所以对天主教的质疑越来越深，还有更确切的理由。这位前神父在年轻时就曾经对他在基督教教义中发现的一系列矛盾点无法释怀，尤其是由来已久的"邪恶"这个问题。狄德罗实在想不通，基督教的神怎么可能既是他爱护着信众的仁慈天父，同时又是一位不饶人的严苛法官，怒气冲冲地将邪恶的人投入无尽的火海，罚他们忍受无尽的折磨呢？

上帝意图的模糊不清只是狄德罗众多疑虑中的一个。当年，狄德罗作为未来的神职人员，他所住的街区有众多宗教学校、教区教堂、大修道院，还有十几个修士院和修女院，他因而有很多机会能够观察并批判那些扮演神意阐释者的人。他对宗教厌恶开始于对索邦神学院的神学博士的反感，后来逐渐扩大成为对罗马天主教教会的不满。

狄德罗最终创作出了他影响最为深远的宗教讽刺作品——《修女》。这部言辞犀利的小说描述了道貌岸然的修士，擅长操纵他人的告解神父，游手好闲的牧师，而最令人印象深刻的是一群与世隔绝的女性，她们通过向他人施加暴力和怪异的性行为来释放被压抑的性能量。[2]但在狄德罗的早期作品中，他有时会以更温和的方式表达自己的不满。他最喜欢讽刺的对象之一是一群被称为"贝尔纳丹"的熙笃会的修士，这些本应是苦行僧的人无一例外地被狄德罗描绘成热衷于享乐的美食爱好者，他们比城中任何一个富有的银行家都更脑满肠肥。在更为认真严肃的场景下，狄德罗作为前神学院的学生，还对宣扬"唯一真正的信仰"的一众人竟然对教义的理解迥然不同这一点表示难以理解：多年间，他见过认为上帝是完美的因而不可能欺骗人类的笛卡尔派，也见过拒绝相信三位一体和耶稣基督之神性的苏西尼派，还见过宣称与上帝合而为一的唯一方法在于神秘主义和灵魂的被动性的寂静主义者。后来，作为《百科全书》的主编，狄德罗经常用玩笑的语气编写条目，通过嘲讽天主教的不同派别为了晦涩又无法解决的形而上学问题争吵不休自娱。

在众多这类争论中，有一个极具破坏性，使狄德罗无法对其一笑了之。这个争论发生在耶稣会和詹森派之间。两者的分歧出现于 17 世纪 40 年代，当时法国天主教中的一群好斗的教士开始宣传伊普尔主教康内留斯·詹森的信条。此时的法国仍处于宗教改革的余波之中，詹森主义的兴起威胁到了法国天主教会的根基。詹森派声称当时重权在握的耶稣会风纪松散、过于世俗化，在对其严加指责的同时，宣扬了更加艰苦朴素的生活方式，认为人类处境的特点是原罪和堕落。令耶稣会人士最为震惊的是，詹森的追随者（其中包括布莱兹·帕斯卡）竟然强调只有被上帝选中的一小部分人才有资格享受恩典。相比之下，耶稣会神学家重视的是教育和人类的可完善性，他们的观点明显更加温和。耶稣会不仅在教义上与罗马教会相呼应，而且全心全意地投入在维护天主教信仰的使命中，并宣称人类作为上帝的创造物生活在世间就要接受考验，但他们可以通过运用自己的自由意志来获得灵魂救赎。[3]耶稣会还将詹森派定义为异端分子。

狄德罗既在朗格勒的耶稣会学校学习过，又曾是巴黎的詹森派阿尔古学院的学生，因而对天主教内部的神学争论以及政治争斗很熟悉。在他那个年代，这类冲突事件开始于路易十四在 1709 年决定取缔和彻底摧毁詹森派运动的重要据点，波尔罗亚尔修道院。这个暴力摧毁詹森派的决定在四年后得到了教宗克勉九世的支持。教宗发出了最高级别的律令——使徒律令，将詹森派运动的基本宗旨批判为虚假、可耻且鲁莽，认为其严重损害了教会的稳固。各种不同类型的王室及教会迫害在路易十五时期仍在持续，继而导致了一系列詹森派宣传小册子的不断传播。凡尔赛宫①对此的回应是将无数詹森派领导人监禁或流放，双方你来我往，争斗不休，形成了恶性循环。

在狄德罗看来，这样的冲突没有任何反常之处。相反，它代表了宗教在全世界范围内的运作机制。宗教并没有将人类团结在一起，而是使信仰不同宗教的人们将对方视为异教徒或是政治上的死敌，并认为对方必须被彻底消灭。狄德罗后来用最简单的措辞解释了这个现象："我见过自然神论者对无神论者拿起武器；自然神论者和无神论者又一同攻击犹太人；自然神论者、无神论者和犹太人联合起来反对基督徒；自然神论者、无神论者、犹太人和基督徒一起对抗穆斯林；自然神论者、无神论者、犹太人、穆斯林和众多基督教教派共同向某一个基督教教派发起进攻。"[4]

狄德罗非常清楚，教义的不同导致了法国历史上一系列的流血事件。在16世纪的法国，被天主教的主教和国王驱逐、吊死、烧死、屠杀的清教徒数以千计，用狄德罗的话说，一段"国家一半的人民虔诚地沐浴在其另一半的鲜血之中"的时期由此开始了。[5]这样的迫害和偏狭并不仅存在于遥远的过去。就在狄德罗出生之前不到二十年，路易十四颁布了1685年枫丹白露敕令，就此终结了1598年的南特敕令及其颁布后相对意义上的宗教宽容时期。就在敕令签发后的几天，凡尔赛宫下令同时开启两项针对法国清教徒的清除行动：一方面，法国军队

---

① 在17世纪的两次巴黎市民暴动之后，路易十四决定将王室宫廷迁出巴黎，最终选定位于凡尔赛的狩猎行宫为新宫殿的地址，此后，在1682年至1789年，凡尔赛宫成为法国的王宫和政治中心。

踏遍全国，将胡格诺派的教堂和圣所夷为平地；另一方面，有组织的骑兵队冲入清教徒的寓所，对所谓的异端分子进行恐吓，强迫其改变信仰，甚至加以驱逐。这致使至少两百万清教徒从法国逃到英格兰、德国、荷兰和美国等地。狄德罗不禁疑惑，在这些宗教内斗和迫害中，上帝的意志到底体现在哪里呢？

英国的学徒

当狄德罗开始积极地质疑天主教的内在矛盾和失败之处时，对于那些将反宗教的甚至是无神论的思想引进到巴黎文化中的作品，他肯定也很熟悉，或者至少是听说过。这类作品有很悠久的历史，其中最古老的出自伊壁鸠鲁学派哲学家，最著名的要数卢克莱修大约在公元前50年所写的《物性论》。[6]

卢克莱修的这部长诗共分为六卷，唯一留存于世的抄本于1417年在一个德国修道院被发现，后于1473年首次刊印。全诗用抑扬六步格写成，这是一种风格宏大的史诗体例。该书拒绝承认非物质性的神的存在，强调灵魂的物质性和不可永生性，并用物质性的原子来解释世界、宇宙和一切生命。更重要的是，这位古罗马诗人花费了大量心思，用令人记忆深刻的警句格言着重描写了宗教和迷信带来的恶果，其中最有名的是"人做出滔天恶事是为宗教所驱使"。[7]这首著名的献给无神论的挽歌包罗万象，读之令人愉悦，在狄德罗的时代仍然是检验同类思想的标准。[8]

同样以非正统信仰为主题而比《物性论》更近代的作品也有很多，只要认识对的书商或是朋友就能购得。最有影响力的论文是巴鲁赫·斯宾诺莎写于 1670 年的《神学政治论》。斯宾诺莎不仅对《圣经》提出了尖锐的质疑，这位生于荷兰的葡萄牙裔犹太哲学家还认为任何神明都不可能存在于自然和哲学的界限之外。[9]就斯宾诺莎在何种程度上允许神明存在这一点来讲，他理论中的神与基督教所说的上帝完全不同。他所指的神不仅和宇宙中的一切存在处于同一层面，这个神还没有任何"心理"，没有任何目标，对人类也完全不关心。然而，18 世纪的神职人员并没有费心探讨斯宾诺莎世界观的微妙之处，只是简单粗暴地斥其为"无神论者的领袖和导师"。[11]

《神学政治论》在 18 世纪有众多传承者，在法国，最出色的是一位身处偏远的埃特雷皮尼教区的乡村神父。他名叫让·梅里耶，他在领导信众的同时，还撰写了一部无神论"圣约书"，该作品在 1729 年他去世后不久被发现。《让·梅里耶思想及观点回忆录》手稿的抄本很快在自由思想者中流传开来。梅里耶主要借鉴了斯宾诺莎，在自己的"圣约书"中坚称说，整个天主教信仰都是人为创造的；天主教信仰的基础是错误；所谓的启示、神谕以及奇迹都是编造出来的；所有讲道理的人都应该认识到世上的一切神，包括基督教的上帝在内，根本就不存在；等等。[12]如果说罗马天主教会被当作"母亲和导师"的话，那么梅里耶的"圣约书"可以说是犯了弑母罪。

随着狄德罗逐渐成年，有越来越多类似的手稿和书籍开始在巴黎传播，但学者们并不能确定狄德罗在离开索邦神学院之后的几年间是否读过斯宾诺莎或梅里耶的作品。但无可争论的是，即便狄德罗读过这些作品，他也没有因此而轻率地选择成为无神论者。他的改变发生得非常缓慢，起步于一些看起来并无威胁的书籍，而这些书大多是用英语写作的。

和很多与他同时代的擅长哲学思考的思想家一样，狄德罗知道英格兰在思想界的贡献和他们日益增强的海上霸权并驾齐驱。如果说大多数欧洲人都认为（无论其理由是对是错）18世纪30年代的法国在戏剧、绘画和诗歌等方面几乎占有绝对的话语权，他们也承认，英国贡献的很多思想和方法都与后来被称为启蒙运动的思潮密切相关。[13]狄德罗与英格兰思想的第一次接触发生在他放弃在索邦神学院继续进修神学的几个月后（这也许并非巧合）。这是在1734年，当时伏尔泰的《哲学通信》出现在了巴黎的书店里。

伏尔泰，德·拉·图尔试画

伏尔泰（真名弗朗索瓦－马里·阿鲁埃）年长狄德罗近二十岁，作为一位天才的戏剧作家，他非常喜欢在写作中采用戏剧化的手法，包括在自己的哲学作品中。[14]《哲学通信》就是这样一个例子。这部短短的作品由二十四封①散文式书信组成，为从根本上重整法国思想绘制了蓝图。他在话题之间迅速转换，对英格兰（相对的）宗教宽容加以褒扬，并且称赞了英国那些看起来很讲道理的贵格会教徒。他赞扬了英格兰有远见的重商主义、货物交换，以及新的疫苗计划。对于英国的宪法和政治状况他也颇为欣赏，因为与法国相比，英国给予了其公民更多的政治自由。《哲学通信》最具说服力和影响力的部分则是伏尔泰对几位著名学者和哲学家的介绍，包括弗兰西斯·培根、约翰·洛克和艾萨克·牛顿。伏尔泰在书中表明，这些人通过重新定义哲学、科学以及宗教之间亘古未变的关系而改变了世界。

伏尔泰对萌发于英格兰的"新哲学"的歌颂并没有得到法国政府的欢迎。《哲学通信》因为指责法国在科学试验上落后、在宗教信仰上迷信而引发了一场席卷全欧洲的大火。巴黎最高法院下令烧毁这部作品，定性其"可耻且反宗教"，[15]但估计有 2.5 万册副本还是流入了法国及欧洲的图书馆。[16]这是启蒙运动思想史上的分水岭。伏尔泰不仅呼吁自己的国人走出思想上的幼儿期，还凭一己之力为坦诚的宗教和科学探讨创造了一个新的公众平台。从本质上讲，他重新定义了哲人和公共知识分子在社会中扮演的角色。同时，他还将这一理念传给了包括狄德罗在内的年轻作家。

大约在 18 世纪 30 年代末，狄德罗自学了英语，之后便开始跟随伏尔泰的脚步，阅读培根、洛克和牛顿的作品。[17]这三

---

① 《哲学通信》在 1733 年的英文原版中收录了二十四封散文书信，在 1734 年以法语再版时加入了第二十五封信，即《谈帕斯卡先生的〈思想录〉》。

位学者分别为这位成长中的哲学家提供了不同的基础课程。从培根那里，狄德罗学到了科学无须对以《圣经》为中心的世界观卑躬屈膝，而应建立在归纳和实验之上，并且在理想情况下，还应当促进人类对大自然的掌控。洛克主要向狄德罗传达了两个互相关联的概念。第一，他提出了一个关于头脑的理论，否认人类具有"先天观念"（这就意味着人类不可能生来就能理解神的用意）。第二，洛克认为，人的头脑生来如一块白板，对外部世界的理解完全来自感官体验和思考。这一完全非精神性的认知论架构起了第二个极为重要的教训。根据洛克的理论，人只能通过感官来获得真正的知识，既然如此，那么任何人若是想要解开自然界的奥秘，就必须依靠观察和实验这类所谓的经验主义方法，以避免将知识体系建立在幻想之上。和前辈培根一样，洛克呼吁人们与科学真理和哲学真理建立一个全新的关系。

在伏尔泰提到的这三位专家中，对 18 世纪 40 年代的狄德罗影响最大的可能还要数艾萨克·牛顿。首先，牛顿推翻了关于宇宙和行星体运动的理论，这一理论由勒内·笛卡尔于 1633 年提出后长期统治思想界。笛卡尔认为，血细胞和行星都在一个巨大的宇宙旋涡中翻滚，这个离谱的推测性论断暴露出其理论的致命问题；相对地，牛顿用包括微积分在内的多种数学工具，有力地论证了普遍的运动定律和重力（法国人称之为吸引力）法则。当读到牛顿于 1687 年在《自然哲学的数学原理》① 中的宣言时，读者仍然会为之激动："由天体的现象，我推导出使物体趋向太阳和每一个行星的重力。然后，

---

① 以下简称《原理》。

通过由数学方法得出的命题，从这些力中推导出行星、彗星、月球和海洋的运动。"[18]

或许和牛顿的科学发现同样重要的是牛顿在这些发现最后给出的总结性提议，这个提议开启了千百个科学实验："我希望，我们可以通过同样的思考方式，从机械运动原理中，得出对其他自然现象的阐释。"[19]

牛顿对狄德罗那一代人有着不可低估的影响。在二十年间，这位英国物理学家说服了整个科学界，使其相信从数学和机械主义哲学①的角度出发可以解开物质世界的奥秘。[20]但在18世纪40年代，牛顿对狄德罗最深远的影响并不与物理学直接相关，而是与牛顿的一个理念有关，即人们可以调和宗教信仰与根据数学规律完美运转的宇宙这二者之间的关系。[21]从一开始，牛顿写作《原理》一书便带有一个附加目标，即强调这样一个事实："由太阳、行星和彗星所组成的完美系统，不可能在没有一个智慧且伟大的存在对其进行设计和统御的情况下出现。"[22]简而言之，牛顿运用微积分是为了找寻上帝杰作的蛛丝马迹。

多种不同形式的设计论证（或者是对上帝存在的目的论论证②）在牛顿的《原理》一书发表之前很早就存在了。首

---

① 机械主义哲学（mechanical philosophy），一种将宇宙想象为一个巨大的机械体的自然哲学流派。

② 目的论论证（teleological argument）又称设计论证（argument from design），该理论所论证的是上帝或是广泛概念上的造物者的存在，论证的基础在于人们对存在于自然中的刻意且智能的设计直觉性的感官体验和观察。这个理论最早由苏格拉底提出，后来的代表人物有哲学家威廉·佩利（William Paley，1742—1805），其代表作《自然神学》中的钟表匠类比（watchmaker analogy）将上帝比喻为钟表匠，将宇宙比喻为上帝设计的完美的、可以独立运转的钟表。

先，大多数人都认为"星辰、山峦、动物和人类本身都是神意的显示"是不争的事实。其次，天主教的主教们也正式地将创造物认定为上帝"不可见的品质，即他永恒的神力和神圣的本质"的证据。[23]但是，在牛顿的理论出现之后的几十年间，这个论点的地位发生了显著的变化。以往，设计论证一直被用作"上主之言"的补充，而如今在某些圈子里，设计论证却逐步替代了《圣经》的重要位置。

到了 17 世纪末，新一代的英语作家开始从"合情合理的"且不受《圣经》影响的角度来理解神的存在。[24]自然神学论的支持者包括爱尔兰人约翰·托兰，他所写的《基督教并不神秘》（1696）不但坚持认为推知上帝存在的最好方法是洛克提出的实验方法，还认为应当将宗教信仰去神话化，并将其变得自然。[25]另一位作家马修·廷德尔在他的《基督教与创世同龄》（1730）一书中发展出了类似的理论，宣称"外在启示"是与神的真实存在密切交流的最佳方法。[26]

狄德罗在 18 世纪 40 年代得到了多部表达自然神学和无神论观点的作品，它们都提出，搅乱了人与上帝间关系的罪魁正是有组织的宗教。狄德罗当时正因为对上帝的存在产生了怀疑而深感困扰，而他既无法接受无神论的空洞，又无法忍受教会的荒谬，这些文本于是为狄德罗提供了他长久以来求之不得的思想上的缓冲。英国自然神论者不仅或含蓄或直白地鼓励人们尝试用更"科学"的方法理解神明，还促使人们通过思考的能力，而非服从的能力，去尝试与上帝建立联系。这极大地启发了狄德罗：按自然神论者的说法，上帝赋予了人类信仰神所需的必要工具，并让人类以单纯且道德的方式生活，但上帝没有给予人类有组织的宗教；人类发明宗教完全是自找麻烦。[28]

献给我的弟弟（1745）

虽然自然宗教和自然神论让狄德罗颇为着迷，但他一开始并没有发表任何与这种危险的思想有关的作品。在做英语翻译工作期间，他将自己限制在两个简单的职责内：翻译上文提到的《古希腊史》，并和同事弗朗索瓦-樊尚·图森和马克-安托万·艾杜一起翻译罗伯特·詹姆斯的《医学词典》。这两本书都是不具争议性的作品。

到了1744年末，狄德罗决定向印刷商洛朗·迪朗提议翻译一部英国的自然神论著作——沙夫茨伯里伯爵的《论美德与德性》。[29]尽管传播这种非传统的对上帝的阐释有很大风险，但狄德罗或是说服了迪朗，或是连哄带骗地让他同意了为自己翻译该书提供资金。几个月后，这位印刷商付给狄德罗50金路易（合1200里弗尔，约等于一个体力劳动者年薪的3倍），拿到了翻译版的完整手稿。迪朗没有经过王室的允许，就用匿名且非法的方式将该书印刷出版，他在之后出版狄德罗的作品时也经常这样做。此外，迪朗还为该书增加了另外两重保护：他不仅将印刷过程安排在巴黎的另一家书店进行，还标明这本书是在阿姆斯特丹编辑的，这样便不需要接受审查机构的检视了。

翻译沙夫茨伯里的作品开启了狄德罗作为公共知识分子的事业，也让他得以将自己对于上帝和宗教的认识解释给家人，尤其是他的弟弟迪迪埃-皮埃尔。在朗格勒谴责狄德罗的众人中，迪迪埃-皮埃尔的立场最为激进。因为迪迪埃-皮埃尔比德尼小九岁，兄弟二人第一次相见就是在德尼1742年12月由巴黎返乡的时候，那时的迪迪埃－皮埃尔还是朗格勒耶稣会学校的一名学生。他对于这位兄长给双亲带来的痛苦肯定非常恼火，于是下定决心用自己的行动来弥补兄长的过失。他一刻不停地朝着成为神父这个目标迈进，一路上对兄长发出了毫不留情的贬斥。[30]

两年后，狄德罗回应了迪迪埃－皮埃尔的批判：他将自己翻译的沙夫茨伯里的书献给了弟弟。这个行为既是向弟弟求和，又带有挑衅的意味。他在向弟弟致意的同时，还随书发表了一篇布道文式的演讲，文中，狄德罗在表达兄弟情谊和居高临下这两种态度之间不停摇摆。他一方面表示，这本翻译作品是"礼物"和"兄弟之情的标志"；[31]另一方面又暗示自己这个虔诚的弟弟或许应当考虑和他一样，思想更开明一些。狄德罗想传达的信息再清楚不过：像迪迪埃－皮埃尔这样极端苛刻的人对宗教产生的危害比任何人都严重。

在自己的翻译作品出版之后，狄德罗很快把它送到了弟弟那里。迪迪埃－皮埃尔看到书后怒不可遏。[32]尽管沙夫茨伯里的书中每页都有上帝的身影，但是这位英国作家明显将迪迪埃－皮埃尔熟悉的那个神彻底抛弃了。沙夫茨伯里（以及狄德罗）描绘的上帝不再是一个报复心极强的天庭法官，他不再审查、裁决和惩罚自己信众的罪恶；相反，他是一个更加仁慈的存在，他用"智慧和美德"将世界按照最佳的可能性创造了出来。[33]这本书最惹人非议的地方在于沙夫茨伯里的完美宇宙完全不需要天主教教会宣讲和强化的那一套所谓的由"上主之语"揭示出的道德体系。在沙夫茨伯里看来，按照上帝的设计，人类拥有的道德观足以让他们认识到真正的美德，并且敦促他们以此为行动标准，因为这样做能使他们感到快乐和幸福。不出所料，迪迪埃－皮埃尔认为这种反基督教的思考方式是一种骇人听闻的"恶劣的教义"。[34]

狄德罗对这本书的反应恰恰相反。沙夫茨伯里的自然道德理论催生了一个充满希望的新"三位一体"，它将真、善、美三者合而为一，让其携手完成使命。这种不以《圣经》为媒介的道德观具有清晰的优势。沙夫茨伯里不仅打破了教会对道德准则的垄断，还使地狱的威胁以及永恒的折磨变得毫无用处了。最重要的或许在于他重新给了人类的快乐，这是最令基督教道学家厌恶的，却是最吸引狄德罗的。狄德罗发现，这个哲学体系不仅允许他这样的怀疑主义者拥有美德，而且还鼓励他听从上帝所赐的肉体的指引去寻找快乐，这一定令他感到无比心满意足。[35]

哲学思想：让人自由

由狄德罗翻译的沙夫茨伯里的作品在 1745 年问世，此时这位哲人已经与自己的家人疏远两年了。他依然担心会被铁链锁着拉回朗格勒，于是一直低调地生活。他不仅让图瓦妮特保留了她的娘家姓氏，还把家迁到了位于横街的公寓。选择这个地点是很不寻常的。这里不仅与巴黎城中的印刷商所在地隔着一条河，还位于城市边缘以外足一公里，比巴士底狱距市中心还远。虽然狄德罗对于自己为什么离开巴黎市中心守口如瓶，但恰在那时，他的那个动不动就批评人的弟弟为了完成学业而搬到了巴黎的拉丁区，真实缘由想来怕是与此有关。

狄德罗和图瓦妮特夫妇在福堡圣安托万地区度过的流放时光对他们来说都颇为艰难。尽管没有这段时期的书信为证，但人们不得不怀疑夫妻二人的关系在他们搬离巴黎市中心后出现了裂痕。在新居安顿下来的六周之后，他们的第一个孩子安热莉克就因为当时威胁婴儿生命的多种疾病中的某一种而夭折了，死时还不满三个月。1744 年 9 月 29 日，她悲痛欲绝的父母将她安葬在了圣玛格丽特·德·巴黎教堂的墓园中。对图瓦妮特来说雪上加霜的是，她的母亲尚皮翁夫人不久之后也与世长辞了。

夫妻俩的生活在几个月后变得更加麻烦，因为狄德罗认识了一位女性，作家玛德莱娜·达尔桑·皮西厄，她后来成了狄德罗的第一个情人。在后文中，我们会更详细地介绍玛德莱娜，此处需要提到的是她在狄德罗事业的早期对他产生了重要影响。狄德罗爱上她就如当年爱上图瓦妮特一样那样的突然和全心全意，而且对这段感情可能造成的痛苦和问题不管不顾。

玛德莱娜和狄德罗不仅是爱侣，还是事业上的伙伴，他们相互交换作品，还至少共同创作了一篇名为《白色的鸟：蓝色的故事》（1748）的短篇小说。[36]更重要的是，似乎是靠着玛德莱娜的鼓励，狄德罗才完成了他第一部独立撰写的书作——《哲学思想录》。记录下这个细节的是狄德罗的女儿，所以她对父亲的情人没有什么正面评价也可以理解。她没有将玛德莱娜描绘成与自己一样的女作家，而是形容其贪恋钱财，经济上索求无度，说她之所以鼓励父亲写书，也是因为想把书稿换得的五十金路易全部据为己有。

据说，狄德罗仅用两周就写出了 62 篇有关上帝、自然神论、怀疑主义和无神论的短篇散文，在 1746 年复活节前后完成了《哲学思想录》一书。该书于当年 5 月在书店上架，而远在那之前，狄德罗就意识到这本书肯定会引起轩然大波。为

**"哲学"揭下了"迷信"的面具；
《哲学思想录》的卷首图画**

了就书的内容给未来的读者一个提示，狄德罗请印刷商迪朗在书名页上加印了一则拉丁语题词，它警示道 *"Piscis hic non est omnium"*，直译过来就是"这条鱼不是所有人都爱吃的"。

大多数 18 世纪的读者在打开这本没有署名的书之前必然已经有所警觉了。狄德罗将他的书称为《哲学思想录》，实际上是在暗指两本立场截然相反的书作。一本是前文提到的伏尔泰的《哲学通信》，这本书在 1734 年问世之时，由于对天主教会发出了充满嘲讽的批判导致其作者流亡海外。另一本是 17 世纪基督教最重要的精神性文本，即布莱兹·帕斯卡的《思想录》（1669）。狄德罗的这本小书似乎是在承诺，作者将从哲学的角度出发，展开分析帕斯卡对于悲惨人生的悲观看法。[37]

对于狄德罗这样的哲人来说，帕斯卡就是穿着刚毛衬衫①的霍布斯。帕斯卡的书给短暂、污秽而野蛮的人生又蒙一层形而上学的恐惧，这片乌云在他的书首次出版后笼罩了法国七十五年。这位数学家兼哲学家用机敏和辛辣的言辞，恳请读者把注意力集中在人生根本性的贫乏无望之上。他认为，人类不仅因为失去上帝恩典而悲惨地与上帝分离，还因为邪恶的欲望以及物质世界中的诱惑受到了欺骗和误导。[38]他提出，人性唯一的出路在于自我反省和深刻地思考人生的悲惨。这是人类能够赖以救赎自我的唯一品质；人类有能力理解自身本质上的不幸，"树却没有"。[39]

然而，让狄德罗与这样一种阴郁观点相抗衡远比看起来要艰难。"人类是一种背负着原罪的卑劣生物"这一点在大多数人看来揭示了一切存在的根本事实，这个观点不仅受到圣奥古斯丁和詹森派的支持，而且在基督徒幼年时期

---

① 刚毛衬衫是一种贴身穿着的衬衣或内衣，最早是用非常粗糙的麻布或动物毛发制成，在基督教中，意在让穿着者不适，通过对身体的折磨，表达对原罪的忏悔。此处比喻自我折磨。

研读教义问答和学习向神父告解的过程中就已扎根在他们的思想中了。

狄德罗反对这种灰暗的宇宙观的有力之处并不在于直接攻击帕斯卡、圣奥古斯丁或其他基督教神学家。尽管他受到的神学教育比与他同时代的大部分哲人都多，他却选择从真实的日常生活入手来直面人类悲惨的处境，同时还经常在他颇具魅力的论点中融入自身经历和个人观点。这个意外获得的方法在颠覆由来已久的宗教思想方面既新颖又有效，并且被具有洞察力的读者看在眼里，其中包括将在不久后闻名法国的经济学家、财政部长安内-罗贝尔-雅克·杜尔哥。杜尔哥评论道："艰深晦涩的学问让人厌倦。形而上学令人厌恶。一句妙语却能被人铭记于心，口口相传，通过人们的呼吸发挥其效用。狄德罗用想象制造出的欢乐以及他给人们的头脑带来的最精妙的满足，使得（他作品的毒素）更加危险。"[40]

杜尔哥比任何人都明白狄德罗写下这些哲学思想的初衷何在：这位哲人想要创造出一个可以被读者认知且喜爱的人物，通过这个人物，他可以借助人们的常识和他们对反讽、警句格言，以及亵渎上帝的趣闻的美学鉴赏力来传达自己的观点。

在面对一个非常严肃的话题，即天主教对死亡和人死后的生活等问题的执迷时，狄德罗也尝试运用上述手法。令他尤为关切的是，思想上具有詹森派倾向的神职人员和精神导师鼓励最易受他们影响的信众彻底抛弃尘世生活，转投于"没有欲求，没有爱，没有感受"的生活方式。[41]狄德罗在 1746 年春天或许亲眼看到了这种禁欲主义给人们带来的影响。当时他刚刚搬到了位于穆浮达路的公寓，这里距离圣梅达尔教堂仅有几步之遥。他居住的区域附近有一个叫作"惊厥者"① 的狂热詹森派的边缘基督教组织，这个组织的成员相信，用鞭子抽打自己的肉体可以达到净化精神这一终极目标。

"惊厥者"现象初始于 1727 年，当时在圣梅达尔教堂的詹森派著名的隐士兼基督教执事弗朗索瓦·德·帕里斯的坟墓前据传有奇迹发生，于是一群狂热的詹森派教徒源源不断地来到这里瞻仰甚或参与到奇迹中。从各方面的记载来看，弗朗索瓦·德·帕里斯是一个心地纯良、乐善好施的人。他戒绝一切享乐，倾其心力照顾生活在脏乱不堪的巴黎圣马塞尔区的赤贫民众。他自己几乎从不参加圣餐仪式，光着脚，披着刚毛衬衫，夜晚以生锈的铁钉为床铺，并且强迫自己忍饥挨饿，毫无做戏的成分。尽管他在世时十分有名，并且有望被封为圣徒，但他在六十三岁逝世时却引起了另一种轰动。在他的葬礼前的守夜仪式上，无数哀悼者来到圣梅达尔教堂，其中有许多是教士，据说这些人从他的遗体上取走了指甲和头发，将其当作圣物保存下来或是出售给他人。[42] 但是，真正壮观的一幕发生在第二天出席人数众多的葬礼上，当时，一位老妪吵闹着打断了追悼式，并且宣称她常年瘫痪的一只手臂突然恢复了知觉。[43] 一夜之间，弗朗索瓦·德·帕里斯的坟墓从一个纪念性地点变成了人们寻求类似的治愈疾病的妙方而朝圣的地标。[44]

圣梅达尔公墓及其周围环境很快就散发出了一种狂欢的味道。每一天，从清晨到日落，一众病痛缠身、不久于世的人们，无论等级出身，基本都是詹森派的信徒，他们将弗朗索

---

① "惊厥者"是对法语的"convulsionnaires"一词的直译，该派别的信徒在抽打自己时身体抽搐，在得到所谓的启示和救赎时会倒地、痉挛、尖叫。

弗朗索瓦·德·帕里斯，版画

瓦·德·帕里斯那用黑色大理石制成的墓碑团团围住。其中，
幸运地获得了治病良方的人开始惊厥、抽搐，同时伴随着高声
呻吟、颤抖和尖叫。[45] 在一开始的五年间，超过一百人宣称他
们在圣梅达尔墓地感受到了上帝的治愈之力。[46] 前来观看这一
奇观的人数高达数千人，富有创业精神的商人甚至开始在现场
租椅子给好奇的观众。

到了 18 世纪 30 年代初期，路易十五对这类事件终于忍无
可忍，继而要求锁闭墓地的各个大门。尽管"惊厥者"并不
是一群风趣幽默的人，但其中一个支持者明显很懂得反讽，他
在铁门上挂上了一个标牌，上面写道："国王有令，上帝不得
在此显圣。"[47] 国王的禁令没有终止这一运动，反而使其潜入地
下并且催生了更加暴力的自罚行为，信徒们借此显示自身的低
微和对上帝的忠诚。除了将钉子敲入皮肉，他们还对女性
（受害的总是她们）进行了各种恐怖的折磨，包括双脚踩在她

在弗朗索瓦·德·帕里斯墓前的信徒和"惊厥者"，版画

们的脖子上。

狄德罗在《哲学思想录》中描述"神圣的暴力"时，提到的正是这个令人心惊的例子。尽管他的书没有序言也没有介绍背景，但他的读者很清楚他讲的是什么。那是女性们为了侍奉上帝，身体被撕裂，发出毛骨悚然的惨叫：[49]"那样的声音！那样的叫喊！那样的呻吟叹息！是谁把这些悲泣的人关在这些牢狱中的呢？这些不幸的人犯了什么罪呢？一些人用石头敲击着自己的胸膛；另外一些用铁爪撕扯着自己的身体；他们眼里满是悔恨、痛苦和死亡的影子。"[50]

面对这样的场景，狄德罗提出了一系列尖锐的问题。一个对人类关怀备至的上帝怎么可能罚这些人承受如此的折磨？上帝怎么会从中获得快乐？接下来的思考将这些控诉进一步扩大化。在指责不通人情的上帝激发了这样的暴行之后，狄德罗公开质疑，为什么这个全能的存在只关心其忠实的信奉者的福祉，却对每天死去的万千其他人不管不顾："就有些人描绘出的上帝的形象来看，就上帝容易发怒的倾向来看，就祂任由其毁灭的与祂愿意拯救的人数之间巨大差距来看，最正直的人是会希望祂不存在的。"[51]

在写下这些句子的同时，狄德罗可能想到了他那夭折已有一年的女儿。但无论他的这种爆发的原因何在，这一段话都是全书中最感人至深的。除了拒绝相信基督教鼓吹的那种"痛苦和折磨是我们在人世中最崇高的职责"的想法之外，狄德罗还宣布，他（以及我们）有权利把自己从上帝反复无常的意愿中解放出来。

向着无神思想前进

对于三十二岁的狄德罗来说，他已经完全不需要罗马天主教和那些服务于某个神的讨人厌的骗子了。他仍然因无神论体现出的空虚而迟疑。对现在的人来说这可能很难理解，但在当时，无神思想最可怕的地方不在于其本身，而在于没有上帝之后会发生什么：失去灵魂的人类将像一部机器一样，生活在一个很可能是由决定论统治的世界中，预先设定了这个世界的未来的不是全知全能的神，而是机械定律。[52]狄德罗所宣扬的亵渎上帝看起来令人欢欣鼓舞，但也有其黑暗面。

这个黑暗面构成的威胁也解释了为什么《哲学思想录》不是一部明确的无神论作品。这本书反映了狄德罗在1746年的犹疑，他用断断续续的散文段落为自然神论者、无神论者、怀疑主义者和他自己一步步搭建起了平台，并发誓要践行那些"先驱"的信念。[53]这正是该书的天才之处。狄德罗之所以没有用对天主教信仰无情和直接的攻击一下接一下地捶打我们，并不是因为他做不到，而是因为他选择与我们分享他内心对于上帝这个存在抱持的不安和犹豫。这个策略让《哲学思想录》比一本直白的唯物主义作品更具有魅力，同时也更加危险。

《哲学思想录》并没有传达一个坚定不移的信息。然而，如果说它有一个主要声音的话，这个声音必定是怀疑主义的。在狄德罗看来，怀疑主义者不是一个盲目宣称自己一无所知的人，而是一个在承认自己无法做出决定之前会展开深刻且客观的研究的人。[54]正是这样的人，在求证的过程中发现了"难题"。[55]

怀疑主义的观点与狄德罗在 1746 年的亲身感受有很多重合之处，在这里由一系列代表启蒙运动的格言更充分、明白地表达出来。第一则格言成为狄德罗的口头禅："怀疑主义是迈向真理的第一步。"[56]第二则格言从逻辑上对第一则进行了解释："一切从未被质疑过的，都从未得到证实。"[57]第三则格言有力地宣布了人们拥有自由思想的权利："你可以要求我寻求真理，但不能要求我必须找到真理。"[58]

读者热烈地回应了狄德罗向宗教发起的深刻且犀利的挑战。1746 年 6 月，在《哲学思想录》出版一个月后，巴黎最高法院勒令将狄德罗的书在巴黎的格列夫广场焚毁。之后的几个月中，众多宗教作家站出来，担负起了反击狄德罗的责任，他们出版了名为《理性思想录》《基督教思想录》《反哲学思想录》等一系列书籍。没有比这更好的宣传方式了。《哲学思想录》因此大卖：这本没有标明作者的书在三年中先后印制、出版了六个版本。[59]狄德罗与法国旧制度当权者之间"猫捉老鼠"的游戏就此拉开了帷幕。

第三章 哲人入狱

狄德罗与巴黎权力机构的首次摩擦发生在 1746 年《哲学思想录》出版后不久。当时，他和他的小家庭仍然住在穆浮达路位于一楼的公寓（或房间）里，这里是他的朋友弗朗索瓦－雅克·吉约特的产业。[1]吉约特是一名军官，他后来为编撰中的《百科全书》贡献了一个条目，据推测，他对狄德罗生动活泼的谈话风格和自由思想颇为容忍，甚至十分享受。然而，吉约特的妻子对她在自家屋檐下听到的种种有辱上帝的言论感到无比震惊。[2]在成为狄德罗的第二个孩子（这个早夭的男孩叫弗朗索瓦－雅克）的教母仅仅一年之后，吉约特夫人便怒气冲冲地去了家附近的圣梅达尔教堂，在那里对她的房客进行了严厉的控诉。接到这一控诉的是刚被任命为堂区神父的皮埃尔·阿迪·德·勒瓦尔。[3]他坚信，保护信众不受颠覆性思想的污染是自己的责任，于是将吉约特夫人的指控转达给了一位名叫佩罗的宪兵，后者继而将这个指控呈报给了无所不查的警察总监尼古拉－勒内·德·拉·费里埃·贝里耶伯爵。

贝里耶作为钦点的执法官，他的权力和职责比我们现在的法律机关要大的多得多。他不仅要负责规范商贸准则，监察犯罪行为，管理成千的妓女、仆人、穷人和赤贫的人口，还要处理长期困扰巴黎的下水道和污泥问题，同时又要监督法国出版业的工作。为了能对这个强大的行会和众多以巴黎为家的作家的动态了如指掌，贝里耶手中有一个由几百名间谍组成的庞大情报组织。[4]这些密探被称为贝里耶的"苍蝇"，他们负责向他汇报各类不轨行为，其中包括煽动反政府思想，违背公共道德，以及对宗教正统发起书面挑战。[5]

尼古拉-勒内·贝里耶，油画

吉约特夫人提供的消息是呈至贝里耶桌案上的第一个针对狄德罗的指控。和他处置其他几百位小说家、剧作家、诗人和记者时所用的方法一样，贝里耶最终会创建出一个有关"狄德罗先生"的档案，其中的第一份文件就包括佩罗对狄德罗的评估，他说"狄德罗是一个危险人物，对我们宗教神圣的谜团不屑一顾"。[6]佩罗还在报告中插入了一则补充信息，那是神父德·勒瓦尔对狄德罗的痛斥，说他没有经过其父的同意便擅自成婚，是一个行为"放荡"的"不敬神之人"，而且"至少是个自然神论者"。[7]在贝里耶看来，既然有了这样的消息，就理应对狄德罗展开调查并给予警告。早在1747年，他就派出了图书业督查约瑟夫·德·埃默里，命其告知狄德罗不要散布有辱上帝的观点。[8]德·埃默里不但传达了这个信息，还没收了《怀疑论者的漫步》的一版手稿，狄德罗原本准备找个时间将它卖给印刷商迪朗。

《怀疑论者的漫步》就这样消失在了警察局的档案中，狄德罗直到去世也未再见过（该书在1830年终于被找到并出版）。尽管这个损失令狄德罗痛心，但是评论家几乎一致认为，这部写于《哲学思想录》之前的早期作品远不如他创作于18世纪40年代的其他作品精彩。这本书没有他后来在探讨上帝时妙语连珠的对话技巧，而是用某种笨拙的寓言，描述了人一生中可选择的三种道路：荆棘之路（基督教），栗子树之路（哲学），鲜花之路（肉体上的欢愉）。讲述栗子树之路的部分最能激发人的思考，狄德罗在其中想象出了类似雅典学院般的场所，在这里，怀疑主义者、斯宾诺莎派、无神论者和自然神论者可以尽情地探讨哲学问题并展开辩论。[9]在写到基督教的荆棘之路时，狄德罗掺杂了更明确的反教权主义观点，在这条路上，毫无逻辑性的"君主"统治着蒙着眼罩的士兵，让他们在无知的状态下踏着整齐的步伐走完人生的路。

尽管德·埃默里发现了狄德罗的这部反宗教正统的作品，但只是警告了这位作家一下便放过了他。德·埃默里的上司贝里耶很可能想要避免将狄德罗塑造成一个令人敬仰的殉道者，路易十五本人也一度鼓励警方对此类行为给予宽大处理。国王以及皇室任命的官员经常采取与喜怒无常的巴黎最高法院和教廷相反的姿态，试图在制造丑闻、支持利润极高的图书产业和保持法国的正统这三者间找到一种平衡。

随着狄德罗越来越被公众视为一位思想家，他无疑从这个名声中获益良多。尽管贝里耶和其他图书业的管理者很清楚狄德罗已经发表了《哲学思想录》这部对上帝很不恭敬的作品，他们同时也知道狄德罗是《医学词典》的翻译者之一，并且当时还在撰写《数学问题回忆录》（1748），这是一部短篇作品，主要阐释了数学如何解答包括"和谐理论"在内的物理世界中的各种问题。最重要的是，狄德罗受到了著名的印刷商安德烈·弗朗索瓦·勒·布雷顿的雇用，正在为即将出版的《百科全书》出力，而这部书事关国家荣誉。

然而，这些"有价值"的工作和德·埃默里的警告都没能让狄德罗停止试探旧制度对他的忍耐极限。在德·埃默里找他谈话之后没多久，狄德罗匿名出版了自己的第一部小说《八卦珠宝》（1748）。① 这部色情小说讲的是一个非洲苏丹的故事，他有一个魔法戒指，可以让女性的私密处讲述它们的色情冒险，后文中还会提到这部作品。紧随这部小说之后出版的是一本更加危险的作品。[10] 1749 年夏天，狄德罗一边忙着完成《百科全书》第一卷的基础工作，另一边出版了《论盲人的书简》。这是一部经过精心打磨、内涵复杂深刻的著作，其目标在于用《怀疑论者的漫步》和《哲学思想录》未曾采用的角度和方法，驳斥上帝的存在。

---

① 这部作品的法语标题是 *Les bijoux indiscrets*，其中"bijou"一词一语双关，其标准释义为"珠宝"，俗语中则指代阴道。

引导盲人

1749 年 6 月初，狄德罗收到了第一批《论盲人的书简》的部分成书。除了自己留下的一两本，他很可能还分别给卢梭和自己当时的情人玛德莱娜·达尔桑·皮西厄留了几本。他还采取了更具策略性的措施，将一本送到了与他同时代但从未谋面的另一位哲人伏尔泰（时年五十四岁）的手中。[11]伏尔泰不但因此颇感荣幸，明显还对这位年轻且目无尊长的哲人在这本二百页的"书简"里漫无边际地编造了些什么很有兴趣。三年前，伏尔泰就曾仔细地阅读了狄德罗的《哲学思想录》，并为其作注，在某些地方褒扬这位年轻作家的热情，在另一些地方批评其无神主义倾向。

狄德罗必定预料到了，伏尔泰身为法国最负盛名的洛克支持者，肯定会感到自己这本书对感知和眼盲的讨论很能激发人的思考，毕竟这本书探讨了先天性盲人在接受白内障手术后重获光明会做何反应，盲人如何设想并适应黑暗的世界，以及感知本身的相对性这个更宽泛的话题，整个过程极为有趣。伏尔泰当时身在巴黎，收到《论盲人的书简》就马上读了起来，大概一天以后就回信给狄德罗，称赞他的书"精妙、深刻"。[12]然而，在客套一番之后，伏尔泰表示对该书的高潮部分深感不安，在这一部分中，书中的一个人物因为自己"天生眼盲"而有力地否定了上帝的存在。[13]

伏尔泰提到的这个"人物"确有其人，他名叫尼古拉斯·桑德森（1682—1739），是 18 世纪最著名的盲人。这位奇才曾是剑桥大学的杰出教授，著有深具影响力、长达十卷的

尼古拉斯·桑德森，版画

《代数要素》，同时还是牛顿的学生。狄德罗在文中主要赞美
了这位没有视觉的教授令人惊叹的能力：他细腻的触觉，将抽
象概念联系起来的超凡能力，还有他为自己创造的"可触摸
的"算术。但是，在这段讨论的尾声，狄德罗文中的叙述者
停了下来，并宣布自己将和读者分享这位盲人人生的最后时
刻。《论盲人的书简》的这个部分据称是以桑德森未发表的手
稿的"片段"为基础的，但实际上完全由狄德罗自己编造。[14]

　　一开始，对桑德森临死前一幕的描绘好像暗示着他肯定会
皈依宗教了，一个科学人终于要在基督教的真理面前谦卑地低
下头。但是，接下来发生的却完全不是回归信仰；相反，狄德
罗笔下的桑德森和为自己主持临终祈祷的清教牧师热尔韦·霍
姆斯就上帝是否存在这个问题展开了一段激烈的辩论。在狄德

罗的《哲学思想录》中，自然神论、无神论和怀疑论的观点难分高下，但在这里，桑德森的无神论观点完全压倒了霍姆斯对基督教类自然神论的呈现。[15]尤其值得提到的是，神父在用无力的童话故事解释自然的奇迹时，受到了眼盲的桑德森的嘲讽："如果我们认为人无法理解一个现象，就立刻说它是上帝的作品；自负让我们无法接受其他的原因，但我们讲话难道不能少一些自负、多一些哲思吗？如果自然向我们提出了一个难以解决的问题，那我们就保留它，而不是用另一个存在来破除它，这个存在又给我们造成了新的问题，且比前一个问题更难以解决。"[16]

接着，桑德森将上面这个观点用一个更尖锐而幽默的寓言故事表现出来：

> 如果你问一个印度人这个世界是如何被支撑起来的，他会告诉你是因为有大象驮着；那这个大象又站在什么上的呢？"站在乌龟上。"［这个印度人答道。］那乌龟又是被什么撑起的呢？……霍姆斯先生，在你看来，这个印度人很可怜，可是在别人眼中你可能也是这样。所以，我的朋友，你也许应当开始承认自己的无知，并且放弃大象和乌龟这些东西。[17]

这两个段落不仅写了无神论，还写了人性中的自以为是。通过这个盲人神谕，狄德罗向我们提问：人为什么要在自然之外寻找解释自然的方法？他继而给出了回答：我们之所以创造了一个含混不清的神话，是为了突出自己有多了不起。

桑德森的遗言并不是像对待自大的傻子一样——让他们放

弃他们的"乌龟"——对待有宗教信仰的人。他死前不久逐渐陷入神志不清的状态，与此同时，他让读者和他一起思考宇宙是如何产生的。这个充满诗意幻想的原生浆液理论算得上是狄德罗有生之年写下的最为大胆的东西之一：

> [当] 宇宙从发酵的物质中被孵化出来时，我的同类[盲人] 是很常见的。那么，这个关于生物的看法为什么不能同样适用于多个世界呢？在那遥远的、无法被我的手和你的眼触及的时空中，有多少不平衡的、无法维持下去的世界，它们每时每分都在解体、重塑、再解体，在那里，运动无时无刻不在进行，也将永远持续下去，微小的物质不断重新排列，直到组合的结果可以维持下去？哲学家啊！跟着我，来到这宇宙的边缘，跨越我能感知和你能看见的、组织完善的事物的极限；越过这片新的海洋，随着它不规律的涌动，试一试你是否能在这里找到那个拥有令你敬服的、智慧的存在吧！[18]

对于 18 世纪的读者来说，桑德森对失败的世界和丑恶的人类原型如梦一般的想象很容易让人联想到卢克莱修的《物性论》。但《论盲人的书简》的新颖之处在于狄德罗对于概率和无神思想的运用。他没有将这个讨论简化成对地球起源的迂腐讨论，而是让桑德森高瞻远瞩的思想从一种焦躁不安、神思混乱的状态中生发出来。这种带有审美色彩的头脑发热意在感染读者，让读者感受到自身的存在不过是偶然的机遇造成的短暂结果而已。[19]

万塞讷监狱

大约在 1749 年 7 月的某天，法国第二有权势的人，拥有皇家出版大臣、审查大臣、国防大臣以及巴黎省省长等一串头衔的德·阿尔让松伯爵接到了一起投诉，其中提到了一个名叫德尼·狄德罗的新晋哲人，出版了一本对上帝不敬的书。这一次，表达不满的不是暗探，也不是限制人们言论的神父，更不是细心的出版审查人员，而是这位大臣的朋友——怀有哲学抱负的迪普雷·德·圣莫尔夫人。

这位夫人感觉自己遭到了狄德罗的贬低。在《论盲人的书简》的头几段中，狄德罗（更准确地说，是他文中的叙述者）抱怨说，自己没有受邀出席观摩法国最早的几次白内障手术，而是被勒内-安托万·费尔绍·德·雷奥米尔代替了。叙述者接着讽刺说，观摩了手术的是一些愚钝的人，他们的"眼睛什么都看不明白"。迪普雷正好是观摩者之一，因而感觉遭受了人身攻击，据推测，她要求德·阿尔让松教训一下那个不懂得恭敬侍上的哲人，好让他知道知道批评尊长的代价。[20]

如果《论盲人的书简》出版在另一个时间，德·阿尔让松也许会忽略他的这位女性友人的牢骚。可是狄德罗过往的明目张胆和异端思想，还有他在警方留下的案底引起了德·阿尔让松的注意，原因在于此刻的法国正处于剧烈的动荡之中。经济上的问题、大量城市贫民的饥荒，以及几乎全体国民对于《第二亚琛合约》的失望情绪（该条约要求法国将现在是比利时的领土归还奥地利），引发了大面积骚乱和幻想破灭。[21]当时的巴黎已经在失控的悬崖边挣扎了数月。

发生在 1749 年的部分骚乱是由被遣散的军人造成的，他们制造的混乱包括在巴黎市政厅附近举办"和平庆典"仪式期间绑架和杀害了许多妇女。反政府诗歌和歌曲像雪花一样撒满了全城。[22]最令路易十五恼怒的是一则流传广泛的谣言，说他命令巴黎警方将首都的孩童全部绑架送至凡尔赛宫，好让他杀了他们，用他们的鲜血沐浴，以此来洗清他身上的罪孽。不出意料，国王继而召见了德·阿尔让松，命令他重新控制住民众并防止此类令人不齿的思想进一步流传。德·阿尔让松不辱使命。到了 1749 年春天，巴士底狱的五十个牢房就都被填满了，其中有反对征税的抗议者、"哲人、詹森派信徒，还有讲了政府坏话的人"。[23]

德·阿尔让松正是在这样一个焦虑的氛围中，决定要把狄德罗当作反面典型处理的。7 月 22 日，他命令贝里耶逮捕这位作家，并将其押送到万塞讷城堡，这是一个由王室宫殿改造而成的监狱。两天后，早上 7 点 30 分，巴黎最高法院的律师兼警察局长阿尼昂·菲利普·米谢·德·罗什布吕内和图书业督查德·埃默里来到了狄德罗位于巴黎吊刑路的公寓门口。他们走进房子，来到二层，审问了这位作家，并搜查了所有写有攻击道德和宗教文字的纸张和作品。[24]

根据贝里耶提供的档案（其中包含一位印刷商的证词，他交代了狄德罗发表作品的准确清单），警察局长罗什布吕内希望能够在狄德罗家中发掘出"宝箱"，里面藏有丰富的污辱上帝的论文和淫秽短篇小说（几年后，罗什布吕内本人被发现收集了相当多的违禁作品，供他自己阅读）。[25]然而，他没有发现任何类似《八卦珠宝》中说话的阴道那样的作品，也没有找到任何明确的唯物主义论文。他在物品清单中报告的是满满二十一个木箱的手稿，都与后来的《百科全书》有关，以及业已付梓的《论盲人的书简》的一版手稿。

但罗什布吕内还是告诉狄德罗，身居贡比涅宫的国王路易十五亲自签发监禁令，要求立即将他逮捕。这份法律文件是旧制度时期君主专制权力最令人痛恨的一种表达，它可以不通过审判就将犯人送入监狱，在某些时候还可以对犯人实施终身监禁。根据范德尔夫人的叙述，贝里耶和他带领的那一群人来拘捕狄德罗时，她的母亲图瓦妮特正在后屋的卧室里给小弗朗索瓦－雅克穿衣服。狄德罗得知自己马上就要被带入监牢后，立刻请求来者让自己将情况告知夫人。为了不让她担心，他只是说他要去处理一些《百科全书》的相关事宜，晚些时候就会回家。几分钟后，也许是感到事情不对，图瓦妮特从窗户探头望出去，正好看到丈夫被几个警卫推搡着，登上了一辆马车。她终于明白发生了什么，一下子瘫倒在地。

从吊刑路到位于巴黎东边的万塞讷城堡的路程长 8 公里，大约一个小时。德·阿尔让松特别指示将狄德罗送到这里关押，因为巴士底狱已经塞满了政治犯，其中很多是反政府诗歌的传播者和爱好者。[26]

在到达万塞讷后，狄德罗立即再次受到审讯，然后被送到城堡中一个内部环境犹如黑暗地牢的塔楼内，关押在一个阴森的牢房里。时至今日，人们仍可以参观这座高达 165 英尺的宏伟建筑，包括其中曾作为监牢的房间。但现代的手艺人和石匠修复这座塔楼时，主要依照的是它在 14 世纪至 17 世纪作为法国王室的宅邸时的恢宏样貌，和它在 1749 年给人的感受截然不同。按照狄德罗的描述，他所在的那部分监牢臭气熏天，而且（据他称）疾病肆虐，是君主闭锁令自己厌恶之人的隐秘之处。[27]

万塞讷城堡

单独监禁

在旧制度时期，监狱中的生活多种多样，差别很大。尽管所有监狱都少不了虱子、田鼠、老鼠和传染病，但万塞讷的囚犯受到的待遇，根据推定的罪行、恶名的轻重和社会等级而各有不同。贵族和富有的囚犯如果奉上适当的贿赂，或认识合适的人，在监狱内获得舒适的居住条件并不是难事。比如，萨德侯爵在 18 世纪 70 年代末被捕入狱后，很快通过贿赂将自己的处境调整到尽可能舒适的状态，他在牢房里铺上了土耳其地毯，布置了自己的家具，还有一座拥有几百部藏书的图书馆。与之形成鲜明对比的是让 - 亨利·拉蒂德这样的政治犯。和萨德不同，拉蒂德因为在 1749 年将一盒毒药寄给了深得路易十五宠爱的情妇，蓬帕杜侯爵夫人，因此触怒了政府。身为一个挣扎求生的作家，拉蒂德此举的目的并非伤害蓬帕杜夫人；相反，他糊涂地认为，如果自己能够在蓬帕杜夫人误服毒药之前向她揭露这个阴谋，他就能成为国家英雄了。这个"妙计"产生了完全相反的效果。在这个死亡包裹送到蓬帕杜夫人手中后不久，拉蒂德就被发现是罪魁祸首，这导致他在万塞讷监狱和巴士底狱度过了三十五年的时光，其间他经常被关在地牢中，吃的东西比发霉的面包和清汤强不了多少。[28]

警方的文件显示，狄德罗受到的对待介于萨德和拉蒂德之间。尽管这位哲人所处的监牢很不利于健康，但贝里耶指示典狱长体面地对待他，就和对待"布瓦耶和龙谢尔"两位詹森派神父一样，这两个人因为发表了反耶稣会的小册子将受到终身监禁。[29]这就意味着狄德罗在狱中的餐食将由国家负担，主菜一般是一碗炖牛肉，偶尔是肝和肚，都会同时搭配上一瓶葡萄酒和足量的面包。[30]每到周五，监狱还会送来鲱鱼和刺虹这种便宜的鱼类，外加一些煮过的蔬菜。[31]

在适应这套程序一周后，狄德罗再次受到了贝里耶的提审。7月31日，星期四，贝里耶从巴黎来到万塞讷，就这位哲人的各种活动审问了他。审讯记录不仅体现了审问的具体细节，还包含了狄德罗不断尝试欺骗审讯者的行为。

　　　　1749年7月31日，下午，审讯狄德罗先生，奉国王之命，此人现被关押于万塞讷监狱地牢，审讯在该监狱的审讯室进行，被审讯人已经宣誓坦白，并对审讯人的提问如实回答。

　　　　被审讯人交代其名字、姓氏、年龄、社会等级、国家、地址、职业，以及宗教信仰：

（犯人）回答说，其姓名为德尼·狄德罗，生于朗格勒，年36岁，入狱前来自巴黎，被捕于吊刑路，位于圣斯德望堂教区，其信仰为罗马天主教。

被问到他是不是《论盲人的书简》的作者时，回答，否。

被问到他通过谁印刷了该书时，回答，他不是出版该书之人。

被问到他是否将该书的手稿卖或交给某人时，回答，否。

被问到他是否知晓该书作者姓名时，回答，完全不知。

被问到他是否于两年前写过某部名为《八卦珠宝》的作品时，回答，否；等等。[32]

在这个文件剩下的部分中，贝里耶就每一部狄德罗被指控为作者的书作发问。每一次狄德罗都否认了自己与这些书的手稿、出版者和发行有任何关联。在审讯的最后，这位哲人通读了所有的问题和回答，确认了它们的真实性，并签上了自己的名字。

贝里耶没有接受狄德罗欺骗性的自我辩护。狄德罗对审讯的阻挠令他十分恼火，回到巴黎后，他立即下令审讯狄德罗的出版人——时年三十七岁的洛朗·迪朗。第二天，迪朗被带到贝里耶面前，表现得比狄德罗配合得多，很快供述了他为出版狄德罗的违禁书籍做了怎样的秘密安排。贝里耶拿到了证据，无意释放那位毫无悔过之意的哲人。于是，他完全切断了和狄德罗的联系，这个措施起到了很好的效果。

在狄德罗受审八天之后——狄德罗被带到万塞讷监狱约三周后——巴黎方面的缄默令他认识到自己的牢狱生涯将不会在几周内结束，而会长达数月甚至数年。这个事实在某一天变得再清楚不过。这一天，狱卒经过狄德罗的牢房，将一周所需的蜡烛按照每日两支的配额发给了他。根据范德尔夫人的记述，狄德罗告诉狱卒，自己存的蜡烛还够用，暂时不需要这么多。狱卒简单粗暴地回答说，现在也许用不着，但到了冬天可少不了，到时候太阳早上快到九点才照进来，下午五点就完全落了。[33]

狄德罗在单人牢房中待到第四周的时候，他坚定的决心开始动摇了。他向狱卒要了纸张，分别给德·阿尔让松和贝里耶写了措辞谨慎的信。在写给前者的信中，狄德罗采用了双重策略。在某些地方，他含糊地为自己的过失致歉；而另一个方法更有效，他在公文中将奉承和几乎不加掩饰的引诱精心地编织在了一起。在称颂了德·阿尔让松对文学的大力支持后，狄德罗透露说，他（作为《百科全书》的编辑）距离决定宣布这部巨作是献给德·阿尔让松的仅一步之遥。狄德罗的意思再明白不过：释放我，《百科全书》献词页上写的就是你的名字。两年后，这个献词出现在了这部伟大词典第一卷的开篇。[34]

在诱惑德·阿尔让松的同时，狄德罗写给贝里耶的信更长也更悲切，他在信中将自己的命运完全交到了贝里耶手上。他先是描写了他在牢房中将悲惨地死去的这个可能性，继而花费了大量笔墨渲染他作为一个辛勤的知识分子，积极地普及数学和"文学"的事业，却对致使自己入狱的原因只字不提。

这个缺失没有逃过贝里耶的眼睛，于是他再一次选择对狄德罗的信不予回应。狄德罗感到愈发绝望，又寄了一封信给贝里耶，这一回，狄德罗不仅承认了自己就是《哲学思想录》《八卦珠宝》《论盲人的书简》的作者，还为自己将这些"头脑的自我放纵"分享给法国大众而表示抱歉。在收到这份供词一周后，贝里耶来到万塞讷监狱，亲自与狄德罗对话，并告知他不久之后便可以结束单独监禁，获得一个合适的房间和床铺，不过条件是，他要保证今后不会再写任何违背宗教和道德的作品。[35]

在同贝里耶和德·阿尔让松交涉的同时，狄德罗还给在朗格勒的父亲写了两封信。[36]尽管这对父子已经相互疏远了六年多，但三十四岁的德尼明显很担心他的父亲（以及朗格勒的乡亲）会听说他被捕入狱。为了缓解这个消息可能带给家乡亲人的冲击，他至少在一封信中暗示过，他由于遭人诬陷，以致警方现在指控他写了违禁书籍，而他完全是冤枉的。从事实上讲，他说的没错。比如，贝里耶确实指控狄德罗是《风俗》（1748）的作者，而真正的作者是弗朗索瓦－樊尚·图桑。但是，狄德罗隐瞒了自己匿名出版的作品的真实情况，或是对此轻描淡写。不难想象，要承认自己是《八卦珠宝》这样不知羞耻的放荡小说的作者不是件容易的事。

迪迪埃·狄德罗可不是好骗的。在写给儿子的回信中，他表示自己对儿子为什么被关在万塞讷的"石头盒子"里一清二楚。迪迪埃接着冷静地告诉儿子，他应当在监狱里好好反省一下自己的人生。在老狄德罗看来，儿子之所以锒铛入狱，完全是因为他将自己所受的教育和自己的头脑用错了地方。"上帝给了你天赋，目的不在于让天赋来削弱你的神圣宗教的信条。"老狄德罗这样写道。[37]

但是，这封信最重要的地方不在于轻柔的责备，而在于表达了希望犯了错的儿子回归家庭的心情。这种心意的变化源于监狱，这个闭锁之地反而为父子间切断了多年的沟通打开了一条交流的通道。更重要的是，1749 年的迪迪埃·狄德罗感到自己时日不多，家人也渐渐离他而去。1748 年 10 月，与他同甘共苦三十六年的妻子安热莉克去世，享年七十一岁。同一年，他二十七岁的女儿，和她母亲同名的安热莉克发了疯，死在了乌尔苏拉女修道院厚厚的石灰石围墙中。迪迪埃·狄德罗当年计划中的大家庭如今缩小了很多，而他的儿子虽然身陷囹圄，但仍然主动联系了他，这必定触动了迪迪埃，于是他向儿子伸出了橄榄枝。尽管他的信中满是责备，但这位一家之主宣布他很乐意认可德尼和图瓦妮特的婚姻，只要他们当初结婚时获得了教会的承认。他还提到，希望儿子能够让他见一见自己的孙子孙女。

狱中逸事

迪迪埃·狄德罗的信可能是在 9 月中旬被送到了他儿子手中，此时德尼已经在万塞讷监狱度过了两个月的时光。到了此时，这名囚犯的处境和情绪都得到了明显的改善。他已经从位于城堡主楼的监牢中被释放出来了，现在可以在花园和庭院中活动，并且搬到了监狱中更舒适的房间中。贝里耶还允许狄德罗的家人和与狄德罗一起编撰《百科全书》的同事前来探望。

狄德罗获得探视权的第一天，图瓦妮特就来到了万塞讷监狱。来访的还有四位印刷商，他们之前都给贝里耶和德·阿尔让松写过信，请求他释放狄德罗，现在来和狄德罗商量如何更好地推进已经被拖延了的大辞典编撰工作。在之后的几天和几周中,狄德罗的合作编辑让·勒朗·达朗贝尔和受雇负责为《百科全书》绘制插图的艺术家路易 - 雅克·古西耶也前来探视。狄德罗余下的牢狱时光都用在了工作上。

和所有曾经历过监狱生活的著名人士一样,狄德罗在万塞讷的时光充满了故事和传奇。范德尔夫人讲述了她的父亲如何在被单独监禁期间将瓦片碾成粉末,制成墨汁,用牙签代替羽毛笔,只是为了能在弥尔顿的《失乐园》的页边空白处写批注。这种在监狱中迸发的创造力看来完全有可能,相比之下,范德尔夫人讲述的她父亲如何为了监视已经做了他四年情人的皮西厄夫人而越狱的故事则非常离谱。很明显地,皮西厄夫人和其他人一样,因为狄德罗受监禁而担心不已;在狄德罗被允许会客后,她成为不辞辛苦地前往万塞讷探望他的众人中的一个。她本来期待着一次温情脉脉的重聚,却被醋意大发的狄德罗审问了一番,因为狄德罗认为她的穿着对于探监来说过于讲究。在狄德罗的强迫下,她承认在探监结束后要去尚皮尼附近参加一个聚会。狄德罗坚信皮西厄已经另寻新欢,据说他在情人乘马车离开后溜出了监狱,步行了 7 公里,走到尚皮尼监视她。狄德罗的这次远足要穿过万塞讷的森林,还要渡过马恩河,因此这个故事的真实度并不高;这个故事的结局同样不可信,据说狄德罗回到万塞讷后,向监狱长沙特莱侯爵坦白了自己短暂的越狱。尽管狄德罗和这位出身上流社会的东道主关系不错,但他很少如此积极地认罪。

在狄德罗监狱生活的这整段经历中,他那天究竟有没有跋涉到尚皮尼并不重要。相比之下,卢梭在 1749 年秋天这段时间中的多次到访则重要得多。卢梭在《忏悔录》中讲到,好友受到监禁这件事令他忧虑万分，他多次从繁忙的工作中抽身，步行走完从巴黎到万塞讷的漫长路程去见狄德罗。据卢梭讲述，他第一次探视狄德罗时，这位哲人正同与其合作的编辑达朗贝尔谈话。[38]他看到狄德罗"颇受监狱生活的影响"，并且写到自己为了这次重逢不禁流下泪来："我进去时，眼里只看到了他；我鞠了一躬，喊出了声，将我的脸贴着他的脸，紧紧地拥抱了他，一边哭一边叹气，却说不出话，因为我的喜悦和爱令我喘不过气。"[39]

在描述了他与好友狄德罗情深义重的重逢后，卢梭用神话般的叙述方式记录了身为新生代哲人的自己如何突发奇想，决定反抗启蒙运动的两大基石——知识与文明——带来的腐化影响。这个故事开始于一个夏天炎热的下午，卢梭当时正走在去往万塞讷监狱的路上。他走得筋疲力尽，满身大汗，于是决定在路边的树下休息片刻，并拿出了法国当时最权威的高雅文学和哲学讨论杂志《风雅信使》。仿佛是宿命的决定，卢梭在这个月刊中偶然读到了第戎学院刊登的散文大赛的征文广告，参赛者被要求探讨这个问题：艺术与科学的复兴究竟促进了道德的败坏还是净化？[40]

这个问题涉及的不只是技术上的进步和道德上的退步。第戎学院的学者们敏锐地观察到了法国正在经历的巨大变化。与英国相比，法国这个拥有250万人口的大国一直进步甚微，原因在于其国内的各个行业协会难以撼动，社会制度严重僵化，以及政府负债累累造成了各种问题。尽管如此，法国的科学家和哲学家还是努力将国家拖入了一个充满思想激情的启蒙时期，英国和荷兰的启蒙运动更加温和，而他们则无畏风险地选择了更为激进的形式。这些思想和"哲学"上的进步，在很多人看来，付出了巨大的代价：包括伏尔泰和狄德罗在内的哲人不仅鼓励人们将宗教和科学分开来看待，还请求他们重新思考基本的道德问题，比如什么是幸福，而这曾经是教廷专属的管辖范围。世界正在发生深刻的变化，与"艺术和科学的复兴"相伴而生的是大量的自由思想，而第戎学院的散文大赛看起来正是在呼吁参赛者谨慎地衡量绘画、雕塑、音乐和科学等方面的成就，并针对某些精神上迷失了的人行为上的过度之处，提出几个犀利的观点。

卢梭对此却另有所想。描述自己在发现散文大赛后的反应时，他这样解释道："当我读到征文广告时，我脑中浮现了另一个宇宙，我也成为另一个人了。"他接着写道，在他走到监狱后，"还是焦躁不安，亢奋得几乎神志不清"。[41]他继而叙述了自己如何与狄德罗一起讨论了散文大赛提出的问题，以及狄德罗如何鼓励他参赛，继而提出了一个有悖于其他人的认知的"真理"，即艺术和科学对人类来说弊大于利，这是他在被押往监狱的路上认识到的。[42]关于这段对话，狄德罗这样写道：

> 我当时被关在万塞讷城堡。卢梭来看我，在谈话中，他问我如何回答这个［由第戎学院提出的］问题。我告诉他说："没什么可犹豫的，你应当采取与所有人都不一样的立场。"卢梭回答道："你说得对。"之后，他就开始将这个精妙的想法转变为一个"哲学系统"。[43]

几个月后，在狄德罗的帮助下，卢梭完成了他的《论科学与艺术》（1750），文中他列出了一部关于毁灭的谱系，将科学和技术的源头回溯到了人类脱离其自然状态之后养成的恶习。他提出，贪婪让人类创造了数学，无节制的野心孕育了力学，无聊的好奇心催生了物理。卢梭传达的中心思想简单且很有说服力：我们在技术和思想上的进步越大，我们在道德上退步越多。"进步"不但是人类傻傻追寻的海市蜃楼，还会导致人类的毁灭。

卢梭的文章不但获得了比赛的第一名，还促使他创作了另一部更加有力的关于人类毁灭的作品《论人类不平等的起源和基础》（1755），它又被称为《第二讲演集》。这部人类学编年史影响深远，设想了人类不幸脱离了原本的自然状态——孤独、野蛮、没有理性——转而开始群居生活，发展出了理性和语言，拿自己和他人做比较，于是进入了一个充满竞争和社会等级的境况。卢梭继而论述，很快私有财产和社会不平等就出现了，这两者都只能生发于人类的文明状态。狄德罗又一次成为卢梭的这部新作品的首位读者。但狄德罗没有意识到的是，这个对历史异常悲观的理解提供的远不止一个引人深思的论点，它反映了卢梭对于自身与"社会系统"、与友谊以及与狄德罗和其他哲人关系的理解，发生了根本性的变化。

重返巴黎

1749 年 11 月 3 日，被捕后的 102 天，狄德罗终于获释。他从万塞讷监狱带回的东西不多，其中有一小本柏拉图的《苏格拉底的申辩》（公元前 399 年），他在狱中得以将这本书一直带在身边。据范德尔夫人记述，狱卒因为觉得狄德罗不懂希腊语，所以没有没收这本书。据说狄德罗很好地利用了它，在狱中将这本书的相当一部分译成了法语。

狄德罗成功地将这本书留在了身边这一事实显得再恰如其分不过了。在这本书中，柏拉图讲述了对他的导师苏格拉底的审判和他的自我辩护，并描写了苏格拉底受到指控的细节，尤其是他如何被指控为一个不信神者。在狄德罗之后的事业中，他时常提到这位令他倍感亲切的古希腊哲学家，后者和他一样，不合时宜地生活在一个恃强凌弱的时代。狄德罗在1762年写道："苏格拉底死时，他在雅典的处境和我们这些哲人在当今巴黎的处境相同。他的道德标准受到了攻击，他的人生受到了污蔑。"他还是一个"敢于自由地谈论众神的思想家"。[44]

尽管这两人之间有很多相似之处，但苏格拉底的囚禁和狄德罗在万塞讷的经历截然不同。众所周知，和这位法国哲人不同，苏格拉底面对指控时异常顺从，冷静并且自愿地饮下了夺去他生命的毒药。相比之下，狄德罗为了重获自由，不惜付出一切代价，为了欺骗抓住他的人，有意戴上了一系列不同的假面。刚到监狱时，他是对抗权威的哲人；很快，他又成了忍受折磨的囚犯；最后，他成了诚心悔罪的马屁精。若干年后，狄德罗为自己的行为辩护说，这样的道德上的反复无常是由不平等的权力关系直接导致的。他提出，人在大多数时候都没有多少主观能动力，只能根据情势装腔作势；简单来说，人生不可能没有道德妥协。在《拉摩的侄儿》中，狄德罗将这一类道德上的退步称为"职业习语"。在他看来，每一个职业都趋向于将某些重复发生的道德失误当成既定的做法，并认为其在道德上可以被忍受，这和语言学中的习语——含义耐人寻味的习惯性表达——在一段时间后被广泛接受一样。如果说他在监狱中运用了某种"职业习语"的话，那无疑是欺骗，尤其是针对警方的欺骗。

　　狄德罗于获释前不久，最后一次接受了贝里耶的提审。在这次会面中，狄德罗签了一份声明，保证不再发表与令他蒙羞入狱的那类书相似的任何作品。此后三十三年间，狄德罗在实质上履行了他的承诺。这其中一部分原因在于，狄德罗明白，他余生中每一次在咖啡馆里谈话，每一次在沙龙里见到陌生的人，每一次寄出书信，都完全可能受到巴黎情报探子的监视。然而，尽管政府成功地终结了他作为一个大胆的、独立发表作品的作家的公众事业，在他出狱时，狄德罗依然决心传播自由思想带来的喜悦，甚至要比以前做得更大胆。后来证实，《百科全书》的迷宫为狄德罗提供了最佳渠道。

第四章　启蒙圣经

　　在万塞讷监狱坐牢的经历正好发生在狄德罗七十年生命的中点。这个不受欢迎的间歇成了狄德罗一生中一个极具戏剧性的暂停，塑造了他在这之前以及这之后的生活形态，也赋予了其意义。入狱之前，狄德罗是一个业务熟练的翻译，是一部尚未出版的百科全书的编辑，是一位相对不太知名、创作了秘密反宗教正统作品的作家。但在他走出万塞讷监狱的那一天，他的身上多了一个永恒的烙印，将他标记为法国国内宣扬自由思想和无神主义最危险的"布道者"之一。

　　在狄德罗三个月的监禁中，德·阿尔让松伯爵和他的侯爵弟弟①津津有味地看着这个"傲慢无礼"的哲人在国家权威面前卑躬屈膝。侯爵在 1749 年 10 月的一篇日记中得意扬扬地提到，狄德罗的意志肯定已经被伯爵击垮了。警方的警告没有达到的目的，由单独监禁以及寒冬一般凄凉的人生前景达到了。最终，那个曾经放肆的作家不但乞求宽恕，他那"孱弱的头脑"、"破损的想象力"以及"虚妄的才华"也被压制了下去。作家狄德罗"创作毫无道德观念的作品"的日子看起来已经到头了。[1]

　　侯爵大人的想法只对了一半。1749 年 11 月，狄德罗终于走出了万塞讷监狱的大门，那时的他毫无疑问是夹着尾巴逃回巴黎的。然而，他并没有从此缄口结舌。在离开监狱两年后，

---

①　即马克-皮埃尔·德·瓦耶·德·波尔米·德·阿尔让松侯爵。

由他和达朗贝尔一同编撰的《百科全书》的第一卷出版了。这本书长长的标题透露出作者的自视甚高，标示出该书将对当时的知识和各行各业做出系统的批判性论述，同时还承诺，该书的作用将远超一本普通的工具书。

> 《百科全书》，即《科学、艺术或工艺百科全书》，由文人社团编撰，普鲁士科学院成员狄德罗先生编辑；数学部分由普鲁士科学院及伦敦皇家学会成员达朗贝尔先生编辑。

论影响力和重要性，《百科全书》远超狄德罗此前独立创作的作品。这部辞典有一个明确的目标，那就是将自由思考对人产生的诱惑和自由思考所需的方法传达给广大的欧洲读者，并在一定程度上，影响远在圣彼得堡和费城的受众。最终，通过耍手腕、混淆视听和时不时地配合政府的要求，《百科全书》（及其多种语言的译本、再版以及盗版）至今仍被看作法国启蒙运动的最高成就，也是世俗主义、思想自由和 18 世纪商业的成就。可是，在个人层面上，狄德罗却认为这部辞典是他人生中最费力不讨好的工作。

巴黎，1745：基础工作

尽管我们现在想到《百科全书》就会想到狄德罗，但这个工程并非狄德罗的思想结晶。这个想法源于一个时运不济的来自但泽（今波兰格但斯克）的，名叫格特弗里德·塞留斯的移民。1745 年 1 月的某一天，这名高挑瘦削的学者主动联系了印刷商和书商安德烈－弗朗索瓦·勒·布雷顿，向他提出了一个有望获得丰厚利润的商业项目：将最早的几部"包罗万象"的有关艺术和科学的百科全书之一，伊弗雷姆·钱伯斯所著的两卷本《百科全书；或艺术与科学通用字典》（1728）翻译成法语。勒·布雷顿对此很感兴趣。在当时，将英文作品翻译成法语不需要付一分钱给原作者和印刷商，这也成为安德烈－弗朗索瓦·勒·布雷顿的一项重要业务。两年前，他曾雇用了当时还并不知名的狄德罗，请后者帮助翻译了另一本英文工具书，即罗伯特·詹姆斯的《医学词典》（1743—1745）。

勒·布雷顿同意之后与塞留斯及其合作人约翰·米尔斯会面，后者是一位假装自己家境殷实的英国绅士，他一开始无疑显得很像一位极有价值的供稿人，因为英语是他的母语，所以他可能会为翻译作品提供有价值的理解，而且他还暗示会提供部分项目资金。两个月后，勒·布雷顿与米尔斯签署了一份协议，同意将这部辞典扩充为四卷，并附加了包含 120 幅插图的第五卷。[2]

这部新《百科全书》的准备工作立刻展开了。据称，勒·布雷顿订购了大量高质量的纸张和一大批由铅、白锡和锑制成的合金字母，用这些字母组成了一套新的印刷活字。[3]他还和塞留斯和米尔斯一起印刷并发行了一版辞藻华丽的小册子，用以招揽新书的订阅者。令勒·布雷顿高兴的是，包括耶稣会出版的《特雷武月刊》在内的多本期刊都一字不差地引用了这个广告浮夸的用词："没有一部辞典比这部辞典更实用、更丰富、分析更透彻、内部联系更紧密，换句话说，没有比它更完善和优美的了。这是米尔斯先生献给他的第二故乡的礼物。"[4]

然而，米尔斯的礼物名不副实。当勒·布雷顿收到这部辞典的翻译样本时，他愤怒地发现译文中到处都是翻译不准确和错译的问题。米尔斯还开始向勒·布雷顿施压，要求拿走辞典一部分的未来收入，这一举动暴露出米尔斯根本不是什么家财万贯的贵族子弟。勒·布雷顿虽然身材矮小，但性格顽强，用拳头和手杖狠狠地教训了这位生意伙伴（这发生在1745年夏天的一个晚上），打得米尔斯对他提起了刑事诉讼。[5]作为回应，勒·布雷顿也将米尔斯告上了法庭，还在自己公开出版的一部回忆录中将米尔斯斥为骗子和冒牌货。《百科全书》虽然得到了充分的宣传，但前途看起来一片渺茫。[6]

尽管经历了这样的灾难，勒·布雷顿却相信《百科全书》这个项目是可行的，并且具有盈利的潜力。三个月后，风波平息，勒·布雷顿再次开始为了从王室那里争取出版特许权而做准备。这一次，他更加谨慎地考量了翻译和出版一部多卷本作品所涉及的实际后勤工作和经济风险，继而选择了与安托万-克洛德·布里亚松、米歇尔-安托万·达维德和洛朗·迪朗这三位印刷商合作，他们之前曾与勒·布雷顿合作出版了多卷本的《医学词典》。他还找到了一位总编辑来替代米尔斯，和米尔斯完全不同，这位新总编不仅是法国人，还具有丰富的经验和出色的资质证明。这个人是便让·保罗·德·古阿·德·马尔弗。[7]德·古阿不仅是一位造诣颇高的数学家，还是伦敦皇家学会、巴黎皇家科学院及法兰西公学院的成员。1746年6月27日，身材瘦高、看起来营养不良的德·古阿和勒·布雷顿等人签订了合同，当时在场的见证人有两位，一位是时年二十九岁的达朗贝尔，另一位是三十二岁的狄德罗。他们二人被请来支持辞典的编辑工作，同时狄德罗还要负责翻译辞典中的一些条目。[8]

德·古阿在这个项目中的参与时间不到一年。[9]这一次，阻碍《百科全书》相关工作开展的是这位新主编暴躁的性格，还有他糟糕透顶的组织能力。和米尔斯一样，德·古阿也与勒·布雷顿及另外三位印刷商产生了严重分歧，最终在1747年结束了自己的工作。[10]这位易怒的几何学家的离开改变了狄德罗的人生：在犹豫了两个月后，勒·布雷顿和他的几位合伙人正式决定，任命狄德罗和达朗贝尔为《百科全书》的两位新主编。

从这四位印刷商的角度来看，达朗贝尔和狄德罗的作用迥然不同。当时已经远近闻名的达朗贝尔在1744年发表了一部关于流体力学的开创性作品，他可以从他在普鲁士科学院的同事中招募辞典的编撰者，可以监督所有与科学和数学相关的条目的编撰工作，还可以和德·古阿一样，为辞典增添一分学术机构的权威。虽然达朗贝尔刚满三十岁，但相貌英俊的他已经成为欧洲最著名的几何学家。这位毋庸置疑的天才与当时最伟大的数学家们联系广泛，因此被选作了《百科全书》的代言人。狄德罗的地位和作用则完全不同。一方面，四位印刷商都清楚狄德罗是个刻苦耐劳的人。狄德罗一边偷偷地进行着自己的创作，一边还主持翻译了詹姆斯主编的卷帙浩繁的《医学词典》。另一方面，勒·布雷顿和他的合作者也很清楚，这位前途可期的翻译及作家，这位曾经的神父，具有一种危险的倾向：他惯于用文字挑战人们广泛接受的宗教思想。

"花篮"里的筹划

像勒·布雷顿这样有地位的人，竟然将自己此生最大的投资放在了狄德罗这样一个名声略有瑕疵的作家身上，这样的决定现在看来也许很奇怪。与18世纪40年代的其他更加大胆的印刷商，尤其是他在《百科全书》项目上的合作伙伴迪朗·洛朗相比，勒·布雷顿一直以来都谨慎小心，避免参与具有争议性的出版项目。这在商业上是明智之举。1740年，勒·布雷顿成为国王的六名官方印刷商之一，他也因此享受了众多特权，其中包括获得税收减免和源源不断、容易印刷的王室出版物。[12]

更重要的是，勒·布雷顿是法国《皇家年历》的指定印刷商，从1683年开始，路易十四就要求勒·布雷顿的外祖父，洛朗 - 夏尔·乌里，负责这本年历的印刷工作。这一参与性出版物的利润极高，在勒·布雷顿的编辑下已经增加到六百页之多，其中包括涉及范围极广的实用信息，如天文现象、殉道圣人纪念日、宗教义务，甚至还有马车发车时间（到达时间没有那么容易预计），但《皇家年历》的大部分内容是用来记录统治着两千五百万法国人民的一众王室成员、贵族、宗教和政界人物的。按照路易 - 塞巴斯蒂安·梅西耶的说法，勒·布雷顿的这本小书为"凡间的众神"涂上了圣油。[13]自己的印刷品能够呈献于卢浮宫中的荣耀是独一无二的，比勒·布雷顿与旧制度时期的权力机构联系更紧密的书商很难再找到第二个。在这样的背景下，当勒·布雷顿邀请达朗贝尔和狄德罗加入《百科全书》这个项目时，他完全没有想到自己正在监制18世纪最具有启发性的作品。他不担心的原因自然与辞典和百科全书这类体裁有关。的确，早在1697年，一个名叫皮埃尔·培尔的胡格诺派人士就已经出版了一部内容翔实的四卷辞典，其中对基督教信条和历史的评价有很强的批判性，但此人身处相对安全的荷兰。相反，法国最重要的信仰天主教的辞典编撰者（他们与信仰清教的同行势不两立）更倾向于与当时最传统的观点保持一致，甚至对其极力强化。[14]如果《百科全书》的几个先例——安托万·菲勒蒂埃的《通用词典》，耶稣会的所谓《特雷武词典》，以及《法兰西学术院词典》——可以被看作是先例的话，狄德罗和达朗贝尔的《百科全书》虽然篇幅比之前的辞典长很多，但不会涉及争议话题，应该是一部汇编了有关艺术和科学知识的作品。[15]当然，这完全不是这两位编辑的意图。他们预想中的辞典是为了全面地重新思考辞典的功能而设计的。

让·勒朗·达朗贝尔
根据德·拉·图尔的粉彩画制作的版画

这已经是勒·布雷顿等人为了出版《百科全书》所做的第三次尝试了，有关如何进行相关工作的计划在距离勒·布雷顿的印刷厂半英里的地方展开，地点在巴黎左岸的位于格朗 –

奥古斯坦的一个名叫"花篮"的"食肆"。这个坐落在巴黎新桥附近的区域热闹非凡，有众多旅店、酒馆和餐厅，狄德罗早在加入《百科全书》项目之前，就经常光顾此地，并在这里与卢梭碰面。[16]那时，狄德罗和卢梭都过着低调，甚至是边缘化的生活。卢梭一直居住在塞纳河右岸皇家宫殿附近的各种小公寓中，靠着抄写乐谱勉强糊口；狄德罗则大概每六个月就搬家一次，为了在巴黎找到出路而挣扎。在这段时光中，他们两人惺惺相惜，相依为命，甚至计划好了要共同创办一份幽默文学杂志，并命名为《嘲弄者》。二十年后，卢梭多愁善感地回顾自己人生中的这段快乐时光，他开玩笑说，对于像他这么一个"惯于爽约"的男人来说，那些聚会无疑是人生中的高光时刻，因为他从来没有"错过一次花篮食肆的约会"。[17]

在 1747 年狄德罗成为《百科全书》的主编后，达朗贝尔也开始参加在花篮食肆举行的"例会"。卢梭毛遂自荐，为辞典的音乐部分供稿，还介绍了一位性格温和的神父艾蒂安·博诺·德·孔狄亚克，让其加入辞典的编辑工作。

和另三位花篮食肆的与会者不一样，孔狄亚克没有为《百科全书》贡献任何条目。然而，他的哲学方向和兴趣对辞典的理论基础产生了决定性影响。1746 年，孔狄亚克与同僚们分享了自己的《人类知识起源论》的手稿，他的这一影响也随之变得更加确凿。[18]孔狄亚克以洛克对先天观念的否定为基础，对认知进行了概括性的经验主义阐释，他坚持认为，感官的作用不只是为认知提供"原材料"，还告诉大脑如何运行，将记忆、渴望、思考、判断和推理的方法"教授"给我们。[19]孔狄亚克的这一贡献出现在《百科全书》筹备阶段的关键时刻。原则上，这位天主教神父更倾向于与《百科全书》

艾蒂安·博诺·德·孔狄亚克神父

的非正统立场保持相当的距离，但尽管如此，他仍然将他的合作伙伴的关注点聚焦到了有关头脑的理论和研究外部世界正确的科学方法这二者之间的关系上。这将成为《百科全书》的基础之一：抛弃符合神学要求的认知理论，代之以另一种理论，而在后者的体系中，灵魂和对上帝存在的先天意识无立锥之地。[20]

推广《百科全书》

《百科全书》第一卷出版前的几年颇令人担忧，这期间，狄德罗和达朗贝尔把大部分时间都用在了阅读当时的各种辞典和工具书上。他们不但要找出需要他们为之撰文的关键词，还需要概略地叙述出他们脑中数以万计的条目之间的种种联系。为了避免遗漏任何一处参见项，在找人编写第一个条目之前，他们必须全面、透彻地规划整个项目,这可能是《百科全书》编撰初期最令人疲惫不堪的工作了。

除了确定辞典的范围和内容,以及具体该如何开展工作以外,这两位编辑还参与了另一个同样至关重要的任务——吸引订阅者。1750 年初的几个月,刚从万塞讷回到巴黎不久的狄德罗执笔了一份九页长的《简章》,他在其中欢欣鼓舞地宣布,这部作品将远不只是一部对当时的事实和研究的简单汇编:与以前的词典不同,即将问世的《百科全书》被描绘成一部鲜活的作品,它将阐明不同领域学科之间或明显、或隐晦的关联。狄德罗对"百科全书"一词的定义就明白地显示了这一点。这个词指的不只是知识的集合或范畴——这是希腊语 *enkuklios paideia* 的字面意思,而《百科全书》采用全新的形式,通过缜密的思考,能够积极地检验和重塑当时人们对知识的理解。

在强调《百科全书》独创性的同时,狄德罗还编了几个无伤大雅的谎话。"简章"这种体裁向来有这样的特点。第一个谎话把几乎尚未开始编撰的辞典,说成马上就要完成了:"我们现在隆重推介的这部作品已经不是一部尚待完成的作品了。所有手稿和插图都已完成。我们保证,全书至少由八卷组成,内含六百幅插图;全部八卷将接连问世。"[21]

这个创造性的市场营销举措与狄德罗对《百科全书》诞生过程的浪漫叙述紧密地结合了起来。狄德罗解释说,与以往的辞典和手册不同,他和达朗贝尔挑选了一个由国际专家组成的团队,每位专家都精通自己领域的知识。他的意思是,属于业余爱好者和半吊子的时代已经结束了:

我们认识到,要挑起这样的重担,[我和达朗贝尔]

必须找到能够帮我们分担工作的人，于是我们立刻开始向
众多饱学之士寻求帮助……将合适的项目分配给恰当的
人；数学交给数学家，工程学交给工程师，化学交给化学
家，古代和现代历史交给熟读历史的学者，文法学交给作
品由哲学精神统领的作家，将音乐、航海、建筑、绘画、
医学、博物学、外科学、园艺、人文学科，以及应用艺术
交给这些领域的专家来处理；这样一来，每位专家只
[编撰] 他懂得的话题。[22]

平心而论，狄德罗在 1750 年的《简章》中提出的主张并
不都是假话。随着辞典的编撰工作逐渐启动，达朗贝尔和狄德
罗说服了 150 位"百科全书派"人士为这部辞典提供条目。
其中，博物学、化学、数学和地理专家有 40 位；医生和外科
大夫有 22 位；诗人、剧作家、哲学家、文法学家或语言学家
有 25 位。他们二人还请到了 14 位艺术家，其中包括雕刻家、
绘图员、建筑师和画家。[23] 其中有些人最终成为《百科全书》
的主要贡献者。路易-让-马里·多邦东是国王博物学藏品的
管理员，他为大辞典贡献了接近 1000 个与植物学标本、矿物
和动物相关的条目。著名的蒙彼利埃医生加布里埃尔-弗朗索
瓦·韦内尔，透彻地阐述了超过 700 个主题，从便秘讲到催
吐。军事史学家、国王孩子们的家庭教师纪尧姆·勒·布隆撰
写了大约 750 个条目，其中包括讲解战争策略的论文、军事法
庭和各种与军事胜利相关的仪式。著名的法学专家安托万·加
斯帕尔·布歇·德·阿尔吉最后一共编写了 4000 个条目，既
记录如果被狗咬了该如何通过法律维权，又写过对鸡奸罪的定
义和惩罚。

然而，在编写《百科全书》最初的几年中，狄德罗才是整个项目的驱动者。尽管《百科全书》第一卷的标题页自豪地宣称该书的创作者是"文人社团"（其中提到了18位署名贡献者），但狄德罗最终为这部巨著的第一卷贡献了2000个条目，囊括了地理、生育、植物学、博物学、神话、木工工艺、园艺、建筑和文学等众多话题。[24]第二卷出版工作的重担也同样落在了狄德罗的身上。

思想和方法

当狄德罗为了《百科全书》的第一卷和第二卷奋笔疾书时，达朗贝尔正忙着创作法国启蒙运动时期最受尊崇的文章之一，即《百科全书序章》（1751，以下简称为《序章》）。作为《百科全书》的序言，这篇宣言标志了欧洲文化和思想图景的骤然转变。

在《序章》的第一部分，达朗贝尔阐述了他和狄德罗将如何对这部辞典最终包含的数以万计的条目进行分类。他含蓄地拒绝采用所有先验标准和权威意见，提出了我们现在所谓的由人类的头脑组织而成的人类知识。他继而以洛克提出的概念——人类的思想全部来源于感官与外部世界的接触——为基础，将人类知识的各个分支与人类认知的三种形式关联起来。他直接借用英国哲学家、政治家及科学家弗朗西斯·培根及其写于1605年的《学术的进展》中的观念，提出了记忆产生历史，想象力创造诗歌（和艺术创造），理性带来哲学这样的论断。[25]全书的所有条目都将归纳到这三个主要类别之下，而在这三个类别之上，又形成了一个完全世俗化的基础，使全书知识网络逐渐展开。

《序章》的第二部分将《百科全书》放在了人类科学和思想成就的发展这个更大的背景中。达朗贝尔首先抨击了中世纪造成的长达千年的学术和科学上的愚昧无知，然后赞颂了三百年间出现的思想英雄，比如培根、莱布尼茨、笛卡尔、洛克、牛顿、布丰、丰特奈尔和伏尔泰。在达朗贝尔看来，这些人是引领人类的光，他们不但与愚民政策和迷信做斗争，还促生了新一代的学者和大师，而新一代正努力将他们所处的时代引入一个更加理性和世俗化的阶段。达朗贝尔对历史的看法无论从哪种程度上讲都没有公开宣扬政治革命，但他所提倡的可以被认为是启蒙运动版的"昭昭天命"①。

与达朗贝尔的《序章》同时发表的，还有狄德罗执笔的两篇作品。第一篇是上文提到的《简章》，其中说明了《百科全书》将如何阐述各个学科，并提供了一个实用的辞典发展史。（在《简章》中，狄德罗还多少有些悲观地讲到，如果发生革命，或在对人生感到绝望的时刻，《百科全书》就好像一个巨大的时间胶囊，或许可以为得以留存下来的知识提供一个"避难所"。)[26]第二篇文章是一个为《百科全书》制作的巨大的折叠地图，该地图是《人类知识体系》的修改版，后者在一年前和《简章》一起发表。这幅地图将达朗贝尔在《序章》中对的人类知识的分类用图形表现出来，将记忆和历史、理智和哲学、想象和诗歌一一对应。在这三大认知类别之下，狄德

---

① 昭昭天命（英语：manifest destiny）是 19 世纪美国帝国主义的一个信念，认为北美殖民者必然将完成把北美大陆塑造为农耕大陆的使命，并且注定能够将其信仰在北美大陆扩展开来。此处则指启蒙运动精神和社会变革在欧洲的广泛传播。

罗继而罗列了《百科全书》将要阐述的一系列主题。

乍看之下，这个包括了从彗星到诗歌等各类话题的巨大地图并无冒犯权威之处。的确，《百科全书》最早的评论者、耶稣会神父纪尧姆－弗朗索瓦·贝尔捷没有挑狄德罗建立的"体系"的毛病，只是指责狄德罗的这部分内容剽窃了培根的作品却没有标明出处。狄德罗真正的逾矩之处在于没有彻底地忠于培根。狄德罗搭建的知识树状图的整个框架虽然来源于培根，但在两个地方对培根提出的知识的定义做了重要改动。第一，他打破并推翻了人文学科（比如绘画、建筑和雕塑）与"机械学科"或行业（即手工劳动）之间的传统等级关系。第二，同时也更具颠覆性的是，他把宗教这个类别整个搬到了人的推理和判断能力之下。培根的做法小心而睿智，他选择在人类的三个认知官能之外，为神学知识单独留出一个位置，而狄德罗则把宗教置于哲学之下，实际上就是在赋予《百科全书》的读者批评宗教的权利。

现在，要从狄德罗的"体系"中发现那些微妙但重要的反宗教正统的例子很有难度。想找到这些例子，我们必须模仿18世纪审查人员的做法：在浏览过程中，在表格最不起眼的地方搜寻最惊世骇俗的思想。比如，让我们通过下面的这个所谓的神学知识树状图，看一看狄德罗如何进一步嘲弄了宗教这一概念。

"神学知识"（SCIENCE DE DIEU）不但被归纳在了理智（RAISON）这个大类别之下，还被进一步分成了两个小类别：第一个是自然神学（THÉOLOGIE NATURELLE），这一理论认为上帝的存在可以从万物的存在秩序中推演得来；第二个是启示神学（THÉOLOGIE RÉVÉLÉE），这一理论信仰《圣经》和所谓上帝意志的显现。而这两个分类又被简化归纳为"宗

ENTENDEMENT.

RAISON.

MÉTAPHYSIQUE GÉNÉRALE, *ou* ONTOLOGIE, *ou* SCIENCE DE L'ÊTRE EN
GÉNÉRAL, DE LA POSSIBILITÉ, DE L'EXISTENCE, DE LA DURÉE, &c.

SCIENCE DE DIEU { THÉOLOGIE NATURELLE. } RELIGION, *D'où par abus,* SUPERSTITIONS.
THÉOLOGIE RÉVÉLÉE.
SCIENCE DES ESPRITS DIVINATION.
BIEN ET MAL FAISANS. MAGIE NOIRE.

狄德罗的《人类知识体系》，出自《百科全书》第一卷（细节部分）

教"。狄德罗将他的第一个看似无关的概念藏在了"宗教"这
个类别之下，显示出宗教和迷信（SUPERSTITIONS）终归是
无法区分的。将宗教和迷信等同起来、不加区分，这个无礼的
想法同样出现在了第二个子类别中，即"有关善灵和恶灵的
知识"，在这里，宗教似乎悄悄地与占卜和黑魔法混到了一
起。细心的读者读懂了这个玩笑：一个人越是深入研究所谓的
神学，就越明白宗教将不可避免地把人引入玄学和非理性的行
为。的确，在《百科全书》对人类知识的分类中，所谓的神
学不但可以被归纳在人类的"理智"之下，也完全可以被归
纳在人类的"想象"之下。[27]

通俗易解的迷宫

狄德罗和达朗贝尔在他们的通信中，经常将《百科全书》
描述为一个战场，在这里，启蒙运动的思想家一面致力于引领

世界走入一个充满社会变革的时代，另一面要与法国天主教会和旧制度政府的严格监控和干涉抗争。在达朗贝尔看来，这一对抗的结果是这样一本书，这本书的根本性缺陷在于无法对其所思所想直言不讳，尤其是对所有与宗教相关的话题。狄德罗的说法更加确定无疑。当他终于要完成《百科全书》最后一卷的工作时，他将辞典中各个条目内容的质量相差甚远的问题归咎于审查人员，因为为了通过审查，他不得不一而再、再而三地做出妥协和让步。然而，在与《百科全书》相关的各种出乎意料的情况中，其中一个就是，虽然这些保守势力的支持者曾两次审查并叫停了该书的出版（这个故事我们之后再详述），但这些人也在某种程度上成就了这部大辞典的特色和精妙之处。毕竟，正是旧制度对言论最严厉的压制刺激了这部作品高超的假动作、讽刺和讥诮，乃至其整个在方法上的内部机制和结构。

甚至连《百科全书》最无可争议、看起来一派祥和的方面——辞典的字母顺序——都体现了这两种势力间的对抗。[28] 狄德罗和达朗贝尔按照字母顺序（而非按照主题）排列辞典中的 7.4 万个条目，这样做意味着这两位编辑拒绝了长期以来区别对待衡量君主、贵族和宗教的价值标准与衡量资产阶级和国家的各行各业的价值标准的这种做法。[29] 他们决定，在这部辞典中，像天主教这样的话题，完全可以出现在黄铜的制作方法这样的话题旁边。而且，字母顺序具有随机性，这也让他们可以通过一个十分详密、设计巧妙的相互参照系统，将读者"引导"至他们认为合适的方向。[30]

如今，依靠数位人文技术，我们对相互参照网络，或狄德罗和达朗贝尔通篇播撒在《百科全书》中的参照（renvois）的认识，要比狄德罗本人当初所知道的多得多。总的算起来，大约有 2.3 万个条目（即大概 1/3 的条目）有至少一个与之形成相互关联的条目。有一些条目的相互参照多达五个至六个，这让关联总数达到了六万两千个。[31]一开始，狄德罗和达朗贝尔在《简章》和《序章》中对于相互参照的功能还有些遮遮掩掩。但到了狄德罗为《百科全书》创作那篇著名的自我参照的条目时，也就是他为出现在《百科全书》第五卷、题为"百科全书"的条目提供解释时，他已经可以更加直接地讨论这个相互参照系统的运行方式了。

狄德罗解释，《百科全书》中有两类参照：实质参照和文字参照。实质参照相当于现在的"超链接"，这种根据学科和主题而形成的参照关系，为读者开展进一步研究提供帮助，"标明了与主题关系最直接、最紧密的，以及联系不紧密或看起来并无关联的条目"。[32]为了在两个乃至多个主题之间建立起动态联系而设计的实质参照，反映了狄德罗活跃、有力的惯常思维方式。按照他自己的说法，"任何时候，语法都可以让我们联系到辩证法，辩证法联系到形而上学，形而上学联系到神学，神学联系到法学，法学到历史和年表，年表到地理，地理到天文学，天文学到几何，几何到代数，代数到算术，等等"。[33]这之前的辞典，除皮埃尔·培尔的《历史与批判词典》外，基本上都以用线性、单一的方式来阐释真理为目标。这种对知识和条目间的相互参照崭新的、互动性的展示，则有不一样的用途：它不但点出了各个学科之间未受到关注的关系，还特意促使相互矛盾的条目进行对话，通过这样的方式，凸显出当时各种知识之间巨大的差异和分歧。在达朗贝尔和狄德罗的带领下，读者在这段思想旅程中，很难不对当时有关宗教、道德和政治的传统观点提出质疑。

除了这些激发读者思考的相互参照之外,《百科全书》中还散落着狄德罗所说的"文字"参照,这些参照关系讽刺了当时难以撼动的成见,或者说是"国家偏见"。狄德罗写道:"每当遇到［一个荒谬的成见］要求读者尊重其观点时,［相应的］条目应当恭敬地表述该观点,并且要表现得可信且有说服力;但同时,该条目也应当摒弃废话和糟粕,其方法在于将读者引导至其他的条目,利用其他这些条目中坚实的原则,为与成见相反的事实提供基础。"[34]

有一些讽刺性的文字参照相当直白。比如,"思想自由"这个条目就直接指向了狄德罗编撰的有关基督教的"偏狭"这个条目,其尖锐的论述促进了读者批判性观点的形成。另一些文字参照更加戏谑,比如"方济各会",这个条目一本正经地从这个宗教团体的历史讲起,又不厌其详地描述了这些教士的祭服,尤其是祭服上的兜帽;结尾,条目赞扬了该宗教团体的肃穆、虔诚和道德准则,及其培养出的上帝出色的仆人。然而,这一条目相互参照的,则是有关"兜帽"的条目,在这段滑稽的文字中,狄德罗解释说,包括方济各会在内的很多宗教团体,曾激烈讨论过他们应当穿戴什么样式和形状的兜帽。紧随这个"事实"之后的是一段杜撰出来的故事,故事细致讲述了方济各会内部的两个派系长达一个世纪的战争:"一派想要窄兜帽,另一派想要宽点儿的。他们怀着深深的敌意,激烈地争论了一个世纪还没个结果,最终,还是靠四位教宗的诏书才勉强让他们偃旗息鼓。"[35]

就讽刺的尖锐程度来讲,"方济各会"和"兜帽"这个相互参照,虽然将荒谬的趣闻逸事和詹森派与耶稣会之间无法解决的纷争相提并论,但还算比较温和。有一些主题和学科没有出现在狄德罗的"百科全书"这个条目中,而他们之间的对照可没有这么客气。最有名的是"食人族":这个条目直接对应着"祭坛"、"教会"和"圣餐仪式"。

因为有可能找到类似惊世骇俗的讽刺条目,读者在阅读《百科全书》时也就更加全面和详细。但狄德罗和达朗贝尔非常谨慎,没有把最明确的反宗教思想放在最显眼的地方。在处理潜在的敏感话题时,比如"亚当""无神主义者""天使""洗礼""耶稣""有神论者""圣约",这两位编辑一般会遵循宗教正统。对于最具有煽动性的话题,比如唯物主义,狄德罗则选择了完全放弃。

"植物羊",
《百科全书》描述的一种传说中的植物

不过,狄德罗和达朗贝尔确实通过在辞典各处,尤其是在最晦涩的条目中安插反宗教理念来自娱自乐。比如,狄德罗在辞典中写到了中亚地区的"植物羊"。传说这种植物会开出巨大的花朵，花朵中会生长出像羊一样的动物，有头有蹄，其腹部和植物高大的主干相连。写到这里时，狄德罗提醒读者，一个"事实"越是看起来令人惊奇，人们越是应当去寻找能够证明其真实性的目击者。狄德罗最后总结道，所有这种奇迹从来都没几个人亲眼见过，所以"不足为信"，而读者对这一总结的弦外之音应该都心知肚明。[36]

　　狄德罗和达朗贝尔还运用了另一类讽刺：他们在一些条目的编写上古板而郑重其事地墨守成规，带来了独特的嘲讽效果。比如，马莱神父为了解释"诺亚方舟"这个条目，编撰了长达五千字的枯燥内容，为了从神创论者的角度讲述世界的起源，这位神父花费的功夫之多简直到了荒唐可笑的程度。他讲解了方舟的建造用了多少木材，有多少动物被救（和被宰杀食用），以及为了处理船上成千上万的动物的排泄物而建造的粪便处理系统。无论马莱神父自己是否意识到了这一点，但他对传统的教廷教义的详细解释，不仅让他的这段文字深陷令人难以信服和自相矛盾的泥沼，而且他提出的问题远比他解决的要多。

　　并不是所有的条目都使用了这种间接的讽刺。1750 年，狄德罗为"灵魂"这个极具争议的条目撰写了一篇文章，并将其附在了基督教哲学家克洛德·伊冯神父对这一话题的讨论之后。伊冯应狄德罗的邀请编写该条目，并为之撰写了一篇约一万七千字的长文，他在文中追溯了灵魂这一概念的历史，并反击了斯宾诺莎、霍布斯和唯物主义带来的威胁。从伊冯所采取的笛卡尔思想的角度来看，灵魂与上帝相连，和上帝一样是非物质且永生的，而且动物中只有人类有幸获得了这种无形的要素。读者不得不担心，面对这样一篇冗长的论文，狄德罗很可能会做出不明智的事情，无法忍住不做反驳。[37]

狄德罗在他附加在这个条目后的文章中（该文在《百科全书》出版后立刻遭到了耶稣会人士的攻击），没有为艰涩的神学问题与伊冯纠缠不清，而是提出了一个比伊冯的论述简单得多的问题：如果说非物质性的灵魂是意识和情感的来源，那灵魂是在什么位置与身体连接起来的呢？是如笛卡尔所说的那样，在松果体那里吗？还是在大脑呢？或者在是神经？心脏？血液？[38]在道出了神学无力回答的问题后，狄德罗接着指出，所谓的非物质性的意识和灵魂，与物质世界的联系，比人们想象的要紧密得多。狄德罗说，如果一个人在出生时，接生婆的操作出了问题，或是后来不幸中风，或者脑部遭到重击，"那他就与理性和判断力无缘了"，就得和具有所谓超越物质的灵魂"说再见"了。[39]狄德罗的批评者很清楚这位哲人的意思：灵魂实际上只存在于人们的想象中。[40]

唯一比宗教更棘手的话题是政治。当时的法国没有政治党派，对煽动叛乱的惩罚是到桨帆船上服苦役，或是被处死，所以达朗贝尔和狄德罗从来没有明确地质疑王权在精神上和政治上的权威。但是，《百科全书》依然成功地倡导了自由、开明的准则，其中包括思想自由和对政治权力更理性的运用。《百科全书》中的这些文字与法国大革命时期的政治论调相比，或许显得有些不温不火，却在动摇专制制度的几个重要逻辑前提中扮演了重要角色。

在这个方面，狄德罗最直接、最具威胁性的一个条目，是由他编撰但没有署名的"政治权力"，出现在《百科全书》的第一卷。有幸读到这个条目的读者立刻就会发现，条目的开头并不是对政治权力的定义，而是一个有力的断言，即无论上帝还是自然都没有给予任何个人统治的权力。[41]

> 政治权力：没有任何一个人从自然那里获得了对其他人的管辖权。自由是上天赐给人类的礼物，同一物种中每个个体，一旦有了理性思考的能力，都有权享有自由。

作为卢梭几年后在《论人类不平等的起源和基础》（1755）中提出的理论的预示，"政治权力"这个条目不止挑战了君权神授的理念。狄德罗在文中继续讲述了政治权力和社会不平等的起源，指出了两个可能的来源：一个是某个人通过"武力或暴力"夺走了他人的自由，这个观点来自霍布斯；另一个是某个被征服了的群体通过制定契约将统治权交给他人，这个观点来自洛克。狄德罗没有直接否定法国国王的统治权——他在后文中还歌颂了路易十五——但他提出了一个非常危险的想法，即政治权力的真正来源是人民，作为一个政治群体，人民拥有委托他人管理社会的权利，以及收回这个委托的权利，而这个权利是不可剥夺的。四十年后，法国大革命期间，1793年的《人权宣言》在其第三十五条，也就是最后一条中，不仅主张人民的统治权，而且主张人民拥有反抗压迫的权利和为反抗压迫而起义的责任，而正是"政治权力"这个条目中最有启发性的元素，搭建起了这一主张的核心框架。

视觉的《百科全书》

《百科全书》的两位编辑为传播颠覆性思想——无论是作

茧自缚的神学条目，还是讽刺性的条目间的相互参照——设计了巧妙的表现方式，这是辞典最引人入胜的一面。然而，辞典中大多数的条目都不带有一丝讽刺的痕迹。《百科全书》的核心是数以万计、简单直接的条目，阐述了包括解剖学、建筑学、天文学、钟表制作、殖民活动、园艺、水力发电、医学、矿物学、音乐、博物学、绘画、药理学、物理和外科学在内的各类主题。与辞典中反对教权的和政治性的评述相比，其余收录于辞典中的知识，大部分都保持政治中立。但这些如同洪水一般涌来的信息，或许正是《百科全书》最重要的政治表达：对既有的知识结构的颠覆。

最能体现这一点的，在于这部辞典对于当时的主要行业的展现，这些行业在《百科全书》共十一卷图编的插图中得到了华丽的描绘。[①] 从第一卷插图中以对乡村中的家庭农业生产生活的表现为开始，在三千张插图之后，以一系列对纺织机的图解作为结束。这些图片涉及范围极广，其中包括有关各类手工业和技术的知识，比如针的制作工艺、制靴和造船，不仅将当时的各行各业和手工艺提升到了一个新的高度，而且重新定义了百科全书这类图书可以且应当涵盖的范围。[43]

根据最初的设计，《百科全书》的插图部分本应作为对文字的视觉补充出现，只应有几百张。[44] 但到最终成书时，插图和文字一样，成为《百科全书》至关重要的一部分。与制作这些插图有关的传说塑造了一个精力无比充沛，对知识无所不通的狄德罗的形象：为了制作这些插图的雕版，他在巴黎的各

---

① 《百科全书》共有 17 卷文字正编，11 卷图编，经过后人补编，1780 年再版时共有 35 卷。

个作坊之间奔走、拜访工匠，将他们对技术通俗的叙述转化成优雅的法语表述，并照着他们使用的机器制作模型。狄德罗本人在辞典的《简章》中也为读者营造了相同的印象："我们不遗余力，探访他们的作坊，向他们提问，将他们所说记录下来，将他们的思想具体化，用专门的表达描述他们的专业，绘制表格和示意图……像这样，我们通过多次、长时间的采访，清楚阐释了那些在其他地方没有得到完美回答，或者解释得晦涩，有时给出的回答不尽可靠的那些问题。"[45]

毋庸置疑，这位出生于朗格勒的刀匠之子对某些行业有着特殊的兴趣——据说他对织袜机的模型非常入迷，一直将其摆放在自己的书桌上——但狄德罗很可能夸大了他与手工业者接触的程度与频率。从他后来的书信中看，他在 18 世纪 50 年代至 60 年代期间，将时间基本花在了编辑工作上，而大部分与插图相关的工作则交给了几位插图画家，为首的是让-雅克·古西耶。

古西耶是《百科全书》的几位重要的无名英雄中的一位，他在 1747 年签约，开始了辞典的相关工作。在狄德罗的监督下和一小队草图绘制师的协助下，这位画家辛勤耕耘了 25 年，制作了所有 2885 张插图中的 900 余张。[46]根据现代的标准，在这个过程中花费的心血之多令人难以想象。首先，很多插图的主题需要大量的前期调研，然后才能画出初稿。据说，古西耶本人花了六周在蒙塔日专门研究造纸工艺，在卢瓦尔河畔科讷库尔花了一个月学习锚的制作，在香槟和勃艮第花了六个月了解铁艺和复杂的镜子制作工艺。

古西耶和其他画家（包括伯努瓦-路易·普雷沃、A. J. 德·费尔和雅克-雷蒙·吕科特）将精细的插画制作完毕，就会马上交给狄德罗，由他在每一幅上签字批准，并用几个字标明插画可以送去制作成雕版。[47] 通过审核的插画继而被送往雕刻师那里，由他们负责将纸上的绘画转刻到对开本大小的铜版上。

狄德罗批准通过的签字

《百科全书》中描绘雕版过程的插图表现出一个井井有条的工作场所。

与插图中展示的工作场所相比，位于阿尔普路上的勒·布雷顿的印刷厂无疑显得乱哄哄、脏兮兮。《百科全书》对印刷技术的描绘，让我们得以将创作雕版图画的基本步骤具象化。先在烤架上加热铜版，再将油墨涂在铜版上细小的纹路上，然后擦拭铜版，仅将油墨保留在铜版被雕刻了的部分，最后把纸张铺在铜版上，将纸张压住并在铜版上滚动。但这些并没有反

铜版雕刻师的工作室

凸版印刷厂

映《百科全书》的印刷过程。为了将每一幅插图都印制四千份，勒·布雷顿的印刷厂中经常同时有五十个全职印刷工一起工作——那种景象，与身处整洁房间中的三个工人将印刷好的纸张悬挂晒干的情形（上图所示），无疑相去甚远。[48]

　　无论勒·布雷顿印刷厂的工作条件究竟如何，他的工人印刷出的插图不但精美，而且起到了很好的揭秘作用。狄德罗坚信，人们经常被事物的外在形态所欺骗，古西耶和他的团队很可能是在这个理念的指导下，解构他们绘制的对象。插图画家绘制了几百种机器和设计的运行部件，其中包括风车磨坊、蔗糖"工厂"、落地摆钟、各种航海船只、煤矿、大炮，等等。最具有"去神秘化"作用的是一幅展示了巴黎歌剧院的神奇机器的插图，它对歌剧院设计精妙的机械电梯和移动舞台的各个细节做了详尽描绘。

　　《百科全书》中的插图有一个目标，那就是拉开世界的帷幕。这个目标也同样影响了这部辞典对人体的展示。以安德烈亚斯·维萨里的书（或是当时的解剖学书）为参考，古西耶等人绘制的被切成两半、细致解剖、甚至肢解的人体插图，生动得让人胃里翻江倒海。代表性的插图除了描绘被切断和被结扎的阴茎，以及完整的下腹腹腔解剖，还着重展示了最新的外科手术，比如白内障手术。这些插图中有时会画出防止病人移动的束缚工具，非常有效地表现出外科手术技术的高超和随之而来的恐惧。

　　除了描绘机器和人体的内部运行机制以外，插画家们还将各种物体和动物按照其类型、大小和其他类似的标准进行了分类，其中包括昆虫、海贝、印刷字体、航海旗、纹章，甚至还将建筑中的石柱按照高矮和大小顺序做了排列。如果说这些插画的设计者最初的目的是将各种物体有序地展示出来，那么如今在我们看来，这些图反而失去了他们当初的理性特征。[49] 这一点在描绘年代久远、早已不再使用的工具的插图中，显得尤其突出。插图将数以千计这样的工具，按照精确得过了头的标

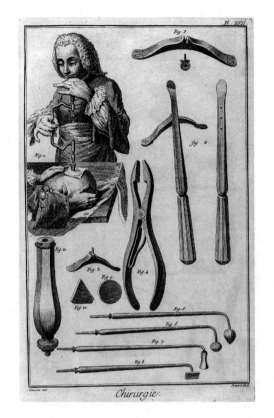

外科手术工具

准，一一排列出来。但由于书页上经常没有明确的比例尺和参照点，人们看不出这些工具的大小，这些无人认得的工具脱离了辞典的语境，失去了意义。

与出现在插图中具有同等重要性的，自然是没有出现在插图中的了。在众多"行业"中，明显没有得到视觉表现的，正是利润最为丰厚的一个：买卖受奴役的非洲人。尽管在描绘殖民地农业的插图中，有一些不重要的田园片段，读者能够在其中找到在生产棉花和靛蓝染料的法国工厂中工作的非洲奴隶的身影，但狄德罗没有让插画家们绘制被改造过的货船，装载奴隶人口的计划，或是使奴隶贸易得以开展的各类监禁手段。[50]

在蔗糖工厂劳作的非洲奴隶

平心而论，狄德罗似乎对描绘法国工人阶级极度恶劣的工作环境同样不感兴趣。如果说偶尔有一幅插图无意唤起了当时工人所面临的现状——比如，在第 115 页上方的图片中，读者可以看到一个小男孩举着一个大罐子，一个雕刻师正在往里面倾倒酸性液体——编辑和画家的意图完全不在于唤醒读者，让读者关注这些使国家运转成为可能的奴隶和劳动者的悲惨境遇。相反,《百科全书》的目的在于从一个理想化、美学化的视角,描绘人类的心灵手巧和辛勤劳动,尤其是拥有这些美德的社会阶层较低的人们。从很多方面来讲,《百科全书》图编中的这个观点,来自这个为自己那身为制刀大师的父亲而感到骄傲和自豪的儿子。这个对于各行各业的汇编,肯定没有《百科全书》的正编那么具有"政治性"。但是,和整部辞典一样,这些看起来没有威胁性但包含大量信息的插图,正如这整部辞典一样,暗示了法国社会中的第三等级潜在的政治抱负,先于法国大革命几十年。

第五章　《百科全书》的刚毛衬衫

　　1772 年 8 月末，狄德罗以自由译者的身份加入《百科全书》已经超过二十五年，而他也终于要完成这部有史以来伟大作品的出版工作了。落在他肩上的担子是非常沉重的。参与这个项目的一共有 150 余位作家、博物学家、历史学家、哲人、医生、地理学家和艺术家，但从头开始，没有间断，一路走到了项目尾声的只有狄德罗一人。另一位主编让·勒朗·达朗贝尔在 1758 年结束了自己的工作；随后，大部分撰稿人也陆续离开。狄德罗则顽强地坚持完成了他起初的任务，将这个伟大的事业转移到地下进行，在过程中忽略了自己的家庭、健康乃至文学抱负。[1]

　　回顾起来，狄德罗遇到的一些困难和障碍一定出乎他的预料。勒·布雷顿及其三位合伙人在 1746 年得到了王室给予的特许权，获准出版《百科全书》，但项目的每个参与者都很清楚，即便有大法官亨利·弗朗索瓦·德·阿格索的签字同意，也不意味着他们可以为所欲为。确实，这位总审查官是否批准不但取决于一个由正式和非正式的监视构成的巨大网络，而且在理论上被这样的监视取代了。这样的监视开始于两个在狄德罗 1749 年的监禁中起到重要作用的关键人物：一个是图书业的督查总长约瑟夫·德·埃默里，另一个是警察总监尼古拉·勒内·贝里耶。[2]另一些对辞典吹毛求疵的人是索邦神学院的神学家，其中一些人还就出版物的道德问题为国家图书审查官提供建议。[3]更有一层监视来自具有詹森派倾向的巴黎最高法院，这个机构与我们现在想象中的代议制政府立法机构分支完全不同，而是一个靠世袭制度维系的法官阶层[①]，他们不但要对国王下发的命令和法规做"登记"和批准，而且和前面提到的那几个个人和团体一样，也要负责对危险的思想进行管控。最高法院很熟悉狄德罗的情况：早在 1746 年，他们就曾投票决定在格列夫广场焚毁狄德罗的《哲学思想录》。

　　然而，《百科全书》面临的最大威胁并非来自索邦神学院和巴黎最高法院，而是来自有权有势的耶稣会，这个天主教修会的多面性使其对《百科全书》的敌意通过多种形式体现了出来。首先，凡尔赛宫廷内部保守的耶稣会神父大力抨击《百科全书》的反宗教性和对国家的腐蚀性影响。这个群体中不但有国王路易十五的告解神父德马雷大人，还有对王太子影响力深厚的私人教师让-弗朗索瓦·布耶尔。

　　除了这些比较保守的耶稣会会士外，还有一个由学院中的耶稣会神父组成的重要网络，他们对狄德罗和达朗贝尔另有不满。这类博学的"文人神父"中的一些人并非反智主义者或保守人士，而是认为狄德罗会邀请他们参与《百科全书》的编撰工作。有一些历史学者在探讨"《百科全书》的斗争"时，倾向于将耶稣会归类于"反启蒙运动"那组，但实际上，这个天主教修会的神父向来自视为学术圈的重要参与者。[4]毕竟，这个宗教修会一向以其极具影响力的学院系统为荣，而且将其出版的当时最优秀的辞典《特雷武词典》，以及发表以文

---

① 即法国旧制度时代的"穿袍贵族"（法语：noblesse de robe）。

学和科学为主题的书评和学术论文的重要期刊《特雷武月刊》，看作值得引以为傲的成就。[5]

　　这样看来，耶稣会会士，特别是《特雷武月刊》的编辑纪尧姆－弗朗索瓦·贝尔捷，在发现百科全书派人士有意将他们排除在《百科全书》的早期组织工作之外后，感到十分愤慨也就不足为怪了。1751 年，随着《百科全书》各卷陆续出版发行，这种不满情绪变得更加严重。达朗贝尔在其编撰的"宗教团体"这一条目中，不仅将耶稣会的教学方法贬斥为落后、过时、肤浅和劣质，还暗示说耶稣会会士对自己的学生教导无方，严重到这些学生在"第一次做出有辱上帝的谈话或是阅读危险读物"之后，立刻就抛弃了他们的宗教信仰。[6]对很多耶稣会会士来说，百科全书派人士造成的最大问题不在于这本书的人类中心主义和反教权主义，而是在于他们明显正在把启蒙运动定义为一个彻底反对传统宗教的事业。

　　强大的耶稣会网络、巴黎最高法院、索邦神学院和环绕着路易十五的保守派神职人员——像《百科全书》这样一部作品，很难找到比这敌意更浓的环境了。可是，在这么多势力都合谋反对《百科全书》的情况下，在社会的各个层面，甚至包括凡尔赛宫廷中，也还是有这部辞典的支持者。其中最主要的是路易十五的情妇蓬帕杜伯爵夫人，她视耶稣会为死敌，据说她在狄德罗拜访她的私人医生、重农主义者弗朗索瓦·魁奈时还与狄德罗见过面。[7]在此后的几年中，尤其是当各方的抵制在 1752 年达到顶峰时，蓬帕杜夫人成为宫廷中能与耶稣会阴谋集团抗衡的力量。最终，来自对手的压力对蓬帕杜夫人形成了政治上的威胁，她不得不收回了援手。但是，她在早期对百科全书派人士的支持，被拉·图尔的粉彩画永久地记录了下来，在画中，被她轻轻拈在指尖的正是《百科全书》第三卷的书页。[8]

蓬帕杜伯爵夫人，拉·图尔的粉彩画（细节）

纪尧姆－克雷蒂安·德·拉穆瓦尼翁·德·马勒泽布

更令人难以置信的是，狄德罗和百科全书派还有另一位重要盟友，他就是王室审查官及图书行业总管纪尧姆 – 克雷蒂安·德·拉穆瓦尼翁·德·马勒泽布。1750 年冬，在其父亲的提名下，年仅三十岁的马勒泽布晋升至此高位，他出身法国社会的最高阶层，是接受了启蒙思想的新一代贵族，更是哲人们的仰慕者和支持者。[9]然而，即便是有蓬帕杜夫人和马勒泽布两人的支持，依然不能让狄德罗、达朗贝尔和《百科全书》完全躲过一系列看起来永无止境、无法预见的危机。

普拉德神父

1751 年，在《百科全书》第一卷出版仅四个月时，一个完全无关的事件令整个项目陷入了危机。这个插曲与一位名叫让 – 马丁·德·普拉德的神父有关，这位不太有名的神职人员是狄德罗的朋友，帮助编撰了《百科全书》中引发争议的"确信"（*Certitnde*）这个条目，他在事件发生的几天之前，刚刚在索邦神学院的论文答辩委员会面前完成了答辩。他写的这篇论文的标题是："上帝将生气（指灵）吹在他的鼻孔里的那人，他是谁？"这个标题来自《创世记》，似乎暗示着论文的作者将从传统宗教的角度思考亚当的命运，或是对上帝意志进行的沉思。[10]

在公开答辩之前，普拉德已经认真完成了其他所有的必需步骤。他申请到了许可，在索邦神学院的几位具有适当资质的博士那里将自己的论文印刷了出来。[11]他根据惯例，将长达八千字的论文排版，使用了纸张厚厚的、页面的长边长近 2 英尺的超大开本纸张，单面印刷，将论文印制了四百五十份。他还在答辩的几天前将论文寄送了出去。

公开答辩在 1751 年 11 月 18 日举行，长达七小时，进行得十分顺利：原来，这位年轻神父的论文是对自然哲学和基督教的整合，而所有记录也都显示，他获得了答辩委员会的一致好评。但是，问题就出现在有人真的读了这篇论文。和斯宾诺莎和霍布斯一样，普拉德指出，《摩西五经》的内部时间线有问题。[12]和洛克一样，他也在文中暗示，所谓的先天观念（包括对上帝的先天认知）并不存在，所有知识都来自感官。普拉德还提出了一个对政治权力带有些许霍布斯主义色彩的理解，他在否定君权神授的同时，还认为被统治阶层的意志才是政治权力的根源。尽管这些思想已经以各种形式流传了几十年，但法国最富盛名的神学机构竟然允许这样有辱上帝的言辞传播开来还是第一次。很快，索邦神学院竟将神学博士的头衔授予了一个异端分子的消息就在巴黎传开了。不出所料，索邦神学院的教师们很快就后悔了。为了避免遭到惩罚，有一些教师称论文因为字体太小而无法阅读；但这个借口从普拉德的论文导师卢克·约瑟夫·胡克口中说出来毫无说服力，这个爱尔兰人也很快丢掉了他那令人艳羡的教职。[13]

普拉德的论文给了《百科全书》的反对者很好的由头，他们很快借机对这部辞典及其正在制造的自由主义氛围提出指控。1752 年初，辞典的第二卷刚刚问世，巴黎最高法院就谴责了普拉德的论文，宣布这篇论文代表了一种"用其自身来替代信仰和对人类理性的天然认识的新科学"。[14]另一些权威宗教机构也发出了类似的指控。1 月 27 日，索邦神学院终于发声，谴责了出自他们自己学院的论文，宣布神学院虔诚的教师们因为强烈的厌恶而颤抖（*horruit sacra Facultas*），这个史无前例的表态令索邦神学院蒙羞。[15]两天后，《百科全书》最强劲的反对者之一，巴黎大主教也发出了同样的控诉。最后站出来批判普拉德的是教宗本笃十四世本人，他发布诏书称这篇论文令人深恶痛绝。

到了 1752 年 2 月初，来自各方的压力日益增加，各方要求在谴责之外采取进一步行动。为了回应这些宗教团体的怒火，凡尔赛宫廷中作为国王顾问委员会的一群高级别大臣突然开始对《百科全书》展开了猛烈抨击，还发出了一个判决，指控百科全书派"破坏王室权威，助长独立和造反情绪"。[16]这个判决也影响了《百科全书》第二卷剩下的书的发售。

巴黎最高法院的成员尝到了胜利的滋味，继而寻求对普拉德的惩罚。2 月 11 日，法国的主要司法部门命令将普拉德神父押送到西岱岛上的中世纪监狱——巴黎古监狱，让他在那里为其罪行付出代价。[17]普拉德担心整个巴黎和凡尔赛宫廷保守派的盛怒很快会转移到他身上，于是明智地选择逃离巴黎，先到达了荷兰，后来去了腓特烈大帝在柏林的宫中，这位接受了启蒙思想的专制统治者一直试图吸引支持启蒙运动的哲人中身陷困境的成员，其中就有伏尔泰。[18]

普拉德的遭遇对狄德罗来说触目惊心。1749 年，在狄德罗出狱之前，贝里耶向他传达的那个基本信息——如若你因再犯而入狱，就别想再离开——一定仍在他耳畔回响。最简单的做法是像普拉德一样，逃亡到友好的国家，寻求赏识他的王室赞助者的庇护。[19]巴黎的一些闲话贩子散布消息说，狄德罗很快就要逃跑了。其他人暗地里嘀咕说，国王已经签发了对狄德罗的逮捕令，他很快就会被送入巴士底狱。虽然这些都是谣言，但有一个传闻完全准确：耶稣会会士正在四处游说，准备全面接手《百科全书》的工作，就等狄德罗和达朗贝尔被驱逐出该项目，甚至被送入监狱。[20]

路易十五最终决定把这两位编辑关入巴士底狱。他还签发了诏令，没收了《百科全书》余下的手稿。马勒泽布作为图书行业总管不得不执行这一命令，或者至少是装装样子。那几天的气氛十分紧张，其间到底发生了什么存在很多不确定性，但现在的历史学家推测马勒泽布当时秘密地向狄德罗发出过预警，告诉了他国王准备没收《百科全书》的消息。无论真实情况如何，2月11日，当马勒泽布及其随员郑重其事地来到勒·布雷顿的印刷厂，准备没收余下的纸张时，却什么都没找到。这个充满戏剧性的场面达到了几个目的。除了让凡尔赛宫、耶稣会和詹森派这三方确信没有什么值得担忧的以外，马勒泽布的做法还使得巴黎最高法院对辞典更严厉的阻截变得没有必要了。

狄德罗在这段紧张时期的策略是低调行事，同时秘密地继续着辞典第三卷的编撰工作。[21]达朗贝尔却威胁说要放弃这个项目。3月1日，他致信给普鲁士科学院的干事约翰·海因里希·萨穆埃尔·福尔梅。他在这封信中说："我不确定辞典的工作能不能继续，但我向你保证，我是不会再继续了。"[22]

同时，马勒泽布正不遗余力地在凡尔赛宫中活动，希望能够找到妥协的办法，让《百科全书》剩下的几卷能继续出版。蓬帕杜夫人主动站出来与宫廷中的宗教保守人士抗衡，在她的支持下，马勒泽布终于促成了一个令人难以理解的协定，这个协议反映了当时宫廷充满矛盾的氛围。最终的结果是，《百科全书》的第一卷和第二卷仍被定义为违法出版物，而之后的几卷则被默许继续编撰，尽管要经过更多一层的审查。作为这个协定的一部分，马勒泽布允许《百科全书》在宫廷中最有权势的天主教批评者布耶尔再选出三位审查官，他们可以在辞典出版前，仔细阅读辞典中的每一个条目，查找任何带有"反宗教"或异端思想痕迹的内容。[23] 尽管对这样的工作条件造成的困难有颇多抱怨，狄德罗和达朗贝尔最终还是接受了。经过私下探讨，他们的计划是用海量的条目压垮这三个审查人员，直至他们因不堪重负而放松审查力度。[24]

风暴眼

先是遭到禁止，后又再次获准出版，这反而让大众对《百科全书》的兴趣更加浓厚了。这也给勒·布雷顿和与他合作的出版商带来了意外之财。《百科全书》新的几卷即将出版的消息刚刚传出，大批订阅者就开始预订了。到了1752年末，订阅数量增长了50%，达到了3000人。两年后，编辑们又收到了额外的1200单订阅，最终的印刷数达到了4200套。

18世纪50年代中期，百科全书派度过了只能用"风暴眼"来形容的一段时光。尽管达朗贝尔在1752年3月向多方表明自己将不再参与《百科全书》的工作，但在同年7月，他又勉为其难地同意继续负责辞典数学部分的工作。两年之后，他甚至重新回到了编辑的工作状态，执笔了辞典第四卷的前言，在其中自豪地列举了辞典的杰出贡献者，并宣称辞典在与落后势力的斗争中取得了胜利。[25]

　　《百科全书》的哲人们此时明显是顺风顺水。法兰西学术院之前基本由创作的作品少、发表的作品更少的高阶主教组成，现在却越来越多地纳入启蒙运动的成员。1746 年，伏尔泰当选为学术院的成员，七年后，这个威严的组织吸纳了布丰伯爵乔治－路易·勒克莱尔，他是御花园的管理者，还创作了 18 世纪最重要的书籍之一《自然通史》（1749—1788）。次年，达朗贝尔也成为法兰西学术院的一员。和伏尔泰与布丰伯爵一样，在这位数学家接管之前，这个职位一直由高等神职人员占据。无论是哲人还是神职人员，都很清楚这个方向性变化意味着什么。[26]

　　对狄德罗来说，18 世纪 50 年代中期也是个好时候。此时，他和图瓦妮特已经结婚十年，这十年来的生活似乎不停地被一个又一个心碎的时刻打断。尽管图瓦妮特生养了三个孩子，但从没有两个孩子同时活着的时候。他们的女儿安热莉克在 1744 年 9 月死去，死时才刚刚满月。六年后，四岁的弗朗索瓦－雅克·德尼也因病死去。同年 7 月，灾难又一次降临。就在狄德罗和图瓦妮特的第三个孩子德尼－洛朗受洗的当天，他的教母失手把他掉在地上，他的脑袋砸在了圣斯德望堂的石阶上。五个月后，这个小男孩便死去了。情况终于在狄德罗和图瓦妮特的第四个孩子身上有所好转。1753 年 9 月，一个女婴诞生在夫妇二人位于吊刑路公寓的二楼，这个名叫玛丽－安热莉克的小女孩（也就是未来的范德尔夫人）是狄德罗的孩子中唯一活过了危机重重的婴幼儿时期的。她很快就成为狄德罗快乐的源泉。

　　随着这个里程碑式的事件而来的还有其他几个重要变化。到了 1754 年，《百科全书》的其他几位编辑清楚地认识到，狄德罗对于辞典的重要性已经远远超过了名声不小但脾气更大的达朗贝尔，真正成为这个项目的核心和灵魂人物。狄德罗肯定也意识到了这一点，不然他也不会在那一年谈妥了一个对自己更有利的合同。狄德罗用四位印刷商的资金购买的众多书籍，而合同将狄德罗规定为这些书的唯一所有者，他还可以在辞典每一卷出版时获得 2500 里弗尔的报酬。在这笔源源不断的收入之外还有更加丰厚的奖金：四位印刷商同意在辞典最后一卷出版时，支付狄德罗 2 万里弗尔。[27]

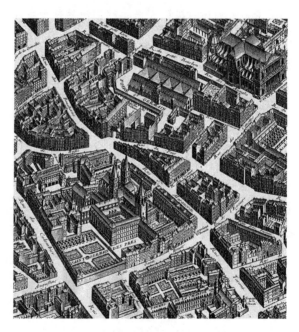

杜尔哥绘制的巴黎地图，1734—1739，
塔兰内路，位于图的右下角

这是狄德罗有生以来第一次手头相对宽裕，生活欣欣向荣，于是他决定举家搬出吊刑路上拥挤的旧公寓，来到塔兰内

路上的一栋楼房，将家安置在位于楼房第五层的公寓。这里处于圣热尔曼区，比狄德罗之前居住的区域要更接近中产阶级水平。这个新居所一年的租金是 600 里弗尔，有 6 个房间，4 个壁炉，公寓后面还有专门的厨房区域。但这里最大的优势是楼的第六层还有一个单独的书房，头顶就是楼房的孟莎式屋顶。狄德罗就是在这里度过了他人生余下的三十年光阴，穿着他的家居长袍和拖鞋，在书海中笔耕不息。

强烈反对

这段平静的时光并没有持续多久。18 世纪 50 年代中后期，《百科全书》的批评者们联合起来，发起了新一轮的猛攻。反对势力远及里昂，在那里，一个新的、影响力强大的耶稣会组织，针对当时"百科全书主义"导致的精神"流沙"，制造诽谤文章，组织研讨会议，开始高声反对《百科全书》，并产生了重要影响。在巴黎，新类型的批评也开始出现。在 18 世纪 50 年代加入这个阵营的最有力度的声音来自埃利·卡特林·弗雷龙，这位才华横溢的保守派批评者备受法国王后的青睐和提携。1754 年，他开始出版法国第一本真正意义上的文学期刊《文学年代》。期刊每十天出版一期，影响力强，传播广泛，很快成为不断扩大的反对哲人们和《百科全书》的声浪中最尖锐的声音。弗雷龙尤其享受仔细审阅《百科全书》新出版的每一卷，一丝不苟地对其中所谓的剽窃行为进行嘲笑，并对其中的反宗教观点提出严厉的斥责。[29] 然而，对《百科全书》产生最大影响的，并不是被指控剽窃和对上帝及宗教不敬，而是后来的一次政治刺杀行动。

罗贝尔－弗朗索瓦·达米安，版画

　　1757 年 1 月 5 日，罗贝尔－弗朗索瓦·达米安——一名高大魁梧的男子，据说精神状态不太稳定，坚信自己的行动得到了上帝的准许——想办法进入凡尔赛宫宫殿周围的区域，意图杀害，或者如他后来坚称的，伤害路易十五。刚进入凡尔赛宫，达米安便查明国王当晚将离开自己居住的区域，前去看望病中的女儿维克图瓦公主。马车停在凡尔赛宫北花园和皇家庭院之间的道路上等候国王，达米安于是混进了一小群围观者和侍卫的队伍中，与他们一同在马车附近徘徊。

　　下午 5 点 45 分，四十六岁的路易十五从位于主宫殿的小套房中走出，走下台阶，朝着等候的马车走去。[30]达米安一直按兵不动，等到路易十五要踏入马车时才突然从冬天黑暗的夜色中冲出，一下子抓住了国王的左肩，然后将一把袖珍折刀刺入了国王第四、第五根肋骨之间的位置。尽管厚重的冬衣保护了国王，但他依然血流如注。警卫迅速地将路易十五抬到了寝宫，而国王则感到自己受到了致命一击。尽管卧室内的所有人都告诉国王，达米安的武器造成的伤口并不会危及生命，但国王还是让人找来了自己的告解神父，并为自己给王后带来的所有痛苦而向她致歉。路易十五仅用了一周时间就完全康复了；唯一无法修复的伤口是他的精神和他作为君主的威望。

在遇刺后的几天乃至几周中，路易十五的注意力从自己的身体痊愈转移到了一个让他深感不安的想法上：达米安的行动背后很可能有更大的阴谋。为了查清楚这到底是不是真的，法国最专业的刑讯人花了两个半月的时间对达米安严刑逼供，先是在凡尔赛宫，后来在巴黎古监狱中。1757 年 3 月 28 日，复活节刚过，达米安就被处以极刑，方式极其残忍，这也准确反映了路易十五在经历了给他带来严重精神创伤的刺杀之后，法国发生了怎样的变化。

行刑当日，下午 3 点不到，巴黎古监狱的狱卒将达米安拖出牢房。他很快被扒了个精光，绑在一辆车上，跨过塞纳河来到格列夫广场，在这里，16 名行刑人已经安排好了一出将让他生不如死的壮观表演。他们使用了与处死弗朗索瓦·拉瓦亚克——一名狂热的天主教信徒，他在 1610 年杀害了受国民敬爱的亨利四世——同样的方法。首先，他们割开了达米安刺伤国王的那只手；然后，他们将煮沸了的硫黄、铅、油和蜡的混合物，倒在伤口上；继而对犯人身体的其他部分如法炮制。紧接着，行刑人开始准备将犯人开膛破肚、四马分尸。但计划实施得不太顺利。四名马夫（以及他们骑的四匹马）尝试了三

十多次，但达米安的关节依然没有断裂。到了下午 6 点，行刑
人决定将犯人的四肢稍稍切开，以便马匹再次尝试；这一回，
达米安的胳膊和腿终于被扯断了，这个阴谋险些得逞的弑君者
也断了气。作为最后一个象征性的动作，行刑人把达米安的残
骸收拾到一起，扔进了熊熊烈火中。

处决达米安，版画

　　达米安的处决经过精心设计，意在名副其实地对他的身体
和难以想象的行动"毁尸灭迹"。然而，这个狂人对君主的袭
击成功地让路易十五的统治蒙上了一层阴影，使这位君主进入
了一个异常阴暗且愈发保守的时期。尽管哲人们和百科全书派
人士用了很多年的时间，强烈谴责导致达米安罪行的宗教狂热
主义，但因为某些神职人员将《百科全书》与可能发生的革
命带来的威胁联系了起来，辞典的编撰工作再次进入了险象环
生的阶段。

1757 年，正当《百科全书》的编辑们准备出版辞典的第七卷时，辞典的批评者——保守派作家和愤怒的神职人员——又迎来了新一代的文学讽刺作家的加入，这群人花费了大量笔墨，写了很多反对启蒙运动哲人和《百科全书》的文章。[31] 1757 年 10 月，雅克－尼古拉·莫罗，一个为《风雅信使》供稿的写专栏文章的老手和政府的吹鼓手，发表了一些有关法国哲人的"实用性建议"。他在文中发明了一个伪人种论的术语——"鼓噪之徒"（*Cacouac*），用以描述宣扬思想自由的这个"部族"。他宣称这个术语源于希腊语（来自希腊语的 *kakos*，意思是"坏的、卑鄙的"），这个词原本是用来让人们联想到愚蠢的鸭子嘎嘎的叫声，暗中将哲人们斥为一种"怪异"、"恶毒"且"腐化堕落"的生物，他们扭曲的思想则会产生毒液。[32] 由于这第一篇文章取得了成功，莫罗继而发表了《作为鼓噪之徒的历史的新回忆录》，在书中他细致描写了这些奇怪人类的习性，以及打败他们的方法——吹口哨（相当于喝倒彩）。[33] 这本书取得了不错的销量。

能与莫罗的讽刺才能媲美的，只有机会主义作家、剧作家夏尔·帕利索·德·蒙特努瓦。和莫罗一样，帕利索意识到反对哲人的作品拥有广阔的市场。1757 年，他发表了《有关大哲学家的小书信》，在书中指责狄德罗和达朗贝尔剽窃，嘲笑他们狂妄自大，奚落他们的观点前后矛盾，斥责他们对批评神经过敏。[34] 除了这些攻击，《百科全书》还受到了更多更严重的谴责。最令人心惊的是由国王签署的一个控制煽动性言论和自由思想的声明，他想以此警告大众：任何人如果"创作，命人创作，或是印刷攻击宗教、煽动思想、损害国家权威、妨碍国家秩序与平静"的作品，将被判处死刑。[35]

　　1757 年，《百科全书》的第七卷就在这样一个充满火药味的氛围中问世了。在众多招致批判的条目中，达朗贝尔编写的"日内瓦"尤其不谨慎，吸引了最多的炮火。这一条目的其中一部分写于 1756 年，当时这位数学家正在日内瓦拜访伏尔泰，这个类似游记的条目可能是《百科全书》中唯一一个引发了国际性事件的条目。[36]

　　达朗贝尔在条目的开头称赞了日内瓦的各种优点。他滔滔不绝、充满诗意地描述了这座城市在莱芒湖上的地理位置如何完美，它的人民如何富裕和勤劳。但是，在这段长度远超其他条目的文段中，达朗贝尔偷偷夹杂了不少无礼的观点。首先，他对日内瓦这座加尔文教城邦禁止一切戏剧作品的演出提出了批评，同时还贬低了这里的清教教堂中唱诗的质量。更令人难以忍受的是，他还将根本不属于这座城市的清教神职人员的神学信仰归于他们。据他说，大多数瑞士牧师都开始警惕地看待迷信和不必要的抽象化概念，甚至认为耶稣基督的神性以及其他基督教谜团（比如地狱）是荒谬且不必要的。他暗示说，这和国境线另一边的天主教神职人员的迷信行为，形成了极好的对比。[37]

　　达朗贝尔编撰的这个条目让法瑞边界线两边的宗教团体都极为愤怒。瑞士方面基本上指控为异端邪说，于是要求达朗贝尔撤回文章。法国的天主教徒被形容为容易上当受骗且在宗教上落后，因此也痛斥了达朗贝尔。更糟的是，凡尔赛宫（以及被指派对 1752 年之后发表的每个条目进行审核的宗教审查人员）发现，狄德罗和达朗贝尔没有就这条具有挑衅性和宗教异端倾向的条目争取他们的同意，不然这个条目根本就不会出现。[38]由此造成的非议很快将《百科全书》置于险境。顽固的达朗贝尔也没起到缓解紧张局面的作用。他拒绝道歉，不同意收回自己的观点，甚至不愿做一点儿让步，反而对法国当时如同宗教审判时期的氛围、凡尔赛宫中反对进步的宗教寄生虫，以及文学批评家铺天盖地的"讽刺和小册子"发表了不少怨言。[39]

乖僻的公民

这个不合时宜的条目造成的余震让狄德罗度过了许多个不眠之夜。这件事除了给《百科全书》的敌人提供了更多的素材，还在狄德罗和他认识时间最长、关系最亲密的朋友让-雅克·卢梭的最终决裂中，起了决定性作用。

狄德罗和卢梭之间的第一个冲突发生在几年前的1752年10月。当时，狄德罗正忙于工作，且身陷有关普拉德神父的无休止的丑闻之中；卢梭当时正在享受自己在音乐事业上的巨大成功，尽管这个事业十分短命。他发表的《论科学与艺术》获得了极高的评价，此后仅仅两年，这位音乐家兼哲人就成功地将自己的独幕歌剧《乡村中的占卜师》，搬上了枫丹白露宫的舞台，在整个法国宫廷面前表演。这场演出令路易十五非常着迷，他不但提出接见这位性格古怪的词曲作者，而且还通过自己的代理人告诉卢梭，他想要为卢梭提供一份王室津贴。让狄德罗极为震惊的是，卢梭竟然拒绝了这两个提议。

狄德罗没有因为卢梭拒绝了与国王直接对话的机会而责怪他的朋友，他知道卢梭的膀胱向来不好，很可能会在觐见国王时出丑。真正令他恼火的是卢梭清高地放弃了王室津贴。卢梭在《忏悔录》中提到这段故事时说，狄德罗不仅试图强迫他

接受这份津贴，还指责他忽略了他一直以来的伴侣泰蕾兹·勒
瓦瑟，以及她的母亲的经济状况。据说，卢梭向狄德罗解释，
他不愿接受国王的提携是因为他必须保护自己与真理、自由和
勇气的关系，这对他来说是最最紧要的。卢梭说，狄德罗对这
个解释并不满意，于是拂袖而去。[40]

卢梭和狄德罗之后的争吵基本遵循这个模式。引发这些争
论的经常是看起来微不足道的事件，但这些争论实际上提出了
更重要的哲学问题，即我们应当如何生活，应当与什么人为
伴，应当如何在腐化的世界中保持操守和清白。[41]

这二人之间与此类似的嫌隙在达朗贝尔发表"日内瓦"
这个条目的几个月前进一步加深。1756 年之前，卢梭就表达
了他对巴黎社会的厌恶，在一定程度上，这种情绪也针对聚集
在霍尔巴赫男爵周围的一群人体现出虚伪和做作，这些自由思
想的崇尚者每周四和周六都会聚在一起纵酒狂欢。这个卢梭口
中的"小集团"一开始以为卢梭对人类文明的抨击只是他油
腔滑调的哲学立场的一部分。这一认识结果是个严重的误判：
到了 18 世纪 50 年代中期，卢梭对社会的谴责，以及他对进步
能够带来的裨益的批判，已经成了一个根深蒂固的信念。

到了 1756 年 4 月，卢梭用有些戏剧性的方式离开了巴黎，
前往位于巴黎北部 10 英里的蒙莫朗西的一个迷人乡村小屋隐
居——用"归隐处"作为这个地方的名字真是恰如其分。满
怀情谊地整修并准备好这个居所的是卢梭富有的贵族老友，路
易丝·德·埃皮奈。卢梭生活在小山羊庄园的地界上，却远没
有与哲人圈子彻底切断联系。埃皮奈本身就是有名的文化沙龙
女主人和有思想的女性文人，与哲人圈子的重要人物联系紧
密。最值得注意的是，到了 1755 年，她已经成为卢梭和狄德

罗的一位共同挚友、文学批评家、百科全书派哲人弗雷德里希－梅尔希奥·格林的情人。

　　和埃皮奈一样，格林也成为卢梭和他在巴黎的友人们决裂的重要因素之一。早在卢梭和埃皮奈恶语相向之前，格林就提醒自己的情人要当心她的新房客。他警告她说："只要你有一次拒绝了卢梭的要求，他就会指责你当初求着他住到你身边来，阻碍了他在自己的土地上生活。"[42]几年后，在她根据真人真事改编而成的书信体小说《蒙布里扬夫人的故事》中，埃皮奈渲染了格林的警示信，并讲述了出来。格林在小说中的角色写信给她在文中的另一个自我时，措辞更加激烈："你提出让他住在归隐处不是在帮他。独处会更加腐蚀他的想象力；他很快就会认为他的朋友们都是不公和不知感恩的，而你将会首当其冲。"[43]

德·埃皮奈夫人，卢瓦塔尔的粉彩画

　　除了就卢梭的不理智和疑神疑鬼对埃皮奈发出警告以外，格林还在整个巴黎社交圈中贬低了这位避世的作家。他讲过的最具指责性的一则逸事是围绕卢梭对待埃皮奈时的冷酷无情展开的。埃皮奈当时正受胃溃疡的折磨，还要忍受梅毒带来的一系列令人难受的症状，她想到瑞士去请那里著名的医生泰奥多尔·特龙金为她看诊，于是邀请卢梭陪她去日内瓦。卢梭不仅一口回绝（他当然有权这么做），还寄了一封信给埃皮奈，说她把他当成了"奴隶"。[44]埃皮奈将这封信拿给格林看后，格林顿时火冒三丈，将这封信展示给所有愿意一读的人，并在过程中谴责这位吃白食的隐士是个道貌岸然的伪君子。格林还直接写信给卢梭，提出断交。他写道："我此生再不会见你，我若能将你的所作所为从我的脑海中彻底抹去，我就很幸福了。"[45]

F. M. 格林，版画

尽管不如狄德罗和卢梭的决裂那样有名，格林和卢梭的决裂可能令双方同样痛苦。这两个人在 1749 年相识，当时格林刚刚来到巴黎为朔姆贝格伯爵效命。在相识的头几个月里，卢梭和格林很快发现他们都是狂热的音乐爱好者。据卢梭记述，他们意气相投，在晚上经常在格林的公寓弹奏羽管键琴，"唱着意大利小曲儿和船歌，从早到晚，从晚到早，唱个不停"。[46]

到了 18 世纪 50 年代中期，格林和卢梭的脾气秉性以及世界观产生了重大分歧。卢梭放弃了巴黎，放弃了扑了粉的假发和朝臣穿着的白色长筒袜，选择相对孤单的乡村生活。而作为雷根斯堡一个普通路德宗牧师的儿子，格林选择了与此完全相反的道路。1753 年，他已经是《文学通信》的主编，这是一份仅用手稿形式秘密发表的文学和评论期刊，由外交信使送至欧洲各国的君主那里。因为与腓特烈大帝、多位德国王子和公主、瑞典国王、波兰王后，以及后来的叶卡捷琳娜大帝常有联络，格林迅速成为 18 世纪后半叶最重要的具有国际视野的人物之一。他非常喜爱时下最流行的男装和搽脸用的白色香粉。他的一些朋友开玩笑地称呼他为白色暴君，不仅因为他如鬼魂一般、犹如白化病人的仪表，也因为他喜好发号施令的行为习惯。[47]

格林拥抱的这种生活，正是卢梭坚决抵制的；而且，格林取代了卢梭在哲人圈子中的位置。讽刺的是，正是通过卢梭，格林才第一次参加了霍尔巴赫男爵的沙龙。卢梭还把这位普鲁士年轻人介绍给了达朗贝尔，更重要的是把他介绍给了狄德罗，而狄德罗渐渐地将格林视为自己的灵魂伴侣。卢梭对这个充满了讽刺和凄惨的情况心知肚明，他后来哀叹说："〔格林〕从没有把我介绍给他的朋友们。我把他介绍给了我的朋友们，最终他们都被他抢走了。"[48]

甚至连卢梭最忠实的钦慕者都承认，正是他的这种受人迫害的心理和情感上的不稳定造成了他最可怕的噩梦：被朋友抛弃，特别是被狄德罗抛弃。卢梭在他的作品中通篇都宣称对人类无尽的爱；而他真正的问题在于无法与真实的人相处，无法忍受他们的小毛病、多变和自我沉醉，尤其是当这些问题与他自身存在的同样的问题发生冲突时。但是，狄德罗对于他与卢梭的决裂也负有责任，因为他并没有正确对待这位友人的不信任和多疑。除了以兄长的姿态向卢梭提出粗暴的建议之外，狄德罗还很直白地告诉卢梭他在巴黎受到了批评，甚至可能是中伤。其中比较有名的一个片段发生在 1757 年 3 月，狄德罗当时刚刚发表了一出名为《私生子》的话剧，里面提到了一句格言，被卢梭理解为对他的人身攻击。这句格言——"良善之人立足社会，邪恶之人踽踽独行"——令厌恶社会的卢梭无比愤怒。[49]一看到这句话，卢梭就立即飞书一封给狄德罗，对这句"伤人"的格言表示反对。3 月 10 日，狄德罗回信，装模作样地寻求卢梭的原谅。但是，等卢梭读到了写在附言部分的道歉，他看到了狄德罗的又一个小玩笑："附：我说的有关你独居生活的那些话，希望你能够原谅……忘了我跟你说的那些话吧，也请你放心，我不会再说了。再见了，公民！尽管隐士是非常乖僻的公民。"[50]

卢梭以前就常常对狄德罗满不在乎的作风和幽默感到难以理解，这一次，他也一样笑不出来。三天后，卢梭写信给埃皮奈夫人，告诉她说，他的朋友给他写了一封信，这封信"刺伤了［他的］灵魂"。[51]

狄德罗有些不顾及他人感受的道歉不仅被看作是冒犯。卢梭经常抱怨狄德罗忽略了他们之间的友谊，还多次在最后时刻取消约会。1756 年和 1757 年的情况确实如此，这期间，狄德罗一直尽可能地避免长途跋涉到卢梭居住的归隐处。在这两年中，狄德罗作为《百科全书》主编的工作越来越艰难，他的书信也反映了卢梭委实有失体面的焦虑和强烈的不信任感在他的心中激起了一种新的、明显的恼怒。甚至连他们之间最轻微的互动都变得很伪善和装腔作势。[52]到了 1757 年 11 月，狄德罗直白地告诉卢梭，说他没完没了的怀疑已经让他在巴黎一个朋友都不剩了——除了狄德罗自己。狄德罗用了一个非常有揭示作用的类比，向卢梭解释说，他决定维护和他这个避世独居的朋友的这段扭曲的关系，已经是有违自己的理智判断了。他对卢梭说，你"就像是一个情妇，我很清楚你的缺陷，但我的感情让我无法弃你而去"。[53]

二人最终的决裂在这一年的 11 月开始逐步成型。大概是在这个时候，卢梭偷偷告诉狄德罗，说自己已经无可救药地爱上了索菲·伊丽莎白·弗朗索瓦丝·拉里维·德·贝勒加德·德·乌德托伯爵夫人。这位二十七岁贵族女性活泼、友善、风趣幽默，曾一度给卢梭一向沉浸在阴郁状态的生活带来了一丝光明。和乌德托夫人的交往存在着一些问题。她不仅是埃皮奈夫人的小姑子，还是圣朗贝尔侯爵的情妇，后者是一位军官、百科全书派、作家，表面上还是卢梭和狄德罗的朋友。

这件事令狄德罗十分沮丧。作为一个不忠的丈夫，狄德罗并没有反对卢梭的这段风流韵事，因为卢梭理论上是忠于他的长期伴侣泰蕾兹·勒瓦瑟的。卢梭违反的是上流社会中更加神圣的一条准则：朋友身在战场，不可夺其情人。在讨论这个道德问题的过程中，狄德罗恳求卢梭写信给圣朗贝尔，向他坦白一切，并告诉这位侯爵，自己会断绝与乌德托夫人的关系。卢梭确实写了信，但这封模棱两可的信基本没有反映出在他的居所中到底发生了什么。

在那之后不久，圣朗贝尔从战场归来，路过巴黎时到塔兰内路看望狄德罗。在聊天中，狄德罗很快提到了卢梭对乌德托夫人的情意，他（应该是）以为卢梭已经向圣朗贝尔澄清了这件事。然而，事实并非如此，圣朗贝尔回到蒙莫朗西后，就要求乌德托夫人结束与卢梭的关系。卢梭气极了，他的这个反应也合情合理。他不但终结了与乌德托的关系，还坚信是狄德罗这个喜欢操控别人的家伙小心而巧妙地制造了这一切。狄德罗不仅把他当成木偶，玩弄于股掌之间，而且还安排了这一出人尽皆知的丑闻，为的就是毁了他。

1758 年 2 月，卢梭决定和哲人圈子、百科全书派，还有狄德罗算总账。他以一封写给达朗贝尔的公开信为擂台，信的主题是讨论日内瓦禁止剧院上演戏剧作品，这个主题达朗贝尔在《百科全书》的条目中提到过。卢梭没有直奔主题，而是首先声明，如果早几年，他在发表这篇文章之前，一定会将其交给他十分尊敬的朋友，并请其给予初步评价。大家都明白，这个朋友指的是狄德罗。卢梭继续感情夸张地陈述说："我已经没有这个朋友了；我不想要这个朋友了；但我会永远想念他，我的心对他的思念胜过我的作品对他的需要。"卢梭后来在这个评论之后附加了一段文字，在其中用拉丁文引用了《德训篇》，让人们清楚地了解到他现在是如何看待他的这位相识时间最久、关系最亲密的老朋友的："如果你向你的朋友拔出了剑，不要绝望，回头路是有的；如果你对你的朋友恶言相向，不要担忧，和解的希望是有的；但是侮辱、傲慢、出卖、背后捅刀子——如果这样做，你就永远失去你的朋友了。"[54]

多年以来，狄德罗一直被反对百科全书派的团体指控为集各种违背法律和道德的行为于一身的罪魁祸首。然而，卢梭在这篇名为《关于戏剧问题致达朗贝尔的一封信》的文章中，指控狄德罗背信弃义，这比他经受过的任何公开攻击都更严重地伤害了他。说出这样的话的是他的知心朋友，是一个曾经与他相互钦慕的人，这让他难以承受。狄德罗不愿意与卢梭当众撕破脸，这样做对只能让仇者快，但他还是匆匆写下了一篇文章，以此回应与他断交的这位旧友对自己的背叛。这篇文章措辞激烈得有违他的平日作风，被收录在一本名为《书板》的笔记中，这部笔记集合了狄德罗的反思性文章。狄德罗写道，卢梭为了更深刻地激怒自己，已经变成了一个滥竽充数、满口假话的人；他"虚伪、像撒旦一样自负、不懂得感激，残忍、伪善且卑鄙"。狄德罗总结道："事实上，他已经丧失人性了。"[55]

1759，恐怖之年

狄德罗和卢梭痛苦的决裂，恰好赶上了《百科全书》最艰难的几个月。1758 年 2 月，伏尔泰预感到狄德罗、达朗贝尔、《百科全书》和羽翼未丰的文人共和国[①]将要进入一个新的充满危险的时代，宗教"狂热分子和恶棍"已经组成了

---

① 文人共和国（拉丁语：Respublica literaria）是一个形成于 17 世纪晚期，活跃于 18 世纪欧洲各国和北美的知识分子团体，在启蒙运动时期起到了加强各国知识分子之间互相交流和联络的重要作用（尽管大多数学者认为文人共和国和启蒙运动并不能等同）。该组织中的成员主要通过书信联系，并借由文人共和国的出版物相互交换作品、交流观点。由于时代局限，这个团体的成员基本是男性，所以一些学者也将"文人共和国"一词与"文人"（men of letters）一词混用。

"庞大的阵营"，马上就要将哲人们的喉咙"一个接一个地"割断。[56]身处安全无虞的日内瓦，伏尔泰敦促达朗贝尔和狄德罗，要么尽快停止巴黎的活动或者彻底离开巴黎，要么将整个《百科全书》工程转移到波茨坦或者圣彼得堡的宫廷。他向狄德罗保证，在那里，《百科全书》的全部潜力将最终得到实现，不受审查控制的思想将一卷接着一卷地流返法国，像炸弹一样砸向教廷。

狄德罗很清楚继续留在巴黎将带来的风险和责任。但是，他在写给伏尔泰的信中说，选择留下同样有无数理由。首先，《百科全书》的手稿不是他想带到世界各地就可以的。手稿的所有者是勒·布雷顿及其合伙人。狄德罗写道："在外国完成《百科全书》是个幻想。和供稿人签约的是几位编辑①；拿到的手稿属于他们，不属于我们。"狄德罗明确地告诉伏尔泰，更重要的是，离开是缺乏勇气的撤退行为："放弃这项工程，就等于临阵脱逃，这正是那些恶棍想要的……我们应当怎么做？我们应当像勇士一样，鄙视我们的敌人，对他们发起追击，并且向我们一直以来所做的那样，利用那些审查官的愚蠢。"[57]

这个充满勇气的立场在 7 月底接受了检验；当时，18 世纪最激进的一部作品，克洛德－阿德里安·爱尔维修的《论精神》开始在各个书店中广泛销售。爱尔维修是一位非常富有的税款包收人，还是凡尔赛宫的侍臣，花钱买到了王后的侍应总管一职，这部分为上下两卷的专著在出版之前，是通过了符合标准的审查渠道的。这部作品的第一版由《百科全书》

---

① 这里的编辑指的是勒·布雷顿及其合伙人，不是狄德罗和达朗贝尔。

的合伙人之一洛朗·迪朗印刷，得到了审查官泰尔西耶的认可，他声明，这本书在他看来不存在任何问题。

然而，爱尔维修的《论精神》通篇尽是冒犯之语。该书系统地讲解了人类的头脑及其动机，而且，这位反宗教作家比狄德罗更进一步将人类的状态简化为对愉悦和痛苦的一系列机械化反应。他的理论是，人类主要依据自身获取感官上的满足的能力，或者是避免身体和心理上的不适和痛苦的能力，来指导自己的生活。这种对人类精神的理解，不仅挑战了灵魂的概念、宗教的实用性和基督教长久以来坚持的先天观念，还呼吁应当对社会进行彻底的重组。

爱尔维修的思想波及面过大，也几乎没有转圜之地，这令大部分哲人——甚至连那些与他一样持有唯物主义信仰的哲人——都感到让这本书出版很不明智。[58]凡尔赛宫的反应证实了哲人们的判断。爱尔维修亲自送了一本书给身为虔诚天主教徒的王太子，据说后者在读完这本书后，愤怒地冲出自己的房间，大声喊着要让王后看看她的侍应总管都写了些什么"美妙的东西"。[59]命令很快下达，该书遭到了禁止和焚毁，爱尔维修的特权被剥夺，审查官被革职。尽管爱尔维修在三个不同场合公开表示他后悔发表了这部作品，但他还是丢掉了在宫廷中的位置。

《论精神》事件发生之后，《百科全书》迎来了最黑暗的日子。批评者们成功地将普拉德神父的论文和《百科全书》挂钩的事情仍历历在目，而一个更庞大的，由宗教、文学和王室势力组成的联盟也开始将爱尔维修的轻率之举归因于百科全书派煽动起来的放任自流的思想气候。比较重要的批评者中，王太子的门生亚伯拉罕－约瑟夫·德·肖梅出版了一部共六卷

的作品，标题为《针对〈百科全书〉的合理偏见》，高唱辞典
的反调。他毫不含糊地发出警告：阅读这本辞典，与吸收伪装
成营养品的"毒液"没有什么分别。[60]

　　这类文字上的指责得到了巴黎最高法院的支持。1759年1
月，法国的检察总长奥默·德·弗勒里发出了针对爱尔维修和
《百科全书》的公开谴责，文中言辞激烈地称"对上帝的不敬
［现在正］昂首向前"，包括狄德罗和爱尔维修在内的思想家
们正试图"传播唯物主义，毁掉宗教，激起独立精神，腐化
道德品质"。[61]同月，最高法院再次发出了一个新的反对《百科
全书》的声明，压倒性地支持禁止印刷商和其他所有人售卖
和分送该辞典。[62]另外两个王室禁令也随之颁布，其中第二个
是3月8日来自国王顾问委员会的最终"禁止令"。就这样，
《百科全书》再一次被认定为非法出版物。

　　狄德罗作为《百科全书》一直以来的编辑，承担着苦活、
累活，也经历过各种充满戏剧性的事件，但这次，局势发展到
了崩溃的边缘。狄德罗先是得到消息说教宗将《百科全书》
列入了教廷禁书目录，这个目录列出了被天主教禁止的读物；
而后他又惊恐地发现，有一位《百科全书》的匿名支持者写
了一篇（颇为成功的）讽刺文章，抨击了亚伯拉罕·肖梅，
而后者一生都致力于终结《百科全书》这个项目。凡尔赛宫
的保守势力有充分的理由认为这一切都是狄德罗指使的，叫嚷
着要把他投入监牢。[63]

　　国王没有签发逮捕令，但是命令马勒泽布立刻没收《百
科全书》的手稿。在1759年的春天，唯一对百科全书派有利
的，是这整个事件发展的怪异方式。审查长兼图书业总管马勒
泽布重复了几年前的做法，不仅在搜查的前一天向狄德罗发出

预警，而且主动提出由自己来收缴这些手稿。这些数以千计的，已经校勘、整理过的稿件，被狄德罗整齐地摞在木箱中，存放在他位于塔兰内路上的办公室里。据狄德罗记述，搜查的前一天晚上，他成功地把这些木箱一个一个地从公寓的六楼搬了下来，运到了马车上。第二天，在警察们在巴黎各处搜寻手稿的踪迹时，马勒泽布正把这些木箱安全地运往自己的住所。

对这一时期的紧张气氛最好的总结来自狄德罗本人，他将1759年早春的这些沉重的事件记录在了写给格林的一封长信中。面对着监禁或是流放的悲惨前景，同时也面对着将整个项目转移到荷兰或俄罗斯的可能性，狄德罗叙述了他与勒·布雷顿在后者位于阿尔普路的家中会面，一起商讨对策的情形。当晚，《百科全书》的另外三位印刷商，以及霍尔巴赫男爵，路易·德·若古和达朗贝尔也都在场。

下午四点，我们坐到了一起。当时我们欢欣鼓舞，饮酒、大笑、用餐；夜幕降临，我们开始讨论手头的这个问题［即在禁止令颁布的情况下，如何继续编撰《百科全书》］。我说明了完成手稿所需的工作。我无法形容，我亲爱的同事［达朗贝尔］在听到我的描述时，有多么惊讶和不耐烦。他开始愤怒地控诉，像平时一样幼稚且鲁莽，对待其他几位编辑就像是对待用人一样。他认为继续这个项目是愚蠢的，还对我说了很多不中听的话，但我不得不咽下这口气。

达朗贝尔越是反对，越是犯傻，我就越是用温和和平静回应他。很明显，《百科全书》没有比这个男人更坚定的敌人了……

你猜猜看，我们的朋友霍尔巴赫伯爵，在［达朗贝尔大声抱怨的］过程中是什么表情？他都快坐不住了。我很怕达朗贝尔不理智的吵嚷随时都可能激怒他，让他忍不住和达朗贝尔吵起来。至于德·若谷爵士，他一个字儿都没说，只是低垂着头，仿佛吓呆了似的。最终，达朗贝尔结结巴巴地骂了几句，转过身，走了。他之后再也没联系过我。

在这个傻瓜终于离开后，我们又回归到我们为之而聚首的这个项目上来。我们从各个角度审视了这部辞典；我们做了安排；我们相互鼓励，发誓要完成这个任务；我们一致同意，辞典的下一卷要和此前的几卷一样坚持自由的原则，如果需要，我们会在荷兰将其出版。[64]

接下来的几周，达朗贝尔决定不再支持《百科全书》的编撰工作。由狄德罗及其合作者组成的团队的规模比之前小了很多，但他们仍然继续为辞典撰文，尽管这些工作是在他们各自的家中完成的。霍尔巴赫花费了大量时间，在他位于皇家路上、拥有三千本藏书的图书馆中查阅资料，编写了剩下的许多有关自然历史、冶金学、化学、哲学和历史的条目。同样，狄德罗在提到自己在1759年的状态时，形容自己的生活像修士一样单调：他天亮就起床，来到自己位于六楼的办公室，在创作戏剧、编写辞典条目，以及编辑辞典尚待出版的数以万计的条目这三个任务之间来回忙碌。

毫无疑问，狄德罗在这一时期做了大量的工作，但辞典余下的部分主要是由路易·德·若古编写的。德·若谷骑士虽然是一位富有的贵族，但他选择成为一名医生，并于1751

年他四十七岁时以谦逊的姿态成为百科全书派的成员。当时，他仍然在为丢失了一部规模巨大的手稿而痛心，他为了出版这部作品，前后花费了几十年。1750 年，这部多卷本的解剖学辞典原本要被用船运往出版商那里，可是船刚驶出荷兰不久，就不幸随船沉到了北海的海底。1759 年，眼看着《百科全书》马上就能完成，这位骑士决不能允许再次失去自己的作品。此后六年间，他为辞典倾注了全部心血，也因此赢得了"《百科全书》的奴隶"的绰号。这位不求闻名于世的骑士夜以继日地工作，与他自己出资雇来的多位抄写人员和秘书协同合作，最终将 1.7 万个条目交到了狄德罗手中。[65] 他可以算是《百科全书》的第三位，也是没有获得荣誉的一位主编。

路易·德·若谷，版画

　　在《百科全书》第八卷的序言中，狄德罗终于对德·若谷完成的艰巨的工作表达了深深的感谢，并坦言：如果说自己和留下来的百科全书派人士现在可以像水手们一样高喊"靠岸喽"的话，那么这全都要归功于这位骑士做出的巨大努力。[66]但是，狄德罗私下常常讲这位辞典救星的坏话，说他呆板而无趣，是个抄写员，是将辞典庸俗化的人，没有独创性思想。狄德罗对德·若谷没有什么感激之情的一部分原因在于辞典最后几卷的品质令他很失望。在他看来，最后的这几卷有很多地方缺乏活力、智慧和幽默，与之前的编撰团队在辞典前几卷所达到的高度相去甚远。

如果说德·若谷确实没有伏尔泰那样的机智，没有狄德罗那样的远见，也没有达朗贝尔的学术资历，然而这位辞典编写的老手可以说为辞典贡献了最具有进步意义，也是当时最激进的几个论点。在一个废奴运动刚刚萌芽的时代，他利用了手中的这个平台，以法国前所未见的方式谴责了奴隶制。他有力地反驳了很多出现在《百科全书》中的支持奴隶制的文章（这些主要出自研究殖民地的专家），立场鲜明地宣称，奴隶制"违背了宗教、道德、自然法，乃至所有符合人性的权利"。[67]他还明确表示，被奴役的非洲人，无论其受奴役的情形好坏，都有权宣布自己是自由的。[68]从他的角度来看，一切奴役人类的理由，无论是科学的、宗教的，还是经济的，都是"自由"这个原则所不能允许的，而人之所以为人，正在于"自由"。为了把最后这个观点彻底讲清楚，德·若谷说了一句让人记忆深刻的话，那就是他宁愿欧洲各国在加勒比地区的所有殖民地都"被毁掉"，也不能允许这样骇人听闻的事情继续发生。[69]德·若谷的这些思想对其他类似的思想进行了吸纳和总结，为之后对奴隶贸易更加深刻和激烈的谴责奠定了基础，其中一些由狄德罗在几年后提出。

德·若谷不知疲倦和自我牺牲的工作花费了他大量的个人财产。狄德罗则奉献了自己的健康。从 1759 年开始，狄德罗胃部不适、痉挛和严重腹泻的老毛病出现了报复性地复发。他经常提到胸骨上方有一种无法消除的灼烧感，因此不得不放弃了红酒和美食给他带来的快乐，选择以牛奶为基础饮食，以求给身体带来短暂的安抚。然而，消化问题与狄德罗所经历的丧父之痛相比算不了什么。1759 年 6 月初，老狄德罗因为严重的肺气肿离世。狄德罗犹豫再三，最终因为担心会让人以为自己要逃离巴黎，决定不回家去见父亲，因此失去了安慰父亲以及与父亲诀别的机会。在那年夏天剩下的日子里，狄德罗陷入了深深的自责，生活进入了一种完全停滞的状态。几个月后，狄德罗终于重新投入工作，他的计划很简单：埋首工作，熬过这段阴郁的时光。他写道："工作是唯一能让我从悲痛中暂时走出来的办法。因此，我不停地工作……如果我的悲伤一直不减轻，我的同事们也［一直］支持我，那辞典的完成会比我之前保证的要快得多。"[70]然而，那时距《百科全书》最后的几卷正编全部印刷完成，还有足足六年的时间。

新《特雷武词典》

1759 年秋，哲人们和《百科全书》的反对者有充分的理由认为他们清除公害的运动取得了令人满意的成果。他们得到了巴黎最高法院对辞典的声讨和国王顾问委员会签发的第二次禁书令，还促使教宗克勉十三世将辞典"打入地狱"，教宗不但宣布《百科全书》是对上帝的侮辱，而且还指示拥有辞典前七卷中任何一卷的人要将书交给当地的神父——烧掉。[71]但是，反对者为了给《百科全书》致命一击而使出的最巧妙的一招是在当年7月，当时，巴黎最高法院投票决定，要求印刷商返还4200名订阅者每人72里弗尔的订阅费。这一命令表面上是为了补偿那些已经给辞典无法再出版的部分付了款的人，实际上是为了通过30万里弗尔这个足以让这个项目破产的巨额资金，一劳永逸地斩断公众对无耻思想的渴望与印刷商们满足这一需求的能力之间的联系。

这些策略看起来既有效又覆盖面广，但一个失误却使得辞典的恶意贬低者们功亏一篑。狄德罗的敌人们只集中攻击了辞典的正编，却没有试图封锁还未出版的专门介绍当时技术和行业的图编部分。印刷商们因而得以申请一个单独的官方授权，并且在1759年拿到了许可。许可一到手，印刷商们就通知订阅者，那72里弗尔的"补偿"可以算作他们给即将出版的图编部分的预付款。这个小小的胜利拯救了《百科全书》：印刷商们骄傲地指出，没有一个人前来索要无法出版的正编的赔偿金。

获准出版《百科全书》的图编给这个项目带来了新的生机。现在，狄德罗和剩下的几位为数不多的同事为正编而开展的工作有了掩护。几位印刷商也可以更自由地调动资金了，这使勒·布雷顿和他的合作伙伴们得以解决一个棘手的问题——在哪里印刷辞典余下的几卷。不能在巴黎他们自己的印刷厂中开展这个工作无疑令几位印刷商很痛心——即便有马勒泽布的允许，这样做依然过于危险——但他们还是开始购置设备以印刷4.2万卷图书（4200位订阅者每人10卷），还开始寻找能够存放这些书的适合的地点，直到可以将其分派给读者。1760年，在考虑了将这一工程转移到荷兰或瑞士之后，勒·布雷顿及其合伙人购买了一个巨大的印刷厂，其地点在距离巴黎东南部 446 公里的特雷武。[72]

特雷武是个具有策略性意义的选择。除了远离凡尔赛、巴黎最高法院以及巴黎印刷业行会的束缚之外，特雷武（现在是里昂的城郊地区）有很长的词典出版历史。以这座城市命名的最有名的作品，是耶稣会的《特雷武词典》；此外，皮埃尔·培尔的《历史和批判性辞典》的第六版也是在这里秘密印刷的。[73]但是，勒·布雷顿和他的几位合伙人对特雷武这个地点及其设施的青睐还有另一个重要原因：特雷武小城位于栋布公国，严格来说不受法国司法干涉。[74]勒·布雷顿及其合作印刷商没有将辞典的最后几卷交予外国出版社印刷，而是干脆买下了一个外国出版社。

在此发生的事情，其细节——所有正编都是在此处印刷的吗？还是只有一部分？——已经不得而知了。但就几位印刷商的秘密投资来看，从 1760 年开始，很可能有一群谨慎小心的工人在此工作，每年完成两卷左右的印刷量。18 世纪最著名的耶稣会出版物——《特雷武词典》和《特雷武月刊》——就是以此地命名的，而《百科全书》在这里印制完成，至少是一种具有象征意义的胜利：在耶稣会和百科全书派的冲突中，《百科全书》不仅替代了《特雷武词典》，而且成为新的《特雷武词典》。

1765 年，《百科全书》余下的几卷终于印刷完成，总体积多达 1.8 万立方英尺，总价值高达 80 万里弗尔（约 1200 万美元），这些书本必须被堆入特雷武的仓库中。每一本书都以《百科全书》的终极策略开篇：书的标题页上印着的名字和徽章属于萨穆埃尔·福什公司，瑞士纳沙泰尔的书商及印刷商。

这个伪造的印章是几位编辑买通了一位并未参与辞典编撰的瑞士编辑而获得的，现在，它可以让勒·布雷顿及其同事将《百科全书》分派到读者手中，就好像他们完全没有参与印刷过程一样。

最后的书卷

到了 1765 年秋天，《百科全书》的最后十卷（第八卷至第十七卷）已经可以送到订阅者手中了。[75]两个事件最终使这个行动在政治上得以实现。第一个是强大的耶稣会的倒台，其不但在 1762 年到来之前就失势于宫廷，而且在 1764 年因为拒绝臣服于法国天主教教廷而遭到了遣散。[76]第二个重要的变化是一年之后政治气候的改变。路易十五的儿子，三十六岁的王太子，在 1765 年 12 月去世。这个在凡尔赛宫中具有强大影响力的保守声音的消失，似乎比任何其他事件都更有利于勒·布雷顿和百科全书派人士与新任警察总长，安托万·德·萨尔蒂内协作，最终获许派发余下的书卷。

但是，《百科全书》很明显依然是违法出版物，所以派发仍然是一件棘手的事情。这部不断引发纷争的作品这一次遇到的情况，与其此前经历过的其他情况相似，所以以小心谨慎仍然丝毫不能少。萨尔蒂内碰巧是狄德罗校友兼老友，在他的配合下，勒·布雷顿等人收到了发出广告的允许，允许中声明：第一，瑞士出版人萨穆埃尔·福什买下了手稿，并将辞典余下的几卷在瑞士纳沙泰尔印刷了出来；第二，剩下的书将很快送到订阅者手中。作为对保守力量的妥协，勒·布雷顿等人告知巴黎的订阅者，他们无法在巴黎拿到书。几个月间，巴黎订阅者的马车和听差跑到巴黎城外，从那里将书卷取回城来。从勒·布雷顿的角度看，《百科全书》已经赢得了这场战斗，尽管辞典的最后一卷图编在七年之后才最终出版。

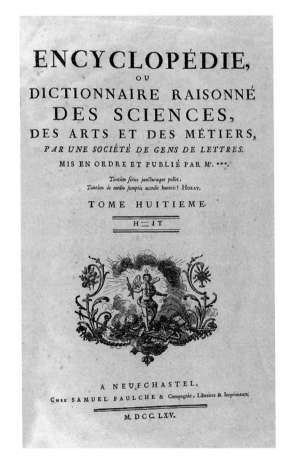

《百科全书》第八卷标题页，1765

1765 年 1 月的一天，狄德罗收到了他的那套书卷。尽管看到了辞典的各部分得以完成，但他对最终的结果并不满意。

幻想的破灭和内心的不满早在 1764 年就生根了，那是向订阅者分送辞典最后几卷的一年前。狄德罗对照着辞典第十四卷的校样细读手中的成书，惊愕地发现他编写的长达一万六千字的条目"撒拉逊人"（这是对穆斯林的一种民族性和宗教性称呼）被勒·布雷顿小心地删减了，却没有得到他的允许。[77] 勒·布雷顿明显是因为害怕他人进一步攻击已经丧失特许权的辞典而删除了这个条目的核心部分。他删去了八百多字，其中包括狄德罗对宗教与哲学之间关系的民族学解释："众所周知，随着哲学［影响力］的扩大，宗教越来越受到人们的质疑。人们最终会明白哲学的用处或宗教的真理是好是坏；但我可以告诉你，在君士坦丁堡找到的哲学家越多，想要去麦加朝圣的人就会越少。"[78]

　　结果，针对"撒拉逊人"的审查只不过是冰山一角。在有条不紊地检查辞典最后几卷的过程中，狄德罗发现勒·布雷顿删节了几十条有可能引发争议的条目，涉及道德、政治压迫、哲学、王权和宗教这些主题。在"色欲"这个条目中，勒·布雷顿删掉了紧跟在条目中的一个词组后面的一句（用斜体标出的）俏皮话："在基督教中，色欲是七宗原罪之一；可以想象，很多人都因此注定要下地狱了，因为即使是原罪中最微不足道的一个也可以让人万劫不复。"[79] 勒·布雷顿对"天堂"这个条目的删减更加严重，这个条目原本讥讽了神学家竟意图找到天堂的实际地点，还有"无中生有"的习惯。[80] 勒·布雷顿还划掉了"毕达哥拉斯主义"这个条目中的一句尖锐的话，这句话将所有的奇迹不是归为迷信的产物，就是归为"完全由自然现象"造成的结果。[81] 在另一些地方，勒·布雷顿干脆将条目或附属条目全部删除，比如"清教""经院神学""宗教宽容",以及言不由衷的"基督教教派",这个条目一开始就心口不一地提出,如果能确定基督教相互争论不休的各个派别中,到底哪一个可以真的让人获得救赎,那就太有用了。

狄德罗怒不可遏。当年 11 月,他写了一封言辞激烈的信给勒·布雷顿:"这就是二十五年的劳动、努力、花费、危险和各种狼狈不堪换来的结果!一个无能的野蛮人只用了一瞬间就毁了一切!"[82]面对着他认为是对《百科全书》残忍的删改,狄德罗进入了一个内省的时期。他用了二十多年的时光,牺牲了更高远的文学抱负,选择了为《百科全书》奉献自己,一路上忍受了来自王室和宗教势力无穷无尽的骚扰。现在,这个伟大的事业在他看来几乎一文不值。

狄德罗在 1765 年没有完全意识到的是,他已经用任何人都无法比拟的方式,推进了启蒙运动的思想发展,这是伏尔泰,更是卢梭此前都没有做到的。尽管他自己对结果并不满意,他毫无疑问地达到了自己之前树立的目标:他不仅"为人类服务",而且通过把独立思考以及反对世界上的"暴君、压迫者、[宗教]狂徒和偏执狂"的方法传授给了读者,在他的读者的头脑中引发了一次"革命"。[83]在他的指导下,知识变成了一种政治斗争的方式。也许更重要的是,百科全书派的精神在该辞典最后一卷于 1765 年出版之后延续了下去。到了 1782 年,瑞士和意大利的出版商又印刷、出版了两万套这部启蒙运动的圣经。

狄德罗作为百科全书派的一员,在那些年产生的积极影响还有另一个方面,而他对此似乎也没能完全明白。[84]在二十五年间编写出了数以万计的条目并非一个毫无新意和创造性的工

作。尽管在《百科全书》最后几卷出版后，狄德罗很少用正
面语言提到这部辞典，但他的工作让他获得了对知识全景式的
理解，视角之广没有多少人可与之比肩。几十年来自我折磨式
的脑力劳动，再加上强大的记忆力和超越其自身时代的眼光，
无疑让狄德罗为他暗中展开的事业的后半段，也是他事业最伟
大的阶段，做好了准备。

第二部分
迟来的丰收

若想要传递的思想获得真正的影响力
只有等一个人进了坟墓才能做到；
一个人必须想象自己身处那个地方；
也必须想象自己是从那里
向人类发出声音的。

　　——狄德罗，《论克劳狄乌斯和尼禄的统治》，1782

第六章　论美德与罪恶

从承担起《百科全书》的编辑职责之时起，狄德罗就明白，他将承受专门针对他的辱骂。在旧制度时期，人身攻击实在是太令人兴奋了，效果实在太好了，而且对于狄德罗的批评者来说，油水实在是太多了。最早恶意贬低狄德罗的人将他定义为好斗的无神论者和无耻的思想贩子。过了几年，一群新的批评者指责他是用心险恶的流氓团伙的头头儿，还说这个团伙的真正意图在于颠覆法国。到了 1755 年，又一个集团开始散布有关狄德罗的谣言，说他发表了几篇新的反宗教短文，而这根本不是事实。

在这样的情况下工作是很艰难的，一直以独立创作哲学作品的作家的身份出现在公众面前则更加麻烦重重。但是，在 18 世纪 50 年代，狄德罗还是努力继续着他作为独立作家的事业。1751 年，他获得了马勒泽布的默许，发表了一部名为《论聋哑者书信集》的作品，这部作品没有宣扬异端思想，但具有相当的哲学深度，探讨了语言是如何从手势中发展出来的。[1]两年后的 1753 年，他又发表了一系列精练的短文，这部名为《对解释自然的思考》的短文集研究了科学方法论。这本小书避开了他在《论盲人的书简》中宣传的那种容易引发争论的唯物主义思想，但他依然呼吁新一代饱学之士完全接受对自然如实的、不留余地的探索给予他们的力量和随之而产生的不确定性，不去查找权威预先许可的答案，而只是追寻真理。[2]

　　《对解释自然的思考》是狄德罗在编撰《百科全书》期间发表的最后一部纯哲学性的作品。[3]然而，他没有完全放弃想要与自己的同代人对话的强烈愿望。1754 年，在读了卡洛·哥尔多尼的意大利语戏剧《真朋友》之后，他产生了创作一个更能被注意到的作品的想法。哥尔多尼生活在遥远的意大利，是该国最知名的剧作家和戏剧理论家，他抛弃了几个世纪以来的意大利即兴喜剧传统①，成功地改变了意大利戏剧。[4]这个威尼斯人为了更现实主义的表演方式和情节所做的努力启发了狄德罗，于是决定自己也要尝试引领法国戏剧步入革新。

　　1757 年，狄德罗发表了他的第一部戏剧作品，这是一出道德说教剧，名为《私生子》（或《对美德的考验》）。作为这出剧目的补充，他添加了一个想象出来的对话，对话发生在他和剧中的主角、这出剧目所谓的作者"多瓦尔"之间。在这一系列被称为《关于〈私生子〉的对话》的作品中，狄德罗展开了一个理论性的讨论，他在其中和哥尔多尼一样，呼吁剧作家抛弃支撑着法国戏剧的那些老套的固定角色。这些刻板人物（意大利语叫作 *tipi fissi*）包括仆人、贴身侍者、老爷、医生、严厉的父亲、君主、女家庭教师、守寡的母亲、胆小的士兵，以及情侣（即所谓的 *innamorati*）。为了替代这些角色，狄德罗设想将一系列真实、可信的人物搬上舞台，比如商人、哲学家、政治家或者法官。同样，他还提出用更忠于事实和复

---

① 16 世纪，意大利即兴喜剧（意大利语叫作 Commedia dell'arte）出现，是一种以喜剧小品为基础的即兴戏剧形式，其特点是演员表演时戴着面具，且其中有许多定型的角色，剧情一般以一对恋人（Innamorati）为中心展开。

杂的方式表现普通人在真实生活中扮演的家庭角色，比如父亲、母亲、女儿、儿子和朋友。[5]狄德罗为法国戏剧设计出来的最具革命性的创新是一部资产阶级悲剧，其动人心弦的现实主义结局意在给观众带来前所未有的情感冲击。他设想，这些情感丰沛的道德戏剧将感人至深，能够达到激起大众内心的恐惧的程度。他说，观众会"颤抖着走入剧场，却忍不住还要到剧场去"。[6]

　　狄德罗直至去世也没能实现创作完成一部反映劳动阶层悲剧的愿望。但在 1757 年和 1758 年，狄德罗在监督《百科全书》第七卷和第八卷相关工作的同时抽出时间，创作了两部资产阶级戏剧。这两部戏剧都以法国传统戏剧作为出发点，跨立于轻松但毫无意义的喜剧和严肃得死气沉沉的贵族悲剧这两种风格相去甚远的戏剧形式之间。其创作的基本想法是讲述一个有欢乐大结局的道德故事，但同时还表现了法国底层人民和中产阶级毫不做作的高尚之处。这也正是狄德罗最喜欢的画家之一让 – 巴蒂斯特·格勒兹在其绘画作品中成功描绘的。

　　狄德罗希望到剧场观看这些没有形式上的矫揉造作的现实主义剧目的观众能够"相信他们就好像和自己的家人在一起，并［能够］忘记他们是在剧场中"。[7]在描述这些剧目将如何呈现在舞台上时，狄德罗发明了现在通常被称为"第四面墙"的理论。他请未来的演员忘记观众的存在，忘记他们高度规范化和程式化的表演模式。他写道："想象舞台边缘有一堵墙，把你和观众分隔开来。表演的时候，要当作大幕没有拉开一样。"[8]

　　这些剧目的理论支撑确实要比剧目本身有趣多了。狄德罗的第一出剧目，即之前提到的《私生子》，讲的是一个失去双亲、品行正直的男子多瓦尔爱上了他朋友的未婚妻罗莎莉。被夹在友情与爱情之间，我们的多瓦尔受到了各种内心折磨，直到罗莎莉的父亲出现，并承认多瓦尔是自己的亲生儿子。在发现了自己心爱的女子竟是自己的妹妹之后，多瓦尔不但成功逃脱了这个恐怖的道德困境，还得以娶自己朋友的妹妹为妻，罗莎莉也嫁给了自己原来的未婚夫。这出戏过于多愁善感，充满了简单粗暴的道德说教，狄德罗设计这个不自然的结尾时明显是为了故意煽情。[9]

狄德罗在这一时期创作的第二部资产阶级戏剧名为《一家之主》（1758）。剧情以他对妻子图瓦妮特的追求为大致基础，描写了一个年轻又有些冲动的男子，为了与一个社会地位较低的年轻貌美的女子结婚所经历的冒险经历。狄德罗给这个半自传性的故事的男主角取名为圣阿尔班；值得注意的是，他将图瓦妮特的角色命名为索菲，为的是向他的情人索菲·沃兰致意。

该剧的剧情展开让人想起了狄德罗的家人为了说服他不要结一门门不当户不对的亲事所做的努力。剧中慈爱的父亲一开始试图跟儿子讲道理；他的叔叔则强烈地反对举行婚礼，还威胁要将索菲关进修道院，就如同狄德罗的父亲采取的方法一样。[10]索菲最终躲过了这个残酷的命运，因为人们后来发现她是所谓的荣誉骑士（commandeur）的侄女，而那位骑士又恰好是剧中父亲的妻舅。多亏了这个情节的突变，该剧获得了一个皆大欢喜的结局：年轻的情侣获得了父亲的祝福，终于订下了婚约。按狄德罗的想法，坐在观众席中的我们应当又一次为爱情最终克服了艰难险阻和阶级间的紧张情绪而流下热泪。

这种甜得发腻的无趣情节使得狄德罗创作的戏剧如今几乎

完全无法演出。但在 1759 年，这个没有贵族角色的自然主义风格剧目在欧洲的观众中引起了强烈的共鸣。到了 1761 年，欧洲的各个剧团就已经在波尔多、图卢兹、里昂、马赛、汉堡、法兰克福和维也纳将这部剧目搬上了舞台。随着狄德罗从这些地区得到了越来越多对该剧的正面评价，同时希望该剧能够在巴黎上演，他相信自己的写作生涯进入了一个新阶段，接下来，他也许可以一边宣传单纯的家庭价值观，一边修复他作为好斗的无神论者的名声。[11]

帕利索的讽刺作品

批评者此前一直是将狄德罗作为已经成为禁书的《百科全书》的编辑来攻击的，而他们此时则对狄德罗这一点点儿戏剧上的成就做出了激烈的反应。在《文学年代》中，埃利·弗雷龙指责狄德罗无耻地抄袭了《真朋友》。[12]比这个指控更有效的是帕利索创作的一出名为《哲人们》的讽刺戏剧。这个满怀恶意、在狄德罗看来才疏学浅的剧作家取得了狄德罗没有取得的成绩：帕利索成功在法国最负盛名的法兰西喜剧院的舞台上为自己的剧目争得了一席之地。[13]这个讽刺实在是太尖锐了。狄德罗希望创造一种新型戏剧作品，从这样的作品中观众可以分享共同的、令人振奋的道德体验，而帕利索这样的阴险小人却用相同的戏剧类型向狄德罗发出恶毒的攻击。

帕利索的三幕话剧在 1760 年 5 月 2 日星期五上演。令狄德罗感到沮丧的是，它竟然成为那一季的剧场盛典。首演当晚，混乱的人群为了买票在福塞圣热尔曼德普雷区等待了好几个小时。此后，该剧的剧本由勒·布雷顿的同事尼古拉-博纳旺蒂尔·迪歇纳出版，为这位出版商带来了丰厚的收入。大多数人认识到《哲人们》缺乏法国戏剧的风格和优雅——含蓄地讲，帕利索可不是莫里哀——但这位剧作家在作品中对狄德罗和法国"邪恶的百科全书派"的讽刺引起了极大轰动：大约 1.2 万人在此后的三个月间前来购票观戏，使这部剧目成为 18 世纪最受欢迎的喜剧之一。[14]

实话实说，帕利索的这出剧目很巧妙，值得在此处概括一下。剧本的基本故事线跟随了传统的"强迫婚姻"的情节。一个名叫西达利斯的富有的寡妇受到了一群道德败坏的"哲人"的影响。他们装腔作势、荒谬可笑的思想冲昏了她的头脑，让她命令自己的女儿抛弃现在的未婚夫，嫁给瓦莱尔，此人是这群冒牌的博学之士中的一个。[15]到了剧的末尾，被抛弃的未婚夫达米斯通过揭露这些浑蛋哲人的真面目，重新获得了未来岳母的认可，而这些恶棍正是以爱尔维修、杜克洛、卢梭和狄德罗为原型的。

帕利索在剧中将这四位哲人挨个痛斥了一番。在一场尤其滑稽的场景中，达米斯的贴身仆从克里斯潘（由著名的演员普雷韦尔扮演）装作一个旅行中的奉行卢梭信条的哲人。他像动物一样爬上舞台，用讽刺的语气讲述了卢梭对人类自然状态的赞美，宣布自己决定返回到人类最原始的状态。最好笑的一幕是克里斯潘假扮的哲人从兜里掏出一把生菜，一口咬了下去（18 世纪的法国人是不生吃蔬菜的）。帕利索在处理狄德罗在剧中的角色多尔蒂迪乌斯时更加不留情面。除了将其认定为"这个小团体的领导人"、纵容他的信徒超越了"他们像昆虫一样低微的地位"之外，帕利索还恶毒地攻击这位哲人，说他是一个没有天分的作家，没有原则的骗子，以自我为中心的

《哲人们》中的一个场景，1777

无赖和不知羞耻的剽窃者。[17] 在剧中的某一时刻，帕利索甚至让代表狄德罗的角色承认了自己反爱国主义的态度："我一点儿也不在乎我的国家/真正的智者是世界公民"；而当时的法国正深陷与英国和普鲁士的七年战争之中。[18]

这出戏引发的轩然大波终于在 1760 年夏天逐渐平息下来。

实际上，公众最开始对帕利索的剧作的强烈兴趣渐渐变了味儿。观众们一开始很享受这出讽刺剧目，但所有观看了剧目或者阅读了剧本的人都知道这出戏剧违反了法国戏剧的根本原则：剧作家有权嘲讽一类职业，甚至嘲讽我们现在所说的某一个社会阶层，但攻击某个人就犯规了。是年秋天，对帕利索的激烈反击终于让狄德罗松了一口气。他写道："六个月前，《哲人们》逗得人们喘不过气来。现在这部剧目在哪里？它在深渊底部，那里时刻准备着迎接毫无新意、没有道德准则的作品，还为其作者准备好了他应该承受的耻辱。"[19]

那一年 12 月，狄德罗收到了一个更好的消息：《一家之主》成为法兰西喜剧院的常规剧目。次年 2 月 21 日，该剧终于上演，迎来了大量热情的观众。狄德罗过于紧张和兴奋，难以亲自观看首演，于是请朋友将演出情况转告给他。第三晚的演出比前两晚更加成功，结束之后，狄德罗终于能够告诉自己，他的这个作品获得了巨大的成功。他因此得意扬扬，立刻写信给当时法国公认的最伟大的戏剧家伏尔泰（此时这两位哲人还未见过彼此）。狄德罗的信还算谦虚——也许是假装谦虚——但当提到在很多次谢幕的过程中，观众席中有人高喊"好一个对《哲人们》的回应"时，他的字里行间充满了满足和喜悦。[20]

结果，狄德罗高兴得过早了。他从巴黎寄往伏尔泰在费内的庄园的信还没寄到，这出剧目的上座率就开始下降了。到了第六场演出，来看戏的观众都没能坐满剧场的一半。演了七场后，《一家之主》就从法兰西喜剧院的节目单上消失了。尽管这样的成绩还算不错，狄德罗原本希望的却是无可置疑的胜利。让这个令人失望的结果雪上加霜的是，狄德罗得知，与自己反目成仇的朋友卢梭刚刚发表了将会成为 18 世纪最畅销小说的《朱莉，或新爱洛伊斯》。[21]这部书信体小说成功地讲述了一个年轻敏感的教师圣普勒与他美丽的学生朱莉之间的爱情悲剧，这部作品获得了巨大的成功，印刷商们几乎都无法满足市场的需求。[22]

狄德罗似乎没有沉溺于沮丧的情绪。但如果说有什么事情一直让他无法释怀的话，那就是《哲人们》伤害了他的自尊。1761 年春，他坐在自己位于塔兰内路上的书桌边，开始创作一个讽刺作品，目的在于攻击《哲人们》背后的巴黎社交圈那些卑鄙的成员，这些人不但包括像帕利索这样有政治动机的作家，还有保守派贵族、政客、神职人员和银行家，他们都推崇反哲人的计划。狄德罗将这个作品称为《第二讽刺对话》；根据狄德罗潦草地写在手稿上方的标题，我们现在将这个戏剧化的对话称为《拉摩的侄儿》。

在这个"对话"的开头，狄德罗（他在文中的角色被称作"我"）向读者介绍了 1761 年的自己。这位四十八岁的作家心满意足地坐在巴黎皇家宫殿花园中的长椅上，身穿有些破旧的夹克、薄薄的马甲、毛织长裤（而非丝袜）、笨拙的鞋，头戴一顶过时的假发。[23]他告诉读者，自己当时正像往常一样，专心致志地看着一群引诱者追逐着在花园的道路和小径上往来穿梭的交际花和妓女。这位中年的哲人已经过了四处拈花惹草的年纪，他默默地想着，这些恋爱中的男女让他想起了自己思想是如何随着冲动任意漂流的：

我有个习惯，每天下午五点，都要到皇家花园中走走，无论天气如何。你看，那个人就是我，总是一个人坐

在德·阿尔让松的长椅上做着白日梦。我和自己谈论政治、爱情、品位和哲学。我让头脑自由地徜徉。我让它成为主人，让它追随着浮现在它面前的第一个念头，无论好坏，让它像我们国家中年轻的浪荡公子一样，去追逐富瓦小道上的一个轻浮、漂亮、眼睛闪闪发光、鼻梁扁塌塌的交际花，转眼又换一个追逐的对象，尾随每一个，却不缠着任何一个。对我来说，思想就是我追逐的荡妇。[24]

这种思想上的放荡不羁——不分思想的高低、好坏、疯狂或慎重——打开了与让-弗朗索瓦·拉摩这样一个怪人对话的一扇门。

无数当时的记述都把真实的让-弗朗索瓦·拉摩描绘成一个一事无成，有点疯疯癫癫，令其家人大失所望的人。他出生于 1716 年，当时小狄德罗才三岁，是第戎的一位很受尊敬的管风琴演奏者的儿子。他先在军中服役了一阵子，后来又当了一段时间的神父，之后决定跟随家庭传统，成为一名乐师。到了三十岁，他从第戎搬到巴黎，希望能从他的伯父让-菲利普·拉摩（1683—1764）的名气和影响中得益。但是，生活在法国巴洛克音乐最负盛名的理论家和作曲家之一的阴影下比他预期的要困难得多。相比之下，让-弗朗索瓦·拉摩才华平庸，无法达到家族的标准，最终只能靠授课和举办独奏会勉强度日，并且利用自己的音乐才能为帕利索以及迅速发展的反对百科全书运动服务。[25]

不过，最能为拉摩赢得名声的不是他的乐师生涯，而是他的行为举止。他在搬到首都几年之后就制造了一个丑闻，这一天，他强行冲上巴黎歌剧院的舞台，和一名导演大声对骂起来。[26]拉摩拒绝离开，继而因"制造混乱和侮辱他人"被捕，并被判处几周的监禁，关押地点在勒维克堡监狱，这里的犯人一般是犯了重罪的演员。[27]他的伯父因此很不高兴。这件事发生后不久，这位成功的作曲家就写信给国务大臣，请求其将自己的侄子强行送上商船，运到法国的殖民地去（这个请求没有获得批准）。

多年间，经常身无分文且处于无业状态的拉摩在各个咖啡馆中出尽了洋相。一位编年史学家记载，拉摩很喜欢到处宣扬一个观点，说我们做的所有事，无论是无私的见义勇为，还是伟大的科学发现，都只不过是填饱肚皮的方法：在他看来，这个世界是根据"咀嚼的法则"来运转的。[28]甚至连他最亲密的朋友都认为他的观点和行为过于古怪。他的一位第戎同乡作家雅克·卡佐特形容说，拉摩"从来不说他想说的话，也不说别人想让他说的话，但他总是说他和你都想不到的话；而且，你们两个人都会爆发出笑声，完全搞不明白他到底说了些什么！"[29]到了 18 世纪 60 年代中期，巴黎图书商出版的旅行指南将拉摩指认为巴黎的头号傻瓜。[30]

在 1761 年，将拉摩作为他的讽刺作品的主角，对狄德罗来说一定是一个充满了灵感的卓越选择。要想明确地指出帕利索和他身边那群恶毒的诽谤者道德上的垮台，还有比与这个团体中最令人作呕、最不同寻常的成员对话更好的方法吗？然而，在此后的二十年中，狄德罗在写作过程中不断修改自己的手稿，拉摩这个角色也超越了狄德罗最初的预想。一开始，狄德罗设计这个角色是为了把他当作替罪羊，而这个角色（在对话中被称为"他"）最终将困扰狄德罗最深的怀疑用最响亮的声音讲了出来。等到他完成了这本奇怪的作品，狄德罗明白

据说是让－弗朗索瓦·拉摩的线条肖像画的副本

自己达成了一个里程碑式的成就。他创造了一个新的文学类型，让他得以严厉地审视自己最稳固的信仰，而且还让人们认识到哲学可以远超一套确定无疑的思想。哲学可以获得生命，扭转自己，包含与自身相矛盾的根源，并成为表现人类头脑复杂性的媒介。

《拉摩的侄儿》

在这个想象出来的会面中，狄德罗（文中的"我"）在皇家宫殿附近著名的摄政咖啡馆撞见了拉摩（文中的"他"）。拉摩一脸倒霉相。他最近刚刚被驱逐出一座奢华的城市住宅，他原本在那里为人提供低俗的娱乐节目，以换取每月的一点儿生活费和伙食。"我"在向读者描述"他"时表示自己一般不会搭理这么一个怪人——这个语气或许比狄德罗本人的语气还要势利一点儿。不过,"我"同时也承认自己尊重不循规蹈矩的拉摩在谈及其懒惰、贪婪和胆小时表现出的诚实。[31]"我"接着说,像"他"一样的人拥有真正的财富:这种人能够让那些愿意花时间与他们对话的人摆脱束缚。拉摩这类人强调了"教育、社会传统、行为规范灌输给我们的一成不变有多么恼人",并尝试打破这种一成不变,[32]他们就好像"一小撮酵母",在我们周围发酵,让真理得以释放出来。[33]

那天下午,"我"和"他"开始了一场完全没有禁忌的对话,针锋相对地讨论了许多话题。他们探讨了天赋,意大利音乐和法国音乐之间的不同,儿童教育,以及哲学是否应该在社会中拥有一席之地,应当在社会中扮演什么角色。在每一场辩论中,尤其是在谈论到道德这一重要问题时,"他"好像是狄德罗的辩论对手,将狄德罗自己的哲学信仰,尤其是他的唯物主义转移到自己手中,作为挑战狄德罗的武器。

"他"并不是狄德罗作品中的第一个唯物主义或无神主义人物。在他最早的几部哲学作品中,包括《哲学思想录》和《论盲人的书简》,狄德罗想象出了几个反宗教的角色,他们与基督教教徒或者是信仰自然神论的人(或自然神论本身)展开了激烈的争论。然而,狄德罗在《拉摩的侄儿》中,采用了完全不同的设计,他展示了一场发生在两个唯物主义者之间的思想争论,双方都默认物质是宇宙中的唯一材料,灵魂不死是个迷思,上帝以及死后的生活都是童话故事。简单来说,"他"和"我"没有在争论甚至是讨论他们的无神论上浪费时间。他们深度思考的是人们对唯物主义的恐惧引发的重大问

题。如果上帝不存在，那么道德的基础还存在吗？人还可能拥
有美德吗？而且，如果有能够把人类与缺乏道德准则和潜在的
残酷的动物世界中区别开来的东西的话，这种东西又是什
么呢？

　　和现实生活中的狄德罗一样，文中的"我"拼尽全力，
试图将道德从这样的唯物主义世界观造成的危险中挽救出来。
为了达到这个目标，"我"坚持认为所有人类——甚至包括
"他"在内——都无法逃避善行的美对人的吸引。这个想法
是狄德罗思想中最理想主义和最具有生命力的一点。从他开
始翻译沙夫茨伯里作品的那天起到他生命的最后一刻，这位
哲人从未怀疑过人类本性中的善，从未怀疑自然和普世的道
德是可能存在的。他相信，成为有美德的人不只是因为两千
年前某些人在卷轴上随便写下了某些指导方法，还因为道德
行为本身是具有美感的，是真、善、美这个世俗的三位一体
的自然延伸。[34]

　　"他"则从更偏向享乐主义的角度阐释了人类的处境，以
此反驳了"我"的乐观主义。他问道，既然这个世界就像一
场自助餐，无限制地向人们供应各种享受，不需要克己和自我
牺牲，人为什么要通过做善事这样的麻烦方法来获得满足呢？
如果说真的有哪种生活方式值得人效仿的话，那肯定不是不切
实际的哲学家的生活方式；相反，人们应当学习福堡圣热尔曼
的富有的银行家，他们崇拜金钱，每天躺在长椅上，在陈设讲
究的城市豪宅中喝着"美酒"，不停地往嘴里塞着"精美的小
食"，和"漂亮的女人"厮混，睡在"软得不行的床上"。[35]
"我"认为人应当以为后世创造一个有尊严和准则的未来为目
标，"他"则拒绝了这个利他主义的观点，明确指出人每天的

目标应当是寻求即刻的满足，从满足口腹之欲开始。在"他"看来，一个人能衡量自身存在水平的最好办法就是每天晚上算算在一天中"轻松、自在、开心且充分地排便的次数。Ô stercus pretiosum！"[36]

"他"的这个不文明的拉丁短语——我们可以将其翻译为"啊，充满欢乐的粪便"——是对拉摩的哲学（或反哲学）的精彩总结。但"他"的道德准则并不单纯是对奢靡享乐、沉溺酒色的生活的赞颂。尽管"他"否认自己是位哲人，"他"却经常像哲人一样攻击"我"相信的难以达到的规范化道德标准，所有这些在"他"看来不仅是不切实际的幻觉，而且根本是不公平的。"他"完全满足于保持"一个游手好闲、贪婪的猪，一个胆小鬼，一个真正的混账"的状态，而眼前的这位哲人竟敢将这样乏味的哲学系统强加在"他"身上。[37]更加具有说服力的是，"他"号称自己变成现在这个样子并非出于其自身的选择；他得到的教养和我们现在所说的基因结构决定了他的命运。为了证明这一点，"他"诊断出了两个将他引上堕落之路的生理结构上的异常情况。第一个，他认为自己身体中的"道德纤维组织"无法正常工作，或者说完全缺乏，这使得他无法看到美德所具有的所谓魅力。第二个是拉摩家族臭名昭著的"迟钝的父系遗传分子颗粒"，这种天生的秉性让拉摩家族中的男性铁石心肠、毫无道德意识。[38]根据拉摩的说法，这个基因上的差错也很明显地体现在他儿子的身上："他已经是一个贪婪、两面三刀、爱偷窃、懒惰的骗子了。我担心［这个分子］是我们家族历来就有的"。[39]

整个拉摩家族似乎对普世的人类价值有可能存在这个想法感到恼怒。"他"像一个收藏家一样，将自身天生的道德堕落视若珍宝，不仅愿意为这些缺陷负责，还靠它们在社会中牟利。他用大量的篇幅讨论了他的策略，这是某种涓滴经济学，不过是站在被欺压的人的立场上来解释的。"他"毫无保留地接受了自己作为寄生虫和马屁精的角色，炫耀自己如何从有钱人身上揩油——迎合他们的自负心理，给他们的孩子当家教（经常教得很差），拿着他们的钱，吃着他们的饭。"他"对这个狗咬狗的世界的这些惊人的观察让人想起了霍布斯，同时又预示了卡尔·马克思的理论和社会达尔文主义的出现。从"他"的角度来看，巴黎的生活基本上就是不同等级之间的大型冲突，是一种能让人联想起世界上的各种动物斗狠的战争。用"他"的话来说，自然界中的"所有物种都是靠捕食其他物种为生；在社会中，不同地位的人也是如此"。[40]

在《拉摩的侄儿》的尾声，"他"将"我"信仰的充满慈善的人文主义，以及后来被称为"启蒙运动"的哲学思想撕了个粉碎。"他"贬斥了美德、友谊、国家、对儿童的教育和在社会中获得一个有意义的位置的想法，认为这一切只是人类的虚荣和希望他人更喜爱自己的那种污秽、自恋的愿望。他提出，无论是谁，所有的人都是腐化堕落的，他们表演着各种滑稽可笑的事情，以此来获取他们想要的东西、占周围人的便宜。"他"和我们唯一的区别在与"他"诚实地面对自己的角色，而我们是虚伪的。

现存的所有证据都显示，狄德罗从没有将未发表的《拉摩的侄儿》读给任何除了他的朋友格林以外的人听。在所有用法语创作的作品中，这个对话表达的愤世嫉俗的观点最令人忐忑不安，而且其中还包含了对法国的音乐家、政治家和金融家的一系列羞辱，这样的言论本来会使其作者直接被关进巴士底狱。举个例子，狄德罗在描述帕利索时，说后者"让腐化堕落达到了一个新的深度，仅仅为了取乐就强迫其朋友放弃了宗教信仰，偷窃朋友和同事的财产，完全没有信仰、原则和情感，为了金钱不择手段，简直无恶不作"。[41]

但是，这些只是狄德罗没有让《拉摩的侄儿》传播开来最显而易见的原因。更令人忧虑的是这个文本批驳了狄德罗本人作为哲人的角色，而且还否认了理性和哲学所具有的力量和权威。

定时炸弹

尽管狄德罗不愿意将《拉摩的侄儿》与他的同代人分享，他在 18 世纪 80 年代还是把这个对话的手稿版本交给了抄写员以制作副本。完成后的副本一份送到了狄德罗的女儿手中，另一份交给了格林，还有一份随狄德罗的其他手稿一起，送到了叶卡捷琳娜大帝所在的圣彼得堡。最后的这个副本成为三个副本中第一个重见天日的，时间大约在 1800 年或 1801 年，当时一位名叫马克西米利安·克林格尔的德国藏书家正在冬宫的埃尔米塔日图书馆中搜寻藏品；当他看到狄德罗的这部一度佚失的讽刺作品时，他知道自己找到了重要的文献，于是迅速将其秘密复制了一份。几个月后，这份手稿终于被送往德国，最终到了诗人、哲学家、剧作家弗雷德里希·席勒手中。

席勒几年之前就阅读过狄德罗的一些没有发表的作品，甚至将一部分作品翻译成德语。他非常喜欢这个机智幽默的对话。读完不久，他就将手稿转交给了他长期以来的同事和朋友约翰·沃尔夫冈·冯·歌德。这个一直不为人知的作品令歌德感到十分惊艳，他说自己从没读到过比《拉摩的侄儿》"更粗鲁却又克制，更才华横溢和大胆，更能通过不讲道德的方式讲道德"的作品。[42]在读到这个作品的同一年，即 1804 年末，歌德开始将狄德罗的手稿翻译成德语。[43]据他向席勒解释，这个过程超出了他的预期："一开始，你走进水中，以为自己完全可以蹚水过去，但水很快就越来越深，最后只能游起泳来。"[45]

如果把《拉摩的侄儿》比喻成炸弹的话，这个炸弹有一条很长的引线。一开始，人们知道的唯一的法语手稿——歌德的 1805 年德语译文所使用的原文——在歌德完成翻译不久后就消失了。大约十五年后，巴黎出版业的几个无耻之徒为了发家致富，想出了一个跟让 - 弗朗索瓦·拉摩的人生哲学一样低劣的主意。他们把歌德翻译的德语版《拉摩的侄儿》回译成法语，并在出版时声称这就是佚失许久的原版法语手稿。这个 1821 年的版本出版后不久，读者就斥责其为欺骗行为，特别是范德尔夫人，当时她父亲一直没有出版的手稿已经在她手中珍藏了近四十年。但是，为了维护家族的荣誉，她很快克服了自己的犹豫心理，决定发表这部名声不佳的作品。1823 年，她同意出版经过删减的、更文雅的《拉摩的侄儿》。尽管这个版本比从德语译本回译过来的那一版更加准确，但此后的七十年间，人们仍然无法完全确定这个作品是否为原版。这个情况直到 1890 年才发生了改变，这一年，乔治·蒙瓦尔在萨纳河畔的旧书摊上翻阅书籍时偶然发现了一版《拉摩的侄儿》（标题为《第二讽刺对话》），笔迹明显是狄德罗的。这个珍贵的原版手稿如今被珍藏在纽约市皮尔庞特·摩根图书馆的保险库中。

狄德罗创作《拉摩的侄儿》，是因为他愿意用严厉的目光审视自己的信仰，和他质疑宗教信仰时一样。想要将这个超出道德范畴的试验与狄德罗其他作品（以及他的人生）相调和并不容易。到底是怎样一位作家，既创作了催人泪下的资产阶级戏剧——这些有教化作用的剧作是为启迪和提升其他法国公民的精神层次而设计的——同时又和弗兰肯斯坦①一样创造出了一个彻底击败了其创造者最珍视的思想的怪物呢？

这个矛盾点恰恰体现了这部作品的天才之处。《拉摩的侄儿》歌颂了个人拒绝一切不容许质疑的存在、妨碍自由生活的世界观的权利，无论这种世界观是宗教的还是世俗的，现在看来，这个赞歌极具现代性，这很大程度上要归因于这本书对道德和真理几近于后现代的理解。狄德罗非常清楚他创作出来的是怎样一种作品，于是将这部手稿和许多其他没有发表的作品一起锁进了柜子。但是，"我"和"他"之间的这个充满活力的对话对我们理解狄德罗的写作事业的后半部分来说至关重要。就在我们的眼前，狄德罗逐渐超越了哲学家、百科全书派和煽情戏剧作者的角色。尽管他欣然接受了自己作为一位哲人的职责，继续领导着一群公共知识分子不断努力从理性的角度来阐释人类的存在和知识，但他也学会了如何将自己复杂、充满冲突的思想表达出来，并且给更加无拘无束的观点和思想找到了舞台。

狄德罗很快将这个方法应用到他所思考的其他领域，尤其

---

①　弗兰肯斯坦（Frankenstein）是英国女作家玛丽·雪莱（Mary Shelley，1797—1851）创作的科幻小说《科学怪人》（1818年出版）中的人物。弗兰肯斯坦是一位年轻的科学家，他通过非常规的科学手段用人类的尸体创造了一个怪物，这个怪物杀害了弗兰肯斯坦的亲人和爱人，最终弗兰肯斯坦在追杀怪物的过程中与其同归于尽。

是在 18 世纪 60 年代，这一时期的狄德罗已成为 18 世纪最有前瞻性的艺术评论家。在这个方面，与《拉摩的侄儿》的情况相同，狄德罗最终认识到，探讨艺术话题的最佳方法，不是对眼前的绘画作品进行描述和品评，而是花点儿时间展开一场与自己的对话。

第七章　论艺术：狄德罗在卢浮宫

作为《文学通信》的主要负责人，梅尔希奥·格林将这个手抄的秘密简报寄送到多位王子和公主、两位国王、一位皇后、俄国女王，以及神圣罗马帝国的统治者手中，以此挣得了一笔可观的收入。订阅者需要为这份双月刊支付 1000～2000 里弗尔的年费，具体金额根据寄送距离而定。所有身居远方的贵族们都欣然支付了这笔费用。通过《文学通信》，订阅者接触到了流传于巴黎的小道消息和丑闻，还有对戏剧和歌剧演出的深刻评论。但是，格林的小报中有比这些更加引人入胜的内容：德尼·狄德罗所作的散文、实验性文学作品以及哲学思考，这些没有在其他任何地方公开发表的作品源源不断地出现在这本期刊中。[1] 在狄德罗向格林（及其继任者迈斯特）供稿的这二十五年间，《文学通信》的读者收到了早期版本的《修女》《达朗贝尔的梦》《布干维尔游记补遗》《论女性》《宿命论者雅克》，还有大量其他的散文作品、短篇小说和评论。

狄德罗明显很享受和欧洲最开明的君主交流的过程。这是他第一次为一个能够欣赏他作品的读者群写作。但作为这个所谓的"精品期刊"的主要供稿者（有时候还是编辑），狄德罗经常感到费力不讨好，每逢卢浮宫两年一度的"沙龙季"时情况尤其如此。每到此时，法国皇家绘画与雕塑学院的成员会展出他们认为自己最好的油画、素描和雕塑作品。在 18 世纪

50 年代中期，格林首先开始在《文学通信》中刊登对这些展览的粗略评论。不过，到了 50 年代末，他将这个任务交给了自己的朋友，吃苦耐劳的狄德罗，自己则赚了份轻松钱。从 1759 年到 1781 年，这位百科全书编撰者、哲人和万事通扮演了《文学通信》的艺术评论家的角色，为九场沙龙提供了评论文章，其中两篇的广度和原创性足以与狄德罗写作生涯中的任何一部作品相媲美。[2]

卢浮宫及其周边环境，杜尔哥所制的巴黎地图，1734—1739

沙龙

皇家绘画与雕塑学院的沙龙每次都会在 8 月 25 日，即国王节这一天准时开幕。尽管狄德罗一般更愿意在霍尔巴赫的格朗瓦尔庄园度过盛夏时光，但在"沙龙年"，他还是会尽力在 9 月中旬返回首都巴黎，然后开始艺术评论家的日常工作。在这些日子中，他每天都要花二十分钟从塔兰内路走到卢浮宫，几乎一天不落。

卢浮宫的西侧外观，菲利贝尔－路易·德比古，油画

　　狄德罗那个时代的卢浮宫早已不是法国君主的首要居所了。路易十四及其家人在 1682 年搬到了凡尔赛宫，不久之后，卢浮宫大部分被改建成了法国的文化和思想中枢。[3] 它不仅成为法兰西学术院、法兰西铭文与美文学术院、法兰西皇家建筑学院和法兰西皇家出版印刷社的所在地，其中的很多居室被改造成了"国王钦赐"给皇家绘画与雕塑学院成员使用的公寓和工作室。

　　即便不是沙龙季，狄德罗待在卢浮宫的时间也比大多数哲人多。他有时只是前来观看他的几位画家朋友如何将画布变成鲜活的生命，有时则会在这里与友人路易－米歇尔·范·洛及其夫人一同用餐。但每当沙龙开展，狄德罗不会直奔作为艺术家的公寓和工作室所在的卢浮宫东区，而会直接到作为展览区域的方形沙龙，这个展览空间的名字是后来其他所有艺术沙龙

1787 年的卢浮宫沙龙，版画

名字的来源①。

　　和大多数人一样，两年一度的沙龙既让狄德罗感到极度兴奋，又让他疲倦不堪。每天都会有超过一千名观展者摩肩接踵地挤进这里，尽管这个房间有 4000 平方英尺，但对这么多人来说依然相对狭小。更糟的是，进入沙龙的唯一通道是一截狭窄而拥堵的楼梯。一位与狄德罗同时代的艺术评论家皮当萨·德·迈罗贝尔说，通过这条通道就好像把一个金属铠甲手套伸入一个"火热的深渊"，此处空气"极具可能传染疾病，充满了不健康的人呼出的气息"，人们都觉得"闪电"马上会从天上劈下来，或者"瘟疫"即刻就要暴发。[4]

　　狄德罗一般会选择尽可能早地到场，以躲避高温和人群。

---

　　① 1667 年，法国皇家绘画与雕塑学院举办了首次半公开的艺术展览，地点就在卢浮宫的方形沙龙，此后，卢浮宫艺术展就被称为沙龙展。

到了上午，房间中央的长桌边人头攒动，桌上摆着半身像、湿壁画和小型艺术品。更庞大的人群则挤在悬挂在沙龙四壁上的油画前。房间最外围的一圈观展者仔细端详着与目光齐高的肖像画、风俗画和静物画。其他人站在这些人身后，分析着中等尺寸的叙事画、风景画和大尺寸的肖像画。剩下的人站在屋子的中央，伸着脖子眯着眼，欣赏着从沙龙高 30 英尺的屋顶的线脚上垂下来的巨幅历史画。

参观沙龙虽然有很多艰难之处，但那些油画马赛克般的笔触那样鲜活，有些甚至还没有干透，这也无疑让人感到无比兴奋。从最显而易见的层面上来说，绘画是能够真正做到引发观者联想，并用色彩丰富的方式表现希腊神话、罗马历史，乃至国王本人的最重要的艺术形式。大型风景画还可以让大都从未看到过山峦和海洋的观展者得以想象世界上的自然奇观。不过，两年一度的卢浮宫沙龙之所以让人兴奋不仅源于参展作品视觉上和模拟性的特点，还因为绘画是艺术的现代性的终极表达方式，也因为这些杰出的作品注定要在展览之后永久消失，被运往装潢奢华的私人府邸、乡间城堡和皇家宫殿。[5]

举办这样的沙龙最明确的目的在于把绘画和雕塑作品呈现（并最终出售）给法国的精英阶层，至少从皇家绘画与雕塑学院①的角度来看是这样。然而，这些展览留给后世的宝贵遗产实际上却并不是这样。与 18 世纪其他呈现高雅文化的场所——比如巴黎歌剧院和法兰西戏剧院——形成鲜明对比的是，卢浮宫的艺术沙龙没有用票价和社会等级来限制和控制其观众。学院（在国王的要求下）将卢浮宫的大门向所有有兴

---

① 以下简称学院。

趣欣赏艺术的人敞开。因为免费向公众开放，沙龙不但吸引了意料之中的观展者，比如外国使臣、贵族、金融家、税款代收人、富商和刚刚崭露头角的艺术家，还吸引了包括工人和仆人在内的所谓平民。这些来自劳动阶层的群体参加到这个盛会中，对他们无法再见到第二次的艺术作品做出评论和阐释，并衡量其价值。虽然这些在卢浮宫展出的绘画和雕塑只能被富人中的富人收入囊中——一些绘画的价格相当于一个普通工人年收入的一百倍——沙龙依然为艺术文化的全民化播撒下了种子。[6]

并不是所有人都认为这是件大好事。学院的很多成员十分憎恶他人侵犯王室授予艺术家的对审美的垄断权。在学院看来，只有艺术家才能成为鉴赏绘画和雕塑的行家；区区一个艺术爱好者，或是自称热爱高雅艺术的人，在理解作品上永远无法与创作该作品的艺术家相比。[7]对很多雕塑家和画家来说，一无所知的大众傻呆呆地盯着展览中的艺术作品，发表招人讨厌又无知的观点还不算什么，更糟糕的是18世纪40年代的匿名艺术评论者竟敢在他们出版的非法小册子中对学院的艺术家评头品足。[8]这个情况让艺术家们恼怒不已，整个学院更是在1749年罢工，拒绝举办任何沙龙，除非警方彻底禁止这些违法出版物。[9]

狄德罗无疑对这些艺术家的遭遇感同身受，他也经常是受到偏激的贬斥的那一方。但是，和很多学院成员不同的是，他很欣赏来参观沙龙展览的非艺术家的观点。他会花好几个小时在卢浮宫的人群中进进出出，并非常享受地倾听"老人的意见""孩子的想法""文人的判断""老练世故的人的观点""民众的看法"。[10]他写道，这些不同的观点给他对艺术的思考注入了灵感。如果说狄德罗确信艺术鉴赏力这种感知"真与善和将其表现出来的情境和条件"的能力是可以被度量的，那他也相信任何人都可以通过"重复的体验"获得欣赏美和艺术的能力，只要他们花时间去理解"自然和模拟自然的艺术"。[11]他自己就是鲜活的例子：作为乡村制刀师傅的儿子，他成为 18 世纪最值得关注的艺术评论家。

如何思考艺术及写作艺术评论

狄德罗在写卢浮宫的沙龙评论时，选择了一种自由形式的新闻报道口吻，并注入了他的个人风格。1761 年，他在第二篇沙龙评论的开篇段落中直接和格林对话，告诉他的这位同事兼编辑（还有《文学通信》的订阅者），这封"信"的主要内容将由他十分随意且无甚章法的点评构成："我的朋友，下面是我观看今年的沙龙展的画作时闪现在我脑中的想法。我没有费心整理，也没有费力［充分］表达就随意地将它们记了下来。"[12]

尽管这个方法看起来仓促马虎，狄德罗却根本不是一个态度随便的业余爱好者。他之前曾钻研了医学、自然历史、音乐和数学，这一次他用同样的方法研究了列奥纳多·达芬奇的《绘画论》，让·库赞①的《肖像绘制的真正技巧》，罗歇·德·皮莱的《绘画原理》，罗兰·弗雷亚尔·德·尚布雷的《现代与古典建筑的相似之处》，以及夏尔·勒·布伦的《描

---

①　此处指小让·库赞（约 1552—约 1595），他与他的父亲老让·库赞（约 1490—约 1560）都是 16 世纪法国著名的画家。

绘情感的方法》。[13] 早在 1750 年，他就对美学产生了深厚的兴趣，为了编写《百科全书》中"美"这个条目，阅读了柏拉图、奥古斯丁和克里斯蒂安·沃尔夫等人的著作。[14]

最重要的是，狄德罗总是尽其所能地观赏更多的艺术作品。他参观了凡尔赛宫、卢森堡宫以及巴黎皇家宫殿的艺术收藏，并且联系了私人收藏爱好者前去观赏他们的藏品。他还通过和学院的画家和雕塑家们一起参观卢浮宫的艺术品，有意识地汲取和拓展了他的专业词汇和艺术鉴赏力。这也让他的艺术评论中出现了一个矛盾，就像他所说的："我有时候会伤害到艺术家，而我使用的尖锐武器常常是他们帮我磨砺出来的。"[15]

狄德罗同时也开始非常认真地思考一个问题：等到他 1763 年第三次参观沙龙时，艺术评论应当是什么样子呢？在看到了那一年所展出的 127 幅作品的涉及广度和多样程度后，他深思，最好的讨论艺术的方法是根据艺术家的风格来变换自己的写作方式，并对不同作品使用不同的散文风格。

> 要提供一个让你我都满意的沙龙评论，我的朋友，你知道需要什么吗？多样化的审美品位，一颗能够敏锐地体察所有艺术魅力的心，一个能无限接纳各种强烈情感的灵魂，以及能够回应各种笔法的各种风格；在描绘德赛时要宏大而饱满 [他以大型而有力的宗教及神话为主要的绘画题材]，描绘夏尔丹时要简单而真实 [他是静物画大师]，描绘维安时要精致细腻 [他是极简风格的新古典主义绘画先驱]，描绘格勒兹要感人至深 [这位天才擅长描绘哀伤主题的场景]，描绘韦尔内则要能够营造出各种样的幻境 [他是无人可与比肩的风景画大师]。[16]

四年后的 1767 年，狄德罗表达了想让自己的艺术评论更加包罗万象的雄心。为了用一种更加百科全书式的、更加全面的方法评论艺术，他说他需要四处旅行，并研究大量的来自意大利、佛兰德斯和法国的艺术杰作，这些收藏要不就是在几百英里之外，要不就是被珍藏于私人宅邸。接触这些远在天边或与世隔绝的艺术作品不过是狄德罗的第一个目标。为了最好地为《文学通信》的订阅者描绘他们无法实际看到的艺术作品，他还梦想着让人把评论中提到的绘画和雕塑画成素描。他承诺，图文结合将能让他创造出"一个全新的沙龙"，与他之前的艺术评论家相比，这个沙龙将更着重"现代艺术家的处理和表达方式"。[17]

由于时间、后勤和可行性等问题，狄德罗没能将这样一个带有插图的泛欧洲艺术史变成现实。但是，狄德罗认识到艺术评论中的作品（对于无法亲眼看到这些作品的读者来说）是脱离了其原本的艺术环境的，正是这一点促使他创造了一种完全不同的艺术评论以弥补这个缺陷。在他篇幅最长且最有名的两篇沙龙评论（1765 年和 1767 年的沙龙评论）中，狄德罗不但在想象中与创作了他所评论的艺术作品的画家和雕塑家展开对话，他本人还常常直接走进绘画作品，时而作为画中的人物，时而作为另一位艺术家。在他笔下，艺术评论远远超出了简单的评估工作，成了一个供艺术家、艺术作品和观赏者交流的空间，一个点评美学体验，有时还能为观赏者重现美学体验的机会。

对话艺术家

在情绪最为高涨的时刻，狄德罗可以对他在沙龙所见的艺术作品发出充满激情、滔滔不绝的赞美。他在评论艾蒂安·法尔康涅的雕塑作品时就是这样，这位雕塑家在 1763 年沙龙展出的作品表现了有关皮格马利翁和伽拉忒亚的神话故事。奥维德的作品中讲述过一位雕塑家爱上了自己的雕塑作品的传说，法尔康涅从中获取灵感，在创作该雕塑时选择在女神维纳斯将生气注入这尊雕塑的那一刻，让皮格马利翁跪倒在伽拉忒亚的面前。这位雕塑家成功地捕捉了这个情感丰沛的瞬间表现出的复杂性，这让狄德罗不禁赞叹，他的这位艺术家朋友创造了某种奇迹："法尔康涅！你是如何能够将惊讶、喜悦和爱同时注入一块白色的石头中的呢？如果说神真的曾让雕塑活起来的话，你，神的模仿者，则复制了这个奇迹。来吧，让我拥抱你。"[18]

衡量他自己获得的美学享受只是狄德罗成为他心目中的艺术评论者的第一步。多年来，因为受到他身边的艺术家使用的专业词汇的浸润，狄德罗也用一系列专业标准来评估艺术作品。在他看来，一个艺术作品若想成功，需要一个完整的结构，组成这个结构的元素——包括艺术表达、艺术展示、构思清晰度、对比和表现手法——实现甚至超越了该艺术形式的潜力。这尤其适用于他最喜欢的艺术体裁：油画。

对狄德罗来说，一幅油画最值得赞扬的地方在于其给观众带来的"毫无雕饰"的错觉。他认为这个标准相当高，因为油画可能是各类艺术形式中最具"欺骗性"的一种。舞者通过舞动身躯来创造艺术，歌唱家用声带发出声音，雕塑家将雕塑作品从大理石中"释放"出来，而画家的任务则更加曲折。[19]狄德罗在 1763 年的沙龙评论中诗意地写道，画家"在调色盘上调和的不是肉体、血液、样貌、阳光或空气，而是土、

法尔康涅的作品《皮格马利翁和伽拉忒亚》

植物的汁液、烧成了粉末的骨头、碾碎了的石头和含有金属成分的石灰"。[20] 按照他的话说，"最好、最和谐的绘画"，是"一个由相互遮掩的谎言共同织成的网"。[21]

在狄德罗的标准中，学院的成员中最擅长欺骗的是运用色彩的大师让－巴蒂斯特－西梅翁·夏尔丹。夏尔丹是狄德罗在学院中最好的朋友之一，他的特长是极为大众体裁的绘画：家庭场景、肖像画，特别是静物画。然而，这位画家朴素的构图方式和精湛的用色让狄德罗为之倾倒："无论是远看还是近看，[夏尔丹在画作中营造的]幻觉都是相同的，没有混乱，没有矫揉造作，没有一闪而过的效果去分散观者的注意力；眼睛总是感到轻松愉快，因为所有地方都透露着平和与宁静。人们在夏尔丹的画前停下脚步，仿佛是被直觉吸引着，如同一位因行程而感到疲惫的旅人，几乎不自觉地就会选择坐在一个绿意盎然、安静、湿润、阴凉的地方休息。"[22]

　　1759 年，在他的首篇沙龙评论中，夏尔丹的两幅静物画深深地启发了狄德罗，他说自己甚至都能"抓住"夏尔丹画中瓶子的"瓶颈"。[23]四年之后，当看到了这位画家对几个漂在水中的橄榄和几块"饼干"异常逼真的描绘时，狄德罗不禁在评论中向自己的艺术家朋友高喊道："夏尔丹啊，你在调色盘上调和的不是白色、红色、黑色；你调和的是组成这些物体的实质；你用画笔蘸着空气和光，把它们涂到了画布上。"[24]

《鳐鱼》，让－巴蒂斯特－西梅翁·夏尔丹的油画

最让狄德罗对夏尔丹的技艺感到敬畏的是其油画《鳐鱼》，这幅让观者感到惊心动魄的杰作主要表现了一条鬼气森森的鳐鱼，它的脸长得像人一样，已经被开膛破肚，挂在一个钩上，周围还散落着一些牡蛎。狄德罗称赞了夏尔丹对这样一个死掉的动物的血肉强劲有力、栩栩如生的表现，并总结说，只有夏尔丹能用他顶尖的"才华"让这样一个血淋淋的形象变成艺术。[25] 尽管狄德罗从未发展出一个理论来解释他对这个作品的赞赏的准确来源，他的溢美之词却足以反映他在吸引和厌恶之间自由转换的能力。[26]

到了 18 世纪 60 年代中期，狄德罗急切地想要体验更多这种类型的艺术作品，即那种让他因厌恶而退避，又在审美上令他愉悦的作品。他在评论 1765 年的沙龙时称："我憎恨所有卑鄙和狭隘［的行为］体现出的灵魂的低劣，但我不憎恨重大的罪行，因为首先它们是美丽的绘画和精彩的悲剧的极好题材；而且，宏大、崇高的行为和重大的罪行具有同样的特殊能量。"[27]

狄德罗对痛苦、恐惧或者是邪恶所具有的美学力量非常入迷，这直接来源于埃德蒙·伯克 1757 年的著作《论崇高与美丽两种观念根源的哲学探究》，狄德罗在《文学通信》中评论过这篇文章。狄德罗和这位爱尔兰哲学家兼政治家一样相信，有一种东西在道德上和实体上都无比庞大，它给我们带来的感受让我们无法理智地思考，而这种东西与古典主义对美的理解有根本区别。在狄德罗看来，这种给人带来难以承受的审美冲击的时刻能够完美化解令人厌倦的 18 世纪洛可可乡村风情的毒素。狄德罗在《论绘画》中说，一幅伟大的绘画作品有时候需要"狂野，粗糙，惊人而巨大"的主题。[28]

　　有些时候，当狄德罗这样写作时，他仿佛是在 19 世纪浪漫主义画家的耳边轻语，让他们大胆地用色彩丰富的笔触去描绘纵欲无度、混乱和凶残的场景，最好的例子就是欧仁·德拉克罗瓦在 1844 创作的《萨达那帕拉之死》。[29] 然而，这样的对一种新的基于粗犷、震惊和原始的生命之力的新绘画形式的呼唤几乎只是狄德罗艺术理论中一闪而过的念头。他的沙龙评论更明确（且看来自相矛盾）的信念是，艺术应当对观赏者起到有益的道德影响。他主张，视觉艺术应当与中产阶级更紧密地联系在一起，并且视觉艺术和整个启蒙运动一样，应当传递能把社会变得更加公正和诚实的价值观。他在《论绘画》中庄严地宣称："给美德以吸引力，让罪恶面目可憎，将荒谬暴露出来，这是所有诚实的人在提起墨笔、拿起画笔、举起凿子时应有的目标。"[30]

　　狄德罗习惯于给美术预设一个道德基础这一点一直是他整个事业中比较令人困惑的一方面，其渊源实际上也仍存争议。这仅仅是他作为热忱的社会道德改革家的逻辑延伸吗？还是说这是他的资产阶级成长过程遗留下来的一部分？或者说这种道德主义的产生源自他想要摆脱自己作为淫秽作品创作者的不良名声的真实愿望？无论是什么原因，狄德罗沙龙评论中不时爆发出的这种生硬的道德说教让他偏离了原本自由的思考方式，甚至还让他无法领会当时最优秀的几位画家高超的创造力。[31] 弗朗索瓦·布歇无疑是其中之一。到了 18 世纪 60 年代，六十岁的布歇已经创作出了一系列数量可观且令人印象深刻的作品，其中包括光线宜人的风景画、笔法细腻的风俗画、大型历史画和神话画，以及精致的肖像画（其中包括他的忠实仰慕者和赞助人蓬帕杜夫人的几幅肖像）。[32] 1765 年，布歇被命名为正式的"王室首席画师"，也成为当时最富有、最成功的艺术家之一。

布歇的《躺在沙发上的金发侍女》

狄德罗从来没有否认布歇的伟大之处；实际上，他对布歇的精湛技艺充满了敬畏之情，尤其是面对布歇在构图中掌控光影的能力。但是，从这位哲人的角度来看，布歇不断创作虚拟的田园画和风景画，其中主要描绘穿着过于华丽的牧羊女、奉承的情人、装饰性的动物，还有爬满藤蔓的建筑元素，这浪费了他的才华。"多么丰富的色彩！多么丰富的种类！多么丰富的物体和想法！这个男人拥有一切，只是没有真理。"[33] 布歇最大的问题是他风格轻浮的油画时刻让观赏者意识到他们正站在一幅毫无意义的画作面前，这样的设计最主要的目的是取悦当时没有思想的宫廷大臣。[34]

　　引来狄德罗最严厉反馈的是布歇画中放荡的家庭场景，最著名的是他的《躺在沙发上的棕发侍女》和《躺在沙发上的金发侍女》。在这两幅油画中，布歇将土耳其后宫的色情氛围和凡尔赛宫或巴黎闺阁由红色天鹅绒装饰的世界结合在一起，画中充斥着标志性的洛可可风格，而布歇正是这种风格的指导性人物。刺激感官的光线点亮了华丽而昂贵的织物、珠宝和瓷器，两位慵懒的女性丰满的肉体紧紧压在床单上。《躺在沙发上的金发侍女》的模特据称是路易十五的一位情妇；《躺在沙发上的棕发侍女》的模特明显不是别人，而是布歇的妻子。在布歇创作了《躺在沙发上的棕发侍女》（1745）近二十年后的1763年，狄德罗仍然在他的沙龙评论中抱怨这幅画，坚称布歇致使一整代艺术家"画起了肥胖红润的屁股"。[35]四年后，他又一次旧话重提，污蔑布歇把自己夫人作为绘画主题时"不知羞耻地出卖她的肉体"。[36]

　　这样的说教和谴责从那个时代最无怨无悔地支持享受快乐的人口中说出来十分突兀。[37]但是，就哲学层面和意识形态层面来说，狄德罗坚信像布歇这样的洛可可艺术家应当放弃堕落和轻浮，选择更严肃和英雄主义的主题和情感对他们来说更有益处。正如狄德罗曾经说的，他渴望的是那种能够"用斯巴达式的说话方法来作画"的艺术家，在艺术表达上勇敢、坦率、不事雕琢。[38]也许看起来与他这句话的表面意思不同，狄德罗这样说其实并不是像德国艺术史学家约翰·约阿希姆·温克尔曼提议的那样让画家模仿古代的杰作，而是表达了一种愿望，即新一代的画家可以把严肃的、能激发观赏者情感共鸣的主题所拥有的力量，与古典主义绘画模式纯粹且或许更加简洁的几何构图结合在一起。[39]

达维德的《乞讨的贝利萨留》

　　狄德罗终于在晚年见证了这种新古典主义在 1781 年的沙龙获得成功。那一年，当他拖着疲倦的病体在展厅各处观看，他不由得被雅克－路易·达维德获得评论界一致赞扬的作品《乞讨的贝利萨留》打动。[40]这幅大尺寸的历史画是达维德为了进入学院学习而作，描绘了英雄一世的拜占庭将军贝利萨留，传说他因违抗罗马皇帝查士丁尼一世而被刺瞎双眼作为对其惩罚的一部分。达维德刻画了这名老兵背靠着巨大的石柱以支撑自己的身体，一边庇护着一个孩子，一边向一位美丽的年轻女子乞讨。这个动人的场景被曾在这位将军麾下服役的一名士兵碰见，他因为看到自己的前指挥官而震惊地举起了双臂。狄德罗终于在这个作品中找到了他一直想要的：一个有教化作用的戏剧场景在这里得到了精彩的呈现，其主题呼应了画中的人物及画的作者那真挚、自然的高尚品质。

格勒兹

早在狄德罗看到这些将成为法国新古典主义绘画的代表作之前，他认为能够创作出取代小天使和田园牧歌的绘画作品的只有描绘家庭场景的大师——让-巴蒂斯特·格勒兹。这位绘画大师自学成才，在1755年的沙龙上通过质朴的风俗画，即《一位父亲为他的家人讲解圣经》，取得首次成功。这个小幅作品表现了一个简单而动人的场景，赞美了法国社会下层人民诚实、正直的道德生活，与沙龙中的其他所有绘画作品形成了鲜明对比。[41]

狄德罗对格勒兹的欣赏完美示范了一个哲学理论找到了其理想中的艺术家的情形。狄德罗第一次写到这位画家是在他1761年的沙龙评论中，他在勇敢地面对了汹涌的观展人潮，并等待了很长时间后，终于站到了这位艺术家最伟大的成就跟前，即格勒兹在1761年创作的《乡村订婚仪式》。[42]这幅作品中充盈着悲伤和情感，描绘了一位神情严肃的父亲刚刚在结婚文书上签了字，即将把女儿嫁给一个男人。这位一家之主是画中的主要焦点之一，他没有理睬坐在他左边的公证员，也没有理会他那紧抓着嫁妆的准女婿。这位父亲向自己的女儿伸出手，像是要拥抱她，和她道别，又像是要给予她最后的忠告（沙龙的参观者就这一点展开了激烈的争论）。画中的女儿看起来十分顺从，她眉眼低垂，一旁的妹妹和母亲紧紧地拉着她，流露出无限深情。狄德罗赞美了格勒兹对准新娘的描绘，包括这位画家表现出她的真实、微妙而自然的性欲时使用的手法。

让-巴蒂斯特·格勒兹的《乡村订婚仪式》

两年后的 1763 年，狄德罗同样被格勒兹的作品彻底征服，这一次，格勒兹创作了题为《孝顺》的作品，在很多观展者看来这是《乡村订婚仪式》的续作。这幅画描绘了与前一个家庭相同的或者说类似的家庭之后的生活；但这一回，画中的父亲瘫痪在床，时日无多，身边围着伤心绝望、身陷困境的一

家人。狄德罗赞扬格勒兹又创作出了一个他所说的"道德性
的艺术作品",并在文中恳请这位画家继续在他的作品中进行
这样的"宣讲"。[43]

《为死去的金丝雀而伤心的少女》,格勒兹的油画

　　人们通常认为格勒兹的绘画(和布歇的类似)体现出了
狄德罗自由的头脑中比较保守和缺乏冒险精神的方面。然而,
格勒兹的某些作品也引发了狄德罗道德上相对模棱两可的反
应。比如,在 1765 年的沙龙上,狄德罗被格勒兹的一幅小尺
寸椭圆形画像吸引,画中脸蛋红扑扑的女孩正因她死去的金丝
雀而哭泣。狄德罗在评论文章的开头称这个"小小的挽歌"
令人"愉悦",而且是该届沙龙中"最吸引人,也可能是最有

趣的" 绘画作品。[44]

能够理解艺术品象征性的观展者站在格勒兹的这幅画前，很快就会明白这个场景中有丰富的寓意。如果说笼子让人想起监禁或者拘禁的话，画中打开的鸟笼则象征着某种解放或释放。狄德罗也意识到了这一点，但他没有揭示其中的含义具体是什么，而是直接对画中这个不安的十六岁女孩说起了话，剥丝抽茧般地将真相展示出来。

> 来，小姑娘，向我敞开你的心扉，实话告诉我，让你如此悲伤、如此彻底地拒绝与人交流的原因，真的是你的小鸟死了吗？……你低垂着眼帘不回答。你的眼泪要流出来了。我不是你的父亲，我也并非言行唐突或是过于严肃。好了，好了，我知道了，他爱过你，爱了那么久，他为此发过誓！他受了那么多苦！眼看着我们所爱受苦是多么难过啊！[45]

在指出女孩痛苦的缘由——她的爱人——之后，狄德罗迅速地勾勒出那天早上发生了什么。

> 不幸的是，你的母亲那天早上没有在家；他来时，你孤身一人；他的相貌多么英俊，他的话语多么真诚！他的话语直接触碰了你的灵魂！他说这些话时跪在你的面前，那情景真是很容易想象的；他拉着你的一只手，你感到热泪时不时地从他的眼中滴落，从你的手臂上流下。你的母亲一直没有回来；那不是你的错，错在你的母亲……我的天，你哭得多厉害！但我说这些不是为了让你哭泣。而且

为什么要哭呢？他向你许下了诺言，他会履行自己的诺言的。一个人要是有幸认识你这样可爱的女孩，与你亲近，带给你快乐，他就会一生与你相守……你的母亲在他离开后就回来了，她发现你时你还处在上一刻那梦幻般的状态；人总是那样的。你的母亲和你讲话，而你却什么都没有听进去；她让你那样做，而你却做了这样的事。[46]

就在他要告诉读者这个女孩为什么如此沮丧时，狄德罗被他的编辑格林"打断了"，格林嘲笑他竟然对着一幅画说话。狄德罗接着说："怎么了，我的朋友，你怎么在笑话我；你嘲笑的是一个认真的人，他正在通过安慰画中的孩子消磨时光，她失去了自己的小鸟，失去了你想得到的东西……"

狄德罗换了一个语气，继续向格林解释自己为什么如此沉醉于这个女孩的画像。这幅画的构思实在是太诡秘和"狡猾"了，以至于很多人站在它面前，却没有理解画家想传递什么信息，而这个信息就是，这个少女不但在哀悼她死去的鸟儿，也在哀悼自己失去的童贞。[47]

和他的很多艺术评论一样，狄德罗对这幅画的鉴赏表现出他打断自己，并从一个观点跳到另一观点这个有意思的习惯。当狄德罗一开始和这个少女说话时使用了一个英雄救美的桥段，他表达了自己对她痛苦的同情，并试图让她停止哭泣。在他转向格林时，他放下了无病呻吟的姿态，并承认在他沉思少女诱人的形象时，也想象了自己扮演着引诱她的人的角色。他坦白道："我不想让任何人烦恼，但如果要我给她造成这样的痛苦，我也不会不乐意。"[48]这可以说是狄德罗的沙龙评论中相当重要的一个时刻。从多愁善感转向毫不遮掩的肉欲，狄德罗展现了他与艺术之间分裂的关系的深度和复杂性。讽刺的是，正是格勒兹这个以刻画情绪化的家庭场景闻名大师帮助狄德罗这位评论家超越了他在其他地方宣扬的简单粗暴的道德主义。如果说布歇用轻浮的笔法表现肉体的作品无法打动狄德罗，格勒兹描绘的这个哀悼小鸟之死的少女的可爱小画则将《八卦珠宝》的作者从他的藏身之处引了出来。

暗示的艺术

　　狄德罗的沙龙评论中最有趣的段落不再把艺术当作研究的对象，而是有生命的东西。在 1765 年的沙龙评论中，狄德罗对罗兰·德·拉·波特（他是出色的静物画画家）所作的两幅人物肖像进行了描述，这两幅画甚至"开口说话"，批评他们的创造者在新的绘画体裁上所做的尝试："罗兰先生，请你听听这两幅肖像画的呼声，你将听到他们在对你大声说话，尽管他们看起来无力又无聊：'你还是回去画静物吧。'"[49]

　　更令人记忆深刻的是，在 1767 年的沙龙，狄德罗在他的朋友克洛德－约瑟夫·韦尔内创作的一系列迷人的风景画中悠闲地"散步"。这个想象中的旅程开始于狄德罗中断了自己的评论，突然向格林宣布："我本来准备评论［韦尔内的作品］，但我决定先到一个海滨国家游览，那里的优美景色备受称赞。"[50]狄德罗和一位匿名的神父一边谈话，一边一起走"进"这些油画，开始在这七个"景点"之中漫步。除了享受韦尔内画笔下的山峰、海洋、瀑布、城堡和作为这场漫步结尾的海港场景以外，狄德罗还不时偏离主题，在这个旅行记录中融入了对艺术的理论性评述。

《海岸景色：热那亚的灯塔和密涅瓦梅迪卡神殿》
克洛德－约瑟夫·韦尔内的油画

在漫步和与不知名的神父讨论的过程中浮现的比较重要的一个话题是自然与画家的作用之间的关系。神父提出，风景画家应当尽可能准确而机械地复制周围的自然景观，而狄德罗回应这位同伴说，最好的艺术家应当精心创造出一个真实与想象之间的对话，当然，这正是韦尔内在他的画作中做到的。

　　如果你多花一点儿时间［在韦尔内的作品上］，也许他就能教会你现在没有在自然中看到的事物。你会发现，自然中有那么多事物需要改变！韦尔内在他的作品中省略了多少破坏整体效果和打乱整体印象的东西，他又将多少元素结合到一起，让他的作品加倍地令人陶醉！［如果］

韦尔内教会了你观察自然，自然反过来也会让你更好地观
赏他的作品。[51]

　　狄德罗清楚地表明，一位伟大的艺术家不仅能看到自然的本
质，而且可以捕捉并重塑自然的精神，同时激发我们的想象力，
让我们走入画中。这也是狄德罗在评论中所演示的：通过带领读
者进入一个想象中的韦尔内的风景画，他创造了一个初看起来似
乎完全自然的世界，但最终揭示出这是一个充满灵感的艺术作品。

　　狄德罗尝试将观赏艺术的整个体验转换为文字的时刻是沙
龙评论的亮点。这其中最惊艳的例子是 1765 年的艺术评论，
狄德罗当时评价了那一届展览中最受欢迎的作品，即让－奥诺
雷·弗拉戈纳尔的 10 × 17 英尺的参展作品《大祭司科雷斯献
祭自己拯救卡利罗埃》。

　　与弗拉戈纳尔之后的代表性作品——充满肉欲的家庭场景
以及幻想中的人物——形成了鲜明对比的是，这幅巨大的历史
画（后来由路易十五购得）描绘的情节取自公元 2 世纪帕夫
萨尼亚斯的作品《希腊志》中的传说。这个故事因为在开展
前不久刚刚被搬上法国戏剧舞台而为法国公众熟知。在瘟疫流
行的时期，古希腊的卡莱顿城邦的居民在多多纳①求问神谕，
想知道该怎样终止这场降临在他们身上的瘟疫。神谕回答说，
城邦必须献祭一个名叫卡利罗埃的美丽少女，或者找人代替
她。在这个故事的高潮，这名少女被带到了祭坛面前，大祭司
科雷斯需要在这里杀死这个少女，以拯救整个城邦，而他一直
深爱着卡利罗埃。[52]

———————————

　　①　多多纳是位于希腊西北部的一个神谕处。

弗拉戈纳尔的《大祭司科雷斯献祭自己拯救卡利罗埃》

　　狄德罗没有直接对这幅油画做出反馈，也没有解释和描述弗拉戈纳尔如何表现了这个场景，而是选择在评论中操控读者的体验。他说自己无法近距离观察这幅画——人群又一次决定了观展者在沙龙上能看到什么和看不到什么——于是他告诉格林，他决定讲述一个朦胧的、幻觉般的梦境。最终，这个怪异又详细的幻想在狄德罗的笔下达到了顶峰。

　　狄德罗先用了相当长的篇幅营造出瘟疫和骚乱的情景，并描写了神谕如何判定美丽的少女卡利罗埃（或她的替代者）必须死去，之后立刻将注意力转向了祭坛，献祭将在这里完成。狄德罗对科雷斯决定代替自己心爱的女子死去的叙述扣人心弦，就好像他亲眼见证了这个高潮时刻一样。这也正是弗拉戈纳尔在画中描绘的场景：

> 就在那一刻，大祭司抓起了献祭用的刀，举起了手臂；我以为他要刺向被献祭的少女的胸膛，她曾经蔑视他的感情，现在上天把她交到了他的手上；但他没有那样做，而是用刀刺向了自己。人们的尖叫声划破了天空。我看到死亡的病征慢慢爬上他的脸颊，爬上这个充满爱意的、慷慨而不幸的人的额头；他的膝盖支撑不住了，他的头向后仰去，一只胳膊无力地垂下，另一只手仍然紧握着深深插入他心脏的那把刀。[53]

　　狄德罗在描述大祭司自杀的情景时几乎喘不上气，继而讲述了油画余下的部分，观察画中那些惊恐得无法动弹的在场者的面容。在探讨了在大烛台旁边的辅祭、几名现场的女性和几位出席献祭仪式的"残忍"的祭司之后，狄德罗将目光聚焦在画面左边中下部分的一个表情骇人的老年男子身上。[54]他在这里为自己的梦作结："我看到了他的眼，他的嘴，他前倾的身体，我听到了他的惊叫，这声惊叫唤醒了我，画面向后退去……"[55]在这段评论中，狄德罗既是才华可与他的画家朋友匹敌的批评家，又让我们感受到了他第一次看到这幅画时他自己目瞪口呆的样子。[56]

　　狄德罗对弗拉戈纳尔的这幅油画偏离主题、如梦似幻般的叙述算得上他的动态艺术评论中最吸引人的几个例子之一。[57]除了再现了该画作魔幻般的气氛之外，狄德罗还迫使读者亲身体验这幅画中的戏剧场景最激烈的时刻。[58]但这个评论中最值得注意的并不是狄德罗"翻译"了弗拉戈纳尔或者科雷斯的传说，而是他在开始叙述这一长串梦境之前复述了柏拉图的洞穴比喻。[59]

狄德罗对洞穴比喻梦幻一般的复述初看起来很像《理想国》中的内容。这个梦开始于一个黑暗的洞穴，里面有"一大群男人、女人和孩子"，所有人都被囚禁在此，不得不观看一系列投射在洞穴的一面墙壁上的对现实的映像、回声和剪影。[60]柏拉图和狄德罗的寓言故事背后的信息表面上看来很相似：大多数人被他们的感官知觉所囚禁，一生只活在对现实模糊或充满了幻觉的理解中。[61]不同于柏拉图的是，狄德罗在自己的版本中对这个寓言略作改动，尖锐地评论了当时的政治状况。狄德罗梦中的人物和柏拉图山洞中的不一样，他们没有误将现实的影子当成更高等的、柏拉图式的理念；他们被迫观看一个（类似于现代电影院的）胁迫性的景象，其目的在于通过引诱或是欺凌使他们相信一系列人为制造的谎言。

> 我们所有人的手和脚都被锁住，我们的头被木头做的枷锁固定住，动弹不得。［我们］背对着这个地方的入口，无法看到除了这个地方内部空间以外的其他东西，在这个空间的远端挂着一个巨大的画布。
>
> 国王、大臣、神父、医生、使徒、先知、神学家、政客、骗子、滥竽充数者、制造幻象的大师，以及所有贩卖希望和恐惧的人，他们站在我们的身后。他们每个人都有一套与他们地位相对应的透明的、有颜色的小人偶。这些小人偶制作得都很精细，画得都很漂亮，数量庞大，多种多样，这样这些人偶就可以在生活中各种滑稽、悲剧和荒诞的场景中出现了。

　　这些骗子……的背后悬挂着一盏巨大的灯，他们把手中的小人偶放在灯光前，让这些人偶的影子越过我们的头顶，放大以后投射在洞穴远端的画布上，构成了非常自然、真实的场景，以至于我们都信以为真，一会儿看着它们笑得岔了气儿，一会儿对着它们哭喊着流下真挚的泪水。如果你知道在这些画布背后有一群对这些骗子俯首帖耳的恶棍，他们雇来为影子配上各种口音、对话和影子代表的角色的真实声音，那么我们的反应看起来就不会那么奇怪了。[62]

　　要理解狄德罗评论的大胆之处，我们需要记得格林的期刊是要送到一群皇室成员手中的，其中包括达尔贝格伯爵、萨克森－哥达公爵和公爵夫人、安斯巴赫侯爵、黑森－达姆施塔特亲王、拿骚－萨尔布吕肯亲王、瑞典王后、波兰国王，还有狄德罗和格林的皇家赞助人叶卡捷琳娜大帝。[63]《文学通信》的读者们几乎不可能忽略藏在狄德罗艺术评论中的这个信息：作为君主，他们和他们的大臣、神父及这些人的利益相关者都对经营了这样一个为了控制人们思想而运转的巨大的幻象工厂负有不可推卸的责任。

　　今天，在狄德罗的所谓的沙龙评论第一次离开巴黎，送往欧洲各个宫廷的二百五十年之后，学者们仍然对这些不同凡响的艺术评论陶醉不已。狄德罗的评论不仅提供了有关法国皇家绘画与雕塑学院的政治活动和人物特点等细节丰富的一手资料，还带领我们回到了一个特殊的时期，那时，评论家是规则破坏者，品位是一种受到控制的东西，而艺术的制作、评估和所有权都被有意识地限制在极少数的法国人口中。另外，"倾听"狄德罗无拘无束地与沙龙的艺术家一同创作艺术评论或许还达到了另一个更重要的目的。这位哲人无视他那个时代先入为主的想法，同时鼓励我们质疑那些由学术机构建立起来的传统和预期，鼓励我们让艺术评论变得尽可能地个性化，并展现出无限的灵感。

第八章　论物种的起源

　　在 1769 年沙龙评论的最后几个段落中，狄德罗揭示了为什么他认为这个两年一度的展览最光辉的日子已经远去了。他认为，人们的品位在变化，而且不是越变越好。新一代的巴黎人现在已经对美术、哲学、诗歌和传统科学不感兴趣；让他们更加痴迷的是"管理、贸易、农业、进口、出口和经济"。狄德罗并没有反对他所说的"经济科学之美"，但他同时也哀叹说，这个流行趋势将最终把他的同胞变成"一群蠢货"。在他看来，金钱是人类想象力的敌人。伟大的艺术家（以及像他一样的狂热艺术爱好者）能够理解这一点：热爱艺术的人不但对艺术的经济价值不屑一顾，而且痴迷于寻找最完美的绘画或者是雕塑作品，为此常常会对自己的个人生活"不管不顾到难以言表的程度"。[1]

　　不出所料，狄德罗为 1769 年沙龙所写的评论在篇幅上比 1765 年和 1767 年的要短。这不仅是艺术的问题。狄德罗没有在展览上找到那么多对他有启发意义的绘画和雕塑，而且他当时正全心全意地创作一个有关人类物种的非神创起源的科幻小说，这部作品非常有趣，但无法发表。狄德罗首次产生创作这个文本的想法是在 1769 年 8 月的一个晚宴上，晚宴地点在一个叫作"犹太会堂"的地方，这是位于巴黎皇家路上的一座内饰奢华的四层城市住宅，为狄德罗的朋友保罗 - 亨利·德·霍尔巴赫男爵所有。如果说巴黎有那么一个地方能让狄德罗谈论异端思想而免受惩罚的话，那便是这个坐落于卢浮宫北边的不敬上帝的神殿了。[2]

霍尔巴赫男爵，版画

霍尔巴赫继承了来自他的父亲和叔叔的巨额遗产，并在1759 年买下了这处宏伟的建筑，将它变成了18 世纪最伟大的自由思想沙龙。几乎每个星期四和星期日下午，只要他不在自己位于格朗瓦尔的乡间别墅，霍尔巴赫（和他喜欢卖弄风情的夫人）就会邀请十五个到二十五个客人来这里谈天说地，享用大餐。[3]除了狄德罗以外，这些宴会的常客还包括格林、布丰、孔狄亚克、孔多塞、达朗贝尔、马蒙泰尔、杜尔哥、拉·孔达米纳、雷纳尔、爱尔维修、加利亚尼、莫雷莱、奈容、埃皮奈夫人、乌德托夫人和德·莫夫人。霍尔巴赫还经常在星期日邀请著名的外国人士参加宴会，比如亚当·斯密、大卫·休谟、劳伦斯·斯特恩和本杰明·富兰克林。受邀赴宴的人都熟知宴会的仪式。餐食在下午两点整准时上桌，一直持续到晚上七点或八点；精美的饭菜和上好的葡萄酒是菜单上的必备项目；所有来到皇家路的人都被鼓励参与无拘无束的自由思考和辩论。发生在这个所谓的哲学家公馆中的谈话都将留在哲学家公馆中，决不会外传。

然而，在霍尔巴赫的豪宅四墙之内并非只有美食和闲聊。这位男爵除了组织他远近闻名的美食沙龙，还出资建造并监管了一个巨大、秘密的"无神论工厂"。他从这座豪宅中的藏有三千本图书中汲取灵感、搜寻原料，写作、翻译并与其他人合作了超过五十本书，其中十本的标题有明显的挑衅性和反教权意味，比如《揭穿了的宗教》（1761）、《神圣的瘟疫》（1768）、《耶稣基督批评史》（1770）和《自然的体系》（1770）。[4]尽管狄德罗很精明，没有留下任何参与这些作品的痕迹，但他对霍尔巴赫向教廷发起的攻击最少也是略有贡献，这一点有很明确的证据。《自然的体系》这本书中的证据尤其确凿，而这部作品也是有史以来发表过的最畅销的无神论著作之一①。

狄德罗虽然支持霍尔巴赫对一切形式的精神性实施焦土作战方略，但到了18世纪60年代和70年代，他对散播毫无掩饰的无神论思想的兴趣远不及他的门徒雅克-安德烈·奈容和霍尔巴赫。他没有反驳宗教经典或是鼓吹无神思想——尤其没有在出版作品中这样做——而是更倾向于深入思考随着人们广泛接受无神论而出现的没有被回答的问题。这些更令人费脑筋的问题开始于：什么是生命，并延伸到自然历史中的难题，比如我们是谁？我们从哪里来？作为一个物种，我们在道德上和

---

① 《自然的体系》有"唯物主义的圣经"之称。

身体上是如何演变的？另外，物质真的能思考吗？

　　一天下午，在霍尔巴赫的宅邸中，狄德罗提出了这些问题，随后，据他自己的描述，他和当时在场的许多不拘泥于礼数的宾客开起了有关人类祖先的玩笑。不难想象，当某个人开始谈论夏娃的子宫和亚当的睾丸时，听众爆发出阵阵狂笑的情景。最早的人类的这些器官正常吗？还是说其中塞满了此后世世代代的人类的种子，然后这些种子被压成孢子，体积越来越小，就好像俄罗斯套娃那样？晚宴结束，宾客散去，狄德罗却留了下来。或许正是在此刻，他和霍尔巴赫一起品着马拉加酒——霍尔巴赫经常用这种极负盛名的甜点酒招待他——并讨论起了一系列与此相关并更加严肃的话题，包括新型动物的诞生，人类物种的自然历史，以及可能发生的世界的毁灭和复苏。[5]他们探讨的这种理论生物学的劲头没有在酒醒后消散。在此后的一个月中，狄德罗写了三段短对话，它们构成了18世纪最引人入胜的讲述原始进化论的作品的核心。

《达朗贝尔的梦》

　　1769年8月，狄德罗经历了他记忆中最暴虐的热浪。图瓦妮特和安热莉克已经在7月就逃离了热得要命的巴黎福堡圣热尔曼区，去塞夫尔的河边避暑。狄德罗的朋友们也基本都离开了首都：霍尔巴赫回到了格朗瓦尔；格林向德国宫廷进发；沃兰姐妹在她们临近维特里－勒－弗朗索瓦的家族庄园安顿下来。狄德罗却留在了巴黎，沉浸在工作中。每天早上，吃过早饭，他就会爬楼梯到六楼的办公室，在屋顶的房椽和石板瓦片下写作。在这个憋闷得让人透不过气的阁楼中工作只有一个好处：和住在一楼和二楼的房客不同，他可以免受街上臭气的折磨。

那个夏天，狄德罗需要完成的大部分事情是大量的编辑工作。除了"从头到尾"等待他校对的《百科全书》图编第六卷的插图，他还在格林远在德国的情况下临时承担了一个麻烦的活计：为《文学通信》写书评（他把这个工作描述为"为几本很不怎么样的书写几篇很不错的文章"）。[6]他的最后一项工作是细致修改当时最重要的几篇现代经济学论文之一，加利亚尼神父的《关于小麦贸易的对话》。虽然不知狄德罗是如何做到的，但在所有这些编辑工作的间隙，他竟然写成了《达朗贝尔的梦》一书。

当年 8 月 31 日，狄德罗向他的情人索菲·沃兰宣布，他终于开始做他一直想做的事了：将他在霍尔巴赫宅邸的那个胡闹的夜晚做出的思考变成一系列惊世骇俗的哲学对话。[7]一开始，在考虑这个对话中该有怎样的角色时，狄德罗想过将两个主要角色设定为前苏格拉底哲学家德谟克利特及其导师留基伯。初看之下，这两位古希腊思想家似乎是最理想的思想代表；和狄德罗一样，他们都相信这个世界只能被解释为物理的力、物质和机遇共同作用下造成的结果。

然而，随着狄德罗开始创作《达朗贝尔的梦》，他发现这个古典框架会妨碍讨论的展开。在这之前的三十五年间，他一直关注着生命科学的进步和争论，最终决定将他的想法交给当时的思想家来代表。这些想象出来的对话发生在巴黎左岸，而德谟克利特、留基伯和希波克拉底（乃至所有的古希腊哲学家）也很快为新的对话者让路，他们是狄德罗在真实生活中熟识的人：达朗贝尔，雷斯皮纳斯小姐（后来成了达朗贝尔的情人），著名的哲人、外科兼内科医生泰奥菲勒·德·博尔德，还有出现在第一个对话中的狄德罗自己。

随着这部三幕唯物主义戏剧缓缓拉开帷幕，我们跟随着五十五岁的狄德罗和同样已是中年人的达朗贝尔进入了一场激烈的辩论。这个作品对狄德罗的诠释和我们在《拉摩的侄儿》中看到的温和的哲人有很明显的差别。这里的狄德罗和真实生活中的狄德罗更相似，是一位更有威严的思想家，是对这位享誉巴黎、当时最有说服力的谈话艺术家之一的投影。而且，在与这个想象出来的启蒙运动天才的交锋中，写实版的狄德罗在言语上霸道地欺负着他的朋友达朗贝尔。

狄德罗在这个对话中的目标很直接：说服他的这位朋友——数学天才、皇家科学院的著名成员、普鲁士皇家科学院的获奖者、法兰西学术院的成员、《百科全书》的前任编辑达朗贝尔——完全用唯物主义的思想理解宇宙。狄德罗指出，万物存在于其中的这个世界，从星星的运转到人类意识中闪现的想法，皆由物质的活动或物质活动的结果构成。

在狄德罗看来，接受这个哲学教义的第一步是接受一个事实：人类没有任何确凿的理由继续信仰上帝。随着二人对话的展开，达朗贝尔看起来倾向于认可这个观点：

> 一个存在于某个地方，却在空间中没有任何与其对应的点；没有任何维度却占据空间；在这个空间中的每一个点都是完整的；在本质上与物质不同，但又与物质是一体的；既被物质驱动，又驱动物质，本身却从来不运动；可以对物质发生作用，但又随物质的变化而变化；我同意，这样一个我无法想象，且其本质又相互矛盾的存在，是很

难让人接受的。

　　然而，撇开有神或是无神不谈，达朗贝尔很快指出了他眼中狄德罗思想体系的主要缺陷：他的朋友没有解释非物质世界以及物质世界之间看起来无法弥合的鸿沟。达朗贝尔提到了笛卡尔的人类存在论中的几个要点——后者将肉体（一种没有思考能力的空间延伸）和头脑或灵魂（一种处于非物质层面的存在）区分对待——并据此向狄德罗发出挑战，让他决定性地论证物质是唯一的实体。[9]达朗贝尔说，证明给我看，整个世界都有同一属性。

　　为了说服这位持怀疑态度的朋友，狄德罗没有和笛卡尔的二元论展开辩论，而是决定论证所有的物质都有潜在的感知能力，而且在正确的情境下可以获得知觉和思考的能力。怀疑论者达朗贝尔反驳说，如果这是真的，那么"石头也能感受"。[10]狄德罗的回应——"为什么不能呢？"——开启了这个作品中最有趣的思想实验：一尊石头雕像变成了有意识的血肉之躯。

　　文中的达朗贝尔为这个思想实验提出的例子是艾蒂安·法尔康涅的《皮格马利翁和伽拉忒亚》，这个雕塑是现实中的狄德罗在1763年沙龙中评论过的杰作。[11]这两位朋友决定以这座雕塑为例涉及一个文人圈内部的笑话。在狄德罗创作《达朗贝尔的梦》的前一年，他和友人法尔康涅在通信中发生过一次激烈的争论，争论的主题是后世在艺术创作中扮演的角色。[12]狄德罗认为，艺术家创作出最好的作品为的是与未来的世代对话，甚至是在艺术家去世之后这个对话也不会结束（这是狄德罗本人的希望）。法尔康涅反对这个对艺术家理想化的看法。根据他的自身经历，他认为，在他的雕塑被推车推出工作室的那一刻开始，他就将它们抛在脑后了；他说，这些雕塑是"树上的梨子，掉下来直接变成了酥皮点心"。[13]因此，法尔康涅的雕塑最适合被磨成粉末：毕竟，"法尔康涅已经收到了购买雕塑的款项，而他也很少关心自己当下的名声，对未来的名声更是完全不在乎"。[14]

但是，文中的达朗贝尔和狄德罗选择这个作品更加突出的原因在于它描绘了一尊雕像获得生命的故事。这样的一个场景在主题上不但与狄德罗提出的物质获得生命有明确的联系，而且将讨论焦点放在了区分物质和思想，有生命的事物和无生命的事物的界线上。然而，法尔康涅的雕像在《达朗贝尔的梦》中获得生命的方式与皮格马利翁的神话相去甚远。这一次，在狄德罗的设计中没有轻柔的亲吻和神的干涉，取而代之的是一个多步骤、机械化的过程，其中包括将雕塑打碎，在石臼里将其碾成粉末，然后将粉末转变成他可以食用、可以变成自己生命一部分的东西。这个推断性的科学理论读起来像是某种食谱：

> 狄德罗：在将这整个大理石块磨成最细腻的粉末以后，我把它和腐殖质或是堆肥充分混合，浇上水，让这个混合物充分腐烂一年、两年甚至一个世纪，我在这里不考虑时间问题。等到这个混合物变成了性质差不多相同的实质——腐殖质——你知道我会怎么做吗？
>
> 达朗贝尔：我觉得你肯定不会吃了它。
>
> 狄德罗：当然不会，但有一种办法可以让我和这种腐殖质成为一体，让其成为我的一部分，这种东西，化学家一般称其为 latus。
>
> 达朗贝尔：这种 latus 是植物？
>
> 狄德罗：正是。我种下豌豆、蚕豆、卷心菜，以及其

他蔬菜类植物。这些植物从土地中获得养分，而我从这些植物中获得养分。[15]

狄德罗提出了将这尊雕像变成自身的存在的一部分，并对构成雕像的成分的原子活动性进行了确切的演示，他也就此成功地论述了自己的观点。所有的分子都有潜在的获得知觉的能力，从无生命的范畴转移到人类所说的"有生命的"和"有思想的范畴"。达朗贝尔被这个欢乐的思想实验逗乐了。他说："这也许是真理，也许不是。但我很喜欢从大理石到腐殖质，从腐殖质到蔬菜，从蔬菜到动物乃至肉体的这个转变。"[16]

比上面的思想实验更令人不安的是狄德罗论述的下一步，即为达朗贝尔自身的存在提供一个纯粹的唯物主义的论述。这个故事在开头非常简单地介绍了这位数学家未婚先孕的亲生母亲。这位迷人的女性名叫克洛迪娜 - 亚历山德里娜 - 索菲·盖里内·德·唐森（1682—1749），是一位小说家及沙龙举办人，她最初是生活在日内瓦的一名修女，后来弃誓还俗，于 1712 年搬到了巴黎。[17]狄德罗接着介绍了达朗贝尔的生父，这位浪荡的炮兵军官名叫路易 - 加缪·德图仕（狄德罗在文中称他为"拉·图什"）。在这段传记性的叙述最后，狄德罗隐晦地提到了达朗贝尔早年人生中最关键的一点：他的母亲将尚在襁褓中的他放在了西岱岛的一个小教堂的石阶上。狄德罗接下来的记叙基本上是对男性生殖液体、女性受孕及妊娠过程和营养物质的同化过程的描述。

狄德罗：在继续我们的谈话之前，我来给你讲一个欧洲最伟大的数学家的故事。这个天才的存在一开始是什么？什么都不是。

达朗贝尔：什么都不是！这是什么意思？没有什么能从不存在中产生。

狄德罗：你过于注重字面意思了。我的意思是说，在这位天才的母亲，美丽而行为不端的德·唐森夫人和士兵拉·图什的青春期开始之前，在这两个人年轻而尚未发育的器官之中散布着将会构成我们这位数学家的原始成分的分子，这些分子被淋巴系统过滤，在血液中循环，最终在指定的器官中结合，也就是他父母的性腺。真没想到，这粒珍稀的种子竟然成了型；根据人们的普遍认知，这粒种子通过输卵管到达了子宫。在那里，它通过一个长长的茎附着在子宫上，接着完成各个阶段的成长，最终发展成了胎儿的形态。它从黑暗的监狱中走出的时间到了：新生的男婴被放在了圣让勒朗教堂的台阶上，他也因此而得名，之后他被人从弃婴堂带走，送到了一位玻璃工人好心的妻子——卢梭夫人的怀中；男孩儿吮吸着她的乳汁，身体和头脑逐渐发育，然后成为一位作家、物理学家和数学家。[18]

狄德罗对他的这位朋友生命历程的复述最吸引人的一点不是这个弃婴成长为一位名人，而是这个叫作达朗贝尔的动物——和法尔康涅的雕塑一样——只不过由原子组合而成，他从一个冒着泡泡的物质世界中来，很快也会回到其中去。[19]狄德罗解释说，这个过程简单而又必然："人或者动物的形成只需要考虑物质因素，其发展阶段顺序为静止的躯体，然后变得有知觉、有思想，继而能够解决岁差问题，乃至成为一个崇高的、奇迹般的存在，之后，这个存在开始老化、衰弱、死亡、腐烂，最终回归腐殖质。"[20]

狄德罗对达朗贝尔的一生的文学性表现比他对将法尔康涅的雕塑被碾成粉末态度中立、妙趣横生的描述更有说服力，因为前者让这位数学家（以及我们）重新理解了人类与物质世界之间的关系。在这个有些令人紧张的对话的结尾，达朗贝尔仍有疑虑，他告诉狄德罗说，他已经听够了机敏的应答，准备回家睡觉了。狄德罗警告达朗贝尔（他的警告自然是正确的），说他很快会在睡梦中梦到他们的这番交谈。随后的梦境不但向读者介绍了头脑在睡眠状态下混乱的生理状态，而且介绍了一个更加全面的人类史和世界史，这个历史是达朗贝尔清醒的怀疑主义头脑无法触及的。在那一年 8 月的最后几天中，狄德罗完成了这个更长的对话之后，摘下谦虚的面具，得意扬扬地对索菲·沃兰说："让一个梦中的人替我把话讲出来确实是很巧妙的。智慧往往需要一丝傻气。"[21]

达朗贝尔睡着了

《达朗贝尔的梦》的第二幕由雷斯皮纳斯小姐开启，她坐在睡梦中神志不清的达朗贝尔的床边。几个小时以来，雷斯皮纳斯一直在小心地记下他含混不清，而且似乎不合逻辑的喃喃自语。这些思想的湍流在她笔下转变成文字，虽然她尚无法理解这些思想，但在达朗贝尔深入思考他的生命在物质宇宙中所具有的（或缺乏的）意义的过程中，达朗贝尔深陷梦境的身体却不断向外界传达着敬畏感。

达朗贝尔的梦恰好开始于他和狄德罗的前一个对话结束的地方，他重述了自己是如何从静止的物质逐步发展成为能够做出反应且有意识的存在的："一个有生命的节点……不，这不对。先是什么都没有，然后才是有生命的节点。这个节点和一个又一个其他节点联系在一起，这些连续的联结形成了一个完整的存在，因为我是一个完整的整体，这一点我能肯定。"[22]

雷斯皮纳斯小姐，水彩及水粉画

　　达朗贝尔通过各种各样的例子试图解释元素和混合物最终是如何成为他，并在其中运用了大量隐喻和类比。一开始，他提出有生命的分子结合在一起"就好像一个水银小液滴和另一个水银小液滴融为一体一样"。[23]接着，他朝雷斯皮纳斯大喊道，逐步创造存在本体的过程就好比一窝蜜蜂像一大群渺小的个体聚在一起，通过各种微小的捏夹动作来交流："整个群体会微动，移动，改变位置和形状，……一个人如果从来没见过这样一个群体的形成过程，他会认为这是一个有五六百个头和五六百对翅膀的单个的生物。"[24]

　　在他和狄德罗对话的开头，达朗贝尔没有将这类对存在本体的理解当真。但这位几何学家在梦中比他清醒的时候更有冒险精神，不但提出器官可能促进了他的心理身份的形成，而且提出了一个理论，认为也许可以根据一个特定动物的生物性分支将其切开或者分割为由多个个体组成的小一些的群体。为了解释这个过程，他再一次联想到了像一个独立个体一样运行的蜂群。然而这一次，他提出把它们在结合处切断来精确地对这个群体做出修改，最终他将得到两个新的个体存在："要小心地，要特别小心地用剪子将这些蜜蜂分开，不过要当心不要切断它们的身体，而是要在它们的足结合在一起的地方准确地剪一刀。不要担心，它们会受点儿伤，但不会死。很好——你的手法就像仙子一样轻巧。你发现了吗，它们一个一组、两个一组、三个一组，朝不同的地方飞去？"[25]

泰奥菲勒·德·博尔德，版画

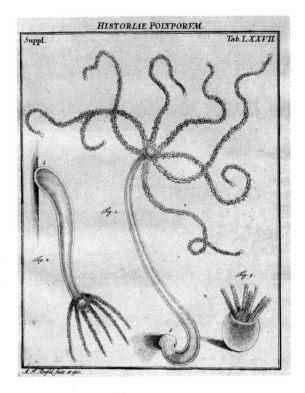

淡水水螅，版画及水彩画，1755

　　博尔德医生插话道，达朗贝尔的蜂群是很有用的一个意象：这个由蜜蜂组成的生物和大型的水螅或者珊瑚虫很类似，后面这种生物可以被切成小型的个体，"只能通过碾压才能杀死"。[26]博尔德选择了在这里用水螅或珊瑚虫当作例子并不令人意外。狄德罗那一代人自 1744 年开始就对这些微小的生物产生了浓厚的兴趣，当时瑞士博物学家亚伯拉罕·特朗布莱首次发表了他对这些半英寸长的多细胞水生无脊椎生物的"观察成果"。水螅有多个形状类似树叶的附肢，因而看起来像是植物，但实际上掠食性相当强，它的触角能伸得很远，缠绕住小

型的甲壳类动物或是昆虫的幼虫。更令人吃惊且最能引发唯物
主义者兴趣的是水螅有再生能力。将水螅一切两半——和狄德
罗文中提到的蜂群一模一样——这两只全新的水螅就能游走。
当时社会承认的信仰是上帝在创世的第五天和第六天创造了动
物，而水螅似乎能够证明生命可以在当下被创造出来（甚至
可以自我创造）。

　　水螅的无性繁殖对现代的科学家和神学家来说算不上骇人
听闻，但水螅惊人的自我维系能力似乎为那些具有神学倾向的
学者提出了一个难以解答的问题。这些学者相信的胚中预成说
是当时被广泛接受的（且与宗教经典相协调的）对"生命的
产生"或生殖的理解。这个出现在古代科学中的理论认为所
有的生命都是从其微缩版本（"种子胚芽"）中发展出来的，
并在 17 世纪通过"显微镜专家"马尔切洛·马尔皮吉和扬·
斯瓦默丹的努力成为通用的科学理论，最终传到了 18 世纪的
博物学家手中。马尔皮吉和斯瓦默丹在研究精子的过程中都发
表了影响巨大的学术作品，他们的研究称这些小小的游动的
"个体"非常复杂，甚至可能拥有灵魂。主要以生物的卵为研
究核心的解剖学家也得出了类似的结论，提出灵魂的具体位置
应该是在人类的卵子中。但无论是支持精子论还是卵子论，所
有的预成论者都相信生殖是上帝创世之举的延伸，产生了——
一次性地——一代又一代的小型胚胎（拉丁语 homunculi，意
思是"小矮人"），或者是卵。这个理论在著名的哲学家、神
父和神学家尼古拉·马勒伯朗士发表了《真理的探索》
（1674—1675）之后，得到了一个虽符合逻辑但非常荒谬的结
论：每个卵都包含了所有未来的世代。

　　作为狄德罗对"生命起源"的看法的传声筒，达朗贝尔

含蓄地反驳了这种带有宗教印记的胚胎学。[27]达朗贝尔以水螅为基础对生殖做出阐释，这让他幻想在遥远星球的人类很可能通过"发芽"来"繁殖"，就像水螅一样。他在讲述这个想象时"放声大笑"："木星或是土星上的人类水螅！男性分裂出男性，女性分裂出女性——这个想法太有意思了……"[28]和他梦中的其他很多情景相同，达朗贝尔的喃喃自语强调了自然非凡的繁殖能力。同时，他也提出了一个在当时难以想象的想法：用科技干预人类繁衍。他预见了胚胎储存，首先提出科学家或许可以将这些能够分裂的人类水螅收集起来，以备未来使用；最终，"无数原子大小的人可以像虫卵一样被夹在纸张中保存，他们……保持一段时间的蛹的状态下，然后破茧成蝶"。达朗贝尔称，这个卵甚至可能生出"一个完整的人类社会，一整个地区，其中的人口都是同一个个体的碎片……"[29]

这个对人类繁衍类似克隆的幻想也渗透到了狄德罗的另一个相当具有先见之明的想法中。达朗贝尔将分割人类的可能性具象化，提出从身体特定部位的某些"特性"中提炼出特定的基因类型。讲到这里，这位数学家忍不住放声大笑，他立刻抓住了一个幽默的意象，即人类的性格和特点将只从男性或者女性的性器官中产生："将一个人的不同部分分割开来，难道不就产生了各种各样不同的人了吗？大脑、心脏、胸、脚、手、睾丸……啊，这让道德变得多简单啊！男人生于[阴茎]……女人生于[阴道]……"[30]

讨论到了这个阶段，端庄如常的雷斯皮纳斯小姐略去了哪种"八卦珠宝"①的强烈生理冲动会产生什么样的人类的相关

---

① 珠宝（Bijou）一词在俚语中指代阴道，此处泛指人类的生殖器官。

细节。她继续记录了能够实现这一切的科技：一个存储基因的房间，她将其描述为一个"温暖的房间，里面摆放着一排排小玻璃瓶"，每个瓶中都有一粒种子胚芽，种子上面有一个描述其天职的标签："战士、司法官、哲学家、诗人——此外还有装着廷臣、妓女和国王的瓶子。"[31]狄德罗对宇宙的理解充满了这样有趣的古怪之处：自然难以预测的程度令人震惊，只有人类控制自然的能力堪与其比肩。

卢克莱修式的冥想

《达朗贝尔的梦》中很多具有启发性的想法都可以在卢克莱修的《物性论》中找到根源。[32]狄德罗已不是第一次从这位古罗马诗人对自然出人意料、充满活力且动摇传统的理解中汲取灵感了。他早期的探讨上帝的作品处处透露着卢克莱修的影响，最有名的是他在 1749 年所作的《论盲人的书简》中插入的临终场景。在《达朗贝尔的梦》中，狄德罗进一步将这位古罗马伊壁鸠鲁学派学者的世界观与 18 世纪的科学知识和发现结合在一起。其中一个例子是梦中的达朗贝尔想象了自然发生论①的"现实"，这个理论一直以来被认为是伊壁鸠鲁学派的标志性理论。和爱尔兰博物学家约翰·尼达姆在 1745 年的一次著名的实验中所做的一模一样，达朗贝尔想象出了一罐汤，汤里装着浸泡着的肉和压碎了的种子，他仔细地向汤里看

---

① 自然发生论（spontaneous generation theory）是一种有关物种的起源的理论，认为生物体不需要从与其相同的生物体中产生，也就是说，生物可以来自灰尘这样的无机物，死肉中也可以产生生命。该理论目前普遍不被科学界接受。

去，说他可以看到腐烂的、无生命的物质在彻底消亡的同时长出生命的嫩芽。当描述到他看到游来游去的"微型鳗鱼"（也就是细菌）时，他兴奋地喊道，这个微观宇宙体现了所有生命形式的道理：

> 在尼达姆的水滴中，所有生命在眨眼之间开始又结束。在真实的世界里，同样的现象持续的时间更长一些，但我们的生命长度如何能与永远相比呢？……在微量的发酵的物质中有无穷无尽的微动物，同样，在名叫地球的这一点点物质存在中，也有无穷无尽的微动物。谁知道在我们之前有什么动物物种呢？谁知道我们之后会有什么动物物种呢？一切都在变化，在消逝，只有整体永远不变。[33]

当然，尼达姆和狄德罗对自然发生论的理解都是错误的。但是，这个关于搅动着的宇宙的"现实"仍然引出了《达朗贝尔的梦》中最有力的时刻，这一刻，达朗贝尔认识到人类也不过是自然无尽的创造和在这个创造过程中转瞬即逝的一个例子而已："啊，人类的想法多么虚荣！啊，我们所有的光荣和辛劳多么贫乏！啊，我们的视野多么可怜，多么有限！除了吃、喝、活、交合和睡觉，没有别的是真实的……"[34]

直面唯物主义世界观可能具有的某种特性并没有让狄德罗感到后悔。他在《拉摩的侄儿》中已经强调了他"自己的这个麻烦的哲学理论"带来的道德问题，他也毫无疑问地在《达朗贝尔的梦》中设想了物质世界的空洞。但是，达朗贝尔这个角色，以及这整部作品，并没有陷入存在主义的泥沼。这位哲学家在哀叹了他的生命中缺乏真实和持久的东西后，将注意力从一个鳗鱼可以自我复制的危险世界上转移到了什么是对他自己的生命重要的事物上：诱人的雷斯皮纳斯小姐。达朗贝尔梦到了陪伴在他身边的这位女士，继而"性"奋了起来，并在他的这个幻想对象面前自慰了起来。要记得，这个好笑的时刻是雷斯皮纳斯自己复述给读者的，她在认真地记笔记的过程中完全没有意识到在她面前正发生着什么。

> ［达朗贝尔说：］"雷斯皮纳斯小姐，您在哪儿？""我在这儿。"他的脸跟着红了起来。我想摸一摸他的脉搏，但他把手藏了起来。他看起来好像在抽搐。他的嘴巴张开，呼吸急促，深深地叹了一口气，接着一声比一声轻柔，然后他转过头去，在枕头上睡着了。我一直很专心地看着他，不知为什么很受触动；我的心脏怦怦直跳，但不是因为害怕。[35]

雷斯皮纳斯小姐描述，在达朗贝尔的"抽搐"结束后，这个焦躁的数学家终于暂时休息了几个小时。当他夜里两点再一次开始做梦时，他回到了这本书中最重要的几个问题上来：作为人类到底意味着什么呢？我们这个物种从哪里来？在时空无限这个条件下，我们是谁？

人类的故事

狄德罗很痛苦地认识到，科学对清楚地解释人类物种历史起到的作用微乎其微。人类物种历史这个主题根本不适合狄德罗推崇的那种客观的、探索性的经验主义研究。到了 18 世纪中后期，自然依然背负着来自宗教的各种拒绝变通的概念。首先是宗教正统对于时间的理解，这个概念至少对外坚称动物和人类出现于 5769 年前上帝创世的那个时刻。[36]第二个概念与此相关，认为动物和人类出现在《圣经》中的这个戏剧性场景中时就是现在的形态。最后一个概念或许没有那么明显，也没有那么神圣不容亵渎，认为人类在上帝的王国中应当占有超越其他物种的地位。依据基督教的宗教文本，人类在地球上是独一无二的生物：人类是"理性"的动物，充满了更高等的精神天性——人类拥有由上帝赐予的灵魂——这将人类和其他的兽类区别开来。上帝用黏土造出来的这个生物即便堕落了，也依然与众不同。

狄德罗是最早在自己的作品中对以上三个基督教信条都提出质疑的人。但是，打破动物和人类之间所谓亘古不变的障碍的不止他一个。17 世纪末，越来越多的解剖学家开始强调人类和动物之间无法否认的生理关联，尤其是人类和大猩猩。[37]二者之间的界线不断模糊，到了 1735 年发生了质变，这一年，瑞典博物学家卡尔·冯·林内乌斯在他的世界动物寓言集中给人类留出了一个位置，并将其与树懒和猿相提并论。[38]不过，狄德罗的原始人类学中最重要的几个元素并不是从林内乌斯一针见血的分类方法中来，而是来自狄德罗的友人、著名的博物学家乔治-路易·勒克莱尔，即布丰伯爵。

布丰对狄德罗产生的巨大影响开始于后者 1749 年被关入万塞讷监狱期间。在获准在狱中阅读书籍之后，狄德罗马上开始研读布丰当时刚发表不久的《自然通史》的前三卷，并加入了自己的评注。这个开创性的文本关键的几个部分中有一个长达 150 页的人类物种清单，乍看之下似乎是一个简单地按地

理位置排列的人种显型目录。但是，在他的这个对世界不同
"种类"（布丰使用了这个名词）的描绘背后是这样一个理论，
该理论认为所有这些不同的群体都从同一个人种原型中产生，
在此后全球范围的迁移中，随着人类适应了不同的气候，吃了
不同的食物，并且创造了新的不同的风俗习惯而发生了变异。

布丰伯爵，版画

　　布丰是巴黎御花园的管理人，他创作《自然通史》是奉
国王之命，所以他非常小心，没有在作品中质疑，甚至没有提
及圣经中有关创世记的内容。但他有关所谓人类退化的理论代
表了 18 世纪对人类物种历史最重大的一次重新定义。布丰在
这部畅销作品中研究了曾经是一个整体，而现在产生了分支的
人类种群，读了这部作品的人于是都获得了一个相比于圣经故
事更好的解释（圣经故事讲的是诺亚的儿子们散落到荒野中，
后来生育了人类家庭的各个分支）。读者们有了能够解释人类

从哪里来的实在的、科学的证据，这从欧洲人的立场看来是非常令人心悦诚服的，毕竟，人类物种的原始类型在布丰的假设中是白种人。其他的人种——那些被污名化和边缘化的非洲人种，以及其他生活在欧洲地理对跖点的人种——也因此在定义上成了偶然的历史事件。[39]

这个人类退化的故事在《达朗贝尔的梦》中被狄德罗加工后变得更加有说服力。他没有复述布丰所讲的不同人种从同一原型中来这个令人信服的故事，而是（在达朗贝尔做梦的过程中）集中讨论了被大多数 18 世纪的博物学家认为是地球上退化最为严重的人种——拉普兰人。从达朗贝尔梦中的角度来看，这个据说人口素质低下、生活在冰雪世界中的矮小人种不但身体畸形，而且濒临灭绝，而人类与他们或许没有什么不同："这种两足动物奇形怪状，身高只有 4 英尺，在极地仍被称为人类，但如果再畸形一点儿就会失去这个称号，谁知道他们是不是代表了一个正在消失的物种呢？谁知道是不是所有的动物都面对着这样的情况呢？"[40]

在达朗贝尔看来，一切都不是预先设定的，不是计划好的，不是永恒不变的，人类的诞生与消亡并不比长着两个头的怪物猪的出生更了不得。

达朗贝尔这个角色比狄德罗在对话中创造的另外三个角色都要悲观消沉。随着这个数学天才逐渐接受了唯物主义可能带来的后果之后，他放弃了让人这个身份获得意义的宽慰人心（但虚假）的概念：个性，物种，乃至正常与怪异之间的区别。在梦的末尾，达朗贝尔意识到，人类来到这个世界不过是特殊情况造成的意外，他们生而不知自己到底是什么，然后回归令他们不解的物质世界，对于为什么会这样也一无所知。

　　博尔德和雷斯皮纳斯对于这些令人不安的想法的反应更加充满创意和乐观精神。比如，在对于怪异的深入讨论中，博尔德没有对自己的身份进行解构，而是提出了一个有趣的思想实验来探讨弗兰肯斯坦式的畸形是如何形成的，也就是怪物是如何被制造出来的。[41]他将自己想象成了一个疯狂的科学家，并设想自己干预受孕过程，设法改变假设中的胚胎的基因物质，这个物质被狄德罗称为"线状物"。这个预见了未来的场景不但揭开了所谓的受孕"奇迹"，还预言了我们现在所处的世界，如今，科学家已经争取到了许可，能够在胚胎阶段重新塑造人类的生物特征了。

　　　　博尔德：……来，试着在头脑中完成自然有时在现实中做的事。从一簇线状物中抽出一条——这条线本来应该形成鼻子——那么这个生物就会没有鼻子。拿走一条应该形成耳朵的线，那么这个生物就会没有耳朵或者只有一只耳朵，解剖学家也不会在解剖过程中发现嗅觉线或者听觉线，或者只能找到一条听觉线而不是两条。如果继续抽走线，这个生物将会没有头，没有脚，没有手。这个生物活不了多久，但它还是会存活一段时间。[42]

　　作为这个思想实验的助手，雷斯皮纳斯小姐立刻抓住了这其中最重要的哲学暗示。在认真思考了她和博尔德医生制造出来的畸形的人类后，她认识到，任何人类的努力——包括科学，尤其是宗教——都根本无法理解自然的广度和可能性。

　　在《达朗贝尔的梦》的最后，博尔德和雷斯皮纳斯成了与我们一同开始令人兴奋的新冒险的伙伴，通过最前沿的生殖理论来更好地理解宇宙。这种向实验敞开胸怀的精神在这部作品的最后一部分达到了顶峰。在博尔德和雷斯皮纳斯的对谈中（达朗贝尔终于离开了他位于贝勒沙瑟路上的家的卧室出门用餐），这两位好友品着甜甜的马拉加酒，尽情释放着他们的想象力。实际上，雷斯皮纳斯才是二人中更加激进的自由思想者，她也将对话推向了极致。她不再碍于达朗贝尔，也没有仆人能够听到她说话，她终于可以提出自己几个小时以来一直想问的一个问题："您怎么看待物种之间的杂交呢?"[43]这个问题涉及一个更加骇人听闻的想法：人兽交合，使人类和动物繁衍出一种新物种。[44]

博尔德迫不及待地接过这个问题，以及其他刺激的话题。他奚落了道德上顾虑重重的那些人——他们阻碍了更加深入的"实验"，提出了（在假设中）创造一种新的生命形式，一种通过人兽杂交而产生的山羊和人的混合物种。在博尔德讨论了培育这样的生物后代的技术问题之后，雷斯皮纳斯要求她的这位朋友尽快开始这个过程："快，快，博尔德医生，赶紧开始工作，给我们制造一些山羊人吧!"[45]尽管这一对友人最终改变主意，放弃了这个假想的实验——雷斯皮纳斯突然反对说，这种山羊人可能会变成冥顽不化的性爱狂——这两个想做经验主义者的人物已经清楚地表达了他们的观点：在摆弄自然的过程中，人们可以轻松地证明，人类根本不是不可改变的。不但人种随着时间流逝会发生变化——气候和饮食的作用就在于带来转变和改动——而且人类这个物种本身也是可以被改变和组合的，甚至可能被改进。《达朗贝尔的梦》结尾的这个非常具有挑逗意味的部分远不止浪荡的闲聊，这段对话讽刺了所谓的人类在宇宙中的特殊地位，并在这个过程中鼓励人们重新思考了被用来定义人类的各种从未变化过的范畴,比如男人和女人,动物和人类,甚至还有怪异和正常。

1769 年秋天,狄德罗完成了《达朗贝尔的梦》,在这之后的几周中,他在霍尔巴赫位于格朗瓦尔的庄园将手稿朗读给了自己的几位朋友听。[46]可以想象,在场的听众一定为之高声欢呼,尤其是在最后这个部分。在这部极具娱乐性,混合了高深和粗俗两类思想的作品中,狄德罗完全从唯物主义的立场出发来解释人类的性,探讨了包括自慰、同性恋,甚至是兽交在内的各种问题。狄德罗在 1769 年面对的受众可能会感到愤慨、愉快,或者因畏惧而一言不发,但他们都无法理解的是,狄德罗不仅表达了超越时代的见解,还可以算得上预见了未来的性学家的诞生。

第九章　性学家

作为一位哲学家，一名糟糕的丈夫，一个一再出轨的奸夫，狄德罗花了很多时间思考性与爱。这两个因素如何互相适应（或相互冲突）是他成年以后一直无法释怀的问题。在比较轻浮冲动的时候，他将性行为简化为简单的生物力学现象，不外乎是迅速的"脏器之间的摩擦"。[1]但是，他的思考也超越了这个对于性完全肉欲和实用主义的观点。当他的生命走向尾声，狄德罗在他为自己没有完成的作品《生理学要素》（1781）记下的笔记中解释道，性行为与饥饿感既相似，又有本质的不同。按照他的说法，二者之间的区别在于饥饿时人想吃水果，但"水果没有被人吃掉的欲望"。这个随手写下的隐喻的含义并不明确，然而狄德罗似乎是在说，作为具有性欲望的存在，我们既是吃东西的人，又是被吃的食物。

简单来讲，性的复杂程度必定大大超乎了多数人的想象。[2]这一点在狄德罗的各种讨论性行为的作品中表现了出来。在他四十年的写作生涯中，他把性行为描绘成了各种带给人不同体验的时刻，或是意醉情迷，或是全神贯注，或是亲密无间，或是嬉闹色情，或是惊恐暴力，或是完全投入，或是屈服顺从，或是肉体上的困惑，或是与所爱的人一同体会到（或没有体会到）高潮带来的极致快感。性事也许不是爱情的同义词，但无疑享受了爱情带来的裨益。

狄德罗也想到，属于性的复杂的世界几乎不可能只和繁衍有关。他又一次展现自己的先见之明，先于弗洛伊德提出人类的性行为并非囿于床笫之私。他强调，无论人们如何度过人生，他们都无一例外地接受着、升华着或是反抗着这个自然中最强大的本能。这对于禁欲的修士、放荡的公子，甚至最受人尊敬、最自律的社会成员是一样的。无论你是谁（狄德罗自然也承认他也不能幸免），即便在"我们最崇高的情感和最纯粹的爱恋"之中，也总潜伏着一点儿"性冲动"。[3]

人类的"珠宝"

狄德罗对性的理解和他孩童时代在朗格勒学到的有显著的区别。教义问答对男孩子的教导是，情欲不是人类存在的自然部分，而是在夏娃抓住了知识树上的禁果之后才产生的；之后，对"令人垂涎的刺激"的渴望就成了人类的重负，让人类悔不当初。[4]包括狄德罗在耶稣会学院的老师们在内的朗格勒的神职人员在这个基础上继续发展，不仅将性行为谴责为肮脏而且让人难以启齿的，还猛烈抨击了社会中各种可能导致"违法的交易"和有伤风化的行为的消遣方式。[5]在朗格勒，剧场被描绘成教人制造丑闻的学校，在这里，三教九流的观众同处在漆黑的空间里，被人类最邪恶的激情驱动着而恣意妄为。[6]跳舞比去剧场还要糟糕；旋转的小步舞曲被认为是古罗马酒神节的余孽。[7]

这些警告中的一些，尤其是那些和纵欲有关的，似乎对狄德罗的青春期造成了很大影响。据范德尔夫人说，她父亲在十三岁时曾短暂地采取了禁欲式的生活方式，不仅节食、睡在干草堆上，而且还在自己的神父长袍下穿着扎人的刚毛衬衫。[8]狄德罗为什么放弃了这个生活方式只能靠猜测，但不难想象，他很快就发现折磨自己并不能让人特别心满意足。十多年后，二十岁出头的狄德罗发现，如果成为神父，并且不能享受性快感，这样的人生同样不能给他带来快乐。在他的第一部作品即《哲学思想录》（1746）中，狄德罗批判了苦修和禁欲主义（包括他艰苦朴素的神父弟弟迪迪埃 - 皮埃尔），并宣称让人成为人的正是肉体上的享受和激情。[9]

　　狄德罗不是唯一一位在 18 世纪 40 年代在作品中赞成人类追求肉体满足的作家。朱利安·奥弗雷·德·拉·梅特里是一位医生兼哲学家，还公开自称浪荡子，1747 年不得不逃亡至腓特烈大帝的宫中避难，这个人就曾创作了两部大胆的哲学作品——《快感》（1745）和《享乐的艺术》（1751）——赞美并列举了身体的欢愉。寻找商机的色情作品制作人以及放荡小说作家也编造了类似的宣扬享乐哲学的版本，只不过情节更戏剧化。狄德罗本人在 1747 年积极地加入了这个行列，并于同年创作了《八卦珠宝》。据说，狄德罗是跟人打了赌，或是为了回应他人的挑战才创作这本书的，他有意模仿了 18 世纪 40 年代畅销的放荡小说，该类型的作品因为克洛德 - 普罗斯珀·若利奥·德·克雷比永的作品而流行起来。克雷比永此类小说中最著名的是《沙发》（1742），该作品讲述了一位印度贵族，他被梵天用魔法变成了一个沙发，并且被判处一生与沙发靠垫为伍，直到两个仍保有童贞的人在他变成的沙发"上面"完成神圣的爱的仪式。他作为沙发经历了许多段冒险，过程中他被用各种方式撞来撞去，这些也构成了这部小说的淫荡内容。

　　狄德罗的《八卦珠宝》在借用克雷比永的作品的同时，还参考了安托万·加朗翻译的著名的短篇故事集《一千零一

夜》（1704—1717）中充满魔力的东方风格。狄德罗的故事发
生在刚果的宫廷中，这是一个略做掩饰的凡尔赛宫的非洲版。
故事的主角是一位刚果苏丹，名叫曼高古（对应现实中的路
易十五），他从一个名叫库库法（这个名字来源于 cocu，也就
是"cuckold"）① 的精灵那里得到了一个能够让阴道说话的魔
法戒指。在该作品的二十一个章节中，曼高古用他新获得的能
力，强迫了种类多样的"珠宝"吐露了她们极不检点、不可
告人的奇遇。在三十个这类采访之后，他决定将魔戒的能力用
在他自己的情妇、他心爱的米尔佐扎身上（这个角色明显指
的是路易十五的情妇蓬帕杜夫人）。明显是为了向这位哲人们
的支持者和国王表达敬意，这个具有魔力的珠宝很快揭示出米
尔佐扎，即蓬帕杜夫人，是唯一对苏丹忠贞不贰的女子。文中
提及的其他所有女性，不分等级和国籍，都曾对她们毫无疑心
的伴侣不忠。可怜的廷臣萨利姆就遭受了这样的对待，他完成
了海外的事务，回国后，请求曼高古用其魔法戒指确认一下自
己的情妇富尔维娅是否在他不在的时候洁身自好。和这本书中
每一个短小的章节的情节相同，富尔维娅奔放而疲惫的阴道在
受到询问时滔滔不绝，不仅宣称富尔维娅根本没有为爱人守
节，而且这个可怜的器官的生活辛苦得好似"划桨的奴隶。
今天伺候这个，明天伺候那个……"[10]

　　不出所料，狄德罗在 1747 年末创作出来的这些多话而不
忠的"珠宝"吸引了此后学术界研究性别的学者的注意。一
些学者认为这部小书的整体架构来自当时的（甚至是狄德罗

---

①　Cocu 这个词根在古法语中指布谷鸟，在欧洲，这种鸟因叫声及其巢寄生
　　行为而知名，因而衍生出 cocu 和 cuckold 的含义，二者分别在法语俗语和
　　英语中指妻子有外遇的男人。

个人的）厌女症；其他人提出了与此相反的观点，指出小说中的男性也不比其中的女性更高尚，而且狄德罗的这部作品让女性的性能力和性欲望的权威和合理性得到了表达，这在那个时代是不多见的。

无论狄德罗的真实意图是什么，他最终对发表了这部引发丑闻的作品十分后悔。这本书在 1748 年看起来也许很有意思，但在之后的几年中就不同了，他的敌人在嘲笑他这样一位严肃认真的《百科全书》编辑时说他当初创作过一个"垃圾作品"。[11]据狄德罗的朋友和文学继承者雅克 - 安德烈·奈容说，狄德罗经常宣称，要是剁掉自己的一根手指就能消除这个严重的失误，他绝对不会有丝毫犹豫。[12]然而，这也许只是狄德罗的官方表态。18 世纪 70 年代初，狄德罗创作了几个新的只有手稿形式的章节——包括全书最色情的部分——可能只是为了自娱自乐，还有供他最亲密的几位朋友消遣。

女性，修女，性

在狄德罗没有发表的有关人类性欲的思想作品中，有对于性道德的谱系学猜测，有对人类的解剖结构的探讨，还有对同性恋的来源的猜想。这些大量的文本资料不能被规整地简化为一个记录了人类性欲望和性反应的临床手册。相反，狄德罗的观察涉及范围很广，散落在他的哲学对话、私人通信、小说和认真思考人类生理学问题后做的笔记，这些与其说是他在科学研究方面所做的努力，不如说是对自然的释读，他在这个过程中传播了这样一个信念，即性接触是人性最自然、最可取的表达。

但是，狄德罗也坚持了某些固化的思想。如果说男性一般是性行为的发起者，那无疑是因为女性在这个过程中扮演着更复杂的角色。在研究了大量自然历史和医学书籍——尤其是阿尔布雷希特·冯·哈勒尔的八卷本《人类生理学要素》（1757—1766）——之后，狄德罗认为自然没有厚待女性：女性不但更难以达到高潮，而且还要承受每个月的生理不适，以及生育带来的危险。

更糟的是，当时的博物学家得出结论，认为女性麻烦重重的解剖学特征使得她们无法与男性平起平坐。真正将两性分别开来的不是身材的大小、力量或是智力，而是女性"狂暴"和"难以管束"的生殖器官——子宫——在男性的身体中找不到与此对应的器官。狄德罗后来肯定地说，这个暴虐的人体部分经常表现得一意孤行、自私自利，有时候像"一只愤怒的动物"一样"扼制"其他的器官。[13] 对于狄德罗那一代的许多男性来说，这就是整个肉体的混乱状态的源泉，不仅让女性的想象中充满了奇怪的幻象，还造成了她们情绪的剧烈变化，使得女性要么"像克洛普施托克①描写的天使一样美丽"，要么"像弥尔顿②笔下的魔鬼一样恐怖"。[14]

狄德罗对女性生理和心理的看法一向被视作他思想中为数不多的实实在在的落后的方面中的一个。但在抱有这些偏见的同时，他对那个时代的女性所处的困境也更加具有同情心。在他的作品中的多个时刻，他放下解剖学而选择可以被称为原始

---

① 弗雷德里希·戈特利布·克洛普施托克（1724—1803），德国诗人，史诗《弥赛亚》（Der Messia）是其代表作。

② 约翰·弥尔顿（1608—1674），英国诗人、思想家，史诗《失乐园》（Paradise Lost）是其代表作。

社会学理论，并提出世界上的女性被禁锢在了一个由男性、为男性而设计，且极其严苛地对待女性的系统中，这个系统给地球上的一半人口造成了巨大的痛苦。他在 1772 年的一篇名为《论女性》的短文中悲观地写道，一个女性一旦容颜不再，就会"被丈夫忽视，被孩子遗忘，被社会视作没有价值，而只能把宗教当成唯一的、最后的指望"。[15] 在指出这个悲惨的处境之后，狄德罗紧接着又写到了女性境遇总体的可悲之处："法律的残酷与自然的残酷沆瀣一气……将女性当成了愚蠢的孩童。"[16]

狄德罗一直没能提出一个内部协调统一的有关人类的性和性别角色的理论，这在像《论女性》这样过于简短且前后矛盾的作品中尤其明显。最终，他的虚构作品成了他为理解性的错综复杂、重重矛盾和道德准则而做得最成功的努力。狄德罗在想象中的世界里找到了透彻思考这些问题的最佳地点是说得通的。虚构不仅将狄德罗从科学事实的束缚中解放了出来，还让他得以强迫他故事中的人物在各种不同的道德、宗教和社会准则构成的条件下直接面对，并且尝试着处理他们的欲望。

狄德罗对性和爱的虚构处理涉及多个文学体裁。1770 年，他随手写下了两部短篇小说——《这不是一个故事》和《德·拉·卡利耶夫人》——在其中讨论了时常困扰情侣们的问题，无论这些问题是他们自己造成的，还是社会荒谬的法律和期望导致的。更有名的是他从 18 世纪 60 年代开始创作，用了二十年时间完成的小说（或反小说）《宿命论者雅克》。在这部作品中，狄德罗透露了一个有关爱情和性欲的悲观评价，即这二者都注定会在我们的眼前如烟云般消散，暴露出我们青年时许下的诺言有多么空洞："［男女］第一次许下至死不渝的爱的誓言时，就站上了即将垮塌的悬崖。在苍穹之下，他们见证着自己的忠诚不断在改变。就在他们说话的时候，他们本身和他们周围的一切都在改变，而他们还相信自己的感情不会受变化的影响！孩子！永远是孩子！"[17]

狄德罗对性最全面的展示出现在他的唯一一部现实主义小说中，即《修女》。这个十分感人的第一人称回忆录由一位想要放弃自己宗教誓言的修女讲述，带领读者深入了解了在狄德罗看来与修道院密不可分的施虐狂的性心理和性虐待问题。不出所料，《修女》如今依然是狄德罗最受争议的作品。1966年，距今五十年前①，雅克·里韦特将该书改编成了电影，因为将宗教仪式、残暴行为和女同性恋的爱情描写混合在一起而被当时戴高乐领导下的法国国家信息部列为禁片。[18]直到今日，《修女》仍然会刺激到一些人的敏感神经。

尽管《修女》的口吻阴郁而绝望，这个作品却是开始于一个欢乐的恶作剧。狄德罗本人在《文学通信》中向读者复述了这个恶作剧的幕后情形，以及这部小说随后的诞生。[19]他说，他自己、格林和埃皮奈夫人非常伤心，因为他们的朋友、和蔼可亲的克鲁瓦斯马尔侯爵抛下了他们，独自前往其在诺曼底的庄园。1759 年，在侯爵离开的一年后，这三位朋友决定设计一个圈套，诱骗侯爵返回首都。他们很清楚这位侯爵曾经担任了一位修女的代理人，想办法帮助她离开女修道院，于是他们决定用那位修女的口吻写信给克鲁瓦斯马尔，恳求这位身在外地的贵族回巴黎帮助她。据说，在埃皮奈在小山羊庄园举办的晚宴上阅读了狄德罗写给克鲁瓦斯马尔的信以及后者的回

---

①　《狄德罗与自由思想的艺术》的英文原版于 2016 年出版。

信，造就了当晚的最精彩的时刻。[20]

如果我们选择相信狄德罗的描述的话，那么可以知道，克鲁瓦斯马尔完全相信了修女所谓的求助。但谋划这个恶作剧的三位朋友发现，问题在于好心的侯爵没有任何回到巴黎的打算，而是告知修女，让她坐马车到他位于诺曼底的庄园，他会安排她给自己的女儿做家庭教师。面对克鲁瓦斯马尔对于返回巴黎表现出的不情愿，而且或许因为使得他们的朋友费心安排而有点儿于心不忍，狄德罗等人假冒这位修女的房东写信给侯爵，告诉他修女在1760年5月去世了。

然而，这位叫作苏珊的修女的去世并没有给这个故事画上句号。在这三个喜欢捉弄人的朋友写冒名信给侯爵的几个月间，狄德罗着手创作一部记叙性的作品，以第一人称的口吻更细致地讲述了这位修女的人生。记录下这个可怜的女人——他最后决定称她为苏珊·西莫南——所经历的一件件可怕的事情明显是个很感人的过程。狄德罗在这部书的序言中描述说，演员亨利-路易·达兰维尔到塔兰内路来拜访他，当时他正在写这位修女的回忆录；这位演员发现狄德罗"沉浸在痛苦中，泪流成河"。[22]

这部苏珊的回忆录和狄德罗及其友人写给克鲁瓦斯马尔的信相同，名义上也是写给这位好心的侯爵看的。这个按时间顺序展开的故事在开头综述了苏珊和她的姊妹在幼年时代如何受到父母的虐待。苏珊解释说，她第一次了解到修道院的生活是在十六岁，她之前告诉了自己的母亲，说在她姐姐的追求者中，有一个人其实想追求她。四天之后，她就被送到了位于巴克路的访亲女修道院中做寄住生。苏珊一开始以为这只是暂时的，因为把少女送到修道院中几年，再让她们回归社会，然后嫁人在当时是很常见的做法。但让她大失所望的是，她的母亲的精神顾问很快来到修道院向她表明，她父母说他们没有钱让她嫁人，所以她除了成为修女以外没有其他选择。

在两年的见习期中，苏珊一直坚定地抗拒着这个强加在她身上的职业，并且拒绝发愿成为修女。她的父母感到既丢脸又愤怒，匆匆将她领回家后，把她禁闭在她的房间中六个月之久。在软禁即将结束的时候，苏珊的母亲向她透露了为什么自己这些年来对女儿如此恶劣：苏珊是她母亲外遇后产下的私生女，是她母亲失节和愧疚的活生生的证据。尽管受尽了父母的虐待，苏珊最终对母亲艰难的处境产生了同情，同意回到修道院，成为修女，在那里度过一生。几个月后，原本不情愿的苏珊在另一个修道院隆尚女修道院，完成了宣誓仪式，在这里加入了一个由修女组成的团体，这些女性虽然将一生献给了上帝，但依然充满了必须受到压抑、获得表达，有时甚至会转化为暴力和变态的性能量。

苏珊是修道院生活的阐释者，她经常作为狄德罗在书中的代表，用哲人的语气讲了很多箴言，口吻就好像伏尔泰。她写道："贫穷的人生使人受辱，而与社会隔绝的人生使人堕落。"[23]苏珊虽然在某些方面看得透彻，对于隆尚女修道院中滋长的同性欲望却毫无知觉，在这里，她很快成为女院长莫尼"最喜爱的人"。

莫尼是一位心地仁慈、心灵崇高的精神领袖，对苏珊非常体贴和宽容。同时，莫尼还具有一种神秘的能力，可以在祷告的过程中召唤出圣灵的形象，能够让她自己和她身边的人都陷入某种催眠的状态，而莫尼则似乎能够与上帝发生性方面的亲密接触。苏珊说自己通常对宗教仪式十分麻木，但对莫尼激动人心的祷告却远远做不到无动于衷："离开她的房间时，你会感到心脏像着了火，欢乐和狂喜让你的脸庞散发着光芒，哭泣着流下甜蜜的泪水……我想，如果我适应了这种体验之后，可能也会到达这个状态。"[24]然而，苏珊人生中的这段相对愉快的时光很快结束了。莫尼发现自己深深爱上了苏珊，并因此丧失了与上帝交流的能力。[25]莫尼背负上了愧疚的枷锁，逐渐变得忧郁，甚至越来越疯狂，死前责备自己犯下了一个不可告人的罪孽。苏珊为此深感不安，但没有猜到造成莫尼的羞耻感的真正原因。

接替莫尼成为女修道院院长的是圣克里斯蒂娜，此人与前任院长截然不同。这个新的修道院统治者灌输的是各种各样最恶劣的迷信，执意强迫修女们实行斋戒、值夜和自残。她对隆尚的统治无疑是这本书中最阴暗的部分：狄德罗在此段中不但讨论了这个修女组成的群体如何将苏珊变成了敌人，而且研究了受压抑的女性欲望在他看来是如何转变成迫害和暴力的。

没过多久，苏珊就触怒了毫无怜悯之心、待人严苛的新院长。苏珊不仅阅读《新约》（并且自主思考），甚至勇敢地烧毁了自己的刚毛衬衫，扔掉了戒律板（一种用来抽打自己的板子）。于是她被看作威胁到了新院长的权威，很快被其他修女暗中监视，被罚几个星期跪在教堂的中央祷告，只准喝水、吃面包，并被关在自己的小房间中。随后的几个月间，修女们开始发生群体变态；折磨苏珊变成了"一个游戏"，成为"五十个反对［她］的人的乐趣来源"。[26]最终，修女们扒光了她的衣服，让她穿上一个大麻袋，将她在修道院中游行示众，让她挨饿，拿走了她的家具、床垫和鞋袜，把她丢入了修道院地窖中的一个小房间里。最具有标志性意义的迫害发生在圣克里斯蒂娜院长发现苏珊提出法律控诉、意图离开隆尚之后。院长将所有人集合起来做礼拜（苏珊当时被关在牢房中），她当众宣布，这个不服从权威的修女对于整个女修道院来说已经是个死人了。苏珊想办法成功逃出房间，接着讲述了她跑出教堂之后发生的事。

> ［我］想办法撬开了锁，跑到了唱诗席的门口，发现门是关着的……我躺在地上，头和背靠着一面墙，胳膊交叉着放在胸前，身体的其他部分展开，挡住了刚刚完成了礼拜的修女们走出教堂的路。第一位修女在我面前停了下来，后面的人也一样。院长猜到了发生的事情，对她们说："从她身上踩过去，她不过是具尸体而已。"[27]

苏珊原本看起来必死无疑，却意外地获救，救她命的人是马努里先生，他是苏珊雇来帮助自己提出法律诉讼的律师。通过他的干预和经济支持，苏珊很快得知，她将被转移到另一个，也是她的最后一个修道院，位于阿尔帕荣的圣厄特罗普修道院，距离巴黎正南方 26 英里。马车载着她来到了一个巨大的方形住宅门口，她看到的极为不寻常的情景令她心惊：两三个修女从她们卧室中探出头来，盯着她看。这当然代表了即将发生的事情。与隆尚的自我否定、严格禁欲的统治不同，这里已经成了欲望的俘虏。

苏珊到达后不久便见到了圣厄特罗普的女院长，她懒洋洋地坐在床上，眼睛半睁着发号施令，好似一位暴君。在苏珊的观察下，这位院长（文中没有透露她的真实姓名）从她睡眼惺忪的状态中起身，开始检视由修女组成的后宫。

院长没有和我们同坐，而是围着桌子走了起来，她把手放在一位修女的头上，让后者将头向后仰过去，亲吻了其额头；她又撩起了另一位修女的高领内衣，把手伸到里面，她自己则用身体紧贴着椅背的背面；走过了另一位修女身边时，她的一只手抚过其身体，或触摸其嘴唇；与此同时，她小口吃着呈上来的食物，并将食物喂给这个或那个修女。[28]

苏珊坦率地描述了很多这样的场景，完全没有意识到她所看到或经历的这一切中包含的性暗示。尽管这部作品的叙事有时候显得不着边际，苏珊所谓的天真无知却是其中最别出心裁的设计。这不仅让狄德罗能够通过一个无辜的基督徒——而不是一个和他一样的无神论者——来发出对修道院生活的控诉，苏珊的无知也使得她的性觉醒通过带有奇特的疏离感的叙述表达出来。虽然她对圣厄特罗普的女院长越来越熟悉，但年轻的苏珊对眼前发生了什么依然全然不解，只是单纯地描绘了她和她的这位新朋友身体上出现的生理变化。这种叙事方式的效果形成了一个特殊的色情场景，读者可以从苏珊这个一无所知的性欲对象的角度观察了当时发生的一切。院长的"羽管键琴课"就是一例。

我跟着她［走进了她的小房间中］。她动作轻快，立刻打开了羽管键琴，拿出一本书，搬来一把椅子。我在椅子上坐了下来。她觉得我可能会冷，于是从另一把椅子上拿来一个靠垫，放在我面前，弯下腰，抬起我的双脚，把我的脚搁在了垫子上；接着，她走到我的椅子背后，身体紧紧地靠了上来。我先弹奏了一些和弦，接着演奏起了库伯兰、拉摩和斯卡拉蒂的作品。我继续弹着琴，她则掀起了我的贴身衣服，把手放在了我裸露的肩膀上，用指尖触摸着我的胸。她叹了一口气，好像她被压抑得难以呼吸一样。她放在我肩膀上的手紧紧抓住我，然后又完全松开，仿佛所有的力量和生命都从她身体中流干了，随后她低下的头抵在了我的头顶。其实，虽然她很疯狂，但她对音乐非常痴迷、高度敏感。在我所知道的人中，音乐对她的影响最为巨大。[29]

在此后的几个月中，苏珊逐渐成了院长获得自慰的快感的主要来源。过了一段时间，院长不想继续装模作样，于是决定让这个天真的女孩知晓圣厄特罗普修道院的秘密。她暗示苏珊说，修道院可以是一个充满强烈性欲望的地方，哪怕这里的生活要受到隐修规矩的束缚。用院长的话说，人只要聆听"感官的语言"即可，这也是在清楚地告诉苏珊，人的身体天生就掌握自我表达和相互沟通的方法。

院长含蓄地邀请苏珊和自己发展更明确的性关系，而苏珊不但轻蔑地拒绝了她，而且苏珊最终向她的告解神父说明了院长在与她进行"单纯的"抚摸时发生的各种变化。苏珊在潜意识中担心自己很快也会接受这样的同性恋生活；她将院长在她们交流的过程中体验到的强烈快感描述成一种"疾病"，一种她觉得会传染的疾病。这个情况也引起了苏珊的告解神父勒穆瓦纳的警觉，他指示苏珊不计代价，一定要避开那个"魔鬼"。

苏珊开始躲避之后，院长很快意识到自己犯下了大罪。和

"她演奏的乐曲和唱出的歌声像天使一般"，
版画，出自狄德罗的《修女》，1804

莫尼院长一样，她慢慢地陷入了疯狂，"从忧郁到虔诚，从虔诚到神志不清"。[30]苏珊的回忆录在最后细致记录了歇斯底里如何深深地折磨了院长。她在对苏珊的爱恋和令自己无法承受的负罪感这两极之间摇摆，大声呼唤着自己以前的情人们，赤身裸体地在走廊中游荡，嘴角冒着白沫，语无伦次，口吐污言，鞭打自己，最终因为感到幽灵正把她拖入地狱而彻底崩溃。

院长去世以后，苏珊再一次成了整个修道院的公敌；她立刻被指控"蛊惑"了院长，致使她犯下了不可饶恕的罪，造成了其死亡。苏珊在隆尚受到的迫害很可能要再次上演，面对这样的情况，她做出了一个重大决定：和一个与她同样遭受过上级的迫害、对她十分同情的告解神父唐莫雷尔一起逃离修道院。然而，这次逃跑只不过是她受难之路上的又一站。在这个回忆录（草草完成）的最后几页中，苏珊描写了本来是她的救命恩人的唐莫雷尔如何意图强奸她，她如何到达了巴黎，流落到一个妓院中，后来又到了圣德尼路上的一个失足女性收容所居留，最后成为洗衣女工，直到离世。

《修女》在1796年首次出版。在这本小说问世后的几个月间，赞扬者和贬低者都一致认为这部作品是"有史以来对修道院最无情的讽刺"。[31]尽管这个故事对于当时的读者来说一定非常有力度且惊世骇俗，但狄德罗在书中并没有将矛头指向天主教信仰；他所谴责的是创造一个"处女教派"的漫长传统，这个传统使得法国丧失了数以万计的公民和他们本应拥有的子孙后代。这其中当然包括狄德罗的妹妹安热莉克，她在二十八岁时丧失了理智，在朗格勒的乌尔苏拉女修道院厚厚的石墙包围中死去。

除了与狄德罗人生的这个悲剧有关联之外，他还在这部小说中探索了他认为的宗教苦修生活对人的头脑和身体产生的具体的心理和生理影响。狄德罗选择女修道院而不是男修道院作为讨论的场景并不奇怪。他的观点是，如果说同性隐居无法避免地将会导致心理变态和腐化的话，那么女性受到伤害的可能性比男性大得多，原因恰恰在于她们的子宫。《修女》或许是

第一部刻画了这个冲动的器官可能会如何影响女性的"现实主义"小说，在一开始将苏珊描写成了相对理智的女性，继而描述了她容易昏倒，有时发疯，最终甚至被圣厄特罗普女修道院的院长激发了性欲。狄德罗对其他修女的描写更加夸张；她们通过性虐待或者禁忌的性行为表达被压抑的性能量，这些被困在修道院中的女性似乎踏着整齐的步伐，一起走向群体性歇斯底里。狄德罗似乎是在哀叹，女性生理特征上的缺陷仿佛和修道院的荒唐正好匹配。

大溪地的性问题

开始创作《修女》时，狄德罗大约四十五岁。二十三年后的 1782 年，他对这部小说做了最后的修改。这个令人心碎的作品的口吻以及部分结构来源于英国小说家塞缪尔·理查森，狄德罗不但非常仰慕他，而且在 1761 年底还为他创作了一篇悼亡文，这篇文章发表在了《外国期刊》上。狄德罗认为理查森为长篇小说打开了探索人类道德和心理潜力的大门，开启了我们现在所知的小说时代。和大多数同属小说这个曾经名声不佳的文学体裁的作品截然不同，理查森的作品没有把读者强行搬到遥远的土地，让他们看着扁平的人物过着不现实的生活；他的作品，比如《帕米拉》（1740，又名《美德的报偿》）和《克拉丽莎》（1747—1748，又名《一名年轻女子的故事》），逼真地描绘出了人类生存中那些微小而熟悉的细节，讲述了现实中的人类生存的复杂性和残酷性。在写作《修女》的过程中，狄德罗不仅抓住了这样的现实主义小说揭露丑闻的潜力，还加入了自己的创造：从第一人称叙述者的角度来展现人类的性，而这个叙述者本身很不可思议地常常对于自己正在体验的欲望、性变态和性兴奋全然不觉。

苏珊遭受的痛苦——狄德罗强迫读者从第一人称视角经历了这一切——是为了通过让读者流泪而激发读者信众对强行施加在人身上的宗教职业而设计的。狄德罗对性的另一个探讨是《布干维尔游记补遗》，知名度仅次于《修女》，却和《修女》截然不同。这个作品与修道院中的性变态以及压抑的性欲望形成鲜明对比，引导读者通向一个用开放的态度对待性和肉体的小岛——大溪地，文章中的内容时常引人微笑和大笑。

和狄德罗的很多重要作品相同，这个轻松愉快的哲学对话的灵感来源并不起眼。作品中的多个主题——包括大篇幅的对出轨和婚姻并无意义等话题的讨论——源自狄德罗的个人经历。不过，《布干维尔游记补遗》真正产生于狄德罗在阅读路易－安托万·德·布干维尔的畅销作品《环球纪行》（1771）过程中所做的笔记，他本来计划在《文学通信》评论这部作品。[32]

18 世纪 70 年代早期，海军上将布干维尔的名字家喻户晓。和詹姆斯·库克船长一样，这位水手、航海家和数学家不仅完成了环球航行，还对自己的探险过程做了精彩的记录。率领着"愠怒者号"和"星辰号"两艘船，这位上将和他的三百名船员先是环绕了非洲，又继续行驶到南太平洋的法兰西岛（毛里求斯），然后再沿着巴西海岸线行驶到了位于南美洲最南端的麦哲伦海峡，最终回到法国。他在航海志中记录了他在 1766 年至 1769 年三年间经历的各种引人入胜的故事，讲述了风暴、坏血症、新大陆、船帆倾倒，以及探险队曾遭遇的一些

原住民凶狠对待的故事。[33]但是，包括狄德罗在内的读者看得
最入迷的部分是布干维尔对大溪地的描写。

路易－安托万·德·布干维尔，版画

　　1768年，布干维尔的船员第一次发现了这个被丰茂的森
林和山峦覆盖的岛屿。这片土地看起来好似世外桃源。船员们
建起营地，平静而舒适地睡在温暖没有昆虫的沙滩上，周围丰
富的食品富含维生素C，受坏血症折磨的水手因此很快康复了
起来。[34]此外，岛上热心的居民是船员们旅程中见过的最友善、
最漂亮的原住民。男人高大而强壮，身材比例完美。他们确实
比欧洲人看起来健康得多，能够活到"快乐的老年"，牙齿不
掉，很少生病。[35]但最令布干维尔着迷的是岛上那些不同寻常

的女人，她们的胸部和臀部布满刺青，头戴花环，似乎对自己的性能量毫不羞愧。[36]这位上将将这岛命名为新基西拉岛，以纪念掌管性、欲望、生育和爱情的女神维纳斯传说中的诞生地。[37]

布干维尔的叙述充满了奇闻逸事，令 18 世纪的欧洲人（尤其是欧洲男性）骚动不安。当大溪地人邀请水手们到家中做客时，他们不但会给水手们提供简单的餐食，而且还时常要求年轻的大溪地女子完成对宾客的"义务"。[38]在报告的最后，布干维尔似乎暗示说，他本人也不得不向岛上充满爱意的氛围投降了。他怎么拒绝得了呢？"我们［在这里］呼吸的空气、听到的歌曲、看到的舞蹈，几乎总是伴随着撩人的姿势，每时每刻、一举一动，都让人想起爱情的甜蜜，一切都在呼唤着你，要你屈服。"[39]

狄德罗一样为大溪地的生活而倾倒。在他开始创作对布干维尔的书的"补充"时，他想象着可能会有一个世界，在那里，自然最崇高的呼唤没有受到虚假的宗教传统的干扰。为了让他的想法获得表现形式和热情，狄德罗将对话安排在两个头脑机敏而充满好奇心的男人（"A"和"B"）之间，他们二人都读了布干维尔的书。他们的第一个对话进展得很快，讨论了人类是如何在布干维尔及其船员遇到的南太平洋上的那些孤立的小岛定居的，道德是如何在这些岛上出现的，以及这些岛屿的实际布局如何显示了他们一定是在"漂流"过程中分开的。这两个人接着把注意力转移到了他们发现夹在布干维尔游记页面之间的所谓的未出版的手稿上，里面满满记录着有关自然、殖民主义、道德与人类性行为之间的关系的"对话"。他们仔细地读起了这个文稿，不时停下来讨论其中的含义。

这个佚失的手稿的第一部分主要是一个老年大溪地男性的讲话，他愤怒地抨击了他预见中殖民主义和掠夺必将带来的罪恶的结果——如果说人真的能预见未来的话，这个讲话毫无疑问具有先见之明。这位老人对他的同胞说，他们将迎来一个充满新的疾病和奴役的时代，大溪地人甚至会最终灭绝，并呼吁岛上的其他居民起来反抗："哭泣吧，悲惨的大溪地人，哭泣吧——为了这些邪恶的、劫掠的人的到来，而不是他们的离去！总有一天，你们会知道他们的真面目。他们有一天会回来，一手拿着一块木头［十字架］，用绳子挂在他们的腰间；另一手拿着一块铁［一柄剑］，悬在他们的同伴的腰间。"[40]

这个愤怒的反欧洲讲话是法国文学史上第一个真正的后殖民时刻。随后，我们就读到了引人入胜的大溪地的性问题。在这里，讨论的焦点不是大溪地人，而是一个三十五岁的法国牧师，他随船来到了大溪地岛上。我们了解到，这位牧师和其他水手一样，被安排同岛上的家庭合住，而他被分派给了受众人尊敬的家长欧罗接待。不出所料，这位神职人员禁欲的誓言将在这个过于热情的家庭中受到考验。

欧罗的家中还有他的妻子和三个女儿，女儿们名叫阿丝托、帕莉和蒂娅。女人们帮这位客人脱去了衣服，洗净他的脸、手和脚，将一份简朴但健康的餐食摆在他的面前。等到他准备休息时，之前与其家人一同退出帐篷外的欧罗走进来，将自己的妻子和三个女儿——她们都如夏娃一般赤裸着——带到他面前，并对他说："你年轻、健康，又刚刚用了一顿好餐食。一人独眠，难睡得好；男人晚上需要女人陪伴在身旁。这是我的妻子和我的女儿们。

选一个你最喜爱的，但如果你愿意帮助我，请你选择我最小的女儿，她还未曾生育"……这位牧师回答说，他的宗教信仰、他神圣的职责、他的道德标准和行为准则都让他无法接受欧罗的邀请。[41]

欧罗"天真地"回答道：

> 我不知道你所说的"宗教"指的是什么，但我很瞧不上它，因为它禁止你享受自然，这位万物的女主人，给予每个人单纯的快乐。[这个所谓的宗教]似乎让你无法将你的同类带到这个世界上来……看看你给眼前的这四个女人带来的痛苦，它明白地写在她们的脸上——她们担心你发觉了她们身体的缺陷，让你感到不悦。

这位牧师希望没有冒犯他慷慨的主人，于是结结巴巴地回答说，大溪地人不明白，他曾发誓为了上帝和宗教信仰洁身自好："不是的，她们四位都非常美丽，但我的信仰！我的宗教职责！"

当然，没过多久，诱惑就压倒了这位牧师，在不可避免的事面前，他放弃了自己的坚持。

> 上天从未让［这位牧师］暴露在如此强烈的诱惑之下。他年轻，兴奋，内心挣扎。他将目光从这四位可爱的恳求者身上移开，却又不由得回到她们身上。他举起双手，望向天空。三个女儿中最小的蒂娅用双手抱住他的膝盖，对他说："陌生人，不要让我的父母失望。不要让我

失望！"……这个可怜的牧师记录道，她紧紧握着他的双手，眼睛盯着他，目光中闪动着动人的千言万语，哭了起来，她的父母和姐姐们于是走出了帐篷，留她一人与他独处，尽管他不断重复着"但我的宗教和我的职责"这样的话，可第二天早上，他醒来时发现这个少女躺在他身边。她又一次用温柔的抚摸征服了他。[42]

第二天，欧罗和他的妻子因为牧师的"慷慨"而感到十分高兴。不过，欧罗还是请牧师解释，为什么后者口中的上帝会反对这么美好和自然的事。这些问题一开始看起来很天真无知，但到了讨论的最后，这位大溪地人就像一位启蒙运动的哲学家一样教育起了这位牧师。欧罗尖锐地问道，什么样的神创造的道德法令（比如贞洁和终生不变的婚姻）既没有道理，又适得其反，还不可能执行呢？"我发现，这些戒律都违背了自然，违背了理性。我认为，它们被精心设计出来，就是为了增加犯罪和给［上帝］造成无穷的烦恼……听我的，你这样做是将人类贬斥到了比任何动物都要糟糕的境地。我不懂得你的这个伟大的工匠是什么，但我很高兴他从未与我的祖先讲话，而且我也希望他永远都不要和我的孩子讲话……"[43]

在轻蔑地讨论了欧洲社会可悲的境遇及其违背逻辑的"伟大的工匠"之后，欧罗描绘了更先进的、以自然为基础的大溪地性风俗。据他说，这里没有人把性行为看作羞耻、犯罪和愧疚。尤其是女性，她们不会因为性行为而丢失"尊严"，因为贞洁并不意味着尊严。婚姻同样是以物种的自然的渴望为基础的。在欧洲，婚姻是一个人终生的负担，而在大溪地，妻子和丈夫在结合一个月后就可以另择伴侣。

所有这些新奇的习俗都与大溪地首要的任务有关，那就是生儿育女。用欧罗的话说，大溪地的维纳斯是"擅长繁育的维纳斯"，不是欧洲的那个搔首弄姿的维纳斯。这个以孩子为目标的道德准则带来的影响塑造了大溪地岛上生活的各个方面。杀婴的情况在 18 世纪的欧洲极为广泛，而在大溪地则是不可想象的，因为所有孩子都被视为国家的珍宝。生育能力的重要性甚至决定了大溪地的审美标准。为了强调这一点，欧罗讲了一个故事，说一个丑陋的大溪地女人遇到了一个美貌的女人。这个丑女人对她漂亮的朋友说："你长得很好看，但你生的孩子很丑；我很丑，但我生的孩子都很漂亮，所以男人们更喜欢我。"[44]

这个对于生育能力的执着延伸到了审美的其他领域。由于大溪地人都相信，所有的性接触都应当为了繁育后代，他们规定没有生育能力的人应当被排除在性制度之外：没有到青春期的女孩戴着白色面纱，表示她们还未准备好；生理期的女性必须戴上灰色面纱；没有生育能力，或者已过生育年龄的女性必须佩戴黑色面纱，以避免男性追求。男孩也要受到类似的限制：在成年人确定一个男孩的精液已经达到了一定品质水平之前，男孩必须穿着一件长袍，佩戴一条锁链，并且他右手中指的指甲不能修剪。[45]

生育能力是道德准则最根本的考量，这解释了大溪地人对于乱伦和通奸的看法。有关这个话题的讨论是该作品行文至此最大胆的段落：

> 牧师：父与女，母与子，兄弟与姐妹，丈夫和他人的妻子，都可以共眠吗？
>
> 欧罗：为什么不可以呢？

　　牧师：啊！别说未婚私通了，如果发生乱伦和通奸怎么办？

　　欧罗：私通、乱伦、通奸，你说的这些词是什么意思？

　　牧师：这些是犯罪，严重的犯罪，在我的国家，犯了这些罪的人是要被烧死的。

　　欧罗：哦，他们在你的国家会不会被烧死与我无关。但是，你不能因为欧洲的道德准则与大溪地的不同而指责前者，也不能因此而指责后者。你需要的是一个更靠得住的评判标准。那应当是什么呢？据你所知，还有比公众的福祉和对个人有用更好的标准吗？那你现在告诉我，你所说的乱伦罪与我们行为的这两个目标有什么违背之处；你不是认为，颁布一条法规，发明一个诋毁性的词，制定一种惩罚方式就解决了一切了吗？请你告诉我，乱伦是什么意思呢？[46]

　　不出所料，1796 年，在这个作品发表时，狄德罗对乱伦无所顾虑的评论冒犯了一些法国民众的道德观念。最为严厉的批评者恶意指控他，说他这样做是为了给他对自己的亲生女儿安热莉克的不伦之恋找理由。[47]而能够领会狄德罗这样做的微妙含义的读者则明白，他只是将大溪地这个小岛变成了一个实验室，进行了一个引我们发笑、启发我们思考的火热的思想实验。

我们都是双性人

　　狄德罗想象中的大溪地旅行让他能够深入探讨他那个时代

最难以破除的性禁忌。然而，值得注意的是，有关同性恋的话题却不在其中。在以生育为中心的小岛上，讨论同性之间的性行为是根本行不通的。即便狄德罗虚构的大溪地人在他们生活的地方遇到了这样的行为，他们也无疑会对这个没有办法繁衍后代的放荡做法不予理会——这样做浪费了时间、能量和宝贵的精液。

在法国，同性恋则引发了更加严峻的问题。同性之间的私密接触和兽奸被归为一类，被认为是"有违自然的"犯罪，令人憎恶的罪恶，以及对上帝法则的重大冒犯。法国的刑事惩罚还具体写明鸡奸（这也适用于女性）应被火刑处死，无论该罪行是发生在人与兽之间，男性之间，还是女性之间。[48]在法国，最后一次处死同性恋者是在 1750 年 7 月，一个名叫布鲁诺·勒·努瓦尔的制鞋匠和一个名叫让·迪奥的仆人被绞死，然后在格列夫广场上被烧成了灰。[49]

在那个时代，哲学家们向各种各样的偏狭宣战，但对同性恋的迫害并不在其列。狄德罗作为《百科全书》的编辑，遵循了长期以来的传统，将同性恋行为认定为不道德的和扭曲的。没有标明作者的"女同性恋"条目就是如此（该条目很可能由狄德罗亲自编写）。除了将女同性恋定义为"迷恋女性的女性"之外，这个条目还具体说明，这样的行为构成了"一种怪异的道德堕落，其发生的原因与一个男性为另一个男性欲火中烧同样难以解释"。[50]

像"女同性恋"这样的条目和狄德罗更具有实质性的探讨同性恋问题的作品有很大区别，而后者在狄德罗在世时一直被埋没于他未发表的手稿中。狄德罗将他有关人类对同性的欲望和行为最激进的哲学思考呈现在了《达朗贝尔的梦》的最后一幕中。这里，雷斯皮纳斯小姐和博尔德医生一边喝着餐后消化酒，一边随意地谈论着肉体的快感是否与宗教、道德，以及生育的限制完全无关。

作为一个医学从业者，博尔德在谈话的一开始就指出，自慰对于男性和女性都有实际的用处。他解释说，男性和女性都有可能因为欲望没有得到释放的，并且有潜在的过度危害的性能量而受到损害。这位医生先是提出了人们有时只需要"帮自然一把"，然后提到了其他不以生育为目的的性行为，包括同性性行为。[51]雷斯皮纳斯小姐提出反对，说这样的行为是"反自然"的，这招来了博尔德坚定的回应，这个回应算得上是狄德罗的所有作品中最大胆的："所有存在于这个世界上的，没有一个是违背自然，或是在自然之外的……"[52]根据这个原则，同性之间的吸引和爱情完全是自然的，因为这样的事实存在，这就足够了。

博尔德和雷斯皮纳斯没有禁忌的自由讨论预示了直到二十世纪才发生的对人类之性的理解的改变。博尔德自己小心地与具体的同性恋行为保持距离，甚至把同性之间的吸引力归因于一系列病理情况（比如，"年轻人的神经系统异常，老年人大脑变软"，"缺少女性"，或者是"害怕感染梅毒"），但他实际上承认同性恋在自然中有一席之地。如果考虑一下这位医生对于同性性行为的其他解释，就会发现真实的情况的确如此：有时候，人们这样做只是因为"美对人的诱惑力"。[53]

狄德罗在他自己的生活中似乎对于最后这一个可能性进行了思考。在18世纪50年代末和60年代初，狄德罗用了好几个月的时间细细地琢磨索菲·沃兰和她诱人的妹妹玛丽－夏洛特之间的关系，并为此感到深深的担忧（我们之后还会提到这个故事）。但狄德罗也有保留地承认，1762 年，他也对一个男子产生了感情。在他谈到彻底的坦诚会对他写给自己当时的情人和知己索菲·沃兰的信造成何种影响这个更宽泛的讨论中，我们可以找到这个遮遮掩掩的自白。

> 我的信比较准确地记录了我的人生……要想做到没有任何隐瞒是需要很大的勇气的。一个人也许更愿意承认策划了严重的犯罪，也不愿承认自己有微小、罪恶、肮脏和说不清道不明的感情。也许，在日记里写下"为了国王的宝座，我想要坐在那宝座上的人的命"所要付出的代价，要小于写下"有一天，我在大众浴室，和一群年轻男子共浴，我注意到其中一个有着惊人的美貌，让我忍不住地要接近他"所要付出的代价。[54]

断定狄德罗本人就是同性恋者未免过于牵强，说这段话是狄德罗"含蓄地坦白了"自己"被羞愧和恐惧压抑了的"双性恋倾向亦不正确。[55]但可以确认的是，狄德罗认识到了男性的身体具有的潜在诱惑力，尤其是在他的沙龙评论中。他对发生在同性间的欲望最著名的（同时亵渎了上帝的）探讨可以在《论绘画》中找到，他在其中重新想象了加利利的迦拿中的婚礼场景，这里就是耶稣将水变为酒的地点。狄德罗想象出了一个醉酒的耶稣，他一手摸着一位伴娘的丰胸，另一手摸着圣约翰的臀部，陷入了双性恋的困境，他"无法决定他是否要对这位下巴光溜溜的使徒保持忠诚"。[56]

无论狄德罗真实的性取向如何，他的整个哲学导向让他重新思考了性规范和性别范畴的不变性。其中一些开明的立场也

许是从他对性的生物解剖的理解上直接得来的。到了 18 世纪
60 年代末，狄德罗不但确信男女两性在子宫中具有相同的解
剖结构，而且认为性别范畴的生物属性原本是不固定的，正如
他在《达朗贝尔的梦》中所写的，"也许男性只是女性的变异
形式，或者反之"。[57]

　　狄德罗认为男性和女性这两个范畴的区别并不像人们想象
的那样绝对，而这个观点也影响了他与别人的关系。他经常称
呼索菲为双性人，因为她的理性思考能力在他看来是男性化
的。不过，他也将挚友梅尔希奥·格林描述为双性人，并且更
加着重强调了这个词的实际意义。在写给法尔康涅的两封信
中，狄德罗揭示了格林是如何获得这个昵称的。第一封信中，
狄德罗说格林身上"结合了男性的力度以及女性的雍容和优
雅"。[58]在第二封信中，狄德罗具体地说："我爱的那个人有
着女性的柔美轮廓，在他想展现男性的特点时又强健有力；他
是角斗士和美第奇的维纳斯的罕见混合；我的双性人，……他
就是格林。"[59]

　　关于这样一段热情奔放、看起来充满欲望的关系是如何具
体体现在每日的相处中，我们可以在狄德罗于八年前写给索菲
的信中发现蛛丝马迹。当时，格林已经离开巴黎八个月了。

　　　　能见到格林，看到他回来，真是令人高兴。我们热情
　　地拥抱了对方，都说不出话来。我们亲吻了对方，没有说
　　一个字儿，我就哭了出来。我们本来决定不再等他了，于
　　是开始用餐。等甜点端上来时，仆人报告："是格林先
　　生，是格林先生！"我一边重复着这句话，一边尖叫着站
　　了起来。我奔向他，用胳膊围住了他的脖子。他坐下来，

格林和狄德罗，版画

我记得他没有吃多少东西。而我呢，我紧咬着牙，吃不
下，喝不下，说不出话。他坐在我旁边。我握着他的手，
看着他……［其他人］看我们像看一个恋爱中的人和他
受人尊重的情妇一样。[60]

剧作家和绘图师路易·卡蒙泰勒在他 1760 年前后绘制的素描中，捕捉到了发生在这两个朋友间的这个或者与此相似的时刻。他们二人的关系中带有情欲色彩的暗流很难不被注意到。

看着狄德罗如何在 18 世纪的性问题（包括他自己的性取向）这片混浊不清的水域中寻找方向给人带来了很多乐趣，其中之一就是他有勇气将自己与那个时代认可的规范和信仰分离开来。意料之中的是，在《布干维尔游记补遗》、《达朗贝尔的梦》和《修女》终于在 19 世纪问世之后，保守派批评者向狄德罗发起了攻击，因为在他们看来，他对性问题的哲学态度毫无价值，在讨论兽奸、同性恋和私通这些问题时更好像它们和教廷允准的性关系没有任何概念上的区别。然而，尽管狄德罗对性具有挑衅意味的思考意在质疑基督教道德对人类的束缚，但他真正的意图却并不在于刺激或是推翻既有的风俗习惯；这些思想的目标是激发我们更全面地将我们自身作为天生具有性欲望的存在来理解。我们之后会发现，对于狄德罗来说，应对他自己的爱情生活往往比处理性这个问题更加困难。

第十章　论爱情

　　和很多中年人一样，狄德罗有时候会充满眷恋之情地回顾起让他最难忘的爱情冒险。其中最令他珍视且最让他兴奋不已的或许要数他与图瓦妮特结婚之前，和他邻居的妻子的一段情史。多年之后，那段经历早已成为遥远的回忆，他和一位女性友人讲起这个故事时，强调了肉体的自由和青春岁月的光辉。

　　　我留着长发，任其随微风飘荡的那些日子都去哪儿了？早上，我敞开衬衫领子，摘下自己的睡帽，让乱乱的卷发垂在我白皙而光滑的肩膀上。我的邻居早早起床，离开她丈夫的身边，打开窗帘，用眼睛享受这个令她垂涎的景象，而我对她的目光一清二楚。我就是这样把她从街的对面勾引到我这里来的。

　　谈话礼仪让狄德罗不得不将这段恋情余下的细节隐去：他没有提到他和这位女邻居充满暗示的闲聊、他们的第一次亲吻、随后的巫山云雨，以及那个被戴了绿帽子的可怜丈夫。他从这个回忆中回过神来，感叹自己的生活在那些无忧无虑的日子过去之后，发生了很多变化。他叹了一口气，接着说："一切一去不返——我的金发、热忱和天真。"[2]这个故事意在教人"及时行乐"，又或者是"莫要虚度青春"，但这里还有另一层道德教育意义：眼看着一个年轻的身体弯曲、萎缩可能是很令人感伤的事，而再也不能感受到被另一个人渴望的那种激动心情则更令人心碎和失望。狄德罗在生活中就感受到了这种悲哀，至少在他位于塔兰内路上的家中是如此。

狄德罗一次又一次地表达了他人生中两个最主要的遗憾。第一个是他为包含了 7.4 万个条目《百科全书》辛苦工作，因此白白浪费了自己最好的时光。第二个是娶了一个情绪没有一刻平静的女人。在这两个失误中，后一个可能更让他感到懊悔。尽管他对爱情和性——以及人生的首要目的是快乐这一点——进行了很多思考，创作了很多作品，血肉之躯的狄德罗仍然经常感到婚姻是一个沉重的负担。

伏尔泰和卢梭用各自的方法避免了承担婚姻的重担。伏尔泰选择与一系列的长期情人保持关系，其中最值得注意的两位是才华横溢的学者埃米莉·夏特莱侯爵夫人，以及伏尔泰自己的外甥女玛丽–路易丝·米尼奥。卢梭对婚姻枷锁的抗拒比伏尔泰更坚决。他虽然与情人玛丽–泰蕾兹·勒瓦瑟度过了人生的大部分时光，并最终在五十六岁时与这位曾经的洗衣女工结成了非正式且无法律效力的婚姻关系，但他不仅拒绝了一切形式化的男女关系，而且强迫他的这位伴侣抛弃了他们的五个孩子。一个多世纪之后，弗里德里希·尼采将卢梭和伏尔泰的生活方式转化成了语言。在他看来，一个高效、成功的哲学家应当不惜一切代价避免所有传统的、纠缠不清的关系。[3]按照他的说法，一个"结了婚的哲学家就成了一个喜剧角色"。[4]狄德罗的命运就是这样。在 1743 年与安妮–安托瓦妮特·尚皮翁结婚以后，他就开始扮演他创作的《一家之主》中的角色，只不过他拿到的剧本愁云惨淡。[5]

早年恋爱

狄德罗在二十八岁刚刚爱上图瓦妮特时，他全身心地爱着这位女性。但是，即便在那时，他们之间几乎没有共同点这个事实也非常明显。图瓦妮特没有受过教育，思想保守，而且是非常虔诚的天主教徒；狄德罗学识渊博，思想开放，拒绝悔过，崇尚享乐。他们刚开始恋爱时，图瓦妮特似乎比她未来的丈夫对于这一点理解得更清楚。她在写给狄德罗的信中提到过这个问题，尽管这封信现已遗失，但狄德罗写给她的回信从侧面反映了她对于这段关系的严重焦虑。1742 年 2 月，在他们结婚前整一年，狄德罗请求图瓦妮特相信他的感情："如果你继续怀疑我的承诺不是真心实意的，那你就是最不公正的女子了。"[6]在另一封可能写于此后不久的信中，狄德罗不但宣称他们的爱将天长地久，而且解释说，他已经不再是那个拈花惹草、引诱自己邻居的男子了。"我被称为浪荡青年也许是罪有应得，但这样的人身体中燃烧的火是稻草燃起的，这把为了邻居的妻子点燃的火很快就熄灭了，而且再也不会燃起。但是，一个诚实的男子——因为你，我现在担得起这个好名声了——〔心中燃烧〕的火焰永远不会熄灭。"[7]

狄德罗对图瓦妮特的忠心的确燃尽了。三年之后，狄德罗和与他同是自由思想者的女性主义作家玛德莱娜·皮西厄相恋。我们对这段感情知之甚少，主要是因为狄德罗担心他和这位恋人的书信落到图瓦妮特手中而将其销毁了。但是，狄德罗在《怀疑论者的漫步》中偷偷加入了明显是对玛德莱娜的描绘，我们很容易根据这些文字推测出他对她的感情如何。[8]"她有一头金发……精致纤细的腰身和丰满的臀部。我从没见过那样鲜艳的色彩，那样鲜活的肌肤，那样美丽的躯体。她的发型简洁而漂亮，头戴一顶有内衬的粉色草帽，亮晶晶的眼睛中闪烁着欲望的光芒。她的话语显示着她丰沛的思想；她热爱思考。"[9]

狄德罗与玛德莱娜的这段恋情发生在他和图瓦妮特婚姻的早期，这无疑给这对夫妇的关系造成了严重打击。丈夫经常不在家，编造各种借口，而且明显与别的女人有染，这些都让图瓦妮特倍感不安，而且让她的怒火越烧越旺。有大量记录证明，图瓦妮特不幸天生具有（或者在婚后很快形成了）暴怒的脾气，对象不仅是她的丈夫。一篇记述显示，1750 年 4 月，她在位于吊刑路的家中与家里的一个仆人发生了激烈的肢体冲突。根据当时的警方报告，"狄德罗夫人"指责这个名叫玛格丽特·巴雷的用人对她"无礼"（虽然没有证据，但我们很容易联想到，这件事可能是由嫉妒引起的）。据说在激烈的争吵之后，图瓦妮特将这位仆人赶到街上，对她拳打脚踢，扯住她的头发，把她的头狠狠地砸向石墙，在她头上磕开了一个深深的伤口。[10]巴雷向夏特莱监狱的狱长提出的正式起诉记录说，这个仆人流了很多血。另外，巴雷不得不请求外科医生的治疗，按照当时的医疗惯例，医生在她的手臂上切开一个口子，又让她流了更多的血。

这不是图瓦妮特唯一一次使用暴力。1751 年某天，据说狄德罗夫人和皮西厄夫人发生了口角。尽管这个故事有可能经过加工（甚至完全是编造的），但据说狄德罗的这位前情人乘着马车来到狄德罗在吊刑路的公寓前，想要训斥狄德罗夫人，因为后者强迫这位女作家的丈夫终止其与狄德罗的婚外恋。图瓦妮特当时站在公寓的二楼，从窗边往下看，据说玛德莱娜抬头喊了图瓦妮特一声，指着自己身边的两个孩子（并不是她和狄德罗所生），大声叫道："看这儿，母猴子夫人，看看这两个孩子，他们是你丈夫的，他可从来没情愿和你生这么多孩子！"[11]

据报道了这个故事的荷兰报纸《杂闻报》描述，图瓦妮特听完这话，立刻跑下楼，扑到玛德莱娜身上，动起了手，"从没有两个女人打架打得这么凶狠又可笑"。几分钟后，这场混战野蛮得过了头，围观的人们感觉必须得出手制止，于是朝这两个女人身上浇了好几桶水。写了这篇情节曲折的报道的记者明显幸灾乐祸地告诉读者说，那位著名的哲人在这整个过程中都躲在他的办公室里，比起掺和到楼下的混战中，他更愿意"写下一些有关婚姻的快乐和女性的特点的哲学和道德思考"。[12]

不管这个故事是真是假，图瓦妮特暴躁的脾气和容易受刺激的性情无疑让狄德罗不堪重负。他没有能力挽救这个局面，于是似乎将这个任务交给了别人。1752 年，图瓦妮特独自一人坐车到朗格勒看望婆家人，狄德罗偷偷写信给他幼时的朋友卡永里·拉·萨莱特夫人，请她给予图瓦妮特一些友善的建议，让她对丈夫更体贴、更礼貌一些。[13]还有一次是 1759 年，在经受了一场野蛮的、"到现在都还火星四射的家庭打斗"之后，狄德罗做出了不寻常的决定，联系了图瓦妮特一直以来的精神顾问，坚持让他告诉图瓦妮特，如果家中的氛围没有改善，她就会被赶到大街上。[14]值得特别指出的是，狄德罗没敢亲自传达这个消息。

尽管狄德罗的家庭生活充满痛苦，他从来没有完全放弃自己的婚姻。这一点在危急情况下显得格外清晰。1762 年，图瓦妮特病重咯血，狄德罗悉心照料了妻子六个星期。另一次，图瓦妮特因为严重的坐骨神经痛不得不卧床，狄德罗几个小时接着几个小时，不停地为她按摩。也许最能说明问题的事例是，狄德罗的朋友莫雷莱神父有一次在霍尔巴赫男爵宅邸的晚宴上模仿了没有受过教育的图瓦妮特的说话方式，狄德罗告诉这位神父说，如果他不立刻停止，自己就会把他从窗户扔出去。[15]

当然，狄德罗对家庭投入的感情大部分用在了他的女儿安热莉克身上。在女儿很小的时候，狄德罗认为自己也许能够避免图瓦妮特用他在《百科全书》中攻击的那种愚蠢和无用的宗教思想塞满女儿的头脑。[16]但是，为了保持家中的（相对）和谐，狄德罗决定在小小的胜利中获得满足：在图瓦妮特和他的弟弟迪迪埃－皮埃尔合谋的情况下，他成功避免了他们将女儿送进修道院；他带女儿散步时和她讨论道德和哲学问题；他还确保了她接受了相对先进的教育。除了安排女儿上音乐课——据一位当时路经巴黎的英国音乐学家说，安热莉克在十八岁时就成为巴黎最好的羽管键琴演奏者——狄德罗还为女儿安排了一个非常了不起而且不同寻常的性教育课程。在安热莉克将要与阿贝尔－弗朗索瓦－尼古拉·卡永里·德·范德尔在圣叙尔皮斯教堂结婚之前不久，狄德罗决定帮助女儿为她的"新婚之夜"和健康快乐的婚姻生活做好心理上的准备。为了达到这个目标，狄德罗请他的朋友、著名的解剖学家玛丽－卡特琳·比埃龙小姐来教导安热莉克，比埃龙向安热莉克展示了她为自己的小型解剖学博物馆制作的蜡制模型，告诉了这位准新娘女性性生理的奥妙。在当时，向一个年轻的女子展示她的性器官的工作机制往轻了说也是悖逆传统的想法。

狄德罗认为他作为父亲的这些职责与他所承担的丈夫的职责是非常不同的。在和图瓦妮特四十年的婚姻生活中，他至少有三十年不仅忽略了自己对她许下的承诺，而且希望自己的妻子是另一类女性，她能开心地容忍丈夫一连串的出轨行为，还对丈夫忠贞不贰。与他那个时代的人一样，狄德罗从来没有承认他的生活中存在这个双重标准。他也没有承认自己的行为无疑是导致了图瓦妮特的暴躁脾气的重要原因。真正让他深深自责的则是没能与似乎是他的真爱的女性共度一生。这位女性就是索菲·沃兰。

爱情故事

血肉之躯对性与爱不可否认的强烈渴求如何与婚姻的种种限制和谐相处？狄德罗有生之年一直在思考这个问题。当站在哲人的角度考虑这个问题时，他经常提出，人类的性冲动不可能完全符合当时的欧洲对文明社会的秩序和健全的要求。[17]狄德罗悲叹，我们经常面对着性与道德上的选择，被迫与自己真实的人性分离，这个观点在很大程度上预见了弗洛伊德此后在《文明及其不满》中发表的看法。

在他自己的人生路上，狄德罗试图回避这些冲突。他无疑为自己在爱情生活中做的一些选择而感到懊悔，但他从来没有因为渴求妻子以外的女性而显露出丝毫愧疚之情。甚至是在《拉摩的侄儿》中道貌岸然、对有违礼数的事情大惊小怪的狄德罗，也一样感受到了沉浸于性欲中给人带来的吸引和满足。"我"郑重其事地宣称性行为在人生真正的满足——帮助不幸的人，写下一篇"好文章"，或是在心爱的女子耳边轻声地表明心迹——面前显得很苍白。但这个名叫狄德罗的角色也宣称："我也有心有眼，我也爱看漂亮女人，我也喜欢触摸她丰满紧实的胸部，用我的嘴唇亲吻她的嘴唇，在深深注视她的双眼时体验肉体上的兴奋，然后在她臂弯的包围下欢愉地死去。"[18]

狄德罗的唯一一个真正的爱情故事发生在他和他的第一位情人玛德莱娜·皮西厄分手三四年后。事实上，卢梭对促成这段风流韵事起了一定的作用。1755年春天，卢梭把当时四十二岁的狄德罗介绍给了富有的两兄弟，尼古拉·瓦莱·德·拉·图什和皮埃尔·瓦莱·德·萨利尼亚克，后者当时是奥尔良公爵的财政部长，位高权重。之后不久，瓦莱·德·萨利尼亚克就邀请狄德罗到自己岳母的公寓中做客，这位夫人的住所位于时髦的老奥古斯坦路上，离巴黎皇家宫殿不远。在这里，狄德罗认识了两度丧夫的伊丽莎白·弗朗索瓦丝·布吕内尔·德·拉·卡利埃夫人和她的三个女儿。

卡利埃夫人的女儿们都是她与第一任丈夫让-罗贝尔·沃兰所生，他生前是主管令法国人痛恨的盐税的税收长官，非常富有。[19]狄德罗与这家人相识时，大女儿玛丽-让娜·沃兰已经嫁给了之前提到的皮埃尔·瓦莱。玛丽-夏洛特·沃兰是家中最小的女儿，也已经嫁给了著名的建筑师让-加布里埃尔·勒·让德尔。家中的二女儿是一位身体孱弱，戴着眼镜，头脑机敏聪慧，但经常被忧郁烦扰的三十八岁的老姑娘。她的名字路易丝-亨丽埃特·沃兰，可以说，她后来成为狄德罗人生中最重要的人。

我们现在知道路易丝-亨丽埃特是通过狄德罗根据希腊语

给她取的特别的昵称——索菲，这个名字着重表现了她的智慧。三十年间，狄德罗给索菲·沃兰写了553封信，留存下来的有187封。这些亲密且通常非常坦诚的信件无疑是了解狄德罗私人生活最重要的窗口。信中不仅包含了大量启蒙运动时期有关狄德罗的朋友和同事的闲话——他和卢梭、格林、霍尔巴赫的关系以及《百科全书》发展中经历过的起起伏伏——还揭示了他的远大目标、未完成的工作，以及复杂的情感渴求。

　　这对恋人间原本多达一千封的往来书信多数已经被销毁。暮年的索菲烧毁了狄德罗在和她交往的头四年间写给她的信，这自然是因为这些信记录了他们关系中最私密的部分。她之后又挑选着销毁了另外几十封信。最后，在她去世之前，她要求狄德罗返还所有她写给他的信，在她收到以后不久应该也被扔进了燃烧的壁炉中。这些被销毁的信（还有随之消失的索菲的声音）是巨大的损失。她的文章和性格一定非常令人着迷，尤其是考虑到狄德罗用了那么多时间为一位女性写下了他最让人记忆深刻的作品，而这位女性还有能力对他做出回应。不幸的是，路易丝－亨丽埃特现在对我们来说只是一个鬼魂。

　　如果这对情侣整年都生活在巴黎的话，狄德罗和索菲是不会写这么多信的。实际的情况是，这对恋人经常长时间分居两地（一切有价值的书信交流总是这样）。在他们恋爱的最初几年，是索菲的母亲卡利埃夫人将他们二人分开的。这位母亲并不希望女儿经常与一个已婚男人交往，所以经常要求索菲到家族位于当时的香槟－阿登大区的马恩河畔伊勒的庄园陪伴自己，使得索菲一年中有六个月都居住在这个距离巴黎两百公里的地方。即便是这对情侣有幸同时身在巴黎，他们的处境也不那么轻松。在最初的几年，为了进入索菲的房间，狄德罗不得不像一个十几岁的小混混一样，从仆人用的楼梯间偷偷来到恋人的卧室，以便躲开卡利埃夫人警觉的目光。

对这对恋人来说，甚至连书信交流都是个挑战。狄德罗面对的情况尤其艰难，因为要想在塔兰内路的家中收到任何书信，而不担心引来图瓦妮特的盛怒是不可能的。于是，索菲有时候会把信寄到狄德罗的好友格林位于新卢森堡路的家中，这里就在杜伊勒里宫的北边。但是，索菲和狄德罗在大多数情况下都会通过艾蒂安·诺埃尔·达米拉维尔在米拉米翁堤岸的办公室收发书信。[20]达米拉维尔是一位热忱的唯物主义支持者，同时也是狄德罗和伏尔泰的好朋友，经常出席霍尔巴赫的晚宴，于是成为这对恋人最理想的盟友。作为二十分之一税——法国人头税——的税收官，他还可以将信寄到法国各地而不付邮费。狄德罗充分利用了他的这位私人邮递员，尤其是当索菲身在香槟的时候。

在留存下来的狄德罗寄给索菲的书信中，最早的一批写于1759年春夏之际，这时他们二人已经相识五年了。这段时期是狄德罗人生中精神最紧绷的时期，这期间《百科全书》的工作被禁止，而且他还面临被监禁的危险。这一时期最令人开心的一封信写在一个夏天的晚上，当时狄德罗正在黑暗中等在沃兰家的公寓外面。

> 我在伸手不见五指的情况下写下这封信。我来了。我想亲吻你的手然后就赶紧回家。我要空手而归了……已经九点了。我正在写着我爱你；我至少想把这句话写下来给你，但我不知道手中的笔是不是听我的使唤。你能不能下楼来？这样我就能亲口告诉你，然后我立马就走。

再见，我的索菲，晚安。你的心一定没有告诉你我在这儿。这是我第一次在黑暗中写作。这个情形在我心中激起了爱意。我能感受到的只有一件事，那就是我无法离开这里。看你一眼的希望让我不能踏出脚步，于是我继续对你说话，虽然不知道自己写不写得清楚这些字。[这张纸上]任何你什么都看不出来的地方，那里都写着我爱你。[21]

狄德罗写给索菲的信充满了这样的爱的宣言。然而，对这位哲人来说，沃兰小姐远远不止一个恋爱对象。能够把索菲当成另一位（男性）哲人，这是狄德罗所珍视的：她诚实而聪慧，而且如狄德罗《百科全书》的一位同事所说，天生拥有"魔鬼一样的机智"。[22]与那些认为他的谈话难以应对、骇人听闻、令人厌恶的女性不同，索菲超越了所谓的女性的拘谨和软弱。正是因此，她赢得了"双性人"的称号。[23]

狄德罗宣称索菲同时拥有男性特征和女性特征这一点也与他对索菲的性取向的看法有关。1759年或1760年，索菲的母亲卡利埃夫人好像告知狄德罗，索菲的妹妹玛丽-夏洛特不但有同性恋倾向，而且深爱着索菲，这种感情甚至可能是像恋人一样。[24]狄德罗自己也注意到了姐妹二人之间的情欲张力，有一次还对索菲提起玛丽-夏洛特如何"靠在你身上，与你紧紧地十指相扣"。[25]索菲的母亲还进一步激起了狄德罗对玛丽-夏洛特的怀疑，告诉他说她最小的女儿曾经在青春期的时候对某个修女十分"偏爱"。[26]狄德罗脑子里浮动着这些想法的同时，恰好在创作《修女》，这绝不是巧合。

我们必然无法就沃兰姐妹间早已消逝的情愫是否真的存在

得出结论。[27]但我们知道一件事就足够了，那就是索菲（一个狄德罗"在世界上最爱的"女人）与玛丽－夏洛特之间产生同性之爱的可能性时常浮现在狄德罗的脑海中。18世纪50年代末60年代初，狄德罗每一次与索菲分开并让她留在她妹妹身边时，他就忍不住去想象她们热烈亲吻的情景："我们会更接近彼此的，我的爱人，我们会更接近彼此的；我的嘴唇会紧紧贴着我爱的人。在那一天到来之前，只有你的妹妹能亲吻你的嘴唇。这不会让我恼怒；我甚至可能会承认，我喜欢排在她后面。在我看来，这样的话，我会将她的灵魂夹在你我的灵魂之间，像一片雪花一样，融化在两块燃烧的炭之间。"[28]

狄德罗与索菲和玛丽－夏洛特进入了一个奇异的三角恋这个想法在极多场合都有出现。有时候，他看起来真心地为这个姐妹情的发展感到激动。在其他情况下，当听索菲谈论妹妹无法否认的魅力时，他又嫉妒得无法忍受。在标注日期为1760年9月7日的一封从埃皮奈夫人的小山羊庄园寄出的信中，狄德罗读起来像是神经几近崩溃，请求索菲不要再在信中"歌颂"她妹妹的优点了。[29]之后的一周，依然身在这个位于蒙莫朗西庄园的狄德罗在信中显得更加焦虑，并且尖锐地问道："是不是在各种聚会的吵闹中和妹妹的怀抱里，你就把我给忘了？"这个焦躁的问题后面跟着一个不够坦诚的建议："女士，请注意身体健康，还要记得，享乐会让人疲倦的。"[30]

除了表达对姐妹间可能发生的同性关系的担忧，狄德罗有时候还会就他们共同体验的肉体的欢愉向索菲发牢骚。尽管狄德罗的信透露出一种充满了性意味的亲密感，但也有充分的证据表明，索菲小心地限制了他们的肉体关系。在一封很能说明问题的信中——写于他们初次相识十年后的1765年——狄德罗责备索菲，说她可能已经多次在他的脸上看到，并且欣赏到了肉体的快感，但她却不允许自己去全身心地体会。

　　既然一个因为爱和快感而喜不自胜的男人的脸是美丽的，既然你可以掌握什么时候让这个温柔而令人满足的景象出现在你的面前，为什么你要拒绝享受与此相同的快乐呢？你太傻了！看到一个爱着你的男人［狄德罗指的是自己］用温柔而热烈的眼睛注视着你，这令你欣喜。这双眼睛所表达的感情进入你的灵魂，并让它颤抖。如果他火热的嘴唇碰触你的脸颊，那样的温度让你兴奋；如果他的嘴唇深深吻着你的嘴唇，你会感到你的灵魂缓缓升起，与他的灵魂合为一体；如果，在那一刻，他的手紧紧抓住你的手，一阵甜蜜的战栗占据你的整个身体；这一切都在预示着一个无限强烈的极乐时刻的到来；这一切都在引领你向那里去。然而，你不想在狂喜中死去，不想让另一个人因为快感死在你身边！你拒绝让自己体验这个疯狂的时刻……如果你没有体验过这种快感就离开了这个世界，你如何能够认为自己曾经快乐过，或是让另一个人快乐过呢？[31]

　　在写完这封有些烦人的信之前很久，狄德罗就接受了一个事实，那就是他和索菲的肉体关系永远无法与他们真挚的情感投入相提并论。他无疑一直是肉体欢愉的热情支持者——他在写给索菲的信中也是这样——但他也经常提到对他们之间的爱情高度精神性的描述。1759 年，狄德罗甚至承认，低级的色欲在这种超越凡俗的情感面前黯然失色。用他的话来说，"情

人之间的爱抚，如果无法充分表现他们对彼此无限的爱的话，
又算得了什么呢？"[32]

在十五年间的大部分时间里，狄德罗将他对索菲的爱看作
自己生命中最重要的部分。1767 年，他的朋友法尔康涅劝他
去叶卡捷琳娜大帝在圣彼得堡的宫中，他回绝了，并解释说，
自己对索菲的忠诚让他无法离开巴黎。

> 我能告诉你什么呢？告诉你我有一个朋友；告诉你我
> 和一位女性被最强大、最甜蜜的感情联结在一起，为了
> 她，我愿意死一百次，如果我有一百条命的话。法尔康
> 涅，你听我说。我能够眼看着自己的房子烧成灰烬而完全
> 不在乎，也可以对一切降临在我身上的不幸不发一声抱
> 怨，只要她留在我身边。如果她对我说，"给我你的血，
> 我想喝"，我会为了满足她而放干自己的血。[33]

虽然狄德罗讲过这样浮夸的宣言，但 1765 年以后，他和
索菲的感情还是渐渐发生了变化。首先，狄德罗在信中不再使
用"索菲"这个著名的爱称，她再一次成为"我亲爱的朋友"
或是"沃兰小姐"。更重要的是，狄德罗不再给索菲写热烈、
私人和秘密的书信了，而是将书信写给她和她的家人。这也许
是无法避免的。多年以来，在向索菲求爱、与她通信和对她
（也许有时还包括对她的妹妹玛丽－夏洛特）无限渴望之后，
狄德罗证明了自己对沃兰三姐妹和她们的母亲的生活来说，远
不止一个匆匆过客。他多次承担了她们的家人这个角色。1762
年 10 月发生的事就非常能说明这一点，当时，狄德罗代表曾
对他疑心重重的卡利埃夫人与税务部门交涉，帮助她避免了为

没有缴纳二十分之一税而支付罚金。另一次，玛丽-夏洛特得了重病，高烧不退，甚至有可能患上了肺炎，他在病榻前无微不至地照顾她，安排医生诊疗，并将病人的近况通知给她身在伊勒的家人。[34]狄德罗还积极地参与索菲的姐姐玛丽-让娜·德·萨利尼亚克的事务，她的丈夫因为诈骗获罪，破产后逃离巴黎，她因此经受了很多艰难困苦。狄德罗曾经一度偷偷摸摸地在沃兰家的公寓附近徘徊，而后来，这位迷人、慷慨的哲人却成为这个家庭的社会关系和社会身份中不可分割的一部分。18世纪60年代末，卡利埃夫人甚至购置了这位著名的哲人的半身雕像，骄傲地在家里的客厅中将其展示出来。

随着狄德罗与索菲变得更像伙伴而非肉体上的伴侣，他也向其他恋情敞开了胸怀，其中就包括与一位巴黎律师那风姿绰约的妻子，让娜-卡特琳·德·莫的短暂恋爱。狄德罗最初是从让娜-卡特琳的父亲基诺-迪弗雷纳（这位著名演员与狄德罗是熟人）那里听说她的名字的。不过，直到18世纪60年代中期，狄德罗才开始经常与让娜-卡特琳见面，一开始是在埃皮奈夫人的陪同下，后来在霍尔巴赫位于皇家路的宅邸又见过至少一次。[35]但是，狄德罗很可能是在1768年的几个月间迷恋上让娜-卡特琳的，当时他们二人正一起照料着不久于人世的艾蒂安·诺埃尔·达米拉维尔。

是年12月，备受喉癌带来的剧痛折磨的达米拉维尔去世，狄德罗因此失去了一位挚友，而德·莫夫人也失去了她的情人。然而，这位女士很快收获了双倍的安慰：达米拉维尔不但将一尊由玛丽-安妮·科洛制作的狄德罗的陶土半身像留给了她，而且还将狄德罗本人留在了她身边。

让娜-卡特琳魅力十足，品位高雅，而且十分聪慧。作为

德·莫夫人，她的女儿德·莫小姐，
以及圣康坦先生，水彩画（细节）

两个演员的（非婚生）女儿，她也是一位非常有才华的表演者，经常演唱当时喜歌剧中的咏叹调给朋友们助兴。[36]狄德罗的同代人夏尔·科莱总结说她拥有"非凡"的才华，[37]狄德罗无疑也同意这个评价。在与让娜－卡特琳才华横溢、充满好奇的头脑不长的交流时间里，狄德罗兴奋地在信中写到了绘画、胚胎学、唯物主义哲学、殖民主义、17世纪放荡主义思想家、天文学等话题，当然还有爱情。

　　毫无疑问，让娜－卡特琳对狄德罗的吸引力在很多方面和索菲一样。但狄德罗的这位新情人还具有索菲不具备的特点：

她对于爱情的肉欲体验更有兴趣。[38]事实上，她的这一特点在
1770 年夏天给狄德罗造成了麻烦。这个（对于狄德罗来说）
充满痛苦的故事开始于 1770 年 8 月，当时，狄德罗和格林登
上了去往朗格勒的旅途，准备与让娜－卡特琳和她的女儿普吕
沃夫人在朗格勒附近的波旁会合。狄德罗的父亲曾经到波旁泡
温泉，于是，狄德罗在听到自己的新欢提起她的女儿有"难
产导致的一侧卵巢堵塞"的问题之后，便向母女二人推荐了
这里。[39]除了调理身体，与让娜－卡特琳在波旁见面还有另一
重好处。狄德罗能够远离巴黎和图瓦妮特，整天和让娜－卡特
琳在这里无所顾忌地相处。在狄德罗的两次八天长的旅行中也
的确享受了这样的自在时光。

尽管 1770 年的夏天开头如此美好，但很快变成了狄德罗
人生中情感最复杂的一段时期。9 月中旬，在从朗格勒（和波
旁）回巴黎的路上，狄德罗应邀到沃兰家在伊勒的庄园做客。
在和索菲及其家人度过了一周之后，狄德罗启程前往马恩河畔
的沙隆（这里同样位于香槟），在他的朋友杜克洛的家中小住
数日，很清楚让娜－卡特琳也会来到这里。德·莫夫人和女儿
按计划到来，但令狄德罗吃惊的是，与他们同至的还有一位不
请自来的客人：沙特尔公爵的随从，三十岁的英俊贵族青年富
瓦西爵士。

狄德罗最初写道富瓦西时，对其充满了欣赏之情；他暗示
说，对于一个年轻人来说，这位随从有着两倍于他年龄的人的
美学鉴赏力和思考能力。但在他回到巴黎后，狄德罗开始意识
到德·莫夫人和富瓦西是情人关系。10 月中旬，狄德罗告诉
格林，他和富瓦西发生了争吵。这个可怜的年轻人明显被狄德
罗搞得很不安，至少一开始是这样。富瓦西被如此著名的哲人

和谈话高手训斥了之后，坦白了自己的罪孽，道了歉，流了泪，一开始还提出他会悄悄离开，不再干扰德·莫夫人的生活。德·莫夫人却有不一样的想法。她不像自己年轻的情人那样听话，而是向狄德罗解释说，这个可怜的男孩"有欲求"，并且需要被满足。[40]不久后，也是在 10 月，德·莫夫人向狄德罗提出了一个最简单的解决方法：你们两个人为什么不能都做我的情人呢？狄德罗完全不在乎把自己分享给图瓦妮特、索菲和现在的德·莫夫人，却对这个提议深恶痛绝，还向自己的情人发出了最后通牒，这也终结了他们之间情爱关系。

在这一切尘埃落定几周后，狄德罗仍然因为受到了轻视而感到不悦。在写给格林的一封信中（格林其实想要帮助修补狄德罗和他具有独立思考能力的情人之间的关系），狄德罗狠狠地抱怨了一番，说让娜－卡特琳的奸诈狡猾让他"心硬如石"。[41]他还提出，也许是时候结束这些属于年轻人的爱好了。他直白地说，"欲望的季节"结束了。[42]

在随后的数月和数年中，狄德罗与他生命中的几位女性的关系进入了一个相对平静的状态。这实际上是从家庭开始的。在忍受了几十年来一直充满火药味的家庭氛围之后，狄德罗在他六十多岁的时候终于承认，他娶了一个"我所爱的诚实女性"，还开玩笑说："她心里很爱我，因为要是我不在了，她去骂谁呢？"[43]这个关系的改善其实部分来源于图瓦妮特的新兴趣——阅读。狄德罗发现，妻子的情绪在她开始读阿兰－勒内·勒·萨日的《吉尔·布拉斯》后获得了极大改善，这部流浪汉小说讲述了一个机智的贴身侍从在遭遇了一系列强盗土匪后，仍然过上了幸福生活的故事。狄德罗很快主动提出为妻子朗读书籍。据他记述，他每天三次给图瓦妮特服用"一剂"

小说。在写给女儿的一封信中，狄德罗幽默地提到了这个新的习惯，并列出了自己为心情变好的图瓦妮特开具的假药方："八到十页的《堂吉诃德》，一段精心挑选的《滑稽小说》，四章弗朗索瓦·拉伯雷的作品。［还要］在所有这些文段中穿插一定量的《宿命论者雅克》或《玛农·莱斯科》。"[44]

随着家庭生活逐渐平静，狄德罗与索菲的关系也进入了一个更加柏拉图式的阶段。双方看来都很好地接受了这个状况。18世纪60年代末的几个月间，索菲肯定怀疑过狄德罗与德·莫夫人有染，但在这几个月过去之后，她和狄德罗都认识到，他们的人生进入了一个新的阶段：他们开始走向逐渐衰弱的老年了。

然而，索菲的遗嘱表明了狄德罗对她来说有多么重要，这也是我们现有的索菲留在自己手中的唯一文本。她将自己的灵魂交给了上帝，将现金、财产、床、枕垫、衣物、书籍、拖鞋和家具留给了仆人和家人，接着单独提到了她的这位旧情人，将他列为自己最重要的继承人，并赠予了他两件最珍贵、最具有象征性意义的物品。第一件是一部有着红色皮制封皮的六卷本的蒙田《随笔集》，据狄德罗说，索菲多年来每天都要仔细阅读这部作品。这远不只是一套旧书。蒙田的散文是索菲身上最令狄德罗深爱那部分的化身：她从未减弱的坦诚，对新思想的开放态度，以及无穷的好奇心。她留给狄德罗的第二个礼物更加私人：一枚经典款式的戒指，索菲称其为"我的波利娜"。[45]

在沃兰小姐坐在桌边写下自己遗愿的十三年前，狄德罗花时间思考了属于他们二人的必然会到来的死亡和分别。当时，他的感情非常热烈，情不自禁地想象了他和索菲或许能够在死后很久依然继续相爱。他的解决办法是葬在他的"索菲"身边，由此引发了一个迷人的唯物主义幻想。

> 那些被埋在彼此身边的人也许并没有想象中疯狂。他
> 们的骨灰可能会被压在一起，混在一起，融为一体。我知
> 道什么呢？也许他们没有丧失所有的感觉，没有丧失他们
> 生前所有的记忆。也许，在装着他们骨灰的冰冷的骨灰罐
> 的底部会有一丝他们能够共同享受的热度。啊，我的索
> 菲，［如果我们的骨灰被装在一个罐子里］，我或许能够
> 触碰你，感受你，爱你，寻找你，让自己与你结合，在我
> 们死后让自己与你混合在一起……请允许我这样幻想吧。
> 这个幻想很甜蜜，它让我确信，我和你，我在你中，能够
> 无穷无尽，直到永远。[46]

狄德罗的唯物主义白日梦明显地呼应了他的信念：死亡并
不是终结，只是生命形式上的变化。这个幻想同时也包含了一
个很强烈的情欲信息。狄德罗想象着，随着他和索菲的身体在
几个世纪间腐化、瓦解，他化为灰尘的身体或许会开始颤抖，
并且通过分子之间的吸引力，寻找他的爱人的余烬。这封信描
绘的真爱是发生在原子水平上的。就像铁屑受到磁铁的吸引一
样，组成狄德罗残骸的分子会急不可耐地四下寻找他在生前体
会过的那种肉体和思想上的快乐。这样的追寻最终在一个人能
够献给自己情人的最崇高的颂词中到达顶峰：融合在一起，以
创造一个"整体"或"共同的存在"。[47]这就是这位唯物主义
哲学家对令他心醉的沃兰小姐的爱。

第十一章　去往俄国的旅程：政治，哲学，叶卡捷琳娜大帝

　　在狄德罗的一生中，排在沃兰小姐之后第二重要的索菲是普鲁士侯爵之女，索菲娅·奥古丝塔·弗蕾德里卡。和狄德罗一样，我们知道的是她的另一个名字：叶卡捷琳娜大帝，俄罗斯帝国的君主。

　　索菲娅生于 1729 年，比狄德罗小十六岁左右。她生长在波罗的海的海港斯德丁（今属波兰），从小接受普鲁士贵族伟大传统的熏陶，在各种教师的教育下学习了音乐、舞蹈和各种形式的礼仪。[1]除了了解与宫廷生活相关的各种行为准则和消遣活动之外，这位侯爵之女也接受了一位笃信教条的陆军牧师的教导，他强迫索菲娅背诵了他所认为的历史、地理和路德宗的主要知识点。[2]但是，索菲娅最有成效的教育来自她的胡格诺派女家教，伊丽莎白（芭贝特）·卡尔代。她不但让索菲娅了解了让·德·拉·封丹的寓言故事，以及莫里哀、高乃依和拉辛①的戏剧，这位女家教还教会索菲娅享受用欧洲大陆的通用语言——法语——思考和写作的乐趣。[3]

　　1744 年，十六岁的索菲娅为了与俄国皇储完婚，来到了圣彼得堡，她也将自己对法国文化和文学的热爱带到了这里（她也是在这个时刻改名为叶卡捷琳娜的）。成为大公夫人的

---

①　这三位剧作家合称为法国古典主义戏剧三大师。

叶卡捷琳娜实际上孤身一人生活在异国他乡，而她的丈夫彼得大公又是一个粗暴的酒鬼，文学和哲学于是成了她的避难所。在18世纪50年代中期，叶卡捷琳娜通过阅读伏尔泰的世界史，孟德斯鸠对地球上的各类政治体制的研究，还有普雷沃神父编纂的涵盖了亚洲和新世界的游记，顽强地挺过了她糟糕的婚姻和产后忧郁症。[4]在那不幸的几年间，叶卡捷琳娜也有机会仔细阅读震动了思想界的《百科全书》的前七卷，尽管她和其他所有订阅者一样，因为辞典在写到字母G的时候被禁止了而非常失望。

1762年6月，她领导了推翻丈夫彼得三世的军事政变，取得成功以后，叶卡捷琳娜和遥远的法国思想、文化和文学世界的关系发生了突变。在成为俄罗斯帝国的新君主之后，叶卡捷琳娜做的头几件事之一就是与她仰慕已久的法国思想界的知名人士取得联系。这个"文化攻势"开始于狄德罗。[5]叶卡捷琳娜通过自己在巴黎的内侍联系到了这位法国作家和百科全书派，并在他面前摆出了一个非凡的提议：离开法国和法国压抑的思想环境，到里加来，在这里在不受任何限制的环境中将《百科全书》余下的几卷出版。[6]她还联系了狄德罗以前的合作伙伴达朗贝尔，邀请他给自己的儿子保罗大公当家教，并愿意向他支付高达一万卢布的年薪。

他们二人都婉言谢绝了女皇的邀请。狄德罗解释说，他倍感荣幸，但无论未来是好是坏，他都无法离开巴黎。达朗贝尔回复了一封信，在表达感激之情的同时，称自己缺乏教导皇子如何管理国家的能力。这两位哲人还有其他的理由选择不移居到在他们看来充满暴力，并且政治环境不稳定的那个国家。达朗贝尔讲了一句俏皮话，他说他本来可以前往圣彼得堡，但他

"很容易得痔疮，而痔疮在俄国太危险了"。[7]这自然也是在开叶卡捷琳娜的玩笑：俄国政府向全世界宣布，女皇的丈夫死于痔疮引起的并发症，然而几乎所有人都清楚，他实际上是在军事政变之后被叶卡捷琳娜情夫的弟弟谋杀的。

　　尽管哲人们对叶卡捷琳娜大帝的残忍难免调侃，这位受过良好教育、思想开明的统治者愿意支持备受非议的《百科全书》的消息强化了她在哲人中的声誉；这也打通了狄德罗和这位君主后来的交流渠道。[8]虽然他和叶卡捷琳娜大帝之间通信的亲密和频繁程度比不上伏尔泰，但这位女皇对狄德罗人生的影响要远大于她对伏尔泰的影响。令人印象最深刻的是她在1765年向狄德罗伸出援助之手的事情，当时《百科全书》的最后十卷还有几个月就将问世，这位哲人因为终于要完成这个费力不讨好的任务而感到高兴，但也因为将要失去这个多年以来比较稳定的收入来源而忧心忡忡。

　　狄德罗并不是花钱大手大脚的人；他的基本花销——食物、房租、给家中的一位仆人和多位家教的工资——实际上很有节制。但是，有一个数目可观的经济负担不容忽视：狄德罗一直在为当时已经十一岁的安热莉克准备嫁妆，再过几年她就到了可以出嫁的年龄。面对这一大笔资金的支出，同时又很快要丧失收入来源，狄德罗最终想到了出售他唯一有价值的财产：他的私人图书馆中有三千册藏书，其中的大多数都是由《百科全书》的几位出版商出资购买，后作为狄德罗的部分薪资交付给了他。

　　1765年初，狄德罗开始在各种圈子中表示，他愿意将自己的藏书出售给法国的藏书家。格林提出了一个更好的想法：为什么不告诉这位哲人的众多海外仰慕者，他因为在经济上遇

到了困难，愿意与这套充满传奇色彩的藏书作别呢？是年2月
10日，格林给叶卡捷琳娜大帝的内侍和非官方的文化大臣伊
万·伊万诺维奇·别茨科伊写了信，在信中不仅提到狄德罗正
在出售他的藏书，并且提出了一万五千里弗尔这个价格。女皇
得知了这个提议，立即同意了所有条件，并给别茨科伊发来命
令，指示他说交易必须在两个条件下完成，而这两个条件都对
狄德罗有利。第一，她坚持狄德罗在世期间仍然作为这些书籍
的所有者。第二个条件同样好心：她任命狄德罗为这个属于他
自己的私人图书馆的馆长，并为此支付狄德罗1000里弗尔的
年薪。

第二年，叶卡捷琳娜大帝在法国的全权公使德米特里·阿
列克谢耶维奇·戈利岑亲王，发现狄德罗没有收到他作为图书
馆馆长的年薪，叶卡捷琳娜大帝知晓之后，再一次超越了她此
前所做的善举。根据奈容对后来发生的事情的记录，狄德罗好
像告诉戈利岑说，他完全没有想过会收到这笔钱，因为他对女
皇购买他的藏书支付的金额已经非常满意了。[9]这位大使没有理
睬狄德罗的谦虚姿态，而是指出安排好的条件并不是这样的。
没过多久，他就写信给别茨科伊，告诉后者俄国财政部门的这
个疏忽。

巴黎和圣彼得堡之间的通信肯定是需要时间的。但几个月
后，别茨科伊就通知"狄德罗先生"，女皇不希望某些下属拖
延或疏忽她的图书馆馆长今后的薪资；因此，女皇决定一次性
提前支付狄德罗此后五十年的报酬。他还被告知，等时候到
了，他就会收到5万里弗尔的巨款。叶卡捷琳娜大帝还附加了
一个幽默的补充规定，指出半个世纪之后（狄德罗一百零二
岁时），双方应当重新商定该合同的条款。狄德罗"目瞪口

呆"。他通过别茨科伊写信给叶卡捷琳娜大帝，感激之情从他的笔尖喷涌而出："我拜倒在您的脚前。我向您伸出我的双臂，我想说点儿什么，但我的灵魂瘫痪了，我的头脑晕眩了，我的思想混乱了，我像一个孩子一样融化了，真正能够表达我内心感受的话语在我的唇边消失了。"[10]狄德罗对这位开明的俄国君主——以及国际政治的各个方面——的浓厚兴趣进入了一个新时期。

艺术品收集，犹豫不决和一场痛苦的婚礼

狄德罗获得的巨资（相当于大约 70 万美元）并没有明确的交换物。尽管如此，狄德罗依然向叶卡捷琳娜大帝的特使表明，他立志不负女皇的慷慨，将作为她的文化联络员在多方面为她效劳。首先，他帮助戈利岑说服了多名艺术家、教师，甚至还有几位重农主义哲学家迁居圣彼得堡。[11]狄德罗最成功的招募是伟大的雕塑家艾蒂安 – 莫里斯·法尔康涅，叶卡捷琳娜大帝后来委托他创作了高达 20 英尺的彼得大帝的铜像，这尊铜像今天就矗立在圣彼得堡的枢密院广场。当他提到这个以及其他成功的征召时，狄德罗夸耀说，他和戈利岑的合作非常成功：他解释说，这位亲王利用自己的"慷慨，善意，友好，［以及］真诚"消磨他们的征召目标的意志，狄德罗则负责给他们"最后一击"。[12]

在接下来的几年中，狄德罗也成为叶卡捷琳娜大帝最重要的艺术经理人，欢欣鼓舞地（与戈利岑协商着）将她的资金花在了他认为当时可以购买到的最优秀的油画和雕塑之上。他在艺术品收藏方面产生最重要的影响开始于 1768 年，当时戈

利岑离开巴黎，去荷兰做大使。狄德罗从那时开始与格林和弗朗索瓦·特龙金更加紧密地合作——后者是一位日内瓦艺术爱好者，后来把自己的艺术收藏出售给了叶卡捷琳娜大帝——也彻底改变了女皇迅速发展的艺术收藏。

　　这位哲人为叶卡捷琳娜大帝的艺术收藏（开始于女皇军事政变成功后的第二年）做出的根本性贡献是在梯也尔男爵路易-安托万·克罗扎于 1770 年 12 月去世后，协商购买了这位男爵生前所有的五百件顶级绘画作品。[13]克罗扎的藏品被公认为法国当时第二重要的收藏，其中不但包括拉斐尔非凡的木板油画杰作《圣乔治屠龙》（绘制于 1504 年左右），而且还有大量伦勃朗和范·戴克的作品，以及鲁本斯、韦罗内塞、柯勒乔、丢勒、提香、普桑、瓦托和夏尔丹的一些精选作品。[14]当这一系列种类繁多的绘画终于在 1772 年到达了圣彼得堡时，它们成为埃尔米塔日博物馆藏品的核心部分。

　　数量和价值如此巨大的法国艺术收藏——叶卡捷琳娜大帝用了 46 万里弗尔购买了这些作品——竟然离开法国去往圣彼得堡，这件事震动了凡尔赛宫和整个巴黎。因为法国糟糕的财政状况，法国王室无法与俄国竞争购买这些作品，这让当时担任法国国王"王室"（包括卢浮宫和凡尔赛宫）总管的马里尼侯爵哀叹不已。[15]狄德罗却没有因为这样的痛苦绝望而动摇。他似乎还因为一度强大的法国如今落得无能为力而感到一丝得意。他提出，如果收藏家、艺术家和富人都为眼下的情况发出抗议，那是因为他们羞愧且嫉妒，羞愧是因为"我们［法国］不得不在和平时期出售我们的绘画作品"，嫉妒是因为"叶卡捷琳娜大帝可以在买下这些作品的同时还有能力发动［针对奥托曼帝国的］战争"。[16]

　　狄德罗之所以站在世界公民的立场，满不在乎地看着法国最出色的油画作品背井离乡，主要是因为他对叶卡捷琳娜大帝的感激之情。但这位哲人也对法国国内的情况感到愤怒而失望。他感叹，在耗资巨大而最终令国家蒙羞的七年战争之后（战争结束于 1763 年），法国首都的生活发生了巨变。这场世界冲突不但让法国丧失了在北美的大部分领土——从路易斯安那延伸到新斯科舍海岸线的极其广阔的土地——战争的花费和因战争而不断恶化的债务危机也将法国王室推向了破产的边缘。[17]18 世纪 60 年代末的几年，糟糕的天气几乎每年都会出现，这也让国内情况进一步恶化。产量低下导致的粮食短缺不仅让面包的价格涨到了人民难以负担的水平，而且还在民间引起了谣言，说这一切都是王室为了获得更多利润而狡诈地策划的一个"饥荒阴谋"。[18]到了 1770 年，骚乱在法国各地都有发生，数千个商业组织走向破产，使得税收发生了进一步致命的严重下降。[19]狄德罗惴惴不安地描述了这些危机四伏的日子："半个法国每晚都躺在经济的废墟上睡去，另一半则担心他们醒来时会听到自己已经破产的消息在大街上广播。"[20]

　　在狄德罗看来，让国家雪上加霜的是法国逐渐走向暴政这个情势。1771 年，他和其他哲人无比愤慨的是，大法官勒内·尼古拉·夏尔·奥古斯丁·德·莫普让国王的火枪手强行解散了巴黎最高法院和法国各地区的最高法院。[21]尽管巴黎最高法院对哲人们极不友好，狄德罗仍然相信有必要维持这个对王权形成重要节制的机构。而现在，教宗可以在法国各地发布敕令而不需要经过任何中间机构或最高法院的同意，法国完全是在向着其中世纪的状态倒退，这令狄德罗无法不感到悲哀。[22]

　　令人感到抑郁的法国政治局势使得狄德罗更加认真地考虑是否应当接受叶卡捷琳娜大帝依然有效的邀请，前往圣彼得堡，见一见他的资助人。尽管这位哲人很清楚叶卡捷琳娜大帝本质上是一位独裁者，但他也将她看作一位"开明君主"，一位宣称致力于建设一个宽容、开化的帝国的女皇。毫无疑问，在逐渐衰老的路易十五开始转向专制主义和宗教保守主义的几年中，叶卡捷琳娜大帝组织了一个委员会，其成员由选举而来，比较广泛地涵盖了俄国社会的各个阶层，她要求这个委员会帮助她改革《国家法典》，这部古老的封建法典从1649年便开始实行。更重要的是，叶卡捷琳娜大帝为这个委员会制定了一系列的指令，并在1767年将这个名为《圣谕》的指令用法语和英语出版。叶卡捷琳娜大帝的这个法律作品以孟德斯鸠的《论法的精神》和意大利法学家切萨雷·贝卡里亚的《论犯罪与刑罚》为基础，证明了她愿意推行比有史以来的任何在位君主所推行的改革都更加自由主义的方案，包括将酷刑认定为违法这样的进步的刑罚和法制改革。[23]

　　叶卡捷琳娜大帝从来没有真正落实她在《圣谕》中讨论到的最重要的改革措施。但和她对狄德罗宽宏大度的态度相同，她的这部最畅销的书作在海外起到了卓有成效的宣传作用。通过公开推行以法国最伟大的思想家的理论为依据的重大的帝国重建，她有意识地将自己的哲学价值观和俄国西面的保守君主区分开来。狄德罗没有遗漏这个信息。路易十五两次禁止了《百科全书》，签署了将狄德罗送入监狱的命令，甚至亲自干预并阻止了这位哲人成为法兰西学术院的成员。而叶卡捷琳娜大帝与之不同，她似乎在积极主动地支持法国哲人们倡导的自由思想。虽然狄德罗对俄国贵族阶层赖以生存的封建社

会——其中生活着数百万与奴隶没多大区别的农奴——有清楚
的认识，但与法国相比，俄国的政治气候在他看来简直如世外
桃源。俄国女皇不但提出资助《百科全书》，还在 1767 年将
狄德罗任命为圣彼得堡帝国艺术学院①的成员。到了 1772 年，
狄德罗得出结论，认为欧洲正在经历文化和思想上的重整，
"科学、艺术、审美和智慧正在向北行进"，而"野蛮及其一
切恶果将来到南方"。[24]

　　除了法国在政治上的退步，还有很多个人原因将狄德罗推
向圣彼得堡。1772 年，《百科全书》的最后一本图编终于问
世，这使他得以从对这个庞大的图书项目的所有参与人员二十
五年来的责任中解脱出来。但带来更重要影响的是，狄德罗曾
经充满激情的巴黎爱情生活似乎已经结束了。他和索菲·沃兰
的热恋在 18 世纪 60 年代逐渐趋于平淡，而他和德·莫夫人的
分手在 1772 年令他苦恼不已；按照他的原话说，这件事让他
感到"好像肋骨被人刺了一剑那样的疼痛"。[25]同年 5 月，他告
诉格林，他感到自己陈腐而无趣，就像那种"不应该被搬来
搬去的老旧家具"一样，因为"它们的板子晃晃悠悠、松松
垮垮，没办法把零部件牢固地组合起来"。[26]

　　然而，那年秋天，狄德罗人生中最痛苦的变化是他的女儿
安热莉克嫁给了阿贝尔-弗朗索瓦-尼古拉·卡永里·德·范
德尔，这位新郎是狄德罗四十年的旧相识、显赫的朗格勒实业
家族的儿子。[27]虽然（或许是因为）有他和图瓦妮特的爱情故
事作为前车之鉴，狄德罗坚持了为女儿选择夫婿的权利。但他
也坚持征询安热莉克和阿贝尔的意见，了解他们是否同意这个

---

　　①　建于 1757 年，原名圣彼得堡艺术学院，叶卡捷琳娜大帝时更改为此名。

决定。1770 年 3 月，狄德罗邀请了二十四岁的阿贝尔到塔兰内路做客。尽管所有人——安热莉克、狄德罗、图瓦妮特，以及阿贝尔——都很看好这门婚事，作为一家之主的狄德罗还是想办法将女儿离家的日子推迟了三年，他宣称这两个孩子都还"太年轻"，不能立刻成婚。[28] 阿贝尔毫不犹豫地同意了延长订婚的阶段，但在金钱方面，他很快显现出相当顽固的一面。在婚礼举行之前的一年半里，阿贝尔和他未来的岳父就这个婚姻最为重要的部分——婚姻协议——进行了多次冗长而又时常令双方都很不愉快的谈判。在双方最终达成一致，并在婚礼前夜将这个文件拿去公证时，这位年轻人成功地敲定了金额高达 3 万里弗尔的嫁妆。这整个过程可没让阿贝尔在狄德罗心中留下什么好印象；他认为这个年轻人贪得无厌，眼里只有钱。

1772 年 9 月 9 日婚礼在圣叙尔皮斯教区举行。最终的婚礼比狄德罗想象的要小，而且远没有他希望得那么欢乐。图瓦妮特不允许狄德罗邀请他的任何一位不敬上帝的朋友参加婚礼——霍尔巴赫、格林和埃皮奈夫人必定无法到场了。出席的宾客包括卡永里家族的几位成员，还有狄德罗的妹妹丹妮丝。狄得罗的弟弟迪迪埃 - 皮埃尔不但拒绝前往巴黎，而且尽其所能破坏了这场婚礼。

婚礼仪式举行前一个月，安热莉克曾试图修复狄德罗和他的家人之间巨大的分歧，于是给她在朗格勒的"亲爱的叔叔"写了一封信。她不仅请求这位神父与她的父亲重归于好，而且还请他来主持自己的婚礼。迪迪埃 - 皮埃尔给侄女的回信无疑算得上他写过的所有信中最尖刻的一封。他告诉安热莉克，在他看来，她未来的丈夫和她父亲一样都是不值得尊敬的不信神者——这与现实相去甚远——他还威胁说，如果她按计划完婚的话，他就不再当她是自己的侄女了。他粗鲁地告诉安热莉克，他视为家人的是真正"虔诚"的人。[29]

安热莉克很久以后才看到这封信。在婚礼几周之前，狄德罗拦截住了这封信，并替女儿愤怒地给弟弟写了一封回信。他指责迪迪埃－皮埃尔侮辱了自己神圣的誓言，要求这名神父想象自己在临终之际回顾自己过去的种种行为的情形，并预言道："你会发现自己是一个不称职的神父，不称职的公民，不称职的儿子，不称职的弟弟，不称职的叔叔，一个邪恶的男人。"[30]

在安热莉克出嫁几周后，狄德罗陷入了一种抑郁的状态。与自己的弟弟疏远，与暴躁的图瓦妮特结婚，被德·莫夫人抛弃，现在女儿又离开了自己，狄德罗因此感到无比孤独。在写给自己在朗格勒的童年伙伴阿贝尔的母亲的信中，狄德罗表现出了这一点，他哀伤地说，如果自己有一个能够帮助他"忘记［自己］失去的一切"的妻子，没有女儿的生活本可以更容易挨过。[31]然而，现实并不尽如人意。[32]在婚礼结束几天之后，狄德罗写信将自己的精神状态告诉了女儿，如今他称呼她为卡永里夫人：

> 让你离开给我带来的痛苦你永远都不会懂得。我不会责怪你没有遭受与我相同的痛苦。我现在孤身一人了，而你跟随着你爱的男人离开了……再见了，我的女儿，再见了，我亲爱的孩子。最后一次紧紧地把你自己贴在我的胸膛上吧。如果你有时候觉得我不应当那么严厉地对待你，请你原谅我。但别担心，每个父亲都会因为让自己的孩子流泪而受到惩罚，无论他的做法是否有他的道理。你终有

一天也会明白的，到时候你就会原谅我了……我不理解别的父亲。他们的担忧在他们与自己的孩子分离的那一刻烟消云散；在我看来，分离是我担忧的开始。能够保护你、照顾你让我多开心啊！天可怜见，我希望你选择的那位新朋友能够和我一样良善、温柔、忠诚。

你的父亲，
狄德罗。[33]

几个月后，这位哲人忧伤的心绪有所平复。大概在 1772 年 11 月或 12 月，他告诉自 1766 年就在俄国首都生活的法尔康涅，自己将前往圣彼得堡觐见叶卡捷琳娜大帝。狄德罗此行还有另外两个隐藏的目的。第一，他希望作为女皇某种程度上的政治顾问，鼓励她开展一系列改革项目，在不冒犯皇权的情况下，能够一点一点帮助俄国形成一个代议制政体。第二，他希望说服女皇支持他编撰一部新的、不受审查限制的《百科全书》，这部巨作也将成为"献给女皇陛下的文学丰碑"。[34]

彼得堡

狄德罗最初计划在 1773 年 7 月 1 日当天或这天前后出发前往俄国。和以往一样，他最终耽搁了一周多才动身。7 月 9 日，他终于不再犹豫，并决定第二天起程。7 月 10 日中午，狄德罗、图瓦妮特和当时已经怀有身孕的安热莉克在家里吃了他们三个人认为的最后一顿团圆饭。没人吃得下东西；没人说话；三个人都伤心地啜泣个不停。狄德罗描述这个时刻时说，这是他作为"父亲和丈夫"所经历过的"最残酷的场景"。

当晚晚些时候，狄德罗告诉路过他家前来向他道别的朋友让·德万纳，说自己想取消这个危险的旅程："我不走了，我决定了；我不能丢下我的妻子和女儿不管。"[35]根据德万纳对此的记录，他和狄德罗的对话被突然闯进狄德罗办公室的图瓦妮特打断了，这个场景就好像是剧本的安排一样。她站在过道上，紧握的双拳，叉着腰，下巴下面系着一个小巧玲珑、和她整个人不太协调的蝴蝶结，据称她冲着狄德罗尖声喊道："哎呀，哎呀，狄德罗先生，你在干吗呢？……你在这儿浪费时间，胡说八道，都忘了收拾行李了。你明天一大早就得出门……唉，你这个人！你这个人！"[36]或许是这一顿训斥让狄德罗再一次改变了主意。第二天，他开始了前往圣彼得堡的历经数月的旅程。

在行进了五天，走过了 500 公里之后，狄德罗到达了海牙，这是他此次旅程的第一站。他来到这个荷兰小城有几个理由。首先，他要在此处与女皇的内侍阿列克谢·瓦西里耶奇·纳雷什金会合，在其陪伴下完成余下的路程。[37]其次，他还想在这里和四年未见的好朋友戈利岑亲王好好叙叙旧。

狄德罗在这个拥有 3.8 万人口的异国小城度过了愉快的两个月。除了从朗格勒到巴黎周边区域这段单调乏味的路程以外，他其实从来没有真正地在外旅行过，现在，他平生第一次能够像游客一样享受一回了。到达海牙以后，他做的第一件事就是从戈利岑位于克讷特代克 22 号的居所出发，步行没多远就来到了海边，人生头一回看到了大海。[38]用他的话说，他面对着"海王星和她广阔的王国"而沉思，继而重温了那些他作为艺术爱好者与戈利岑一同到莱顿参观那里的荷兰绘画和雕刻的日子。[39]在逗留海牙期间，狄德罗还参观了阿姆斯特丹、哈勒姆、赞丹和乌得勒支。

　　远离巴黎有很多好处，现捕的新鲜海鱼就让狄德罗赞不绝口。他在 7 月写给索菲和她妹妹的信中说："我越是了解这个国家，就越是适应这里的生活。这里的比目鱼、鲱鱼、多宝鱼、鲈鱼，还有当地人说的'水鱼'，都是世界上最美味的鱼类。"[40]他不但喜爱这里的美食，还因远离塔兰内路上并不美满的家庭生活而开心，也因此得以更专注于写作。比如，他完成了《演员的矛盾》的草稿，这个哲学对话中的一位谈话者对当时的普遍观点提出异议，认为最伟大的演员是能够完全掌控自己情绪的那些演员，他们可以在不亲身体验某种激情和情绪的情况下将其重现在舞台上。这部作品在狄德罗去世后于 1830 年发表，斯坦尼斯拉夫斯基提到这个作品时说，这是有史以来最为重要的讨论表演艺术的理论作品。[41]

　　1773 年 8 月 20 日，在海牙停留两个月后，狄德罗终于决定与他的旅伴一起向圣彼得堡进发。在行进了仅仅 230 公里后，这位已经六十岁的哲人因为严重的胃肠疾病不得不在杜伊斯堡（德国）停下来寻求治疗。这之后的另一个主要停留点是莱比锡，狄德罗在这里当众做出了惊人之举：他在一群学者和商人面前宣扬无神论，当时德国作家戈特霍尔德·埃弗拉伊姆·莱辛的弟弟也是听众之一。[42]

　　在旅行途中，狄德罗将大多数时间用于准备他与叶卡捷琳娜大帝的会面。他在途中写下的第一份文件名为《关于法国警察历史的文章》，是一个对法国政治状况的总括性评估，涵盖了从克洛维一世到德·莫普解散最高法院的一系列政治事件。这个篇幅较长的文件中包含了一个清晰的信息：除了为数不多的几个亮点——包括狄德罗的朋友萨尔蒂内管理下的有效的警备力量——法国不是值得学习的榜样。[43]

　　接连几周的单调旅程给狄德罗充足的时间，他创作了大量短诗，其中一些可以说相当淫秽。在离开海牙一个月后，狄德罗和纳雷什金在港口城市里加的一个小酒馆停留了一晚，他们在这里遇到了一个漂亮的女仆，为了纪念她，狄德罗写了一首名为《山羊蹄酒馆》的小诗：

　　　　她很可爱，非常可爱。

　　　　她让整个里加乐开怀，

　　　　啊，山羊蹄酒馆的那个女仆。

　　　　有一天，只用了一个奥波尔[①]，我就掀起了她的裙摆。

　　　　用两个退斯通[②]——两个退斯通，

　　　　没错！我得到了什么？我摸了她的胸。

　　这首诗后面的诗句越来越下流，在结尾处，这位女仆让每位客人都尝到了甜头，也让他们染上了梅毒。[44]鉴于狄德罗经常对这种不正经的地方表示厌恶，他在诗中扮演的应当只是在一旁看好戏的诗人。

　　在创作了这首淫秽诗歌几周后，狄德罗和纳雷什金的马车终于驶入了圣彼得堡。在颠簸了 2400 公里，途经今天的波兰、立陶宛和拉脱维亚之后，这两个旅伴都笑不出来了。纳雷什金的呼吸道严重感染，还受到牙疼的折磨。狄德罗一向脆弱的消

---

　　①　奥波尔（obol），中世纪法国的一种银币。

　　②　退斯通（teston），16 世纪法国的一种银币。

化系统则与异国细菌和不干净的水打起了仗。忍受着高烧、抽筋和严重的肠道炎症——他可能患了痢疾——狄德罗强撑着走完了最后 150 公里的路程，终于"半死不活地"到达了他认为的旅程的终点：法尔康涅位于米利翁纳亚路上的公寓。[45]

法尔康涅一直是狄德罗的好朋友，但也是个谜一样的人。在开始这次旅行前，狄德罗描述了这位雕塑家，说他"坚硬又柔软，世故又好辩，热爱受人赞美又蔑视后世评价；他嫉妒自己没有的那种才能，对自己拥有的才能却不屑一顾；他爱得热烈，却残忍、专横地对待自己所爱；他才华横溢，而他的自尊超出了他的才华一百倍、一千倍……；他是各种矛盾的集合体"。[46]

就在狄德罗来到法尔康涅的门口时，这位雕塑家在上面这一长串自相矛盾的特点上又加了一条。在狄德罗出发前几个月，法尔康涅向自己的这位作家朋友保证会热烈欢迎其到来，并说他会在自己和自己同为雕塑家的情人玛丽-安妮·科洛居住的公寓中为狄德罗安排住处。狄德罗接受了这样的承诺，甚至还想象出了一个动人的重逢场景，到时候，他们三个好朋友会在分别多年以后紧紧相拥。他回信给法尔康涅说："当我敲响你的大门，那对我们〔三个人〕来说，将会是怎样的时刻啊！"[47]

结果，狄德罗受到的接待完全是另一回事。法尔康涅冷淡地跟狄德罗打了个招呼，随后就收回了先前的邀请，解释说他已经把客房安排给了自己两个月前不期而至的儿子。狄德罗没有苛责这位朋友，接受了他的解释，但范德尔夫人后来写道，这个让人难堪的冷漠对待给父亲造成了"难以愈合的伤口"。[48]身患恶疾而又漂泊无依，这位疲惫的旅人很快重新联系了刚刚与他共度两个月时光的阿列克谢·纳雷什金。这位年轻的内侍立刻安排狄德罗搬到自己位于城市核心区的一座宏伟的三层连栋别墅中，与自己和兄弟谢苗·瓦西里耶维奇·纳雷什金同住。这个被称为纳雷什金宅邸的建筑于十二年前建成，后来对狄德罗来说成了一个更便利的居所。这里不仅更加奢华，而且距离叶卡捷琳娜大帝在冬宫的住处不远，步行或马车均可很快到达。

叶卡捷琳娜大帝

在刚刚抵达俄国的头几天里，狄德罗几乎每天围着便盆转。一周后，他终于获得机会参加一场（在埃尔米塔日举行的）假面舞会，并在那里见到叶卡捷琳娜大帝。他坚持了自己的着装喜好，选择一身低调而与众不同的哲人的制服：黑色的半长马裤，黑色的西服背心，黑色的外套。宫廷世界向来以在重要场合着装的精美和华丽程度为标准来衡量一个人的价值，因此，这位将自己看作现代第欧根尼的法国人受到了彼得堡的众位大使、要员和贵族的嘲笑也就不奇怪了。但他们的嘲笑很快变成了嫉妒，因为叶卡捷琳娜大帝明显想要用他们中的大多数人（或者说他们所有人）永远都享受不到的方式来欢迎这位著名的哲人。[49]

事实上，狄德罗的出现正是时候。他在俄国首都的五个月间，四十四岁的叶卡捷琳娜大帝正好处在"告别旧爱，未寻新欢"的状态，这对她来说很不寻常。[50]女皇的爱情生活的巨大变动发生在狄德罗到达俄国十六个月前，当时，她与格里戈里·奥尔洛夫伯爵分手（女皇的孩子中至少有一个是和他生

叶卡捷琳娜大帝，油画

育的），选择了一位名叫亚历山大·瓦西里奇科夫的年轻骑士护卫队成员作为自己的新情人。等狄德罗在 1773 年 10 月到达彼得堡时，女皇对这个外表迷人但缺乏个性的新欢已经厌倦透顶，若不是因此，狄德罗可能不会那么轻松地争取到女皇的宝贵时间。比如，狄德罗和女皇一同前往斯莫尔尼修道院，这是一所为贵族女孩设立的学校，他不仅为这所学校招募了多位教授，而且还被授予了该学校的官方顾问的职位。当年 12 月初，叶卡捷琳娜大帝还邀请狄德罗到沙皇村做客，并在叶卡捷琳娜宫（以叶卡捷琳娜一世命名，位于圣彼得堡城外约 20 公里）与他会面。

　　但是，狄德罗和叶卡捷琳娜大帝的绝大部分会面都在小埃尔米塔日进行，这是一座三层高的新古典主义式的连排别墅兼艺术画廊，是对 70 万平方英尺的冬宫的扩建。[51]据狄德罗自己记录，他每周要到叶卡捷琳娜的书房觐见三次，有时候甚至是四次。在这些会面以外，狄德罗用大部分时间奋笔疾书，为女皇准备了一系列文章作为他们讨论的要点，这些文章现在被统称为《叶卡捷琳娜大帝回忆录》。

狄德罗经常迟到，在能够准时赴约的情况下，他会在 3 点来到叶卡捷琳娜大帝的书房。女皇一般喜欢坐在沙发上做针线活儿，而狄德罗通常坐在女皇对面的扶手椅上。[52]狄德罗在小埃尔米塔日中进行的会面充满了激情（而且忘却了礼仪），如今，这些谈话已成为传奇。狄德罗与叶卡捷琳娜大帝的交谈有时候非常激烈，他在过程中会诱骗、反对女皇，甚至会伸手用力拍打她的大腿，就像他和霍尔巴赫和格林谈话时一样。叶卡捷琳娜大帝在 1774 年 1 月写给伏尔泰的信中承认，她为这位自己所见过的"最非同凡响的男人"无限的想象力深深折服。[53]狄德罗同样非比寻常地兴奋。他对图瓦妮特说："你知道吗？我每天下午 3 点都要到女皇陛下的宫中觐见。你要知道，这可是很了不起的荣耀，其价值之高我都无法估量。我可以坚定地告诉你，女皇陛下是位了不起的女性，她尽其所能地对我屈尊俯就，而正是她的这个姿态让我感到她无比高大。"[54]

在与叶卡捷琳娜大帝会面的头几周中，狄德罗认为女皇可能是所有生物之中最珍稀的那种，作为君主，她不但是文人共和国的一员（她创作了二十多部戏剧，一部俄国史，为她的孙子们写了童话，还写了回忆录），而且还愿意让狄德罗帮助她将俄国从非理性的传统和中世纪的制度及组织中解放出来。

他明显认为，若能让启蒙运动的价值观在俄国得到实践，那该
是多么美好啊，尤其是在这些价值观几乎肯定无法在法国生根
的情况下。

在小埃尔米塔日谈政治

　　早在狄德罗来到圣彼得堡之前，叶卡捷琳娜大帝就对这位
哲人的政治和思想倾向有很充分的理解。作为《百科全书》
的驱动者，狄德罗向迷信和宗教盲从发起了旷日持久的战斗，
这让他闻名于世。但是，他在这部辞典中也讨论了更明确的政
治问题，其中最重要的一个问题是：到底是什么赋予了欧洲的
几位国王和王后（以及一位俄国女皇）统治 1.6 亿人的权利？
　　在狄德罗为数不多的几次对这个敏感话题的文字评论
中——这些条目通常以勇气而不是创新见长——坚决反对长久
以来的君权神授的思想。[55] 在他编撰的 "政治权威" 这个条目
中，他提出统治权直接来源于人民的同意以及定义了统治者和
被统治者关系的自然法则与民法。[56] 狄德罗虽然认为君主可以
依据经过国民认可的权利统治国家，但他也认为，君主依然有
义务反映或者体现出所谓的国民的 "整体意志"。他解释道，
作为交换，人民应当尊重和保护君主统治国家的权力和权利。
　　狄德罗的整个政治哲学在他编撰《百科全书》的多年间
反映的思想可以被称为温和的人本主义。18 世纪 60 年代之
前，他完全不是一个蛊惑民心的政客或革命者，而主要是一个
改革者：作为一位启蒙运动哲人，他关心的主要是如何劝导当
时的君主重新建构政治体制，以使个人能够得到法律的保护，
避免在政府和教廷滥用权利时受到迫害。

　　叶卡捷琳娜大帝对于邀请有这样的政治观点的人到自己的宫廷中来没有任何疑虑。多年以来，狄德罗不但是她的文化联络员，而且是一位思维开阔、富于创造性的哲学家，还是一位传奇式的谈话艺术家。更重要的是，她和狄德罗的政治理论有共同的来源，比如格劳秀斯、普芬多夫和孟德斯鸠的基础契约论。在理论上，狄德罗和叶卡捷琳娜大帝看起来很相称：一位是开明的哲人，一位是开明的俄国君主，而且后者还"天性温和，容易相处，宽容大度，思想开放……拥有信仰共和主义的灵魂和一颗善良的心"——叶卡捷琳娜大帝在给自己的墓志铭上这样写道。

　　就自由主义思想家来说，与卢梭这样的人相比，狄德罗无疑没有那么具有威胁性，也更合叶卡捷琳娜大帝的胃口。卢梭的早期政治事业和狄德罗差不多，也是从编撰《百科全书》开始的。但在 18 世纪 50 年代以后，这位来自日内瓦的"公民"开始发表一系列影响力日益增加的政治作品，这些作品结合了对人的道德潜力充分、有力的解读和对欧洲的"政治体系"的批评，其中使用了大量格言，很值得引用（最有名的一句无疑是"人生而自由，却无往不在枷锁之中"[①]）。他倡导的改革措施远远超过对当时的政治体制肤浅的改变，而是寻求对人们认识自己的方式和生而有之的政治权力的彻底革命。与他之前的所有思想家相比，卢梭更明确地将受压迫的欧洲人民摆在了历史正确的一面。

　　卢梭最具有影响力的政治理论作品是《社会契约论》，发表于 1762 年，叶卡捷琳娜大帝也恰恰在这一年加冕为女皇。

————————————

　　① 　此句引用了何兆武先生对《社会契约论》的翻译。

卢梭以与自己对"社会体系"的批判相同的思想为基础，以相当激进的立场表明，君主制这种政治形势毫无疑问是落后于民主政体的，因为君主制只能在自私、政治腐败、特权和贪污这些条件下运转。针对他所认为的随处可见的不平等，他提供的解决方法基本上就是一个对社会的全盘改变：创立一个新的政治契约，抛弃当前社会中的个人主义和自私自利，代之以一种受到人民的集体意志担保的绝对的民主和集体主义。卢梭提出的这个辩证的想法实际上就是认为人们应当放弃个人自由以获得真正的自由。他在《社会契约论》中坚持说，任何违反了这个契约的人都应当被处死。

狄德罗给叶卡捷琳娜大帝提供的不是卢梭最擅长的这种长篇、抽象的政治论文。尽管他在《百科全书》中也讨论过政治问题条目，比如"城邦"、"公民"和"政治权威"，但他在旅居俄国期间没有涉及叶卡捷琳娜大帝的政治统治中专门的、细微的问题，比如俄国的政府和个人之间的关系究竟该如何改善，国家应当如何运用其权力以便其国民能够接受其政策。

叶卡捷琳娜大帝值得赞扬的一点是，她非常愿意与狄德罗讨论这些想法。狄德罗留下来的一系列谈话报告显示，他在与女皇的谈话中讨论了很多话题，包括宗教与皇权的关系，精英体制对俄国的重要性，犹太人在俄国的处境，革命的缘由，暴政的定义，公立学校的重要性，司法系统，以及奢侈享受、离婚、大学和科学学院等。在这些专题讨论中，狄德罗无一例外地暗藏了相应的建议。他鼓励叶卡捷琳娜大帝强制俄国的学校利用仿真蜡制模型向年轻女孩教授性知识，就像他为安热莉克所做的一样。更大胆的是，他为了向女皇证明将首都搬回莫斯科的必要性，引用了一长串政治和军事理由。他略带嘲讽地说，将"首都安排在国家的尾端"完全没有道理，这就像让"一个动物的心脏长在指尖，或者是让胃长在大脚趾上"。[57]

或许最直接、最激进地表达了狄德罗观点的文章是他对"奢侈"这个问题的思考。与他在《拉摩的侄儿》中所写的一样，他在该文中抨击了一个把金子当成唯一的、真正的"上帝"的世界，并大胆地将自己封为"狄德罗国王"，为了解决国家中与法国相似的失误。首先，这位哲人王颁布命令，说他必须将宗教教派世俗化，将神职人员的财产国有化，而这实际上预言了十五年后法国大革命期间政府施行的法令。为了募集资金、偿还国家贷款，他又提出出售国家的土地和财产，大量减少马厩、猎场、津贴、无用的旅行、外交使臣和涉外领馆。[58]（不要忘了，狄德罗很可能是将这些对奢侈和皇家仪式的控诉大声朗读给世界上最有权力的女人的，而他们当时正舒服地坐在小埃尔米塔日宫中，被世界上最昂贵的珍宝包围。）

到了12月，狄德罗已经向女皇提供了十几篇这样的前瞻性报告。然而，他也开始意识到，叶卡捷琳娜大帝并没有把他说的话听到心里去。根据一个流传于18世纪80年代的记述，狄德罗有一天打断了谈话，对一向聚精会神的女皇发问说，为什么他的建议都没有得到实施。女皇的回答清楚地指明了狄德罗的管辖权从哪儿开始，在哪儿结束。

狄德罗先生，听着这些从你才华横溢的头脑中不断流淌出来的灵感，令我不胜欢欣。但是，我很了解你们这些了不起的哲学家，你们都是纸上谈兵。在你的改革计划中，你忘记了我们扮演的角色的区别。你的工作限于理论，所以能够赞同一切，对你的想象力或者写作来说，一切都是顺畅的，可变通的，不构成任何障碍；而对我这个可怜的女皇来说，我面对的是有血有肉的人，而他们则比理论更麻烦、更棘手。[59]

在这个决定性时刻到来之前，狄德罗或许至少感受到过一个表明叶卡捷琳娜大帝并不可能轻易改变国策的信号。11月，法国驻圣彼得堡大使迫使狄德罗利用自己对女皇的所谓影响力向她提议，要求俄国与奥斯曼土耳其签署停战和约，当时两国交战已经五年了。叶卡捷琳娜大帝立刻对狄德罗竟敢僭越其正常的"领域"——哲人的领域——而感到不悦，并将法国大使馆提出的条约扔进了火中以表明自己的态度。[60]

尽管狄德罗在1774年的头两个月中仍然继续为叶卡捷琳娜大帝写作谈话用的论文，但他也逐渐陷入了一种萎靡气馁的状态。到了这一年2月，他的通信量（这经常表明了他的情绪）几乎为零。幻想破灭当然部分源于他认识到自己想要将俄国改变为启蒙运动灯塔的希望注定要失败。但他还有另外的忧虑。欧洲大陆的另一位所谓的开明君主，普鲁士的腓特烈大帝，有意让狄德罗在圣彼得堡的最后几个月过得糟糕透顶，就好像是有意要将他从这座都城赶走一样。

腓特烈和回家的路

早在叶卡捷琳娜大帝成为哲人团体最受欢迎的人之前，腓特烈就已经将自己塑造成了当时最伟大的开明君主。他是18世纪哲学的爱好者，一位才华颇高的音乐家，同时也是言论自由和宗教宽容的坚定信仰者，这位实行自上而下的独裁统治的军阀君主视自己为一位公共知识分子，创作、发表了很多作品，其中包括一部于1746年出版的很有影响力的近代史。但腓特烈在法国哲人群体中的盛名最吸引人的部分并非其作品，而是他经常为受迫害的哲人提供避难所。当包括伏尔泰、普拉德神父、拉·梅特里和爱尔维修在内的哲人被迫流亡时，这位普鲁士君主立刻向他们敞开了柏林王宫的大门。[61]

虽然腓特烈非常慷慨，但与他的大多数朋友相比，狄德罗一直以来都对这位普鲁士统治者更加心存警惕和怀疑。1770年，狄德罗"一劳永逸"地惹恼了这位表面上开明的专制统治者。当年，腓特烈发表了一篇文章，在其中尖刻地批评了霍尔巴赫的《论偏见》。狄德罗应该是于1769年在霍尔巴赫的格朗瓦尔庄园时为这本书贡献了一些想法，在书中呼吁社会平等、宗教宽容和思想自由。[63]同样重要的是，这本书并没有通过向欧洲大陆的开明君主喊话的方式来倡导政治改革，而是直接向人民讲话。这一点，外加其他问题，激起腓特烈写了一篇措辞严苛、充满鄙夷、长达七页的驳斥文章。在这篇名为《对〈论偏见〉的审视》的文章发表后，狄德罗创作了一篇（没有发表的）回应文章，他在其中听起来不像狄德罗，更像是丹敦①："我已经没有耐心忍受被一个出身高贵的讨厌鬼侮辱了，因为他是他那个族类最后的一代——我则是我这类人的先驱。"[64]

三年后，腓特烈邀请狄德罗在去圣彼得堡的路上在柏林停

---

① 乔治·雅克·丹敦（1759—1794，也译作丹东），法国大革命初期的领导人物。

留几日，而狄德罗得意地回绝了他。这位普鲁士君主本来确信这位哲人一定会前来觐见，以表敬意，所以对此十分恼怒，于是很快以牙还牙，为 1773 年 12 月出版的一期《文学新闻》写了一篇评论，在该文中猛烈抨击了狄德罗的文学事业。[65]

这篇缺乏气度的尖刻评论一经发表，腓特烈就将其印制了多份，发往圣彼得堡，狄德罗当时已经与叶卡捷琳娜大帝连续会面了几个月。这篇文章不出所料地获得了俄国廷臣的热烈追捧，这些人几乎无一例外地憎恨狄德罗，因为他的无神思想，因为他自然的简朴风格，最关键的是因为他与女皇特殊的关系。[66]

随着圣彼得堡的氛围愈发冷峻，狄德罗开始计划回家的旅程。尽管他的幻想不断破碎，思乡之情也日渐浓重，但他仍然因为要离开叶卡捷琳娜大帝这位他在无数场合描述为灵魂如"恺撒一样，又拥有克莉奥帕特拉全部魅力"的统治者而感到忧伤。[67]同样，叶卡捷琳娜大帝也对这位日渐衰老的哲人产生了依恋，甚至在狄德罗离开时"禁止当面道别"，可能是为了避免当场落泪。

不过，在与叶卡捷琳娜大帝的最后几次会面中，狄德罗还是向女皇提出了三个请求：确保他能够安全回到法国，一位能够陪他到达海牙的旅伴，以及已经成为他的好朋友的女皇确实"使用过"的一个"小玩意儿"或者小纪念品。叶卡捷琳娜大帝答应了这些请求，还额外加了几个。除了支付狄德罗回程所需的一切花销，她还给了这位哲人三千卢布这笔可观的旅费。[68]她又安排人改造了一驾全新的英国马车，在里面安装了一张床架和一个床垫，这样狄德罗就可以在旅程中躺倒睡觉了。她最后一个象征性表示在 3 月 4 日星期五，狄德罗离开彼得堡前一天，发生在宫廷中的众人眼前。当时叶卡捷琳娜大帝站起身来，在一众宫廷贵族面前讲话，当着他们的面摘下了自己的一枚戒指，然后唤内侍上前。接着，她小心地将戒指交到内侍手中，同时对在场的人宣布：狄德罗先生"想要一个小玩意儿，这就是。他希望是我用过的东西，你告诉他，这是我戴过的"。那一天晚些时候，这位内侍将这枚浮雕戒指交到了这位正准备启程的哲人手中。狄德罗将戒指捏在指间，发现浮雕上雕的正是女皇的头像。据范德尔夫人回忆，父亲在余生中无比珍视这件礼物。这个戒指远超过了礼物的意义。它象征着统治者和哲人之间强烈的，而且无疑是复杂的关系。

第十二章　遗言：讲给专制统治者和美国起义者

　　1774 年 3 月 5 日，星期六，一架设备完善的英国马车载着狄德罗驶离了俄国首都，向海牙进发。比起来时的路，回家的旅途整体平顺得多。狄德罗脆弱的胃肠系统已经适应了异国的菌群，不再发出抗议了。天气也没有和他作对。在去往里加的路程上，气温更像是更加温暖的夏天而不是初春，这让他和他的旅伴，一位性格温和的名叫阿萨纳修斯·巴拉的希腊贵族都感到惊喜。不过，旅途并非平平无奇。刚驶离圣彼得堡 570 公里，狄德罗的车夫尝试让四驾马车跨越依然冰封的德维纳河。结果证明，这不是一个明智的选择。随着车轮的转动，冰冻的河面开始承受不住了。根据狄德罗对这个差点儿发生的惨剧粗略的记述，车夫发现情况不对后立刻试着把马车赶过一座浮浮沉沉的"水晶桥"，而车上的乘客则惊恐地看着眼前的一切。[1] 尽管狄德罗没有解释清楚他们三个人到底是怎么从不断于冰层下涌出的河水中逃脱的——他好像费力地爬上了一艘船，三十个男人在另一边努力将马车拉上了岸——但在当时的情况下，狄德罗很可能要溺水而亡了。[2]

　　剩下的旅途相对简单。唯一的一次绕行发生在马车经过普鲁士时，狄德罗要求车夫避开柏林和睚眦必报的腓特烈二世。尽管格林恳请狄德罗至少与这位擅长吹奏长笛的艺术资助者见一面，但狄德罗很明显没有刻意逢迎腓特烈的意思——他曾经将这位令他厌恶的统治者描述为"一只不怀好意的猴子"。[3]

1774 年 4 月 5 日，在断然拒绝与腓特烈见面之后，狄德罗到达了海牙。和一年前一样，他还是靠戈利岑亲王及其夫人为他提供食宿。在到达这里后写的头几封信中，狄德罗向朋友和家人夸耀了此处美好的天气和自己的健康状况。但实际上，他几乎不停不休地在坑坑洼洼的土路上颠簸行进了 2400 公里，其间马车坏了三辆，他此时也已经筋疲力尽了。[4]他迅速地躺回了阔别九个月的舒服的床铺，之后的一周几乎都在梦乡中度过。

狄德罗在戈利岑夫妇的照料下，很快恢复了体力，随后又进入了狂热的工作状态。他在海牙的主要任务是叶卡捷琳娜大帝委托给他的：负责监督起草女皇的教育改革和慈善工作的相关法令和计划的法语版本。[5]狄德罗勤奋地工作，在停留在荷兰的前五个月内就完成了这项工作，继而开始修订他未发表的手稿，希望能够整合出一个比较全面的个人作品集。然而，在海牙第二次逗留期间，最让他充满激情的是一个永远无法完成的工作：编撰一部由俄国君主赞助的《百科全书》。在到达海牙不久后，他写信给图瓦妮特，说他很快就要签约开始这个新的图书计划了。在说明了这个合约将价值高达 20 万里弗尔——这是第一部辞典的报酬两倍还多——的巨资之后，他让妻子开始搜寻一间更好的公寓。他宣称："这一次，《百科全书》对我来说将会有真正价值，而且不会给我招来麻烦。"[6]

两个月后，尽管狄德罗得到了保证，说他很快会收到定金，但他并没有从圣彼得堡那里获得任何确凿的消息。事实上，女皇已经做出了决定，她认为让自己的名字和新的《百科全书》联系起来并没有多大好处，尽管狄德罗再三宣称这部书将比第一部更为大胆。但是，叶卡捷琳娜大帝没有亲自将这个决定告知狄德罗，而是让最早与狄德罗联系的人，别茨科伊将军采取拖延战术，直到这个图书项目自行消亡。到了秋天，狄德罗终于明白，圣彼得堡方面的沉默意味着俄国版《百科全书》永远不会诞生了。这个决定对狄德罗的余生起到了意想不到的解放作用；他卸下了编撰又一部大辞典的重担，拥有了更多的时间对他晚年所了解到的欧洲君主进行批判性的思考和写作。

狄德罗的政治理论

在离开俄国之前，狄德罗向叶卡捷琳娜大帝承诺，他永远不会辜负她的信任，不会讲她和她的统治的坏话，至少不会当众这样做。他是个讲信用的人，勉力维持着这个诺言。在离开圣彼得堡之前，狄德罗烧毁了他记录自己在俄国首都经历的笔记。在回到了海牙，最终回到巴黎之后，狄德罗也更多地强调了他这次旅程的积极面，尤其是叶卡捷琳娜大帝的聪明才智、良好的意图、处事公正，以及"开诚布公"地对待哲人的能力。[7]

但是，等狄德罗回到了荷兰，他发现自己对当时的君主制的认识发生了巨大的改变。非常有趣的是，他首先向叶卡捷琳娜大帝暗示了这个变化。1774 年 9 月，狄德罗向这位女皇透露说，他为了打发时光，开始重读塔西陀。塔西陀不仅是罗马帝国最受崇敬的历史学家，而且是言论自由以及一切自由权利的支持者，还是罗马帝国强权政治的激烈批评者。更重要的是，狄德罗还告诉女皇说，他已经匆匆完成一本政治小册子，名为《君主的政治原则》。叶卡捷琳娜大帝没有要求阅读这个文件，而狄德罗没有将其寄给女皇也有充分的理由。这些所谓的"政治原则"实际上是一系列马基雅维利式的政治格言，从一位仁慈的专制统治者的角度写作，为的是有益于他（或她）之后统治者。这个小册子里面充满了巧妙而残酷的建议——比如，君主应当"结盟以埋下仇恨的种子"[8]，而永远不要"举起手却不攻击"[9]——看似在教导统治者玩弄权术、自私利己和实行野蛮的军国主义，其真实目的则在于讽刺狄德罗最厌恶的那位越来越向专制统治倾斜的统治者腓特烈二世。不过，这个手册体现出的残酷无情的方针明显也同样适用于叶卡捷琳娜大帝的统治。

《君主的政治原则》不是狄德罗在写给叶卡捷琳娜大帝的信中提到的唯一一篇政治论文。更令叶卡捷琳娜大帝担心的无疑是这位曾经是自己客人的哲人竟敢承认他仔细研读了女皇的《圣谕》——她的那部有关法律和政治哲学的畅销作品，而且阅读时"手中还拿着笔"。[10]狄德罗在海牙的东道主戈利岑亲王也知晓了这位哲人新创作了这样一份对女皇很不尊敬的文件。在狄德罗即将离开海牙前，这位俄国外交官觉得自己有必要撬开狄德罗的木箱（里面锁着他的手稿）——这或许是叶卡捷琳娜大帝的命令。戈利岑随后偷走（并很可能烧毁了）这个叫作《对〈圣谕〉的评论》的文件。狄德罗常说"朋友间的信任和坦诚是人类最重要的美德"，戈利岑的这个举动自然让他既沮丧又愤怒。不难想象，他在戈利岑住所余下的日子里态度肯定相当冷淡的。

不过，幸好命运眷顾，狄德罗还有这个文件的另一份复本，或者是该文件的笔记版本，并且他在返回巴黎的路上对其进行了修改。第一眼望去，这个最终版本看起来不过是一些迷你短文,讨论了叶卡捷琳娜大帝在《圣谕》中的各种条文规定。具体看来,这本小书是狄德罗第一次开诚布公(并且以平等的姿态)对女皇说话。如果说他在过去曾不情愿地承认叶卡捷琳娜大帝有统治俄国的权力,现在,他明确要求,统治权只能由人民给予君主,而且不能被任何人剥夺:"国家是唯一的君主;人民是唯一真正的立法者。"[11]他接着更激进地解释说,君主和国家之间的契约给予了人民反抗、罢免和在极端情况下判处暴君死刑的权利(如果君主蔑视法律)。[12]狄德罗在这里对人民主权论的阐释再清楚不过了。

叶卡捷琳娜大帝直到1785年,即狄德罗去世一年后,才收到或者读到这个文本。尽管文中提到合理合法的弑君行为的部分被划掉了(这样做的或许是范德尔夫人,或许是她的丈夫),狄德罗的这个作品依然不乏令叶卡捷琳娜大帝生气的地方。狄德罗在文中向叶卡捷琳娜大帝发起了一个激烈的"争论",他不但指责她没能像她在《圣谕》中承诺的那样建立一个贯彻代议制的政府,甚至还预言说,如果没有新的法典,俄国接下来的君主将不会像她一样仁慈和开明。狄德罗没有在这个作品中拐弯抹角:尽管他称赞女皇是一个了不起的人,但他也非常不留情面地断言,她是一个将自己伪装成开明君主的独裁统治者。[13]

尽管狄德罗对叶卡捷琳娜大帝的统治产生了越来越多的疑虑,但他仍然非常乐意花费大量时间为她效力,尤其是在他认为自己能够对她的政策产生积极影响的时候。他对叶卡捷琳娜大帝产生影响的最佳机会在1775年3月出现,当时,女皇要求狄德罗呈上一个教育机构的新规划,以保证俄国学生能够从字母表一路学到大学。[14]当年秋天,狄德罗完成了这个任务,

将长达 170 页的手稿寄给叶卡捷琳娜大帝。这个文件的标题是
《为俄国政府起草的大学计划》（以下简称《计划》）。

　　谄媚和隐晦的日子结束了。狄德罗的《计划》以几个强
有力的警句开篇，表明教育的功能不是培养更有知识和教养的
贵族阶层，而是打击迷信、宗教偏狭、偏见和社会不公。狄德
罗在《计划》的第一行中写道："教导一个国家就是让其变得
文明。"[15]他继续说，教育不仅"让人获得尊严"，而且对被奴
役和无知的人来说，无疑具有解放或是彻底改变的效果：
"［接受了教育的］奴隶很快认识到自己不是生而为奴的"，而
"野蛮人褪去了丛林的凶恶"。[16]

　　狄德罗坚信教育可以驱动社会和道德进步，而这个信念促
使他彻底重新思考了大学应当是什么样的。他在法国经历过的
高等教育机构采取的是封闭式的教学方法，由接受了宗教训练
的学者主导，并以复制这样的学者和这些学者的信仰为最高目
的。而狄德罗理想中的大学与此截然不同，他呼吁新的俄国大
学用宗教宽容教育代替神学教育。他也相信各个学科的教职人
员应当是获得良好薪资报酬的公务人员，他们应当欢迎"国
家所有的孩子"进入课堂。他的计划最激进的一面或许发生
在更广泛的课程设置层面：狄德罗预见了研究型大学的诞生，
将拉丁语和希腊语推下圣坛，呼吁开设一系列更加实际、具体
的课程，将最重要的位置留给了数学和实验科学，还提出后者
应当在实验室当中教授。他坚持认为，这个新的教学法最终将
会让实验的地位超过普遍被接受的思想。

　　这样一种自由、世俗、由经验主义哲学驱动且面向全国学
童的教育，在狄德罗看来不仅是仁慈和公平的问题；这是对国
家最有益的事。[17]除了"教化"整个国家，狄德罗还表明，从

数学上讲，让广大民众接受教育是最合理的。他论述说，如果说下一个牛顿将诞生在宫殿而非一间民舍中的可能性只有万分之一，那么将赌注全压在贵族出身的人群上，把所有教育资源都用在他们身上，是很不明智的。简单来讲，受教育的民众越多，国家就有越多的机会培养出具有美德和才华的人，也有更大的概率遇到偶然出现的天才。[18]

叶卡捷琳娜大帝似乎是在 1777 年的春天第一次参阅了狄德罗的这个《计划》。和狄德罗的很多提议相同，女皇感觉他对教育的认识要么过于激进，要么不适合在沙皇俄国实施。此后不久，这个文件就和狄德罗的其他政治思考一样被束之高阁，从未付诸实践。但是，如果说圣彼得堡方面对狄德罗的政治思想充耳不闻，他的声音在 18 世纪 70 年代却并没有被压制。事实上，在 70 年代中后期、法国大革命爆发前的几年，他的声音可以说成了最有影响力、最进步（而且经常是最激进）的声音。

老年

狄德罗在 1774 年 10 月 21 日回到法国时，这个国家发生了重大的变化。这个变化开始于前一年的春天，当时，统治了国家 51 年的路易十五在天花的折磨下驾崩。由于他的两个儿子都先于他离世，王位传给了他 19 岁的王孙路易-奥古斯特，这位新国王有意把自己和祖父的保守思想区分开来。他的首批举措中包括让自己和自己的家人接种小剂量的（活体）天花病毒，而这件事是路易十五拒绝做的。

从狄德罗的角度来看，更重要的是路易十六的统治开始于

路易十六，版画

对一系列进步的政策的公开支持。在即位几个月后，这位新国王做出了一个史无前例的举措：他恢复了被祖父解散了的全国最高法院，也就是重新建立了国家对王权的限制。同样重要的是，他选择了改革派顾问和内阁部长作为自己的随从，其中很多人都是狄德罗的朋友或同事。著名的百科全书派人士、重农主义者安内 - 罗贝尔 - 雅克·杜尔哥男爵先是成为主管海军的国务大臣，后又升至国家财政总监这一要职。此后，曾经在《百科全书》编撰工作的最后几年中尽其所能保护狄德罗不受宗教团体迫害的警察总监安托万·德·萨尔蒂内接替了杜尔哥，成为海军国务大臣。狄德罗的好朋友马勒泽布也成为政府的一员。在路易十五将这位反对解散最高法院的政变的前图书业督查赶出凡尔赛宫四年后，马勒泽布成为皇家侍卫队总管大臣。这位自由派贵族在路易十六即位后的头几个月中执行的任务之一就是为法国的清教徒和犹太人的政治地位提出建议。他最终建议国王给予这两类人完全的公民身份，但被国王否决了。对这位新国君来说，有一些事依然过于激进。[19]

虽然旧制度的保守主义依然存在，但狄德罗相信，法国最有头脑的人正在努力将国家领进一个新时代。新政府在第一年处理的最具有挑战性的问题是改革供给不足的粮食市场。这个任务落到了杜尔哥肩上，他是经济自由主义的坚定信仰者。到了1774年9月，这位法国财政总监说服路易十六签署了一项法规，即允许谷物在全国自由流动，这在法国历史上是第一次。杜尔哥这样做是希望将国家盘根错节的法律、税收和贸易准则变得更加宽松，进而使法国这片西欧最肥沃的土地的潜力得以完全释放，同时让地主、佃农，以及数以百万计的以面包为主食的农民真正受益。

对于杜尔哥和整个法国来说都很不幸的是，这些改革正好遇到了接连不断的粮食歉收。这不仅让谷物和面包的价格暴涨，而且还引发了多起暴动，预示着十年后的法国大革命的逼近。到了1775年，骚乱、抢劫和暴力起义已经相当频繁，国王不得不在全国各地的面包房和谷仓外驻扎士兵。尽管路易十六在此期间继续支持杜尔哥，但这位年轻国王的改革计划开始走向尽头。到了1776年春天，一群包括恢复运转的巴黎最高法院，谷物贸易中的利益相关方，以及王后玛丽－安托瓦妮特本人在内的批评者重整旗鼓，成功地将国王争取到了反对杜尔哥的提议和政策的一方。此后，杜尔哥由于担心国家负债进一步加重而表示不愿意支持美国独立战争，这也最终决定了他的命运。当年5月，路易十六要求杜尔哥辞职；马勒泽布也很快离开了政府。此时距离狄德罗第一次写到法国已经进入了一个新的、充满希望的时代尚不到两年。这位哲人看到自己的朋友们或是离开政府，或是被遣散，再一次为国家忧心不已。

关于杜尔哥和马勒泽布短暂的政治经历，狄德罗没有做多少记录，部分原因可能在于他实际上并不赞同谷物市场的自由化，但他不想在公开场合反对杜尔哥。另一些原因无疑与他日益衰弱的身体状况有关。他的各种胃肠问题不断加剧，他还提到自己好几颗牙都开始"晃荡"，他的眼睛在天黑以后就看不清楚，他的腿脚也"越来越懒，需要拐杖的次数成倍增加"。[21] 最严重的还是他的心脏问题。就在一年前，即 1775 年 7 月到 8 月之间，他因为严重的心绞痛不得不减少了各种活动，他将这个病症描述成了心中的"爱"①。[22] 在 1776 年 8 月写给格林的信中，狄德罗甚至暗示自己的这位朋友说，如果他还想在自己死前和自己见上一面的话，就必须马上放弃去圣彼得堡的行程。狄德罗说，他已经到了"只剩几年，很快就只剩几个月的年龄，离只剩几天的日子也不远了"。[23]

狄德罗的晚年生活过得如隐士一样，其中大多数时间他要么躲在塔兰内路的"公寓的雨水槽"之下，要么在他的朋友艾蒂安 – 邦雅曼·贝勒在塞夫尔的住所的客房中度过，后面这个地方向窗外望去可以看到塞纳河以及古老的塞夫尔石桥。在这一时期，狄德罗完成了多项工作，其中有一出他最终命名为《当好人还是当坏人?》的戏剧。[24] 和他之前创作的郑重其事、以道德教育为目标的资产阶级戏剧不同，这部短小的喜剧讲述了一个叫阿杜安的巴黎文人的一天，这个和狄德罗很像的人对一种思想进行了试验：为了公众的利益努力，时常意味着道德

---

① 法语中的"affection"一词一语双关，既指爱意，又指疾病。

妥协，甚至是彻底的虚伪。[25]阿杜安扮演了木偶戏大师的角色，意图用欺骗的方法解决三个棘手的情况：他成功解决了一个没完没了的诉讼，方法是蒙骗了一个律师；他帮助一位寡妇为儿子争取到了补助，宣称自己是孩子的父亲，不过也玷污了这位寡妇的名声；他说服了自己的旧情人允许她的女儿出嫁，骗她说她的女儿已经怀孕了。狄德罗创作的这出短剧在主旨上更接近《拉摩的侄儿》而非《一家之主》，不光是为了给戏剧观众增加一个茶余饭后的娱乐项目。一位评论者准确地指出的，这是狄德罗创作过的唯一一部真正好笑的戏剧。[26]

　　1776 年，狄德罗同意为卢修斯·阿奈乌斯·塞内加（公元前 1—公元 65）的六卷作品全集的法语版写一个短篇后记（霍尔巴赫，尤其是奈容也参与了翻译工作）。[27]总结这位罗马帝国时期最重要的哲学家的人生和作品不是一件容易的事。塞内加留下的遗产有积极的一面，狄德罗那一代的哲学家（乃至更早的伊拉斯谟和蒙田时期的哲学家）都是从他那里了解到了斯多葛哲学的基础思想。塞内加的一系列备受推崇的论文和哲学对话（比如《论天命》《论智者不惑》《论心灵的安宁》）表明，真正的快乐并不来源于我们的健康或财富，而是来源于做善事、有美德的人生。[28]写清楚塞内加的哲学理论并不是挑战所在；真正的难处在于这位古罗马哲学家的人生并没能达到他的哲学价值标准。首先，众所周知，塞内加批判了金钱对人产生的诱惑，可他本人却积攒了大量财富，是当时罗马数一数二的富人。而他更严重的罪恶是成为尼禄的老师，据说他与这位嗜血的皇帝一起谋杀了尼禄的母亲阿格里皮娜。对于 18 世纪的大多数思想来说，这个斯多葛派哲学巨擘犯下了伪善的罪行。

狄德罗年轻时也曾斥责塞内加自相矛盾，而且还曾指责这个哲学家助纣为虐，为了满足尼禄的各种欲望而让"正直勇敢的公民被处死"。[29]三十年后，狄德罗在他最终长达500页的后记中评述了塞内加的人生、哲学和道德准则，并把为这位"一千八百年以来受人诽谤"的古罗马哲学家正名当作目标。[30]

这个标题为《哲学家塞内加的一生》的后记发表于1778年。这篇论述性的思想性传记频繁离题，经常缺乏狄德罗充满激情的哲学对话中惯有的那种活力和机敏。不过，这依然是一篇引人入胜的文章。首先，狄德罗坚决为塞内加和尼禄的关系辩护，这无疑有助于把他与叶卡捷琳娜大帝的关系合理化。[31]另外，这篇文章不但解决了狄德罗和塞内加同样面临的问题（他们都依附专制统治者），还为狄德罗提供了一个平台，让他得以公开地评价他和让-雅克·卢梭的纠葛。

在一个理想化的世界中，狄德罗肯定更愿意忘记他和卢梭痛苦的决裂，尤其是因为卢梭指责自己背叛了他，甚至策划了针对他的恶毒阴谋。然而，到了18世纪70年代末，遗忘卢梭成了一件不可能做到的事。与霍尔巴赫的团体中的很多人一样，狄德罗非常担心卢梭即将出版的作品《忏悔录》，他认为卢梭的这个意图将一切大白于天下的自传中会充满针对他和其他哲人的半真半假的偏执妄想。的确，狄德罗此前就遭受了不少污蔑，可这一次有所不同。和其他与他打过笔仗的作家不同，卢梭不是什么三流剧作家或缺乏想象力的记者，而可以称得上是当时最有影响力的作家。更重要的是，卢梭比狄德罗的其他敌人更了解他的生活。对狄德罗来说，真正面临危险的是他珍视的后世评价和他作为一个正直、慷慨、真诚、忠实地对待朋友的人的名声。

狄德罗解决这个威胁的方法是反过来斥责卢梭。在《忏悔录》发表之前，狄德罗就用《哲学家塞内加的一生》首先出击，在文中将卢梭比作污蔑塞内加的人，并在文本中加入了一系列脚注来指责卢梭缺乏独创性、喜欢混淆视听、剽窃他人思想，还说卢梭最好的想法都是从塞内加、普鲁塔克、蒙田和洛克那里得来的。[32]当然，狄德罗没有提到自己对卢梭的冷淡和忽视，也没有提到他嘲笑卢梭内心的恐惧毫无道理加剧了卢梭的疑心病这一点。

按照命运的安排，狄德罗对卢梭的口诛笔伐在 1778 年底印刷出版，卢梭当时去世才几个月。这并不是个好时机。对这本书的所有读者来说，狄德罗指名道姓的斥责看起来缺乏气度，而且报复心过强，负面评论因而立刻如冰雹一般砸下来。作为对这些评论的回应，狄德罗又用了两年时间修改、扩充了塞内加的传记，调整了表达方式，并将这本书重新命名为《论克劳狄乌斯和尼禄的统治》。除了进一步强化对塞内加事业的辩护和对批评者的回应之外，他加入了一个全新的，而且更加不留情面的部分，专门悉数卢梭的罪责。狄德罗先是宣称这个日内瓦人对人生扭曲、非理性的看法导致其失去了"二十位体面的朋友"，接着提出了一个重要的问题：这位曾经的哲人是如何成为这个时代最积极的哲人的反对者呢？狄德罗给出的答案如刀锋一般尖利。

同样，他成了清教徒中的天主教徒，天主教徒中的清教徒，在天主教徒和清教徒中宣称自己是自然神论者和索齐尼主义者①……

同样，他先是创作了多部喜剧，继而撰文反对所有戏剧……

同样，他为自己的文学事业辛勤耕耘，却抨击文学……

同样，他先是反对道德败坏，继而创作放荡小说。

在这一系列的虚假和伪善中，最令人痛苦的与狄德罗自身相关："同样，他诋毁了一个最钦慕他的人……"[33]

狄德罗对卢梭的两面性人格的这些猛烈控诉在 1782 年出版，这一年，卢梭的《忏悔录》的头几卷也恰好问世。尽管他们二人都希望在这个最后的公开冲突中占领道德制高点，但这两个记述了他们之间长达二十五年的争论都没能决定到底错在谁身上。相比于其他，从这两个男人笔尖流淌出来的所有仇恨和遗憾汇聚成了一个无比尖锐的证据，证明着他们的共同点：他们都因为对于相互污蔑的恐惧和永远失去的友谊而承受了烧灼般的痛楚。[34]

关于世界的长篇巨作

狄德罗最后出版的书作可以说是他最不成功的一部作品。在第二版（1782 年版）《哲学家塞内加的一生》问世之前，狄德罗的很多朋友，包括奈容在内，都请求这位日渐衰老的哲

---

① 索齐尼（1525—1562），意大利神学家、宗教改革家，反对教会权利和上帝三位一体论。

人在该书出版之前，对手稿进行彻底的改动或者删节。狄德罗
婉拒了。在该书终于问世后，就连他最坚定的支持者都为之震
惊。刊登在《文人共和国新闻》上的一篇评论很有代表性，
其作者帕欣·德·拉·布朗什里不仅嘲笑狄德罗对塞内加阿谀
奉承，而且批评他把插在卢梭背上的刀"捅得更深了"。[35]

　　在这个时期，狄德罗的事业中有一个很讽刺情况。在文
人们对他对塞内加偏颇的辩护频频摇头的几年中，狄德罗也
为自己对后世的影响做出了更有效的投入：他为在 18 世纪最
后的 25 年间最畅销的作品，即纪尧姆－托马·雷纳尔神父的
《东西印度群岛哲学及政治历史》（以下简称《东西印度历
史》），写了几百页的评论。毫不夸张地说，狄德罗对雷纳尔
的这部巨作所做出的匿名贡献不仅改变了这本书，而且改变
了历史。[36]

**纪尧姆－托马·雷纳尔神父的《东西印度历史》
的首卷图画，1780**

在加入这个图书项目之前，狄德罗已经认识雷纳尔三十年了。和狄德罗一样，雷纳尔一开始来到巴黎是为了成为神职人员。这个身材矮小，面容严肃，目光深邃而锐利的男人经常穿着一身黑色西装，戴着一顶形似包头巾的蓝色调布帽。最初令他获得知名度的是有关荷兰和英国议会的书作，以及他编辑的两本期刊：一本是《文学新闻》，也就是《文学通信》的前身；另一本是《风雅信使》，这是当时最受推崇的期刊之一。然而，雷纳尔的事业走向在 18 世纪 60 年代发生了重大的转变。当时，掌管法国海军和海外殖民地的外交部长艾蒂安－弗朗索瓦·德·舒瓦瑟尔邀请这位作家创作一本有关现代战争的手册，该作品最终在 1762 年出版。[37]之后不久，舒瓦瑟尔又交给了雷纳尔一个规模更大的任务，要求他编写一部研究欧洲在从印度到北美范围内殖民情况的多卷本作品。这部书最终成了雷纳尔的传世之作。

与《百科全书》很相似，《东西印度历史》一开始并没有被当成一个武器来设计。舒瓦瑟尔鼓励雷纳尔使用"哲学"或是批评性的观点，只是为了让这位作家促使政府实施更具有前瞻性的对外政策，以帮助刺激在七年战争中深受打击的法国经济。[38]

这样一个图书计划的规模之大令人望而却步。为了完成这样一个对欧洲海外探索的全面调查，雷纳尔参阅了法国外交部提供的数以千计的文件，同时与一大批殖民地管理者、外交官，还有遍布在全球的各个殖民地定居的人们展开了通信交流。[39]有过编辑经历的雷纳尔很精明，知道光凭自己是无法处理这样多的素材的，于是聘用了多位代笔人，这些人虽然非常乐意为欧洲殖民情况贡献批评性研究文章，但不愿意透露姓名。这其中最重要的"政治哲人"就是狄德罗，他和雷纳尔在18世纪60年代末就开始了秘密合作。[40]

　　第一版《东西印度历史》于1772年在海牙完成印刷（该书标明的出版日期为1770年）。法国的读者此前从未见过这样一部作品。这部书不仅提供了对欧洲贸易活动历史的全面记录和广泛调查，还接替了《百科全书》，为当时观察全球政治以及法国国内政治状况最自由、最开放的观点提供了一个新的表达平台。虽然书中迥然不同的观点之间时常发生冲突——这是聘用多名作者无法避免的问题——书中最强有力的部分毫不含糊地提出了一个对历史的理解，认为暴君、法官和神父不仅在欧洲建立了各种形式的专制统治，而且还将其输出到了全球各地的殖民地中。法国的图书审查人员非常清楚《东西印度历史》在暗示什么。这个作品在法国广泛传播后没多久就于1772年12月被国王参政院下令禁止发行了。

　　狄德罗对《东西印度历史》的第一版的贡献不及他为该书后来的两个版本的最终贡献精彩。但雷纳尔立刻就看出了这位哲人的笔力。早在该书的第一版问世之前，雷纳尔就问过狄德罗是否愿意为该书的修订版创作新的文章。虽然这位哲人对这个工作发了些牢骚，但最终答应帮忙，并在发行于1774年的新一版《东西印度历史》中贡献了篇幅两倍于第一版的文章。同年秋天，在狄德罗从俄国回到巴黎后不久，雷纳尔再一次向他求助，请他为此书的第三版即最终版撰文。尽管狄德罗的身体日渐衰弱，同时还忙于创作有关塞内加的文章以及其他工作，但他很快开始为该书的第三版忙碌，甚至比前两版还要投入。18世纪70年代末，当他将完成的手稿交给雷纳尔时，总共十卷的《东西印度历史》中有整整20%的内容出自狄德罗之手。

狄德罗对这部巨作的贡献有时只有几句话，有时则会插入长达一整章的文本，而这些文字都成为他多种多样的政治作品的顶点。尽管雷纳尔在理论上将该书的范围限定在了东印度和西印度，狄德罗和其他几位代笔人却强行将批判重点转回了欧洲。狄德罗为第三版《东西印度历史》贡献的文字中比较有趣的一段是一个指向路易十六的放肆的注释。他已经习惯于随随便便地对君主讲话，于是用"你"这个非正式而且有点儿冒昧的词来称呼这位年轻的国王。他警告这位注定要失败的国王说，整个法国就是一个火药桶："睁眼看看你的国都，你就会发现两个阶层的公民。一些人锦衣玉食、挥霍无度，而这样的炫耀则在另一些没有被财富和奢侈腐化的人心中点燃了怒火。"[41]在继续讲了一段话之后，这位年迈的哲人预言道，和法国一样的其他帝国"没有道德和美德是无以为继的"，并继续向路易十六发问说，为什么他继续容忍他的廷臣们"无尽的贪婪"，为什么允许国内那些"受到保护的人"免于税收的责任，而人民则因税收的重负而"痛苦地呻吟"。[42]在这篇檄文的末尾，狄德罗给了这位国王一个选择：承担袖手旁观的暴君的恶名，或者改变国家，获得真正的光荣。狄德罗在这部作品中嵌入了很多这样的信息，包括在没有直接对国王喊话的时候。比如，当说到出版自由这个主题时，这位哲人的态度非常坚定："不论在什么情况下，只要君主禁止人民就经济和政治问题自由发表意见，君主就表现出想要施行暴政的最让人确信无疑的证据。"[43]

狄德罗对法国王室的看法一样在大革命爆发前和发生后的几年间产生了巨大影响，而在重要性上完全可以与此比肩的还有他对殖民地的看法。他强调，所有殖民行为在根本上都是非正义的——他一遍遍地斥责了当时的征服者将不属于他们的土地据为己有的行为——并且对在他看来当时最刺眼的恶行，也就是一直没有被禁止的非洲动产奴隶贩卖的行为，发出了强力的攻击。

到狄德罗成为《东西印度历史》的代笔人之时，法国奴隶贸易商每年都会向加勒比地区运送3万受奴役的非洲人，让他们加入当时法国占有的三大岛——瓜德罗普、马提尼克，尤其是圣多明戈（海地）——已有的50万奴隶的行列。总体算来，自从奴隶贸易在120年前开始以来，法国船只已经向这些岛屿运送了100万奴隶。[44]

为该作品提供文章的多位未署名的作者对受奴役的非洲人的悲惨处境反应各不相同。有一位作者不带任何批评口吻地总结了当时虚假的种族科学，在长篇论述中说明了所谓的黑人（nègre）有严重的生理和认知缺陷，因此这个"物种"注定要成为奴隶。另一些思想更自由的作者倡导一种"开明奴隶制"，他们鼓励奴隶主尊重并仁慈地对待自己的奴隶。雷纳尔在书中还提出了更加"进步"的声音。其中一个部分提出，一旦整个非洲的人口理解了西方的法律和风俗，他们就可以得到彻底解放。更著名的是，雷纳尔在书中还插入了从让-约瑟夫·德·佩什梅雅这样的思想家笔下爆发出的更加猛烈的反奴隶制观点，后者写下了该书中最令人记忆深刻的句子之一："所有为［奴隶制］辩护的人都应该面对哲学家鄙夷的沉默，并等待黑人捅向他的匕首。"[45]

狄德罗对雷纳尔及其代笔人有关奴隶制的很多评述做了增补和修改。除了否定了当时错误的种族科学，他还将奴隶贸易的原因从一直以来对非洲人的责怪，转而归咎于欧洲的贪婪。他郑重地告诉读者，强迫奴役的责任以及对数以百万的非洲人的谋杀不仅落在奴隶贸易商和种植园主身上，而且落在了普通的欧洲人身上："对金子无止境的欲求催生了最臭名昭著、最令人发指的贸易——奴隶贸易。人们谈起违背人性的罪行，却不认为奴隶制是最严重的。欧洲大多数人都因此而背负上了恶名，而正是邪恶的私欲让人类的心感受不到我们亏欠我们同类的感情。"[46]

然而，狄德罗最有先见之明且在修辞上最能激起读者敬畏之心的段落出现在他预言了黑皮肤的斯巴达克斯将挺身而出，挥舞"自由的旗帜"，带领一支由曾经的奴隶组成的军队与奴隶主斗争，让大地上洒满压迫者的鲜血。这正是十年之后在圣多明戈发生事情，当时，一位出色的战术家、革命士兵杜桑·卢维杜尔，领导了狄德罗描述的这样一场斗争，并最终为海地赢得了自由。一些历史学家认为他可能阅读过《东西印度历史》。[47]

亚美利加

和很多为《东西印度历史》撰文的代笔人一样，狄德罗相信奴隶制的残忍现实是新世界的一个重要特征。但在他严厉抨击种植园系统的惨状的几年间，他也为了一个诞生于"北方"或北美洲的新型国家而鼓掌叫好：这个由独立的州组成的联邦结合了民主给予人民的自由和与君主制相同的政治力量。[48]狄德罗相信，如果这个新的共和国能够放弃奴隶制，它就真的能够成为人类的应许之地。[49]

狄德罗是一位所谓的美国主义者——他支持北美殖民地开拓者与英国的斗争——在 1776 年《独立宣言》签署前就如此。早在 1769 年，他就收到过本杰明·富兰克林的推荐信，后者请他与一位年轻、正派的医生本杰明·拉什会面。狄德罗高兴地在塔兰内路上自己的办公室中接待了这位有一天将会在《独立宣言》上签上自己名字的年轻人，据说他们讨论了反抗英国暴政的最佳方法。[50]狄德罗可能在 1776 年见过富兰克林本人，后者在 1776 年或 1777 年在巴黎居留了六周，当时到访法国是为了美洲殖民地正在进行的反抗斗争向法国争取经济和军事支持。[51]虽然没有多少确凿的证据，但人们完全可以想象这两个充满活力的"万事通"不戴假发会面的情景，两个人可能都争着讲话，狄德罗说着生硬的英语，富兰克林说着蹩脚的法语。

富兰克林和狄德罗的关系无论具体如何，都一定是相当有限的。但狄德罗依然通过雷纳尔和富兰克林与美国独立运动产生了紧密的联系。雷纳尔曾在 1767 年与富兰克林见过面，二人自那以后一直保持联系。事实上，雷纳尔在整个 18 世纪 70 年代都一再（为了与他合著《东西印度历史》的几位作者）向富兰克林了解"北美的人口、贸易情况、海运、农业［和］农产品"的相关信息。类似的请求一直持续到最后一版《东西印度历史》完成。在这一版出版前不久，雷纳尔还向这位美国政治家及科学家发出请求，请他提供有关殖民地的更详细的数据，包括各州黑人与白人的精确的人口分布。[53]最后这个问题很可能是狄德罗提出的，他当时正在重写关于美国奴隶制的整个部分。

富兰克林非常清楚雷纳尔对美国殖民地整体积极的评价对

法国大众的观点的影响超过了任何当时发表的作品。[54]1775年，
富兰克林决定让雷纳尔成为美国哲学学会的正式成员（富兰
克林是这个协会的创始人和会长），以此表示对他所做出的贡
献的认可。但是，富兰克林和他在费城的同事都不知道的是，
为反叛的美国人呐喊助威的最重要的哲人根本不是雷纳尔，而
是狄德罗。

在1774年版的《东西印度历史》中，雷纳尔比较谨慎地
对待美国完全独立于英国这个可能性，提出无论是否合理，从
宗主国分离出来很可能在此后造成宗教和文化上的问题。[55]狄
德罗在1780年版中修改了这个部分，彻底改变了这一段的主
旨。除了断言美洲殖民地有绝对的道德和政治权利摆脱压迫它
们的宗主国的枷锁，他还热情洋溢地总结了这个新国家的政治
基础和意识形态，不仅翻译了部分托马斯·潘恩于1776年出
版的《常识》、总结了《独立宣言》的主要思想，还分析了这
个新国家的《邦联条例》。[56]毫不夸张地说，狄德罗是发生在大
西洋另一边的了不起的政治实验最重要的法国翻译者。

狄德罗坦言，他很遗憾自己因为年事已高而不能旅行到这
个拥有"宽容、道德、法律、美德和自由的国度"。[57]但他没有
让这个障碍阻止自己给他所说的"美国反叛者"提供建议。
他不仅不断鼓舞新世界的革命者即便牺牲生命也不能放弃哪怕
一点点儿自由，他还告诫他们要避免犯下困扰了欧洲大陆几个
世纪的错误。

　　　　北美洲的人们：愿所有在你们之前建立的国家，尤其
　　是你们的母国，成为你们的前车之鉴。警惕丰富的黄金带
　　来的道德腐化和对法律的蔑视；警惕不公平的财富分配造

成一小部分公民得以富裕，而大部分公民陷于贫困……[58]

就像狄德罗在《哲学家塞内加的一生》中曾提到的一样，美国民主面临的真正威胁并非主要来自外国势力，而主要来自未来的成功在无意中带来的结果：奢侈商品、阶级矛盾的出现、政治腐败、贪污，以及在最糟糕的情况下，甚至可能会出现独裁者。

狄德罗在《东西印度历史》中的沉思暗示了他认为一系列革命很可能即将爆发。除了预料到了圣多明戈的奴隶制的暴力结束之外，他还明确指出，所有形式的压迫——无论是对各殖民地的野蛮的贸易垄断还是欧洲的君主专制——最终都将受到反抗，而且在很多情况下将被推翻。他在该书的某一处还曾直接向被欺压和迫害的人民发声，他问道："曾经经常用咆哮让你们的主人颤抖［的人们］，你们在等什么？你们要留着火炬和将铺成你们的道路的石头到什么时候？把它们举起来。"[59] 狄德罗再清楚不过，发表这些段落需要胆量，因为这样做非常危险。在一个很能说明问题的逸闻中，狄德罗提到他曾问雷纳尔谁敢发表他写出来的这些煽动性的段落。据说这位编辑这样回答："我，我敢，听我的，继续写吧。"[60]

当雷纳尔出版 1770 年版和 1774 年版的《东西印度历史》时，他很明智地选择了匿名出版。将自己的名字与这部内容越来越激进的第三版联系在一起实在过于危险，但他在该书 1780 年出版的第三版，即该书的最终版中，不仅将自己的名字写在了标题页上，还加入了自己的肖像画作为首卷图画。身穿他的作家长袍，头戴他标志性的头巾式的帽子，雷纳尔目光热切地盯着读者，图下的说明文字写道："纪尧姆-托马·雷纳尔：人类、真理和自由的捍卫者。"[61]

　　1780 年版的《东西印度历史》过于大胆的内容很快点燃了国王、巴黎最高法院和教廷的怒火。1781 年 5 月，该书在格列夫广场被焚毁。雷纳尔遭到追捕，他迅速逃到了普鲁士，在那里度过了接下来的七年。尽管受到了迫害和禁止，该作品的最新版本依然被抢购一空；到了 18 世纪末，这部书共有二十个法语版本和四十多个外国盗版版本。和其他几部关键的书作和文件——这其中包括孟德斯鸠的《论法的精神》，卢梭的《社会契约论》，以及美国《独立宣言》——一起，雷纳尔的《东西印度历史》将同样在激励例如乔治·丹敦、卡米耶·德穆兰和罗伯斯庇尔等法国大革命的主要人物中起到了重要作用，这其中还包括夏洛特·科黛，这位来自诺曼底的年轻的吉伦特派支持者在让 - 保罗·马拉泡在浴缸中时，将一把匕首插入了他的心脏。

　　狄德罗没能活着看到自己对雷纳尔的书未署名的贡献为下一代人带来了怎样的影响。但他很明白这本书的观点有多么容易引发分歧，甚至是在他的朋友当中。在第三版《东西印度历史》于 1781 年春天问世后不久，雷纳尔与狄德罗三十年来最亲密的朋友格林因为这本书发生了激烈的争吵。格林不仅污蔑这本书极不明智、不负责任，甚至还对雷纳尔发起了人身攻击。他给雷纳尔出了一个看似无解的谜题："要不你就是相信你攻击的［君主］无力还击，也就是说你是个懦夫；要不你就是认为他们可以而且很可能还击，也就是说你愚蠢到将自己暴露在他们的怒火之下。"[62]

　　两天后，狄德罗在范德尔夫人家里和格林碰面。格林对狄德罗是雷纳尔这一书作的最重要的代笔人一事一无所知，于是扬扬得意地向狄德罗复述了他如何像数落傻子一样将雷纳尔出版了这样一部误入歧途的作品而将其痛骂了一番。狄德罗怒火中烧，感觉这个涂脂抹粉、放弃了文学事业而选择谄媚欧洲君主的马屁精是在攻击自己。他决定不在女儿面前和格林撕破脸，但在回到塔兰内路的家中后，匆匆在一封（未寄出的）短笺中写下了自己对此事的想法。[63]他虽然表明自己就算现在死去也不会停止对格林的"爱"，但也严厉批评他的这位朋友"思想腐坏"，并且放任自己的灵魂在"大人物的会客室里"变得"空洞浅薄"。[64]然而，狄德罗最尖锐的评论出现在短笺的附言中，他强调说："一个谴责英勇行为的人是永远做不出英勇之事的；而一个人之所以谴责英勇的行为恰恰是因为他做不到。"[65]

这封没有寄出的信让狄德罗得以表达自己的愤怒，而没有完全断绝与格林的友谊。或许更重要的是，这封信让狄德罗有机会表明他所认为的哲人的道德责任：诚实，坚定，大胆追求真理，无论是像雷纳尔一样为自己的名声吹响号角，还是像他自己经常选择的那样，在隐蔽处写下自己的思想。

在与格林闹得不愉快之前的一年，狄德罗已经在1780年版的《东西印度历史》的最后一段文字中更加全面地总结了自己不同凡响的事业。他承认自己在有生之年没有发表过任何一部杰出的作品，然后接着说，他希望他给雷纳尔的这部作品以及其他地方添加的思想能够促进社会的进步。他承认，这个令人愉悦的想法将给正在走向生命终点的自己带来一丝慰藉：

> 我不会自命不凡地认为，当伟大的革命到来时，我的名字还会被提起……这个没有什么长处的作品［《东西印

度历史》] 无疑会被遗忘，其全部优点在于抛砖引玉。但我至少能够告诉自己，我为自己的同类贡献了自己所有的力量，并且已经准备好远远地看着他们的命运得到改善。这个美好的想法就是属于我的光荣。这将让我的晚年充满魅力，让我在生命的最后一刻感到宽慰。[66]

尾声　行走在两个永恒之间

　　1776 年 12 月中旬，八十三岁的伏尔泰拿出一张纸，写了一封短信给狄德罗。在逃离巴黎、流亡海外二十五年后，这位满脸皱纹，牙齿几乎掉光的哲学家悲伤地感慨说他与狄德罗竟然从未谋面："不见你一面就死去，这让我心碎……我很乐意回到巴黎，并且用我生命的最后十五分钟听着你的声音，以此抚慰我的心灵。"[1]

　　十五个月后，一辆蓝色的马车载着星光熠熠的伏尔泰驶入了法国首都。虽然身患前列腺癌且病势严重，这位著名的人道主义者、散文家和剧作家依然为自己安排了异常繁忙的行程。他不但计划完成一部五幕悲剧——他活着看到了这部戏首演——他还将大多数时间花在了接待各方宾客上，地点设在他的一位朋友的私人宅邸中，这里位于博纳路和戴蒂尼会堤岸的交叉口。在这里，伏尔泰经常连续几小时接待一长串仰慕他的友人和名人，其中就有本杰明·富兰克林及其儿子。在伏尔泰三个月的停留中，狄德罗也前来向他致敬。当时的记者在写到这次会面时暗示说，有一些关系还是完全靠书信维系的好。

　　狄德罗和伏尔泰从 1749 年就开始通信往来，当时这位"思想之王"曾经邀请刚刚崭露头角的狄德罗共同进餐。除了想要认识这位创作了《论盲人的书简》的聪明作家以外，伏尔泰可能也希望帮助这位刚受到委任的《百科全书》的编辑重新考虑他的无神论信仰。狄德罗决定避开伏尔泰的邀请和他

让-安托万·乌东创作的伏尔泰半身像

的说教。人们也许会奇怪，什么样的年轻作家会放弃和有史以来最著名的公共知识分子共进午餐的机会？1749 年，这个问题的答案很清楚：一位无神论者，他不仅骄傲，而且无怨无悔，更无意让一个顽固的自然神论者质疑自己的哲学。

尽管如此，这两位哲人（自那以后）一直保持了二十八年的联络。伏尔泰寄出了十五封信，狄德罗回复了九次。事实上，他们之间的关系随着时间的流逝逐渐加深，因为共同的朋友、兴趣和对对方的思想深深的尊敬而变得愈发牢固。然而，在 18 世纪 60 年代期间，双方都开始显示出一种警觉。他们对宗教的看法截然不同——伏尔泰一直是以牛顿学说为基础的自然神论的支持者，而狄德罗早就将自己定义为不信神的人——他们对对方的文学事业的态度也很含糊。两个人都在戏剧上投入甚多，而且都认为对方选择了错误的道路。在狄德罗看来，伏尔泰不停创作的都是一些粗制滥造且落后的古典剧和喜剧；至于伏尔泰，他偷偷地认为狄德罗的资产阶级戏剧证明了戏剧在向一个可悲的方向发展。

这样的两个男人在 1778 年终于坐在对方面前时谈了什么呢？他们之间发生了怎样的争论？谁赢了，谁又输了呢？他们会谈论伏尔泰曾经在《百科全书》最黑暗的那些日子里试图说服狄德罗和达朗贝尔放弃这个项目的事情吗？还是谈论这些年来已经永远离他们而去的朋友，比如亲爱的达米拉维尔？或者提到伏尔泰没能帮助狄德罗当选法兰西学术院的成员？他们会说起他们共同的朋友叶卡捷琳娜大帝吗？或是狄德罗的那本不同寻常的有关塞内加的书作？或是他为雷纳尔的书做出的秘密贡献？又或是狄德罗对于伏尔泰为清教徒让·卡拉斯辩护的钦佩之情（后者被错误地指控在其子皈依天主教后不久将其杀害）？

可惜留给我们的唯一有确凿记录的是二人对于莎士比亚的优点的讨论。据说，伏尔泰问狄德罗怎么会"比起拉辛和维吉尔更喜欢莎士比亚这个品位低俗的怪物"。[2] 在接下来的讨论中，狄德罗承认，这位英国剧作家缺少那些最伟大的诗人的优雅，但他拥有非常强大的能量，能够超越其作品中"哥特式"的特点。狄德罗接着将莎士比亚比喻为制作于 15 世纪的圣克里斯托弗雕塑。这尊矗立在巴黎圣母院门口的巨大雕塑或许有些粗犷和乡野，但在狄德罗看来，它和莎士比亚很像，因为"伟大的人依然用双腿走路，没有用头顶触碰他们的睾丸"。[3] 这其中的含义很清楚：虽然伏尔泰完全有理由将自己视为他那个时代法国最伟大的诗人和剧作家，但他依然比不上莎士比亚。根据一位记者对这个对话的记录，伏尔泰在听到这句话以后"对狄德罗先生颇感不悦"。[4]

　　狄德罗的口无遮拦据说既惹恼了伏尔泰，又令后者着迷。两人多年以来的交流方式都是通信——书信体的明显优势就是可以让收信的一方的回复不被打断——这一次，伏尔泰终于有机会亲眼见识这位百科全书派从一个想法跳到另一个想法而不需要喘息的传奇能力。据说狄德罗离开戴蒂尼会堤岸之后，伏尔泰对几个朋友说，他的这位访客名不虚传，的确机敏过人，但上天没有赐给他"一个不可或缺的天赋，那就是真正与人交谈的能力"。[5]同样，狄德罗也总结了自己与才华横溢但日薄西山的伏尔泰的这次会面。他说，这个男人就像一座古老的"带有魔力的城堡，城堡的各个部分正在缓慢瓦解"，但城堡中的走廊"依然住着一位年迈的魔法师"。[6]

　　狄德罗与伏尔泰的第一次见面，也是这两位启蒙运动时期代表性人物的最后一次见面。1778 年 5 月 30 日，在狄德罗拜会伏尔泰之后不久，这位年迈的魔法师就因癌症与世长辞了。结果，伏尔泰成为第一个于 1778 年离世的重要人物。一个多月以后的 7 月 2 日，让－雅克·卢梭也离开了人世。整个巴黎都听说，卢梭那天早上在位于巴黎以北 25 英里的埃默农维尔庄园的花园中散步。回到他居住的小屋后，他紧张地告诉自己一直以来的伴侣玛丽－泰蕾兹·勒瓦瑟说，他胸口像被刀插一样疼痛，双脚的脚心还有奇怪的刺痛感，头部也一抽一抽地疼得厉害。不久之后，这位日内瓦公民倒地而亡。[7]

　　卢梭和伏尔泰的离世标志着更多狄德罗的挚友、同事乃至敌人不久后将逐一离世。到了 1783 年，所有和他一起参与了《百科全书》编撰的主要人员——达朗贝尔、德·若古，还有包括安德烈－弗朗索瓦·勒·布雷顿在内的所有四位出版

商——都离他而去了。这个不断扩大的亡故者名单中还出现了
埃皮奈夫人和狄德罗的几位画家朋友的名字，其中就有让 - 巴
蒂斯特 - 西梅翁·夏尔丹和路易 - 米歇尔·范·洛。狄德罗那
一代人正在消失。

迎接绞索

　　不断失去朋友无疑对狄德罗产生了一定影响，让他决定以
更简单的方式度过人生的最后几年。虽然他继续为了各种项目
而工作，但这位哲人有意识地从喧闹的巴黎社交圈中退步抽
身。除了和图瓦妮特一起隐居到他的朋友艾蒂安 - 邦雅曼·贝
勒在塞夫尔的安静的居所中，他还花了更多的时间待在女儿的
公寓里，不仅是为了看看他的外孙和外孙女，还和他们一家人
共进午餐和晚餐。范德尔夫人的小叔子也经常来哥嫂家串门，
他为我们提供的几个线索显示出狄德罗在 1778 年末越来越依
赖家庭："狄德罗先生每天都会过来和我们一起吃晚餐。狄德
罗夫人会待在［塔兰内路］，脾气经常不是很好。这几天，她
因为自己的小狗死了而十分伤心，那只狗三个月前就已经瞎
了。比亚尔夫人［图瓦妮特的姐姐］不小心坐到了狗身上，
坐断了它的腰。从那时开始，狄德罗夫人就经常训斥她。"[8]
　　狄德罗肯定把图瓦妮特的这个小小的悲剧讲给了女儿和女
婿听，他在这段时光无疑也更重视他的家人了。几个月后，他
带着有点儿厌恶人类的口吻坦白说，自己的快乐主要来源于每
天下午乘马车到巴黎皇家宫殿，在文人咖啡小馆给自己买一杯
冰激凌吃，每天的口味有新鲜水果、黄油、杏仁奶，或是樱
桃酒。[9]

在这一时期，狄德罗为数不多的通信中不时表现出无聊的感觉和死亡的迫近。但是，死亡本身似乎完全没有让他担忧。首先，作为蒙田和塞内加的信奉者，狄德罗知道，为无法避免的事情而忧心唯一能达到的效果就是破坏当下。不过，他并不是简单地接受了蒙田"探讨哲学就是学习死亡"的信条，而是培养了一个经过充分思考的对人生和死亡的无神论理解。他一直到 18 世纪 80 年代都在创作一本唯物主义入门书，书名为《生理学要素》，他在其中总结了自己认为的人生中最重要的事情："人生只有一种美德，那就是公正；只有一个责任，那就是让自己快乐；只有一个必然结果，那就是不要夸大自己人生的重要性，也不要因死亡而恐惧。"[10]

狄德罗经常从他的唯物主义思想中汲取安慰。在 18 世纪 50 年代末期，他曾告诉索菲，他幻想着与她合葬，这样组成他们的原子或许能在他们死后找到对方，并形成一个新的存在。他的小说也反映了想象一个没有神的世界给他带来的思想上的快乐。在《达朗贝尔的梦》中，他的角色"狄德罗"欢欣鼓舞地将唯物主义的核心思想强行灌输给了达朗贝尔在小说中的替身，而后者在随后的故事中（在做梦的情况下）面对了自己以及整个人类都只是宇宙中的偶然现象这样一个事实。狄德罗在《拉摩的侄儿》中更加大胆，创造了拉摩这样一个鲜活的人物，这个人欣然接受了"人类有时候看起来只是追求享乐的肉质机器"这样一个想法。[11]

但是，与其他唯物主义作家不同，狄德罗从没有忘记人生中作为唯物主义信仰补充的，而且经常充满喜剧效果的那些方面。他很清楚唯物主义对道德形成的威胁，不过他更喜欢让他的这个思想中最灰暗的元素在他的头脑中，以及我们面前欢快地起舞。他的最后一部以对话形式开展的实验小说《宿命论者雅克》，也采取了这样的做法，这个作品在伏尔泰和卢梭去世的那几个月间即将完成。[12] 也是在这个作品中，狄德罗有意识地讨论了物质世界中的存在这个问题。

与《达朗贝尔的梦》和《拉摩的侄儿》不同，在这个嵌套了多层情节且时常跑题的故事中，狄德罗没有以一个有姓名的角色出现。不过，作者的人格渗透进了整个作品，尤其是文中叙述者的"个性"之中，并尝试着将有关一个名叫雅克的男仆及其主人的各式各样的逸闻整合为一体（有时候并不成功）。读者第一次阅读《宿命论者雅克》的头几句话，就会感到受了当头一击：这个故事厚脸皮的讲述者有着令人震惊的现代性。

> 他们是怎么相遇的呢？和所有人一样，通过巧合。他们叫什么名字呢？这对你来说重要吗？他们从哪儿来？从最近的地方来。他们要去哪儿？有任何人真的知道吗？他们说了什么？这位主人什么都没说，而雅克说他的长官曾经说，发生在人间的一切，无论是好是坏，都是那里，也就是上天，安排好了的。[13]

《宿命论者雅克》可能是狄德罗的作品中最欢快、最轻松，但也可能是最深刻的一部。在狄德罗塑造的这个调皮捣蛋的叙述者的讲述中，人生中的意外事件和我们的命运看起来都是搞笑的素材。不过，尽管引人发笑是这部小说的主基调，狄德罗却在本书中提出了他在哲学思考中遇到的最为棘手的一些问题：在一个非神创的世界中，所有存在都需要遵循同一个能够解释这个物质世界的机械规律，在这种情况下，人类的现实是什么呢？如果人类所做所想都是被其生理条件和环境提前安排好的，人类还能自认为是自由的吗？

男仆雅克为这些问题提供了脱离实际的理论性答案，这些答案是他在从军期间从他的"长官"那里学来的。这个世界观从斯宾诺莎的理论中衍生而来，认为人类的生命是没有自由意志的。我们所做的每一件事都是由此前发生的其他事件导致的结果：除了现在发生在我们面前的一切，我们不可能以他种形式存在，也无法思考其他事物。要从这一系列连锁事件中逃脱是不可能的，那样做意味着我们并不是自己，而是另一个人。[14]

狄德罗一生都坚信这个对人类存在的决定论阐释中包含的核心信条。[15]然而，这本书一次次毫无规律可循的冒险和反复无常的叙事似乎与这本书中，或许也包括我们生活中的所谓宿命论相互矛盾。雅克和他的主人漫无目的地在法国各地旅行，从没有被雅克极有可能变得阴郁而封闭的哲学体系拖累。他们享受着主仆之间奇异的友谊，陶醉在雅克长长的、经常被打断的爱情故事中，为他们沿途遇到的令人困惑的人们感到着迷或厌烦。更重要的是，雅克从来没有屈服于无法避免的命运；他的应对模式就是行动和反应。在旅途中，他在酒馆中反抗了危险的土匪，启程寻找主人丢失的表，与一个健谈的旅馆主人发生了争吵，还想办法让主人从马上摔下来。这至少可以说是一个对宿命论半开玩笑式的理解。

读者还可以从这个欢乐而曲折的故事中获得很多其他启示。最重要的或许要算这一点，那就是我们作为一个物种远非机械性的，而是具有自我意识的存在，可以操控那些决定我们是谁的原因，并在这个过程中享受人类经历的复杂性。决定论似乎给行动留有余地，即便无法给予人类完全的心理自由。这本书的神奇之处之一就在于狄德罗没有直接将此点告诉我们：我们通过阅读和开怀大笑吸收了这个信息，这也正是哲学体验的一部分。[16]

从《百科全书》开始，一直到《宿命论者雅克》，狄德罗恳请读者充分利用雅克所说的"巨大的人生卷轴"。这个对于人类存在的认识无疑包括了我们应该如何迎接死亡。和很多哲学家一样，狄德罗相信，我们在地球上的最后时刻将一次性地定义，或者塑造完成我们人格的本质。从哲学观点来看，真正的"死得其所"自然是苏格拉底的自尽：在那一刻，这位古希腊哲学家友好地问候了指控他有罪的人，饮下了毒芹汁，随后就这样简单、诚实、平静地死去，就这样战胜了他的逮捕者，还有死亡。[17]

狄德罗对柏拉图《斐多篇》中的这个震撼人心的时刻非常着迷，他甚至考虑过将其改编成舞台剧。尽管他没能创作出这部剧目，他在《宿命论者雅克》的最后时刻还是回到了苏格拉底的"死得其所"。在一段似乎凭空出现的长篇讲话中，雅克的主人突然宣布雅克和苏格拉底一样，注定会像哲学家一样死去。"如果可以从现在的事预知未来的事，如果人能在事情发生之前知道上天的安排，我预料……你有一天将会把头穿过套索，就像苏格拉底一样从容优雅。"[18] 这也是狄德罗在 18世纪 70 年代和 80 年代的希望：在走向死亡之时，像这位伟大的古希腊哲学家一样冷静、沉着。

1784

1784 年 2 月中旬，狄德罗可能是在这个时期写下了他生命中的最后一封信。这封笔迹颤颤巍巍、潦草得几乎无法辨认的短信只有一段，收信人是罗兰·吉巴尔，这位抄写员多年以来一直在帮助狄德罗汇编他没有发表的手稿。信的口气不太客气，狄德罗明显对吉巴尔还没有归还他的一个剧本而不悦："我的那部喜剧呢，吉巴尔先生？你向我保证很快就会还给我的。你说话可得算数，这可是唯一一份不在我手中的手稿了。"[19]

大约一周后，狄德罗终于放弃了为后世整理自己手稿的这个任务；他现在要面对的是走向死亡的过程中麻烦的琐事。沉重的病势对于他来说已经不是新鲜事了。在过去几年间他一直重病缠身，肠道问题让他每天不停地换衣服。更麻烦的是，他日渐衰弱、总是处于缺氧状态的心脏不但经常造成令他异常难受的胸口痛，而且导致液体在肺和腿部不断积攒。水肿带来的痛苦让他连呼吸都十分困难，要在塔兰内路的公寓里爬五层楼更是不可能了。

狄德罗与死亡第一次擦肩而过是在 1784 年 2 月 19 日，当天，他的一侧肺叶中的一个小血管突然破裂。几天后他又经历了一次中风。在这第二次血管疾病突发时范德尔夫人正好在场，据她说，父亲在病发后很快做出了自我诊断。在结结巴巴地讲了几句话之后，狄德罗发现自己的一只手动不了了，他赶快走到镜子前，镇静地举起另一只手，把手指放在了他的嘴已经垮下来的部分上面。"中风。"他如此嘟囔着。接着，他喊来了图瓦妮特和安热莉克。他提醒妻女归还他从别人那里借来的书，亲吻了她们，向她们告别，摇摇晃晃地走向床边躺了下去，很快就陷入了昏迷状态。

再恰如其分不过的是，这次中风丝毫没有影响狄德罗惊人的谈话能力，这可以说是他的标志性特点。据范德尔夫人记述，在中风后的三天三夜中，她的父亲陷入了一个"非常清醒且理性的昏迷中"。[20]这一幕和狄德罗在《达朗贝尔的梦》中营造的那个场景很相像，在那一幕中，雷斯皮纳斯小姐在小说中的代表坐在正在幻觉中徜徉的达朗贝尔的床边，而在现实中，狄德罗的女儿现在站在说着胡话的父亲身边，看着他积累了一生的渊博学识滔滔不绝地从他的头脑中流淌出来："父亲讲到了希腊语和拉丁语的墓志铭，把它们翻译出来给我听，他长篇大论地讨论了悲剧，还想起了贺拉斯和维吉尔所写的优美词句，并背诵了出来。他一整晚不停地讲话；他会问我几点了，决定上床睡觉，然后衣服没脱就躺下来，五分钟后又起了床。第四天，他从昏迷中苏醒，对此前发生的这一切的记忆也消失了。"[21]

2月22日，中风后的狄德罗尚在恢复期，而他一生的挚爱和挚友索菲·沃兰却吐出了她生命的最后一口气。狄德罗与她早已不像过去那样频繁地见面了，但他依然流下了眼泪，并且"用自己没有多少时日了这个事实来安慰自己"。[22]

狄德罗的健康每况愈下的消息很快传开。随着描述他不断恶化的身体状况的信到达了欧洲各地，一场临终看护行动开始了。在荷兰，哲学家弗朗索瓦·赫姆斯特赫斯提醒狄德罗在那里的朋友和同事说，这位法国哲人已经进入了他的"第二个婴儿期"。[23]迈斯特利用自己《文学通信》新总编的职能，将狄德罗已不久于人世的消息通报给了十几个欧洲国家的宫廷成员。格林作为叶卡捷琳娜大帝在巴黎的新代理人，他不但告知女皇狄德罗已经身患重病，而且请求她允准自己给这位哲人寻找一处更好的栖身之所——狄德罗至今依然住在塔兰内路公寓楼的第五层。

　　叶卡捷琳娜大帝在狄德罗中风后的六周收到了这封信。得知狄德罗生活环境如此窘迫的叶卡捷琳娜大帝十分难过，她责备格林没有自主行动，接着指示他给狄德罗寻找一个更好的公寓。又过了五周，远在 2500 英里外的格林收到了女皇的信，开始为他的朋友寻找一处位于楼房底层、带花园的公寓。[24]

　　当叶卡捷琳娜大帝和格林在通信中商量狄德罗的新居所时，这位哲人自己正在经受各种各样令他痛不欲生的侵入式医学治疗。在还比较健康的那些年，狄德罗曾说"最好的那种医生就是你跑着去找他，他却不在"。[25]现在，最佳选择是躲避医生的日子对狄德罗来说已经一去不返了，医疗行业开始对他的身体做了一系列被他描述为"非常恶劣的事情"，以维系他的生命。由于担心狄德罗身体内的水分潴留，医生们给他服用催吐剂让他不断呕吐，而且反复给他放血（曾经有一天放了三次）。[26]一位姓马卢埃的医生给他开了草药，还用烧热的拨火棍灼烧他的胳膊，为的是烧干他体内的水分。在狄德罗的腿也开始水肿后，他请著名的阿尔萨斯医生乔治斯－弗雷德里克·巴赫尔来家中看诊。巴赫尔安排了一系列不同的治疗方案，其中包括服用他特制的药片，并且在狄德罗的大腿和后背上涂了"起疱剂"。这些膏药由芫菁科昆虫或是西班牙金苍蝇碾碎后制成，虽然灼烧皮肤、让狄德罗感到非常疼痛，但实际上让他的病情有所缓解。范德尔夫人记述说，有一次，这种治疗方法造成的伤口竟然让潴留在父亲腿中的液体排出了"一桶"。[27]

　　此后的几个月间，狄德罗的女儿和妻子焦虑地看着他的病情日益恶化，她们都很清楚他充满活力的样子很快就要化为区区一段回忆了。她们的担忧之一是该如何对待这位公开宣称自己是无神论者的哲人的遗体。在那个时代，教廷垄断有绝对的实权决定亡者是否能享受符合规程的葬礼，但范德尔家族和狄德罗的家人都很清楚，巴黎的神职人员巴不得看到这位哲人的尸骨被扔到垃圾场里，和巴黎的妓女还有劣迹斑斑的演员堆在一处。这些神职人员在六年前伏尔泰去世时的反应至今仍历历在目。

伏尔泰不幸在思想落后的圣叙尔皮斯教区离世，这里也正是狄德罗病重时生活的地方。尽管在回到巴黎后不久，伏尔泰便选择就自己的反宗教行为签署了某种"放弃信仰"的声明书，巴黎大主教最终依然想让伏尔泰提供一个更加确实的证据，以证明他接受了耶稣基督的神性。1778 年 5 月，当伏尔泰即将离世的消息传到了圣叙尔皮斯教区，巴黎大主教从圣叙尔皮斯派出了一位教条主义的代理牧师让 - 约瑟夫·费迪·德·泰尔萨克，试图让这位不知悔改的哲学家再发出一个声明，更彻底地撤回自己的自然神论信仰。在多次诱导之后，伏尔泰似乎依然不改初衷；据说，他对一位神父所说的遗言是"让我平静地走吧"。[28]伏尔泰断然拒绝教廷的要求，而教廷也因此拒绝在圣叙尔皮斯教区的墓地给予伏尔泰一场体面的葬礼，一些神职人员甚至呼吁把他的遗体扔到乱葬岗里。

最终，将伏尔泰从这个羞辱中拯救出来的是他超凡的声望。路易十六在这位年老的作家回到巴黎之后就一直密切注意着他逐步脱离凡俗、加入古代圣贤行列的过程，因此无疑对这位哲学家的身后事同样关心。为了不让伏尔泰因其遗体所遭到的侮辱性对待而成为殉道者，路易十六最终做出了懦夫才会做出的妥协：允许伏尔泰的遗体离开巴黎，就好像他尚未离世一

样。德·泰尔萨克还提供了一封信，澄清教廷已经放弃了一切
有关此事的"教区权利"。负责处理伏尔泰遗体的几个人还收
到了一份证明文件，确保他们一行人能够安全地离开首都。
1778 年 5 月 31 日，伏尔泰的遗体被抬上了他的马车，支撑起
来，运出了巴黎。两天后，在塞纳河畔的罗米伊，伏尔泰获得
了一个完整的基督教葬礼。[29]

狄德罗的肉体很快就要失去生命，而他面对的很可能是更
加危险的情况。在他去世之前八个月人们就想到了这个可能
性。1783 年 11 月，一位《秘密回忆录》[①]的记者叙述说，神
职人员已经开始磨刀霍霍，就等着这位臭名昭著的无神论者殒
命。根据这个新闻信札的解释，由于"这位无神论者……不
属于任何学院，不属于任何大家族，他本人也没有极高的社会
地位，而且没有位高权重的熟人和朋友，神职人员计划在宗教
仪式上让他的遗体受尽怠慢，用这种方法来报复他，除非他的
表现让他们满意［即承认耶稣基督的神性和基督教上帝
的存在]"。[30]

虔诚的天主教徒图瓦妮特不知如何是好。尽管她"为了
让［狄德罗］成为上帝的信徒情愿献出自己的生命"，但她也
希望丈夫不用为了获得一个体面的葬礼而被迫接受基督。在这
期间，她还是认为有必要给狄德罗一个回归天主教信仰的机
会。为了达到这个目标，图瓦妮特，也可能是范德尔家族的成

---

① 《秘密回忆录》的完整标题是《作为文人共和国从 1762 年起至今日在
法国的历史的秘密回忆录》（法语：*Mémoires secrets pour servir à l'histoire
de la République des Lettres en France depuis 1762 jusqu'à nos jours*），是一部
编年体的新闻信札，以文人共和国为核心，记录了 1762 年至 1787 年发
生在宗教、政治、文学、艺术等领域，以及法国王室中的著名人物和
重要事件。

员安排了圣叙尔皮斯教区曾经拜访过伏尔泰的那位代理牧师，让－约瑟夫·费迪·德·泰尔萨克，来到了塔兰内路。

德·泰尔萨克没有成功说服伏尔泰，于是非常希望能让狄德罗这位当时最有名的无神论者皈依天主教。狄德罗的女婿在二人的多次见面中有几次在场，据他说，这位神父和友善的哲人相处得非常好（比起伏尔泰，狄德罗对神职人员的宽容度要高得多）。范德尔夫人甚至在她的回忆录中写道，狄德罗和德·泰尔萨克还对一系列道德准则表示一致赞同。[31]

有关这些充满希望的会面的记述很快传到了朗格勒，在那里，这些消息激起了相当强的信心，人们都认为这位心中没有上帝的哲人或许终于要悔改了。但到了 1784 年 6 月底，德·泰尔萨克做出了一个过分的举动，他提议狄德罗发表一篇短文，在里面列出一些道德思考，批驳他之前作品中的观点。据范德尔夫人说，狄德罗坚决拒绝了这个提议，并且告诉这位牧师，写下这样的反悔文章"将是赤裸裸地说谎"。[32]

在这个讨论后不久，也许是为了躲避德·泰尔萨克（甚至还有威胁说要来巴黎的狄德罗的弟弟）用更多的形而上学理论来骚扰他，狄德罗提出离开巴黎，搬到好友贝勒在塞夫尔的房子去住。狄德罗和图瓦妮特最终在乡间住了两个月，其间这位哲人的健康略有恢复。但到了 7 月中旬，他们觉得是时候回到格林（和叶卡捷琳娜大帝）为他们租下的位于黎塞留路的宽敞新居了。

狄德罗生前居住的最后这间公寓位于一栋宏伟的石灰石连栋房屋的二层，这里之前是伯宗宾馆。范德尔夫人记录说，她的父亲非常喜爱这个公寓和周围的环境。他不但只需要爬一层楼梯，而且公寓还有四面巨大的落地窗，可以让阳光如瀑布一般洒入客厅。狄德罗非常喜爱这里。根据范德尔夫人的描述，父亲一生都住在简陋的小屋中，而现在"他身居宫殿之中"。[33]

这个位于塞纳河右岸的公寓最大的好处并非其充沛的阳光或是精美的装修，而是距离圣罗克堂只有几个街区，这个教区有为作家乃至哲人提供适宜的葬礼的长久传统：丰特内勒、莫佩尔蒂，还有爱尔维修都得以安葬在此。狄德罗在 7 月中旬到达黎塞留路后不久，他就隐隐感觉到，自己很快就要走上去往圣罗克堂的旅程了。

7 月 30 日，两个工人把为狄德罗购买的更舒适的床运到公寓中，当时狄德罗正坐在公寓里。工人们把床架装好，礼貌地询问狄德罗想把床放在哪儿。狄德罗一直有一种病态的幽默感，直到此刻依然如故，据说他回应两个工人说："我的朋友们，为了一件只会用四天的家具，你们可给自己找了不少麻烦。"[34]当晚，范德尔夫人路过公寓，像往常一样陪伴了父亲一会儿，心满意足地看着父亲招待他的几位朋友。在她准备离开前不久，她听到父亲解释了一个出自《哲学思想录》的名句，这句话总结了他一生的事业。狄德罗似乎说道："迈向哲学的第一步是怀疑。"这是她听见父亲说的最后一句话。

第二天早上，狄德罗几个月以来从未有过地感觉良好。他用一上午接受了医生的问诊，见过女婿还有霍尔巴赫，然后和图瓦妮特坐下来吃了他几周以来头一顿正经饭：汤、炖羊肉和一些菊苣。狄德罗吃得很满足，接着看着图瓦妮特，请她递一颗杏给他。[35]图瓦妮特担心他吃得太多，于是试着劝他不要再吃了。据说狄德罗略带伤感地回应道："我现在这个样子，几颗杏还能有什么鬼害处呢？"[36]他吃了几颗这种"禁果"，一只手托着腮，另一只手伸出去想再盛一些烩樱桃，然后便死去了。虽然这完全不是苏格拉底式的英雄之死，但狄德罗依然用一种与他的哲学相契合的方式离开了人世：没有神父，充满幽默，在尽可能地品尝生活里的最后一口快乐的过程中离开。

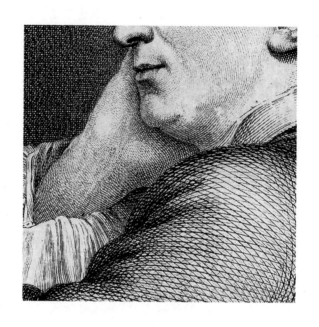

加朗所作的狄德罗肖像画的版画（细节）

　　狄德罗去世之后的三十六小时充满了各种准备工作、祈祷和正式拜访。圣罗克堂的堂区神父收到消息说这位久病的作家已经与世长辞之后，立刻派一位代理牧师前往狄德罗的公寓看护其遗体，并为其祷告。狄德罗的遗体被安置好以供前来吊唁的人们瞻仰，他的那位臭脾气的艺术家朋友让－巴蒂斯特·格勒兹，也来到寓所为已经去世的哲人绘制了一幅死亡象征素描画①。格勒兹的这幅肖像画将已故的狄德罗画得像一个憔悴的老妇人，在画中，这位哲人的鼻子甚至比真实生活中还凸出。

德尼·狄德罗死后的肖像画，让－巴蒂斯特·格勒兹所作

在这位画家离开后不久，医生对狄德罗的遗体进行了尸检，这是这位病人在去世前一再坚持的。据范德尔夫人说，这次解剖的报告结果非常令人震惊，总结出了长久以来缠绕狄德罗身体的多处重疾：他的大脑据说"保持得非常好，像二十岁的年轻人一样完美……但他的肺部积攒了大量液体，心脏严重肿大，膀胱没有一滴尿液，没有胆汁分泌，有二十一颗胆结石，最大的有栗子大小"。[37]

狄德罗的葬礼于 1784 年 8 月 1 日星期日举行。晚上 7 点

① 拉丁语是 momento mori，意为"记住死亡"。在西方艺术中，这类绘画的主体是提醒人固有一死的艺术和象征性图案，时常为骷髅，或是已故者的遗体。

前，图瓦妮特、范德尔夫人、阿贝尔－弗朗索瓦－尼古拉·卡永里·德·范德尔，还有另几位卡永里家族的成员护送着德尼·狄德罗的遗体从公寓的楼梯上下来。送葬的人群中还包括50名神父，他们都是当时蒸蒸日上的范德尔家族雇来的，这个队伍从公寓出发，沿着黎塞留路缓缓向南，往圣奥诺雷路和圣罗克堂行进。在葬礼弥撒之后，装着德尼·狄德罗遗体的铅质棺材被降入了位于教堂的维耶日礼拜堂下面的巨大的中心地下室。在这一刻，关于狄德罗身后漫长的故事真正开始了。

死后的人生

在去世前的几个月，狄德罗已经准备好迎接他所希望的死后的荣耀了。正如他在《百科全书》的"不朽"这个词条中所揭示的，为后世写作是推动他高度自制、自我审查的事业唯一的，并且是最重要的原因。"我们在自己心中听到［后世］终有一天会向我们献上的颂词，于是我们牺牲了自己。我们牺牲自己的生命，我们放弃存在于当下，为的就是在后世的记忆中永存。"[38]

追求死后名誉的作家远不止狄德罗一个。然而，他或许是唯一一个从坟墓中向我们说话，恳请我们特别注意他作品的作家："神圣而崇高的后世啊！不幸和受压迫的人们的盟友！你是公平的、正直的，你为诚实的人复仇，你撕开伪善者的面具，你惩罚暴虐的君主；愿我永远拥有你给予的抚慰和你的坚定不移！"[39]

事实证明，后世在狄德罗刚刚去世不久后的那几年中没有抛弃他。他的自然主义和感伤主义戏剧《一家之主》直到18

世纪 90 年代依然一再被搬上法国各地的戏剧舞台。随着新的
《方法论百科全书》的编辑出版，编辑人员热心地认可了狄德
罗的贡献，感谢他对他们开展这个巨大的人类知识清单的编撰
工作所起到的激励作用，《百科全书》的各种新的盗版也因而
在欧洲各地传播。但是，与狄德罗的思想遗产相关的更加具有
戏剧性的事件在 1789 年法国大革命爆发之后发生：在这位倡
导人权和自由的哲人去世五年后，抨击他为人民之敌的声音愈
发高涨。

一名男子的肖像画，摆在他身后的是德尼·狄德罗的半身
雕像，让－西蒙·贝泰勒米作品

对我们来说，革命者为什么会将这位启蒙运动时期最进步的思想家视为他们自由主义价值观的反对者，或许并不能一目了然。[40]但是，政治敏锐度极高的法国大革命的领导者认识到，狄德罗所代表的无神主义思想对民众的污染将会是导致革命走上失败的绝路的重要原因。狄德罗的做法不但让全体法国公民失去了上帝，而且让人们失去了对某种形式的死后生活的期待，剥夺了这种期待能带给他们的精神慰藉。考虑到这些问题，大革命时期的领导人无论个人信仰如何，大部分都远离了无神思想，与此同时将狄德罗排除在他们所供奉的思想英雄的神庙之外。既是自然神论者，又是卢梭的信徒的马克西米利安·德·罗伯斯庇尔在讲述狄德罗的各种罪孽时用词更加言简意赅。在他看来，大革命需要一个无上的存在来确保公民们能够超越短暂的生命，同时把净化国家所必需的恐怖合理化，这样一来，狄德罗和百科全书派人士自然就是事实上的反革命分子：他们腐化、邪恶，而且被他们的思想以及他们与贵族阶层的紧密关联而污染。[41]

1794 年，大革命反过来吞噬了罗伯斯庇尔，但狄德罗的名声此后依然没有多少好转。在这位雅各宾派政治家在被送上革命广场①的断头台之后，一位曾经的启蒙运动哲学家让－弗朗索瓦·拉·阿尔普出版了一本颇受好评的书，他认识狄德罗，在自己的书中说这位已故的作家应当为雅各宾派在其恐怖统治时期犯下的最恶劣罪行负责。当然，这个观点极为讽刺。几个月前狄德罗还被罗伯斯庇尔严厉批判为保王党且具有贵族倾向，现在他又被人与 1.7 万名法国公民（其中包括数以百

---

① 即今天的巴黎协和广场（法语：place de la Concorde）。

计的神父和修女）的处决扯到了一起。两年后，狄德罗的诗
《自由狂人》首次发表，人们似乎就此找到了证据，证明狄德
罗通过某种方式促成了雅各宾派骇人听闻的恶行。这首形式隆
重的品达体颂歌很快佐证了狄德罗所谓的凶残的政治理念：
"我们剖出了最后一个神父的内脏，让我们再拧断最后一位国
王的脖子。"

狄德罗的这首诗是被他当成一个玩笑写给几位听众的，而
且在大革命之前从未流传出去。[42]但是，这首诗在 1796 年——
也是《修女》和《宿命论者雅克》出版的年份——发表在了
两个重要的期刊上，更加坐实了他作为最为激进的无神论者的
名声。[43]这最终成了一个不知是好是坏的成就：狄德罗不但被
封为"无神论者之王"，而且还被视作一个嗜血的无神论思想
倡导者，不顾一切地想要毁灭"所有美德和道德准则"。[44]

在此后的一百三十年间，先锋派和法国传统主义者为狄德
罗的名声争执不下。在他死后八十多年，保守派作家、君主制
维护者和神职人员在这场争论中占上风。这几十年间，法国从
督政府统治突然被拿破仑的法兰西第一帝国代替，随后回归君
主制，继而变为君主立宪制，又成为共和国，然后又回到帝国
统治，接着再成为共和国，传统主义者在这段时期成功地将狄
德罗描绘成一个不信仰上帝的极端人士，一个性欲狂，一个兜
售淫秽作品的小贩，一个导致世俗主义、个人主义和道德衰退
在 19 世纪泛滥成灾的人。

在大众中为狄德罗恢复名誉正式开始于 19 世纪的最后二
十五年，当时，法兰西第三共和国的激进分子、共济会成员、
实证主义者和科学家开始公开纠正有关这位作家的事业所谓的
误解。这一努力非常大胆。自由、开明的思想家没有避开狄德

罗的无神论和唯物主义，而是称赞他就像是当年受到迫害的伽利略，勇敢地攻占了由教廷和旧制度支撑的"思想上的巴士底狱"。与右翼人士描绘的卑鄙堕落的形象迥然不同，狄德罗的支持者将他塑造成了实证主义的先驱：他是一位充满勇气的启蒙者，带领着他的国家走出了神明的庇护，并"重新组织了一个没有上帝和国王的世界"。[45]

《狄德罗和他的十三位情妇》，
一篇攻击狄德罗的长文出版时使用的卷首图画，1884

　　到了 1884 年 7 月，距离狄德罗在黎塞留路上的公寓中伸手去取他生命中最后一块烩水果恰好一个世纪，后世似乎终于理解了这位作家。法国的多座城市为了纪念他举行了庆祝活动，这其中包括了朗格勒、穆兰和尼姆。他的第二故乡巴黎在1879 年已然将奥斯曼①督建的一条新的大道命名为"狄德罗大道"，在这一年也举办了多场盛大的活动。[46]

特罗卡德罗宫的宴会大厅，巴黎，
1884 年这里举办了多场纪念狄德罗的仪式

　　1884 年 7 月 27 日，星期日，3000 多人涌入特罗卡德罗宫的宴会大厅，聆听实证主义哲学家皮埃尔·拉菲特的演

---

　①　乔治-欧仁·奥斯曼（1809—1891）是一位法国官员，他受拿破仑三世委任，1853 年至 1870 年任塞纳省省长，主持了巴黎的重新规划和改建，对今天的巴黎城市布局产生了巨大影响，巴黎的辐射状街道网络便是代表。

讲，他将狄德罗描述为"有史以来"学识最为广博的"天才"之一。[47]当天晚些时候，1000 名共济会会员和他们的家人聚集在巴黎东部区域，在这里举行盛大的宴席和舞会来纪念这位抛弃了宗教信仰的哲人。这些仪式是一周之后在此专门为狄德罗举行的赞颂仪式的序幕：7 月 30 日，星期三，在新建不久的圣热尔曼大道和雷纳路交叉口，人们为狄德罗的雕像举行了落成典礼，这里距离他生活了三十年的塔兰内路仅几步之遥。[48]

让·戈特兰创作的狄德罗雕像，位于巴黎圣热尔曼大道

这件艺术作品的创作者让·戈特兰将这位作家塑造得体魄强壮，充满斗志，身材高大，肌肉线条从他的西服背心和长筒袜上凸显出来。狄德罗身体前倾，右手拿着羽毛笔，头向左边微微歪着，展现了这位自由思想家和作家勇于反抗审查机构、凡尔赛宫和教廷的品质。[49]在落成典礼结束后的几天中，一位自由派记者写道：

> 现如今，在 18 世纪的所有哲人中，最受人们推崇的是狄德罗，这是毫无疑问的。卢梭正在陨落，因为他过于多愁善感，并且是个自然神论者。甚至连伏尔泰也衰落了，虽然他向"败类"①宣战，但他有时候错误地选择相信上帝……伏尔泰有胆量剖出最后一个神父的内脏，但他不会用其勒死最后一位国王。只有狄德罗，在犹豫片刻之后，在困惑而没有得到结果之后，展现出他是真正的民主主义者，正如他是真正的无神论者一样。[50]

各大天主教报纸同样没有忽视这个具有政治动机的公共艺术品的重要含义。他们很难忽视这样一个情形：这个共和国雕像热潮的最新成果被特意摆放成现在的样子，为的就是让狄德罗看起来仿佛充满怀疑地望着不远处的圣热尔曼德普雷教堂，仿佛一位"世俗的哨兵"。[51]

狄德罗用自己全部的事业反抗上帝，他的反对者和信仰者都准确无误地强调了这一点。然而，狄德罗的作品如今最吸引

---

① 伏尔泰在自己的作品，尤其是他的私人书信中，经常会倡导"打倒败类"（法语：écrasez l'infâme），这里的"败类"指的是法国王室和宗教权威，以及他们宣扬的迷信和偏狭的宗教情绪。

人的地方是其怀疑的精神。让他超越了他同代人的成就发生在他抛弃上帝之后。狄德罗无疑是《百科全书》时代的组织者，但充满矛盾的是，他也是那个时代的主要思想家中唯一对处于启蒙运动核心的理性观点提出质疑的。

在一个被各种强大的体制和体制化控制的时代中写作，狄德罗私下的思考让哲学向非理性的、边缘的、荒谬的、性异常的，以及其他非主流的观点敞开了胸襟。[52]可以说，这样对个人的声音和思想的纷杂展现正是狄德罗最重要的遗产。[53]今天的读者依然惊异于他愿意为人们不愿考虑的问题和让人们感到不适的话题提供一个平台，惊异于他愿意质疑一切人们广为接受的权威和标准行为——无论是宗教性的、政治性的，还是社会性的。作为一位哲学家，狄德罗既不是苏格拉底，也不是笛卡尔，他也从未这样标榜自己。[54]然而，他对真理快乐而坚决的追寻让他成为 18 世纪自由思考的艺术的拥护者中最有魅力的一位。

致　谢

　　写作一部有关一位天才的书——而作者自己并不是个天才——是一项令人望而却步的工作。为了尽可能完好地呈现狄德罗了不起的头脑，我不知羞耻地寻求了众多朋友和同事的专业帮助。在最深入地参与了这个项目的人中，我首先想要感谢的是 Patrick Graille，二十年来，我的所有作品都是与他合作的成果。其他几位慷慨的朋友花费了大量时间，帮助我思考了这本书的各个方面，他们是 Sophie Audidière、Catherine Chiabaut、John Eigenauer、Marie LecaTsiomis、Alex Lee、David Mayo、Anne Mayo、Walter Mayo、Kelsey Rubin-Detlev，还有 Caroline Warman。我还想感谢 Other Press 的团队尽心尽力地处理本书的手稿，尤其是 Yvonne Cárdenas、Julie Fry、Alexandra Poreda 和 Walter Havighurst。最后，我想感谢我的编辑、朋友、我在该出版社的导师 Judith Gurewich，第一个提议我创作这本书的人是她。没有她，这本书不会是现在的样子。

　　我要感谢的还有另一群朋友和同事。他们中的一些人阅读了部分手稿，或者和我谈论了他们想在传记这种体裁中读到什么内容；另一些人就应当如何架构狄德罗奇异而又充实的一生向我提出了建议。考虑到这些多种多样的贡献，我想感谢 Nadja Aksamija、Steve Angle、Marco Aresu、Amy Bloom、Emmanuel Boussuge、Jeffrey Burson、Andrew Clark、Lisa Cohen、Nicholas Cronk、Carolyn Curran、Claire Curran、Clayton Curran、

Michel Delon、Jane Dieckmann、Colas Duflo、Anne Duthoit、Dan Edelstein、Deren Ertas、Pierre Franz、Alden Gordon、Violette Graille、Arthur Halliday、Paul Halliday、Thierry Hoquet、Joyce Jacobsen、Katherine Kuenzli、Stéphane Lojkine、Christine Lalande、Michael Maglaras、John C. O'Neal、Murielle Perrier、Michael Roth、J. B. Shank、Courtney Weiss Smith、Victoria Smolkin、Joanna Stalnaker、Gerhardt Stenger、Suzy Taraba、Terry Templeton、Sawyer Tennant、Helen Thomson、Cassie Toulouse、Jean-Baptiste Toulouse、Kari Weil，以及 Stephanie Weiner。在此书的创作过程中，我在罗曼语言和文学系的很多同事也是我极好的对话者。

在写作此书的四年中，还有十余位友好而耐心的档案员、图书馆员和图书馆及博物馆的馆长与我会面（或通话）。尽管要一一感谢的人实在太多，但我依然想要向他们表示感谢，他们来自 Musées d' art et d' histoire, Geneva; the Bibliothèque de l' Assemblée nationale; the Bibliothèque nationale de France; Brown University Libraries; the Musée Carnavalet; the Musée Condé; the Musée Girodet; the Metropolitan Museum of Art; the McCain Library and Archives at the University of Southern Mississippi; Princeton University Libraries; the Musée Jean-Jacques Rousseau, Montmorency; Wesleyan University Special Collections and Archives; the Walters Art Museum in Baltimore; the Wellcome Library; Williams College Libraries; 以及 Yale University Libraries（特别是 Beinecke Rare Book and Manuscript Library）。

我还要感谢朗格勒的人们。对我来说，写作这本书收获最大的一个方面是了解了狄德罗出生的这座城市还有这里的人

致 谢 371

们，他们肩负着很多任务，其中之一就是保护这位作家的遗产。首先，我想感谢朗格勒的遗产保护负责人 David Covelli 慷慨地分享他的思想，为我提供后勤保障，安排私人参观，特别是帮助我找到了书中的重要图片。其次，我还要感谢著名的朗格勒历史学家 Georges Viard 用宝贵的时间与我见面。最后，我非常感激朗格勒启蒙运动博物馆馆长 Olivier Caumont 为我提供了大量的插图（并和我讨论了狄德罗）。其他几位友善的朗格勒居民包括旅游局的 Jean-François Feurtriez 和白马酒店以及狄德罗饭店的主人、慷慨热情的 Yves Chevalier。

像这本书一样的图书项目一般都需要大量的旅行，如果没有来自学术机构和基金会的支持是不可能完成的。我非常幸运地获得了这两种支持。初期的研究是依靠美国国家人文公共学者基金会提供的长达一学期的资金支持完成的。之后的工作有赖于卫斯理大学的支持，学校不但允许我休假一学年，还为我的暑期旅行提供了资金。

最后，我想感谢我的妻子詹妮弗①的耐心，极佳的幽默感，以及她为这本书注入的精彩见解。

---

① 本书开篇献词中提到的珍（Jen），是詹妮弗（Jennifer）的昵称。

年　表

1677

安热莉克·维涅龙（—1748），德尼·狄德罗的母亲出生。

1685

迪迪埃·狄德罗（—1759），制刀大师，狄德罗的父亲出生。

1694

伏尔泰（—1778）在巴黎出生。

1710

安妮－安托瓦妮特（图瓦妮特）·尚皮翁（—1796），德尼·狄德罗未来的妻子在贝尔纳堡出生。

1712

让－雅克·卢梭（—1778）在日内瓦出生。

1713

德尼·狄德罗在朗格勒的尚博出生。同年，他的家人从尚博6号搬到了9号。

1715

丹妮丝·狄德罗（—1797）出生。她的性格更像哥哥德尼，不太像她的弟弟和妹妹，但她仍是很虔诚的天主教徒。

1715

让·勒朗·达朗贝尔（—1783）出生，随后便被抛弃在西岱岛的一个小教堂的台阶上。他被一位名叫卢梭夫人的女士收养并抚育成人。但是，他的生父支付了他接受教育所需的费用。

1716

路易丝 - 亨丽埃特·沃兰出生，她以索菲这个名字为人所知。1784 年 2 月 22 日，她先于自己的旧情人德尼·狄德罗五个月离开了人世。

1720

安热莉克·狄德罗出生，继承了其母亲的名字。她是非常虔诚的天主教徒，加入了乌尔苏拉女修道院，并于 1748 年左右在那里去世。

1722

迪迪埃 - 皮埃尔·狄德罗（1787 年去逝）出生。他后来成为一位神父，并最终担任圣马梅大教堂的副主教。

1723

未来的廷臣以及《文学通信》的编辑弗雷德里希 - 梅尔

希奥·格林（—1807）在雷根斯堡出生。到了18世纪50年代初，格林顶替了卢梭，成为狄德罗最亲密的朋友。

1723—1728

在学会了读写拉丁文以及法语之后，狄德罗被朗格勒耶稣会学校录取（并入校学习）。

1726

狄德罗未来的妻子，十六岁的安妮-安托瓦妮特·尚皮翁离开米拉米翁女修道院，搬回母亲家中。她成为一名洗衣女工和裁缝。

同年3月，路易丝·塔迪厄·德·埃斯克拉韦勒·德·埃皮奈，或称为埃皮奈夫人（—1783）出生。

约 1728—1732

十五岁的狄德罗来到巴黎，进入阿尔古学院学习。

1732—1735

狄德罗进入索邦神学院，在神学院学习。1735年，他完成了原本需要两年才能完成的哲学课程和需要三年才能完成的神学课程，远远超过了大多数哲学家。他在1735年离开了这座学府。

约 1735—1740

狄德罗的"浪子岁月"，在这期间他做过各种零工，同时自学了意大利语和英语，学会英语让他成为一名翻译。

约 1736—1738

狄德罗在一位律师的办公室工作。

1737

未来的激进无神论者雅克－安德烈·奈容（—1810）出生。在狄德罗去世后，他承担了代狄德罗处理其作品的职责。

约 1740

狄德罗的出版事业低调地开始了。

1741

狄德罗在布特布里路认识了安妮－安托瓦妮特·尚皮翁。她当时三十一岁。

1742

狄德罗翻译了坦普尔·斯塔尼安的《古希腊史》。秋天，他认识了让－雅克·卢梭。

1742—1743

狄德罗回到朗格勒，请求父母同意他与"图瓦妮特"结婚。他的父母对此提出反对，并将这个逆子关在了加尔默罗会修道院中。

1743

狄德罗和安妮－安托瓦妮特·尚皮翁在西岱岛的圣皮埃尔

公牛教堂结婚。

1745

狄德罗翻译了沙夫茨伯里的作品《论美德与德性》。

1746

狄德罗的第一部真正体现自由思考的作品《哲学思想录》
问世。

约 1746

狄德罗创作了《怀疑论者的漫步》，该作品发表于
1830 年。

1747

狄德罗和达朗贝尔被任命为《百科全书》的主编。

狄德罗也参与编撰了该辞典有关数学的条目。

1748

狄德罗的母亲，安热莉克·狄德罗去世。

狄德罗的淫秽小说《八卦珠宝》出版。尽管他在 1770 年
又给这部作品添加了一些内容更加色情的章节，但他有生之年
一直宣称自己后悔发表了这部作品。

狄德罗翻译的罗伯特·詹姆斯的《医学词典》出版。

1749

《论盲人的书简》出版。7 月，狄德罗被捕，被送入万塞讷监狱，直到 11 月才出狱。

1750

《百科全书》的"简章"发表。

1751

《百科全书》第一卷出版，其中包括《百科全书序章》和新版的《人类知识体系》。

1752

《百科全书》第二卷出版。

2 月，《百科全书》第一次被叫停。在与凡尔赛宫方面达成协议后，编撰工作于 5 月恢复。

1753

《百科全书》第三卷出版。

玛丽－安热莉克·狄德罗，未来的范德尔夫人（—1824）出生。

格林发行他的文化简报《文学通信》。

1754

《百科全书》的第一、二、三卷为满足更大的订阅要求再版。第四卷在 10 月出版。

《对解释自然的思考》发表。

约 1755

《百科全书》第五卷出版。

狄德罗与路易丝－亨丽埃特（索菲）·沃兰相识，她可以说是狄德罗此后的人生中最重要的人。

1756

《百科全书》第六卷出版。

狄德罗发表了《私生子》。与这部戏剧同时发表的还有一篇对戏剧这一体裁的理论思考，《关于〈私生子〉的谈话》。

1757

《百科全书》第七卷出版。

罗贝尔－弗朗索瓦·达米安在凡尔赛宫试图用刀刺杀或伤害路易十五。

1758

爱尔维修的《论精神》给《百科全书》制造了更多麻烦。狄德罗的话剧《一家之主》和《论戏剧性诗歌》也同时发表。

狄德罗与卢梭成为死敌。

1759

3月，《百科全书》再一次失去了出版特许权。6月，迪迪埃·狄德罗去世。9月，《百科全书》的图编获得了新的特许权，这成了狄德罗和人数与此前相比少了很多的一小群编撰者继续工作的掩护。年底，狄德罗为格林的《文学通信》贡献了第一篇艺术评论。他此后为另外八场沙龙展创作了评论文章，最后一次是在 1781 年。

约 1760

狄德罗开始创作《修女》。他直至晚年才完成这部小说。这是狄德罗"佚失"的作品中第一部重见天日的，于 1796 年发表。5 月，夏尔·帕利索的讽刺剧《哲人们》，在法国喜剧院上演。

约 1761

狄德罗开始创作《拉摩的侄儿》，本意是为了嘲弄包括帕利索在内的曾讽刺了他的恶棍。在此后的二十年间，这个对话体作品成为狄德罗的杰作。一百三十年后，这个文本的最终完整版出版。

1761

创作了《理查森赞》和第二篇沙龙展评论。

1762

《百科全书》图编的第一卷出版。

1763

图编第二、三卷（被称为第二分册）出版。

创作第三篇沙龙展评论。

1764

狄德罗发现勒·布雷顿删节了《百科全书》中的多个条目。

1765

《百科全书》的第八至第十七卷出版。在禁令期间，辞典余下的正编可能是在特雷武印刷的。

图编第四卷出版。

狄德罗开始创作他最著名的一篇沙龙展评论，即 1765 年沙龙展评论，并写作了《论绘画》。是年春天，狄德罗以 1.5 万里弗尔的价格将自己的藏书出售给了叶卡捷琳娜大帝，并接受了女皇支付给他的每年 1000 里弗尔的薪金。一年后，在某位负责人员忘记了向狄德罗支付薪金后，叶卡捷琳娜提前付给了他五十年的薪金。

1766

年初，《百科全书》的最后十卷向订阅者分发。

1767

《百科全书》图编的第五卷出版。

创作 1767 年沙龙展评论。

1768

图编的第六卷出版。

1769

图编的第七卷出版。

狄德罗开始创作一个由三部分组成的文本，这个文本后来成为《达朗贝尔的梦》。该作品最终在 1830 年出版。他还创作了 1769 年的沙龙展评论以及一篇短文，标题为《追思我的旧睡袍》。

约 1770

狄德罗开始创作《宿命论者雅克》。他将用整个 70 年代创作、修改这个作品。该作品在 1778 年的《文学通信》上发表。狄德罗开始了新的婚外情，对象是一位巴黎律师容貌艳丽的夫人，让娜－卡特琳·德·莫。旅行至朗格勒和波旁。

1771

《百科全书》图编第七、八卷出版。

狄德罗作为叶卡捷琳娜大帝的代理人，帮助协商并购买了梯也尔男爵路易－安托万·克罗扎（1770 年 12 月去世）数量巨大的艺术收藏。这些藏品成为埃尔米塔日博物馆基础收藏的一部分。写作了 1771 年沙龙展评论。

1772

《百科全书》图编的第十、十一卷出版。

狄德罗写作了《布干维尔游记补遗》，这个作品是一部由三个短篇文本组成的作品中的一个。3 月，狄德罗创作了品达体颂诗《自由狂人》。8 月，《百科全书》图编的最后一卷出版。9 月，安热莉克·狄德罗与阿贝尔－弗朗索瓦－尼古拉·卡永里·德·范德尔在圣叙尔皮斯教堂结婚。狄德罗在这一整年中，作为雷纳尔主编的《东西印度群岛哲学及政治历史》

第二版的代笔人之一，为该作品贡献了相当一部分的文章。

1773

狄德罗在 6 月出发前往圣彼得堡，但在海牙停留了两个月。10 月，他到达俄国首都，将由一系列不同主题的短文组成的所谓的《叶卡捷琳娜大帝回忆录》读给这位女皇听。

1774

从俄国返回巴黎的路上，狄德罗草草写下了《君主的政治原则》，一个讽刺性的献给专制者的指导手册。5 月，路易十五的孙子、年轻的路易十六成为法国国王。这一年某时，狄德罗完成了《对〈圣谕〉的评论》，尖锐地批评了叶卡捷琳娜大帝所作的畅销法学和哲学作品。

1775

狄德罗写下了《为俄国政府起草的大学计划》。

约 1775

狄德罗创作了《当好人还是当坏人?》以及 1775 年沙龙展评论。

1777

狄德罗考虑编辑出版自己的作品全集。

1778

狄德罗发表了《哲学家塞内加的一生》。春天，狄德罗在伏尔泰去世前不久拜访了他。7 月，卢梭去世。狄德罗这一整年间一直在为雷纳尔的《东西印度历史》撰文。

1780

《东西印度历史》的第三版，也是最终版出版。狄德罗的《一家之主》持续在欧洲各地以及巴黎喜剧院上演。这是狄德罗在世时独立创作的文学作品中最成功的一部。

1781

狄德罗写下了最后一篇沙龙展评论。

1782

狄德罗发表了《论克劳狄乌斯和尼禄的统治》，该文是对《哲学家塞内加的一生》的改写。

约 1782

狄德罗完成了以片段形式写作的唯物主义入门作品，《人类生理学要素》。他还完成了《当好人还是当坏人?》《宿命论者雅克》《拉摩的侄儿》《达朗贝尔的梦》的最终版。

1783—1784

狄德罗的健康状况恶化。1784 年 2 月，他可能经历了中风。索菲·沃兰几乎是在狄德罗中风的同一时间去世。

1784

1784 年 7 月 31 日，在叶卡捷琳娜大帝为他租下的位于黎塞留路 39 号的公寓中，狄德罗去世。

　　注：这个时间线大量参考了 Raymond Trousson，*Diderot jour après jour：Chronologie*（Paris：Honoré Champion，2006）。

人 物

伏尔泰
（1694—1778）

让－雅克·卢梭
（1712—1778）

让·勒朗·达朗贝尔
（1715—1783）

弗雷德里希－梅尔希奥·格林
（1723—1807）

迪迪埃·狄德罗
（1685—1759）

路易·德·若古
（1704—1779）

埃皮奈夫人
（1726—1783）

叶卡捷琳娜大帝
（1729—1796）

纪尧姆－托马·雷纳尔神父
（1713—1796）

保罗－亨利·蒂里·
德·霍尔巴赫男爵
（1723—1789）

路易十五
（1715—1774）

路易十六
（1754—1793）

让娜－安托瓦妮特·普瓦松，
蓬帕杜侯爵夫人
（1721—1764）

玛丽－安热莉克·卡永里·
德·范德尔
（1753—1824）

尼古拉·勒内·贝里耶，
警察总监
（1703—1762）

纪尧姆－克雷蒂安·德·拉穆瓦
尼翁·德·马勒泽布
（1721—1794）

没有附肖像的人物

安妮 – 安托瓦妮特·尚皮翁
（1710—1796）
路易丝 – 亨丽埃特（索菲）·沃兰
（1716—1784）
迪迪埃 – 皮埃尔·狄德罗
（1722—1787）

注　释

在下面的注释中，经常被引用的作品由下列缩写代表：

Corr. Denis Diderot, Correspondance. Edited by Georges Roth and Jean Varloot. Paris：Les Éditions de Minuit, 1955 – 1970.

DPV Denis Diderot, *Œuvres complètes.* Paris：Hermann, 1975 – . 这个缩写代表了该作品的三位编辑的姓氏首字母，他们是：Herman Dieckmann、Jacques Proust 和 Jean Varloot。

Enc. Encyclopédie, ou, dictionnaire raisonné des sciences, des arts, et des métiers. Edited by Diderot and d'Alembert. Paris, 1751 – 72.

HDI Guillaume Thomas Raynal. *Histoire philosophique et politique des établissements et du commerce des Européens dans les deux Indes.* 一般缩写为 *Histoire des deux Indes.* 4 vols. , Amsterdam, 1770. 8 vols. , The Hague, 1774. 10 vols. , Geneva, 1780。

RDE Recherches sur Diderot et sur l'Encyclopédie. Multiple publishers.

请注意，由于本书是为英语读者所写，我经常会引用狄德罗作品的英文版本，以鼓励读者阅读狄德罗作品的英文翻译。除非特别标注，否则所有对法语版本的翻译都出自我。同时，文中和注释中的法语和英语我也用现代形式写出，但实际的标题使用的是其原本的形式。

序言　发掘狄德罗

1. Dominique Lecourt, *Diderot：passions, sexe, raison* (Paris：Presses Universitaires de France, 2013), 96.

2. Denis Diderot, *Rameau's Nephew. Le Neveu de Rameau：A Multi-Media Bilingual Edition*, ed. Marian Hobson, trans. Kate E. Tunstall and Caroline Warman (Cambridge, UK：Open Book Publishers, 2016), 32.

3. *Corr.* , 6: 67.

4. The idea is projected onto his own character in *Rameau's Nephew*. See DPV, 4: 74.

5. "Mort de M. Diderot," Année Littéraire 6 (1784): 282.

6. Jacques-Henri Meister, "Aux Mânes de Diderot," in *OEuvres Complètes de Diderot*, ed. Jules Assézat and Maurice Tourneux (Paris: Garnier Frères, 1875), xii – xix.

7. 这个信息出自下面这本书: Hippolyte Taine, *Les origines de la France contemporaine* (Paris: Hachette, 1887), 348。该书作者在引用中提到了这个信息, 但并无确实根据。

8. See Martin Turnell, *The Rise of the French Novel* (New York: New Directions, 1978), 20 – 21.

9. Karl Marx, *The Portable Karl Marx*, trans. Eugene Kamenka (New York: Penguin, 1983), 53.

10. Christopher Cordess, "Criminality and Psychoanalysis," in The *Freud Encyclopedia: Theory, Therapy, and Culture*, ed. Edward Erwin (London: Routledge, 2002), 113.

11. 这一深刻的见解来自 Catherine Chiabaut。

12. DPV, 10: 422. 这是狄德罗从第三人称视角出发对自己做出的描述。

13. *Enc.* , 5: 270.

14. Madame (Anne-Louise-Germaine) de Staël, *De L'Allemagne* (Paris: Firmin, 1845), 128.

15. Jean-Jacques Rousseau, *OEuvres complètes* (Paris: Gallimard, 1959), 1: 1115.

16. Friedrich Melchior Grimm, Denis Diderot, Jacques-Henri Meister, Maurice Tourneux, and Abbé Raynal, *Correspondance littéraire, philosophique, et critique par Grimm, Diderot, Raynal, Meister, etc.* (Paris: Garnier Frères, 1878), 5: 395.

17. Meister, "Aux Mânes de Diderot," 18 – 19.

18. 关于这个杜撰出来的故事的出处, 见 Maurice Tourneux, *Diderot et Catherine II* (Paris: Calmann Lévy, 1899), 76。

19. Diderot, *Essais sur la peinture: Salons de 1759, 1761, 1763* (Paris: Hermann, 1984), 194.

20. Jeanette Geffriaud Rosso, *Diderot et le portrait* (Pise: Editrice Libreria

Goliardica, 1998), 14.

21. Ibid. , 20.

22. 想了解狄德罗对自己的多幅肖像画的品评，可参见 Kate Tunstall, "Paradoxe sur le portrait: autoportrait de Diderot en Montaigne," *Diderot Studies* 30 (2007): 195 – 207。

23. Diderot, *Diderot on Art II: The Salon of 1767*, ed. John Goodman (New Haven: Yale University Press, 1995), 2: 20.

24. *Corr.* , 2: 207.

25. Arthur McCandless Wilson, *Diderot* (New York: Oxford University Press, 1957)，该书至今仍是狄德罗英文编年体传记中最为详尽、最标准的一部。对狄德罗的人生和行为持更加批判态度的作品创作于 20 世纪 90 年代，即 P. N. Furbank, *Diderot* (New York: Knopf, 1992)。关于狄德罗的法语传记很多，多数将他称赞为激进的美学先驱和世俗法兰西的支持者，其中最新的一部作品是 Gerhardt Stenger, *Diderot: le combattant de la liberté* (Lonrai, France: Perrin, 2013)。

第一部分
第一章　朗格勒的神父

1. Georges *Viard*, *Langres au XVIIIe siècle: tradition et Lumières au pays de Diderot* (Langres: Dominique Guénot, 1985), 53.

2. " Célébration du centenaire de Diderot," *La Revue occidentale philosophique, sociale et politique* 4 (1884): 263.

3. "Faits Divers," Courrier de l'Art 32 (1884): 383.

4. Francisco Lafarga, *Diderot* (Barcelona: University of Barcelona Publications, 1987), 66. 市议会甚至还接受了沙皇尼古拉斯二世为了纪念叶卡捷琳娜大帝而提供的资助。

5. Viard, *Langres au XVIIIe siècle*, 12 – 13.

6. Madame de Vandeul, *Diderot, mon père* (Strasbourg: Circe, 1992), 7.

7. Ibid. , 11.

8. Antoine-Augustin Bruzen de la Martinière, *Le Grand Dictionnaire géographique et critique* (Venice: Jean-Baptiste Pasquali, 1737), 6: 44.

9. 根据当代的估计，在 1728 年，朗格勒大教堂的土地、地租以及其他各类产业每年可以创造出 10 万里弗尔的收益。朗格勒的公爵兼主教皮埃尔·德·帕尔斯代朗·德·贡德兰可以从这笔收益中得到 2.2 万里弗尔的巨额薪资。这一数目到法国大革命时增长到了 5.8 万。获得高薪的人还包括朗格勒大教堂的财务主管，他可以获得 1 万里弗尔的年薪。See Robert de Hesseln, *Dictionnaire universel de la France* (Paris：chez Desaint, 1771), 3：515.

10. John McManners, *Church and Society in Eighteenth-Century France*, vol. 2：*The Religion of the People and the Politics of Religion* (London：Oxford University Press, 1999), 2：8.

11. Ibid. , 2：246.

12. 在 16 世纪中期，耶稣会发表了他们的首篇“使命宣言”，他们声明，耶稣会的教育目标是“促进灵魂在基督教生活和教义中的进步，宣扬基督教信仰”。John O'Malley, Introduction, *The Jesuits II：Cultures, Sciences and the Arts, 1540 – 1773* (Buffalo：University of Toronto Press, 2006), xxiv.

13. Bernard Picart, *Cérémonies et coutumes religieuses de tous les peuples du monde...* (Amsterdam：chez J. F. Bernard, 1723), 2：125, 2：127.

14. Abbé Charles Roussel, *Le Diocèse de Langres：histoire et statistique* (Langres：Librairie de Jules Dallet, 1879), 4：114.

15. Albert Collignon, *Diderot：sa vie, ses oeuvres, sa correspondance* (Paris：Felix Alcan Éditeur, 1895), 8.

16. Vandeul, *Diderot, mon père*, 8.

17. 狄德罗父子二人选择这间具有詹森主义倾向的学院是否出于他们自身信仰上的倾向呢？关于这个问题，见 Blake T. Hanna, "Denis Diderot：Formation traditionnelle et moderne," *RDE* 5, no. 1 (1988)：3 – 18。

18. Ibid. , 382.

19. Henri Louis Alfred Bouquet, *L'Ancien collège d'Harcourt et le lycée Saint-Louis* (Paris：Delalain frères, 1891), 370.

20. *Enc.*, 8：516.

21. A. M. Wilson, *Diderot* (New York：Oxford University Press, 1957), 26 – 27. 此书作者还提出，狄德罗有可能从倾向詹森教的阿古尔学院转校到了耶稣会派的路易·勒·格朗学院，这就能解释他与某些人物因何相识，以及他为什么会对詹森教和耶稣会的教育都非常熟悉。但是，大多数研究都没有认可他转学的这一猜测。See also

Gerhardt Stenger, *Diderot: le combattant de la liberté* (Lonrai, France: Perrin, 2013), 43 – 46.

22. Blake T. Hanna, "Diderot théologien," *Revue d'Histoire littéraire de la France 1* (1978): 24.

23. This comes from Voltaire's epic poem, *La Henriade.* See OEeuvres completes de Voltaire (Oxford: Voltaire Foundation, 1968), 2: 613.

24. Noël Chomel, *Supplément au Dictionnaire œconomique* (Paris: chez la Veuve Éstienne, 1740), 1: 1227.

25. See Stenger, *Diderot*, 26 – 27.

26. Vandeul, *Diderot*, mon père, 11 – 12.

27. Ibid. , 11 – 12.

28. Ibid. , 15.

29. Wilson, *Diderot*, 30 – 32.

30. Ibid. , 15.

31. Ibid. , 16.

32. Ibid. , 18.

33. Ibid. , 36.

34. Jean-Jacques Rousseau, *The Confessions*, trans. J. M. Cohen (London: Penguin, 1953), 19.

35. Vandeul, *Diderot, mon père*, 20.

36. See Samuel Huntington, *The Soldier and the State* (Cambridge, MA: Harvard University Press, 1985), 22. 图瓦妮特的祖父姓马勒维尔 (Maleville)。

37. See Stenger, *Diderot*, 37.

38. Vandeul, *Diderot, mon père*, 22.

39. Wilson, *Diderot*, 39.

40. Ibid. , 18.

41. P. N. Furbank, *Diderot* (New York: Knopf, 1992), 19.

42. *Corr.* , 1: 42.

43. Ibid. , 1: 43.

44. Ibid. , 1: 44.

45. Ibid.

46. Diderot, *Diderot on Art II: The Salon of* 1767, 229.

第二章 告别上帝

1. *Corr.*，1：94。

2. 以女修道院、男修道院和宗教生活为讽刺对象的作品是欧洲文学重要的组成部分，出现早在狄德罗的作品之前，已经有 500 年的历史。意大利诗人彼特拉克在他的十四行诗中猛烈批评了神职人员滥用权力，控制俗世生活的现象。人文主义思想家和神学家伊拉斯谟对修道院生活的无理和前后矛盾进行了抨击。法国人文主义作家弗朗索瓦·拉伯雷塑造了一系列令人印象深刻的反神职人员的角色，这些角色成为法国流行文化的一部分。

3. 对这一冲突的很好总结，见 William Doyle, *Jansenism: Catholic Resistance to Authority from the Reformation to the French Revolution* (New York: Saint Martin's, 2000)。

4. DPV，2：51。

5. Ibid.，1：290。

6. 狄德罗这样的思想家了解伊壁鸠鲁哲学流派的来源是 Diogenes Laertius's *Lives and Opinions of Eminent Philosophers*。See Lynn S. Joy, "Interpreting Nature: Gassendi Versus Diderot on the Unity of Knowledge," in Donald R. Kelley and Richard H. Popkin, eds., *The Shapes of Knowledge from the Renaissance to the Enlightenment* (Dordrecht: Kluwer, 1991), 123 – 34.

7. 对卢克莱修的这部作品更诗歌化的翻译，见 A. E. Stallings: "So potent was Religion in persuading to do wrong"。See *The Nature of Things*, trans. A. E. Stallings (London: Penguin Classics, 2007), 6.

8. 关于卢克莱修的作品是如何被发现的，以及其被发现后对人类思想产生的影响，见 Stephen Greenblatt, *The Swerve: How the World Became Modern* (New York: Norton, 2011)。

9. "斯宾诺莎派"这个名称原本是随意用的，但在《神学政治论》首次发表几十年后成为不信神者和无神论者的同义词。斯宾诺莎的《伦理学》对狄德罗有重要影响。狄德罗的三篇作品与斯宾诺莎伦理哲学的关系，见 Louise Crowther, "Diderot, Spinoza, and the Question of Virtue," in *MHRA Working Papers in the Humanities* (Cambridge, UK:

Modern Humanites Research Association, 2007), 2: 11 – 18。

10. Jonathan I. Israel, *Radical Enlightenment: Philosophy and the Making of Modernity 1650 – 1750* (Oxford: Oxford University Press, 2001), 213.

11. Johann Franz Buddeus, *Traité de l'athéisme et de la superstition*, trans. Louis Philon (Amsterdam: chez Schreuder and Mortier, 1756), 78.

12. 这本《圣约书》在近期才被首次翻译成英文，见 Jean Meslier, *Testament: Memoir of the Thoughts and Sentiments of Jean Meslier*, trans. Michael Shreve (Amherst, NY: Prometheus Books, 2009)。

13. 根据伏尔泰的解释，培根是首位提出实验哲学的人，牛顿成为这个理论的坚定拥护者。See J. B. Shank, *The Newton Wars and the Beginning of the French Enlightenment* (Chicago: University of Chicago Press, 2008), 309.

14. Nicholas Cronk, *Voltaire: A Very Short Introduction* (Oxford: Oxford University Press, 2017), 4.

15. Stenger, *Diderot*, 52.

16. 在很大程度上，伏尔泰的《通信集》目的在于进一步鼓舞已经开始在法国发生的变化，其中最重要的是笛卡尔哲学的崩塌。See *The Philosophical Writings of Descartes*, trans. John Cottingham, Robert Stoothoff, and Dugald Murdoch (Cambridge, UK: Cambridge University Press, 1984), 2: 45.

17. 1736 年后，狄德罗还为下面这本书做了评注：Silhouette's translation of Alexander Pope's *Essay on Man*。See Jean Varloot's introduction in DPV, 1: 167 – 89.

18. Isaac Newton, *Principia*, *The Motion of Bodies*, trans. Andrew Motte and Florian Cajori (Berkeley: University of California Press, 1934), 1: xviii.

19. Ibid.

20. See *The Cambridge History of Eighteenth-Century Philosophy*, ed. Knud Haakonsenn, (Cambridge, UK: Cambridge University Press, 2006), 2: 647.

21. 同样地，洛克也远远没有将上帝排除在自然的运行之外。尽管洛克的哲学方法无疑鼓励具有怀疑精神的思想家重新思考他们对神到底有多少了解，但洛克继而将《圣经》放到了一个很高的位置，这似乎不符合他之前提出的严格标准。洛克说，人类"被（上帝）送到了世间"，并继而成了"上帝的财产"。See his *Second Treatise of*

Government, ed. C. B. Macpherson (Indianapolis: Hackett, 1980),
2: 9.

22. Isaac Newton, *Newton: Philosophical Writings*, ed. Andrew Janiak
(Cambridge, UK: Cambridge University Press, 2004), 111.

23. This is expressed in Romans 1: 20.

24. 这类的思想家此前就出现了，近代早期的第一部自然神论书作，见
Edward, Lord Herbert of Cherbury (1583 – 1648), *De veritate*。See
Deism: An Anthology, ed. Peter Gay (Princeton: Van Nostrand,
1969), 30.

25. Ibid. , 52.

26. Matthew Tindal, *Christianity as Old as the Creation* (Stuttgart-Bad
Cannstatt: Frommann-Holzboog, 1967), 1: 68.

27. See *The Portable Atheist: Essential Readings for the Nonbeliever*, ed.
Christopher Hitchens (Philadelphia: Da Capo, 2007), xxiii.

28. 这是对世界自然神论者联盟的著名宣传语的改述。

29. 为了保护自己，狄德罗将自然神论和有神论区别对待。在他眼中，
自然神论中上帝似乎可有可无，而有神论承认上帝的存在。狄德罗
认为沙夫茨伯里是有神论者。DPV, 1: 297.

30. 参见迪迪埃 – 皮埃尔 1763 年 1 月写给狄德罗的信，信中他说到了兄
长的种种不是。*Corr.* , 4: 241 – 45.

31. *Corr.* , 1: 52.

32. See Roland Mortier, "Didier Diderot lecteur de Denis: ses Réflexions sur
l'Essai sur le mérite et la vertu," *RDE* 10, no. 1 (1991): 21 – 39.

33. DPV, 1: 306. 莱布尼茨在他的《神义论》中对"邪恶"这个问题
保持着同样的乐观态度。See Gottfried Wilhelm Freiherr von Leibniz,
Theodicy, ed. Austin Farrer, trans. E. M. Huggard (New Haven: Yale
University Press, 1952) .

34. See Mortier, "Didier Diderot lecteur de Denis," 30.

35. 针对这个推论，有一个很著名的反对意见，见 Pierre Bayle, the
famous author of the *Dictionnaire historique et critique* (Critical and
Historical Dictionary, 1697) in his *Pensées diverses sur la comète* (Various
Thoughts on the Occasion of a Comet, 1682)。See Pierre Bayle, *Pensées
diverses sur la comète*, ed. Joyce and Hubert Bost (Paris: Garnier-
Flammarion, 2007) .

36. 因为没有书信和手稿的佐证，学者们至今仍然不能确定《白色的鸟》的真正作者。对皮西厄文学事业的精彩讨论，见 Nadine Berenguier, *Conduct Books for Girls in Enlightenment France* (New York: Routledge, 2016)。

37. 帕斯卡是包括伏尔泰在内的很多思想家非常喜爱的作者，不仅因为他擅长反讽，还因为他对教会和耶稣会的深刻剖析。See Robert Niklaus, "Les Pensées philosophiques de Diderot et les Pensées de Pascal," *Diderot Studies* 20 (1981): 201 – 17.

38. 在为圣奥古斯丁辩护的文章中，帕斯卡讨论了人们内心对上帝的渴求，这个心灵上的缺口"只能被一个广大无边、永恒不变的存在填补，这个存在就是上帝"。Blaise Pascal, *Pensées* (New York: Dutton, 1958), 113.

39. Ibid., 107.

40. Baron Anne-Robert-Jacques Turgot, *OEuvres de Turgot et documents le concernant, avec biographie et notes* (Paris: F. Alcan, 1913 – 23), 1: 87.

41. DPV, 2: 19.

42. Paul Valet, *Le Diacre Paris et les convulsionnaires de St.-Médard: le jansénisme et Port-Royal. Le masque de Pascal* (Paris: Champion, 1900), 22.

43. Brian E. Strayer, *Suffering Saints: Jansenists and Convulsionnaires in France, 1640 – 1799* (Brighton, UK: Sussex Academic Press, 2008), 243.

44. Louis-Basile Carré de Montgeron, *La vérité des miracles opérés à l'intercession de M. de Paris* (1737).

45. Strayer, *Suffering Saints*, 251.

46. Ibid., 243.

47. Ibid., 256.

48. Ibid., 257.

49. 有一些狄德罗评论者认为《哲学思想录》对惊厥派和其他宗教派别的描述过于夸张，比如 Jean Henri Samuel Formey, *Pensées raisonnables opposées aux pensées philosophiques* (Berlin: Chrét. Fréd. Voss., 1749), 24。

50. DPV, 2: 19 – 20.

51. Ibid., 2: 20.

52. *Matérialistes français du XVIIIème siècle*: *La Mettrie*, *Helvétius*, *d'Holbach*, ed. Sophie Audidière, *Fondements de la politique* (Paris: PUF, 2006), vii.

53. DPV. , 2: 49.

54. Ibid. , 2: 31.

55. Ibid. , 2: 51.

56. Ibid. , 2: 35.

57. Ibid.

58. Ibid. , 2: 34.

59. Ibid. , 2: 9 – 12.

第三章　哲人入狱

1. 吉约特是法兰西岛大区的地方司法官手下的军官，实际上归警察总监贝里耶的管辖，后者后来逮捕了狄德罗。

2. Wilson, *Diderot*, 61.

3. Charles Manneville, *Une vieille église de Paris*: *Saint-Médard* (Paris: H. Champignon, 1906), 48.

4. 根据《百科全书》记述，这个间谍组织创立于 1667 年，详见 *Encyclopédie*, 9: 509。

5. 密探的职责还包括逮捕詹森派人士，与其他"罪犯"相比，这些人往往在监狱中待的时间更长。

6. *Corr.* , 1: 54.

7. Paul Bonnefon, "Diderot prisonnier à Vincennes," *Revue d'histoire littéraire de la France* 2 (1899): 203.

8. 1748 年，贝里耶还收到过另两封信，信的作者是让 - 路易·博南，此人是一个印刷商，他指认狄德罗为《八卦珠宝》的作者，迪朗为狄德罗的出版人。See Wilson, *Diderot*, 86.

9. Anne Elisabeth Sejten, *Diderot ou Le défi esthétique. Les écrits de jeunesse*, *1746 – 1751.* "Essais d'art et de philosophie" (Paris: Vrin, 1999), 79.

10. 狄德罗还写了另一部未出版的作品《论自然宗教的不足》，该书最终在 1770 年出版。在这一短篇作品中，狄德罗呼吁人类将自己从以天启为基础的宗教导致的偏见和狂热中解放出来。See Jonathan I.

Israel, *Enlightenment Contested: Philosophy, Modernity, and the Emancipation of Man*, 1670 – 1752 (Oxford: Oxford University Press, 2006), 789.

11. 狄德罗还送出了另外两个复本。一本送给了阿尔让斯侯爵，此人曾经贬低过狄德罗的《哲学思想录》和狄德罗对沙夫茨伯里伯爵作品的翻译。另一本送给了著名的数学家和哲学家皮埃尔·路易·莫罗·莫佩尔蒂，此人是柏林科学院的院长（狄德罗不久后就成了这里的院士）。See Anne-Marie Chouillet, "Trois lettres inédites de Diderot," *RDE* 11, no. 1 (1991): 8 – 18.

12. *Corr.*, 1: 74.

13. Ibid.

14. 根据真实的记载，桑德森在接受（或者允许别人为他举行）临终祝祷时已经精神恍惚。英格兰的皇家学会（桑德森曾是这里的成员）一直没有原谅狄德罗文中的这段记述。狄德罗作为百科全书派本来有机会成为皇家学会的成员，但因为这段编造的故事而被投票否决。See Anthony Strugnell, "La candidature de Diderot à la Société Royale de Londres," *RDE* 4, no. 1 (1988): 37 – 41.

15. Kate E. Tunstall 曾提醒研究狄德罗的学者，不要误认为桑德森代表的狄德罗，也不要想当然地认为桑德森的这段话就体现了 1749 年狄德罗的唯物主义思想。See her *Blindness and Enlightenment: An Essay* (New York: Continuum, 2011), 18 – 19. 为了避免混淆，我在下文引用这位学者对狄德罗作品的翻译时，将用 Diderot, *Letter on the Blind*, trans. Tunstall。

16. Ibid., 199 – 200.

17. Ibid., 200.

18. Ibid., 203.

19. 狄德罗深受朱利安·奥弗雷·德·拉·梅特里的作品《心灵的自然史》影响，这部作品表达了激进的唯物主义思想，也是拉·梅特里创作的一系列讽刺基督教的作品中的第一部。

20. See Edward G. Andrew, *Patrons of Enlightenment* (Toronto: University of Toronto Press, 2006), 137.

21. 《第二亚琛和约》签署于 1748 年，结束了一直以来导致奥地利分裂的皇位继承战争。

22. 发生在 1749 年的这些事件得到了精彩的叙述，详见 Robert Darnton in

Poetry and the Police （Cambridge, MA：Harvard University Press, 2010）。

23. Ibid. , 50.

24. Bonnefon, "Diderot prisonnier à Vincennes," 204.

25. See François Moureau, *La plume et le plomb：espaces de l'imprimé et du manuscrit au siècle des Lumières* （Paris：PUPS, 2006）, 610 – 11.

26. See Darnton, *Poetry and the Police*, 7 – 14.

27. Ibid. , 14.

28. 拉蒂德之所以受到这样的对待，部分原因在于他曾三次越狱。See his *Mémoires de Henri Masers de Latude* （Gand：Dullé, 1841）.

29. 龙谢尔实际上是弗勒尔·德·鲁弗鲁瓦。他被监禁了 32 年。布瓦耶在 1739 年到达万塞讷监狱，狄德罗初入狱时，他已经在监狱中待了 10 年。See François de Fossa, *Le château historique de Vincennes à travers les âges* （Paris：H. Daragon, 1909）, 2：116.

30. 监狱管理者认为狄德罗应当获得体面的待遇，这一事实也体现在万塞讷城堡的管理者沙特莱侯爵寄给贝里耶的信中。尤其值得注意的是，沙特莱还特别提到有人给狄德罗送来了寝具和"睡帽"一顶。See Bonnefon, "Diderot prisonnier à Vincennes," 203.

31. Fossa, *Le château*, 2：50.

32. Diderot, *OEuvres complètes. Correspondance. Appendices*, ed. Jules Assézat and Maurice Tourneux （Paris：Garnier Frères, 1877）, 20：122 – 24.

33. Madame de Vandeul, *Diderot, mon père*, 30 – 31.

34. *Enc.* , 1：np. 这个向签署了狄德罗逮捕令的人致敬的题辞充满了讽刺意味，而狄德罗也很清楚这一点。几十年后，狄德罗曾幻想过编撰一部新的、更好的《百科全书》，和第一部不同，这一部将致敬伟大的俄罗斯女皇叶卡捷琳娜大帝，而不是"一个二流的大臣，他剥夺了我的自由，全为了从我这里夺取一句颂词，而论功绩他根本配不上"。Wilson, *Diderot*, 116.

35. Reflected in Diderot's "engagement." See *Corr.* , 1：96.

36. 这两封信都已佚失。我们可以从狄德罗父亲的回信推断出狄德罗曾写过这两封信。

37. *Corr.* , 1：92.

38. 达朗贝尔是神父，他可能是监狱的圣礼拜堂（一座中世纪教堂）的宝库管理员。

39. Jean-Jacques Rousseau, *The Confessions*, trans. J. M. Cohen (London: Penguin, 1953), 327.

40. *Mercure de France, dédié au Roi* (Paris: Cailleau, 1749), 154 – 55.

41. Rousseau, *Confessions*, 327 – 28.

42. For a contemporary translation, see Rousseau, *Discourse on the Origin of Inequality*, trans. Donald A. Cress (Indianapolis: Hackett), 1992.

43. Diderot, *Œuvres complètes de Diderot* (Paris: Garnier Frères, 1875), 2: 285. 让 - 弗朗索瓦·马蒙泰尔和狄德罗的女儿听到的肯定与卢梭所叙述的不同。根据他们的记述，是狄德罗鼓励卢梭将人类刻画得腐化堕落、悲惨虚伪，将自身最好的品质遗失在了曾经的自然状态。范德尔夫人记述道："卢梭在《论科学与艺术》中表达的想法来源于我的父亲，父亲很可能还对此文做了多次阅读和修改。"*Diderot, mon père*, 56.

44. *Correspondance littéraire, philosophique, et critique par Grimm, Diderot, Raynal, Meister, etc.*, 5: 134.

第四章　启蒙圣经

1. René Louis de Voyer de Paulmy d'Argenson, *Mémoires et journal inédit du Marquis d'Argenson* (Paris: P. Jannet, 1857), 3: 282.

2. 这份合同规定，这整个项目将在 3 年后，即 1748 年前完成。

3. Jacques Proust, *Diderot et l'Encyclopédie* (Paris: Armand Colin, 1962), 47.

4. *Mémoires pour l'histoire des sciences et des beaux-arts* 177 (1745): 937.

5. Wilson, *Diderot*, 76.

6. 这个颇为不堪的冲突引起了公众的关注，也使法国当时最有权势的人亨利·弗朗索瓦·德·阿格索——当时的大法官，负责监督图书业——对冲突双方都加以严厉的惩戒。德·阿格索抓住了勒·布雷顿规避多项图书出版管理条例的辫子，撤销了其出版《百科全书》的特权。但真正的输家是米尔斯：德·阿格索宣布米尔斯与勒·布雷顿签署的合同无效，有效地解除了勒·布雷顿对其英国合作伙伴负有的经济及合同义务。

7. 德·古阿的合同规定他应得到 1.8 万里弗尔，他又与狄德罗和达朗贝

尔签订合同，约定从自己的这笔可观的收入中拿出佣金，付给二人各
1200 里弗尔。See Wilson, *Diderot*, 79.

8. See ibid., 78 – 79; and Frank A. Kafker, "Gua de Malves and the
Encyclopédie," *Diderot Studies* 19 (1978): 94.

9. 这期间，德·古阿为辞典打下了基础，他对辞典的规划远比塞留斯和
米尔斯要雄心勃勃。

10. Kafker, "Gua de Malves and the Encyclopédie," 94 – 96.

11. 洛朗·迪朗是四位印刷商中之一，他之前在未获得官方批准的情况
下出版了狄德罗翻译的沙夫茨伯里的作品，并出资出版了狄德罗所
作的《哲学思想录》。See Frank A. Kafker and Jeff Loveland, "Diderot
et Laurent Durand, son éditeur principal," *RDE* 39 (2005): 29 – 40.

12. 勒·布雷顿是国王指定的常任印刷商 (imprimeur ordinaire du roi)，
也就是说，他印刷的不是某种类型的图书，比如讲音乐和希腊语的
书籍，他印刷的是各类文件。

13. 远在勒·布雷顿开启《百科全书》这一项目之前，《皇家年历》是
他的出版社最有名的出版物（而且最多的一次曾印刷了超过 7000
本）。Louis-Sébastien Mercier, *Tableau de Paris* (Amsterdam, 1782), 4:
5 – 8.

14. See Richard Yeo, *Encyclopaedic Visions: Scientific Dictionaries and
Enlightenment Culture* (Cambridge, UK: Cambridge University Press,
2001), 14.

15. Ibid., 14. The definitive study on this question is Marie Leca-Tsiomis's
*Écrire l'Encyclopédie: Diderot: de l'usage des dictionnaires à la grammaire
philosophique* (Oxford: Voltaire Foundation, 1999).

16. John Millard and Philip Playstowe, *The Gentleman's Guide in His Tour
through France* (London: G. Kearsly, 1770), 226.

17. Rousseau, *The Confessions*, 324.

18. 这部作品清晰透彻地呈现了洛克的认知理论，使狄德罗非常钦佩，
继而将这部作品推荐给了他的编辑洛朗·迪朗，后者于当年出版了
这部作品。

19. Lorne Falkenstein and Giovanni Grandi, "Étienne Bonnot de Condillac,"
The Stanford Encyclopedia of Philosophy, ed. Edward N. Zalta (Stanford:
Metaphysics Research Lab, Stanford University, 2017).

20. 但是孔狄亚克完全不是无神主义者或唯物主义者。他还对洛克的理

论进行了补充，提出语言是感觉和思想之间的媒介。See John Coffee O'Neal, *Changing Minds: The Shifting Perception of Culture in Eighteenth-Century France* (Newark: University of Delaware Press, 2002), 16; and Pierre Morère, "Signes et langage chez Locke et Condillac," *Société d'études anglo-américaines des 17ᵉ et 18ᵉ siècles* 23 (1986), 16.

21. *Enc.*, "Prospectus," 1.

22. Ibid., 2.

23. Proust, *Diderot et l'Encyclopédie*, 30 – 32.

24. 相比之下，达朗贝尔仅贡献了 200 个条目，涉及的话题也基本局限于数学和物理。

25. 实际上的顺序是记忆、想象力和理性，并且是在"序章"的第二部分提出的。

26. *Enc.*, "Prospectus," 4.

27. 钱伯斯也提出了类似的分类方法，但他没有用各种迷信思想"污染"宗教。钱伯斯的书在设计开篇展示的示意图时，参照了很多其他"普通"作品以引导和简化读者阅读体验的传统方法。See Richard Yeo, "A Solution to the Multitude of Books: Ephraim Chambers's *Cyclopaedia* (1728) as 'the Best Book in the Universe,'" *Journal of the History of Ideas* 64, no. 1 (January 2003): 66 – 68.

28. 在"序章"中，达朗贝尔提到，他和狄德罗曾短暂地考虑过放弃这种组织方法，而选择一种更侧重于主题的结构。这也正是多达两百多卷的《方法论百科全书》的编辑们在一百多年后（1782—1832）选择的方法。关于字母顺序排序法在工具书中的应用历史，见 Annie Becq, "L'Encyclopédie: le choix de l'ordre alphabétique," *RDE* 18, no. 1 (1995): 133 – 37。当然，选择按字母顺序排序也不是新发明。《百科全书》之前所有的辞典都用了这个方法，比如 Antoine Furetière, *Dictionnaire universel*, 1690; Pierre Bayle, *Dictionnaire historique et critique*, 1697; John Harris, Lexicon Technicum, 1704; 以及 Ephraim Chambers, *Cyclopaedia*, 1728。

29. Yeo, *Encyclopaedic Visions*, 25.

30. Ibid. 《百科全书》的参照系统参考了皮埃尔·培尔的《历史和批判性辞典》。除了先于狄德罗和达朗贝尔六十年使用了相互参照的方法，培尔虽然对教廷进行了批判，但没有公开侮辱教廷。

31. See Gilles Blanchard and Mark Olsen, "Le système de renvois dans

l'Encyclopédie：une cartographie des structures de connaissances au XVIIIe siècle," *RDE* 31－32 (2002)：45－70.

32. *Enc.*，5：642.

33. Ibid.，5：643.

34. Ibid.，5：642.

35. Ibid.，2：640.

36. Ibid.，1：180.

37. See *Diderot*：*Choix d'articles de l'Encyclopédie*, ed. Marie Leca-Tsiomis (Paris：Éditions du C. T. H. S.，2001)，48－50；and Michèle Crampe-Casnabet，"Les articles ' âme' dans l'Encyclopédie," *RDE* 25 (1998)：91－99.

38. Crampe-Casnabet，"Les articles ' âme,' ", 94.

39. *Enc.*，1：342.

40. 狄德罗根本不可能为了明白地指出这一点而在这里加注一个相互参照。但从逻辑上说，如果要加注，那么这个条目可以对应的条目是"斯宾诺莎主义者"，在这里，狄德罗指出，斯宾诺莎主义者认为"物质具有感觉"，物质组成了整个宇宙，而且物质提供了我们所寻找有关生命"整个过程"的所有答案（*Enc.*，15：474.）。

41. 这在某种程度上是对霍布斯和洛克比较通俗化的解读。没有人能够将统治自己的绝对权力给予他人——因为没有人拥有统治自己的绝对权力——这一理念是经典的社会契约论。同样属于社会契约论的，还有"没有人生来就有统治他人的权利"这一理念。如霍布斯和洛克所指出，在理想化的"自然状态"下，强者可以凌驾于弱者之上，但这样形成的暴君统治对强者并无益处。See Thomas Hobbes, *Leviathan* (London：Penguin Classics, 1985)；and John Locke, *Two Treatises of Government*, ed. Peter Laslett (Cambridge, UK：Cambridge University Press, 1988). 狄德罗的独特之处，在于他是在最专制的欧洲君主的统治下提出对这些观点的支持的。

42. *Enc.*，1：898.

43. 尽管钱伯斯的辞典也收录了不多的图片，但在当时的辞典中，一般不会出现如此大量的插图。See Stephen Werner, *Blueprint：A Study of Diderot and the* Encyclopédie *Plates* (Birmingham, AL：Summa, 1993)，2. See also Wilson, *Diderot*, 241－43.

44. 达朗贝尔在"序章"中向读者保证，辞典的前两卷中将包含 600 张插图。

45. *Enc.*，"Discours Préliminaire des Editeurs," 1：xxxix.

46. Werner, Blueprint, 14. 古西耶实际制作的插图可能比这里提到的还要多，但有一些没有署名。此外，他还编撰了 650 个条目。

47. Madeleine Pinault, "Diderot et les illustrateurs de l'Encyclopédie," *Revue de l'art* 66, no. 10 (1984)：32. See also Madeleine Pinault, "Sur les planches de l'Encyclopédie de Diderot et d'Alembert", in *L'Encyclopédisme—Actes du Colloque de Caen 12 – 16 janvier 1987*, ed. Annie Becq (Paris：Éditions aux Amateurs de Livres, 1991), 355 – 62.

48. 雕版的制作过程在《百科全书》图编第四卷（1767 年出版）得到了详细描述。See Enc. 22：7：1. 当代对雕版制作过程的叙述，见 see Antoine-Joseph Pernety, *Dictionnaire portatif de peinture, sculpture, et gravure* (Paris：chez Bauche, 1757), 53。

49. See John Bender and Michael Marrinan, *The Culture of Diagram* (Stanford：Stanford University Press, 2010), 10.

50. 路易·德·若古编撰的充满煽动性的条目"奴隶贸易"对于其目的表达得更直接一些。德·若谷首先宣布法国殖民地实行的传统奴隶制违背了"宗教、道德、自然法和一切人权"（*Enc.*，16：532），然后表明，自己宁愿这些殖民地都"被毁掉"，也不愿在加勒比海地区造成这样多的苦难（ibid.，16：553）。

第五章　《百科全书》的刚毛衬衫

1. *Corr.*，9：30.

2. 贝里耶无疑参与其中，是他签发了《百科全书》"简章"的发表许可令。See Wilson, *Diderot* (New York：Oxford University Press, 1957) 120.

3. James M. Byrne, *Religion and the Enlightenment：From Descartes to Kant* (Louisville, KY：Westminster John Knox, 1996), 35.

4. 有些学者甚至将耶稣会主导下取得的人文主义发展定义为"天主教启蒙运动"。See *Medicine and Religion in Enlightenment Europe*, ed. Ole Peter Grell and Andrew Cunningham (Hampshire, UK：Ashgate, 2007), 118.

5. 该期刊的全称是 *Mémoires pour l'histoire des sciences et des beaux-arts, plus connus sous le nom de Journal de Trévoux ou Mémoires de Trévoux* (1701 – 67)。

6. *Enc.*, 3：635.

7. Jean-François Marmontel, *Memoirs of Marmontel*, 2 vols.（New York：Merrill and Baker, 1903）, 1：217.

8. 蓬帕杜夫人还鼓励狄德罗和达朗贝尔不要顾及政治压力，尤其不要因此而对宗教话题闭口不言。蓬帕杜夫人对狄德罗的事业的态度后来发生了变化：由于对法国的动荡和明显的衰败感到绝望，她表示，她对这部削弱了宗教和君主的权威、损害了社会和国家基础的作品感到非常失望。See Évelyne Lever, *Madame de Pompadour*（Paris：Éditions académiques Perrin, 2000）; and Christine Pevitt-Algrant, *Madame de Pompadour：Mistress of France*（New York：Grove, 2002）.

9. 实际上，这是个新职位。监管出版业原本是大法官的职责。马勒泽布的父亲是纪尧姆·德·拉穆瓦尼翁·德·布朗梅尼。

10. 这个问题改写自《创世记》2：7，似乎暗示着该文将从传统宗教的角度思考亚当的命运，或是对上帝意志的沉思："神用地上的尘土造人，将生气吹在他鼻孔里。"

11. Wilson, *Diderot*, 154.

12. Ibid., 154.

13. Ibid.

14. Parlement de Paris, *Recueil de pièces concernant la thèse de M. l'abbé de Prades, soutenue en Sorbonne le 18 Novembre 1751, censurée par la Faculté de Théologie le 27 janvier 1752, & par M. l'Archevêque de Paris le 29 du même mois divisé en trois parties*（1753）, 32.

15. Ibid.

16. Ibid.

17. Ibid.

18. 1752 年，普拉德发表了一封毫无歉意的道歉信。尽管他自我辩护时，将自己的论点与宗教正统一一对应了起来，但他也在文章中称赞了皮埃尔·培尔以及其他反正统的作家，对笛卡尔和尼古拉·马勒布朗士这样的基督教支持者表示不屑。普拉德后来在柏林生活直至去世。See John Stephenson Spink, "The abbé de Prades and the Encyclopaedists：Was There a Plot?," *French Studies* 24, no. 3（July 1970）：225–36.

19. 狄德罗确实在 5 月 20 日离开巴黎去朗格勒，这是他十年间第一次回家探亲。6 月 17 日，狄德罗回到巴黎家中继续自己的工作。See

Raymond Trousson, *Denis Diderot, ou Le vrai Prométhée* (Paris: Tallandier, 2005), 185.

20. Marquis d'Argenson, *Mémoires et Journal inédit*, 4: 77.

21. 狄德罗以流亡中的普拉德的名义，发表了《对普拉德神父先生的道歉的补充》。该文发表于当年 10 月，文章为《百科全书》辩护的同时，还反对了宗教上的不宽容。

22. Jacques Matter, *Lettres et pièces rares et inédites* (Paris: Librairie D'Amyot, 1846), 386.

23. Wilson, *Diderot*, 166.

24. See ibid. 164; and Margaret Bald, *Banned Books: Literature Suppressed on Religious Grounds* (New York: Facts On File, 2006), 92.

25. *Enc.*, 4: iii.

26. 这位博物学家接替了已故的前桑斯大主教让 - 约瑟夫·郎盖·德·热尔日，达朗贝尔接替了已故的旺斯主教让 - 巴蒂斯特·苏里安。达朗贝尔在接任的致辞中赞颂了这位主教。See Jean-Baptiste-Louis Gresset, *Discours prononcés dans l'Académie françoise, le jeudi 19 décembre M. DCC. LIV à la réception de M. d'Alembert* (Paris: chez Brunet, 1754).

27. *Corr.*, 1: 186. 这个合同最重要的地方也许在于巩固了狄德罗作为"整部《百科全书》的编辑"的地位。See *Corr.*, 1: 185; and Wilson, *Diderot*, 219 – 20. 狄德罗从整个项目中获得的收入达到 8 万里弗尔。

28. 耶稣会的托勒马斯神父对达朗贝尔进行了人身贬低，用一句对古罗马诗人贺拉斯的诗句言简意赅的粗略翻译侮辱了这位身为私生子的数学家，诗的原文是 "cui nec pater est, nec res"，这位神父将其译为"没有父亲的人，什么都不是"。Pierre Grosclaude, *Un audacieux message: l'Encyclopédie* (Paris: Nouvelles Éditions Latines, 1951), 80.

29. 该期刊的第一期第一篇文章就猛烈抨击了狄德罗在 1753 年发表的《对解释自然的思考》。See Jean Haechler, *L'Encyclopédie: les combats et les hommes* (Paris: Les Belles Lettres, 1998), 191 – 205.

30. See Berthe Thelliez, *L'homme qui poignarda Louis XV, Robert François Damiens* (Paris: Tallandier, 2002); Dale K. Van Kley, *The Damiens Affair and the Unraveling of the Ancien Régime* (Princeton: Princeton University Press, 1984); and Pierre Rétat, *L'Attentat de Damiens: discours sur l'événement au XVIIIᵉ siècle, sous la direction de Pierre Rétat* (Paris:

Éditions du C. N. R. S/Lyon：Presses universitaires de Lyon，1979）．

31. 为包括《风雅信使》在内的、立场相对温和的期刊撰稿的作家也加入了进来，与在耶稣会的《特雷武月刊》中和詹森派的《神职人员新闻》中攻击《百科全书》的批评者站在了同一战线上。

32. Wilson，*Diderot*，277.

33. Jacob-Nicolas Moreau，*Nouveau mémoire pour servir à l'histoire des Cacouacs*（Amsterdam，1757），92. See Gerhardt Stenger，*L'affaire des Cacouacs：trois pamphlets contre les philosophes des Lumières*，*présentation et notes de Gerhardt Stenger*（Saint-Étienne，France：Publications de l'Université de Saint-Étienne-Jean Monnet，2004）．

34. 帕利索在发表了这部作品三年后，又发表了一部更成功的抨击《百科全书》的作品，这是一部名为《哲人们》的戏剧，在国王的首席大臣舒瓦瑟尔公爵的强迫下，法兰西戏剧院将该剧搬上了舞台。这部戏对狄德罗产生了巨大的影响，我们之后会讨论。

35. *Déclaration du roi*（Versailles，1757）．

36. 当时，犯了这种策略性错误的不止达朗贝尔一人。尽管狄德罗在《百科全书》中表达看法时要比达朗贝尔谨慎得多，但他翻译了两出哥尔多尼的戏剧，还在致谢词中言辞轻率，这导致他失去了宫廷中的最后一个支持者——舒瓦瑟尔公爵。

37. *Enc.*，7：578.

38. Wilson，*Diderot*，284.

39. See Yves Laissus，"Une lettre inédite de d'Alembert，" *Revue d'histoire des sciences et de leurs applications* 7，no. 1（1954）：1 – 5.

40. Rousseau，*The Confessions*，355.

41. 1754 年的情形与此相同，当时，一位毫无戒备之心的神父用散文体写了一出悲剧，寄给狄德罗及其友人，希望得到他们的认可，狄德罗等人为此嘲笑了这位神父。卢梭对狄德罗等人的做法很恼火。

42. See Leo Damrosch，*Jean-Jacques Rousseau：Restless Genius*（New York：Houghton Mifflflin，2007），264. 该书对此做了精彩的总结。

43. Louise Florence Pétronille Tardieu d'Esclavelles Épinay，*Mémoires et correspondance de Madame d'Épinay*（Paris：Volland le jeune，1818），2：280.

44. Ibid.

45. Ibid.

46. Rousseau, *Confessions*, 329. 实际上，卢梭和格林后来都公开参与了意大利歌剧和法国歌剧的争斗。

47. 这个绰号是个双关语，"白色暴君"是文艺复兴时期加泰罗尼亚诗歌中的主人公。See Wilson, *Diderot*, 119.

48. Rousseau, *Confessions*, 436.

49. DPV, 10：62.

50. *Corr.*, 1：233.

51. Jean-Jacques Rousseau, *Œuvres complètes de Jean-Jacques Rousseau* (Paris：Hachette, 1945), 10：23.

52. 因为考虑到了这一点，大概在这个时期，狄德罗将"日内瓦"这个条目交给了达朗贝尔编写，尽管他明知卢梭生长于这个城邦。这样做并不妥当。

53. *Corr.*, 1：256.

54. Jean-Jacques Rousseau, *Lettre à M. d'Alembert sur les spectacles* (Lille：Droz, 1948), 9.

55. Denis Diderot, *Œuvres philosophiques*, ed. Michel Delon (Paris：Bibliothèque de la Pléiade, 2010), 1023.

56. 伏尔泰在 1758 年 2 月 13 日写给特雷桑伯爵的信中这样写道。See *Corr.*, 2：36.

57. *Corr.*, 2：123.

58. 狄德罗尤其不赞成这些思想。1758 年 8 月 15 日，在一期《文学通信》中，狄德罗对爱尔维修的作品进行了批评性的总结，指出该文的主核心论点中有四个站不住脚的悖论。See Gerhardt Stenger, *Diderot：le combattant de la liberté*, 586；D. W. Smith, *Helvétius：A Study in Persecution* (Oxford：Clarendon, 1965), 157 – 58, 162；and Claude-Adrien Helvétius, *Œuvres complètes d'Helvétius*, vol. 1, eds. Gerhardt Stenger and Jonas Steffen (Paris：Honoré Champion, 2016).

59. 这则逸事时常被提起。See Bernard Hours, *La vertu et le secret. Le dauphin, fils de Louis XV* (Paris：Honoré Champion, 2006), 359.

60. Abraham-Joseph de Chaumeix, *Préjugés légitimes contre l'Encyclopédie, et essai de réfutation de ce dictionnaire* (Paris：Herissant, 1758), xviii.

61. *Arrests de la Cour de Parlement, portant condamnation de plusieurs livres & autres ouvrages imprimés* (1759), 2.

62. Ibid., 26.

63. *Corr.* , 2：122. 这篇声名狼藉的文章题为《关于亚伯拉罕·肖梅对所谓的哲人狄德罗和达朗贝尔的回忆录》。该文自发表时起，就被认为出自安德烈·莫雷莱之手，这位神父、作家兼百科全书派还为狄德罗编写了"信仰"这个条目。See Sylviane Albertan Coppola, "Les Préjugés légitimes de Chaumeix ou l'Encyclopédie sous la loupe d'un apologiste," *RDE* 20, no. 1（1996）：149 – 58.

64. *Corr.* , 2：119.

65. See *Le Chevalier de Jaucourt：L'homme aux dix-sept mille articles*, ed. Gilles Barroux and François Pépin（Paris：Société Diderot, 2015）. 该书对德·若古的生平做了很好的总结。

66. *Enc.* , 8：i.

67. Andrew S. Curran, *Anatomy of Blackness：Science and Slavery in an Age of Enlightenment*（Baltimore：Johns Hopkins University Press, 2011）, 62.

68. Ibid. , 63.

69. Ibid. , 64.

70. *Corr.* , 2：126.

71. Wilson, *Diderot*, 311, 359.

72. 下面这篇文章对此做了出色的研究，见 Françoise Weil："L'impression des tomes VIII à XVII de l'Encyclopédie," *RDE* 1, no. 1（1986）：85 – 93。

73. 《特雷武词典》于 1704 年至 1721 年在此地印刷，培尔的辞典于 1734 年在此地重印。

74. 勒·布雷顿不可能预料得到栋布公国（Dombes）最终会在 1762 年被法国吞并。一种猜测是，尽管此后的印刷是在法国领土上进行的，但通过贿赂很容易让这里的官员保持沉默。See Weil, "L'impression des tomes VIII à XVII."

75. 勒·布雷顿及"合伙人"组织在 18 世纪 60 年代逐渐凋零。迪朗和达维德分别于 1763 年和 1765 年去世。

76. 耶稣会被驱逐出法国发生在他们在整个欧洲范围内受到驱逐和解散这个更大的历史图景中。这一事件发生在十五年间，在 1773 年耶稣会被教皇勒令解散时到达顶峰。See Jean Lacouture, *Jésuites：une multibiographie*, vol. 1, *Les conquérants*（Paris：Seuil, 1991）.

77. 这样的做法虽然令狄德罗痛心，但必须要客观看待勒·布雷顿试图篡改《百科全书》中具有颠覆性质内容的行为：他的干预经常没有对反正统的条目所传达的整体信息起到任何清除作用，而且，所谓的辞典的第十八卷仅占了庞大的《百科全书》内容的 3% 。正如下面这部作品的两位作者所说，"经过审查并删节的段落占比并不很大，这些被削减的段落最多代表了狄德罗大胆的观点中最激烈的部分，详见 Douglas Gordon and Norman L. Torrey, *The Censoring of Diderot's Encyclopédie and the Re-established Text*（New York：Columbia University Press, 1947），41。

78. *Enc.*, 18：664. 这个"第十八卷"从未出版。想要浏览其中的条目，最好的来源是"ARTFL"Project 数据库。页码见此来源。

79. *Enc.*, 18：771.

80. *Enc.*, 18：893.

81. *Enc.*, 18：621.

82. *Corr.*, 4：304.

83. *Corr.*, 4：172.

84. 从《百科全书》中获益最大的要数法国编辑及作家夏尔 – 约瑟夫·庞库克。这位商界奇才出版了一版又一版的《百科全书》，为辞典添加了目录，出版了薄的（即删节了的）辞典便携版本，并在 1781 年着手重写、完善和改进狄德罗的工作，最终出版了《方法论百科全书》。See Daniel Roche, "Encyclopedias and the Diffusion of Knowledge," in *The Cambridge History of Eighteenth-Century Political Thought*, ed. Mark Goldie and Robert Wolker（New York：Cambridge University Press, 2006），172 – 94.

第二部分
第六章　论美德与罪恶

1. See DPV, 4：111 – 22.

2. Ibid., 4：43.

3. 但是，他编写了"百科全书"这一重要条目。他在 1755 年独立发表的唯一作品是一篇讲解了古老的蜡画技法的短篇论文。

4. See Paul Kuritz, *The Making of Theater History*（Upper Saddle River, NJ：Prentice Hall, 1988），172.

5. See DPV, 10：144.

6. Ibid., 10：112. 狄德罗的家庭悲剧的灵感来源之一是乔治·李洛的

《伦敦商人》（1731）。1759 年，狄德罗开始创作一出该类型的戏剧，名为《治安官》，但该剧最终没有完成。

7. *Corr.*, 3：280. 在这一时期的多封书信中，狄德罗预料到这些剧目以及他随剧目一同发表的理论文章将开启戏剧美学和实践的革命。从很多方面来看，狄德罗想得没错。博马舍取得巨大成功的剧目《塞维利亚的理发师》和《费加罗的婚礼》（两部剧目中的主要角色都来自劳动人民阶层）大量参考了狄德罗的戏剧理论作品。

8. DPV, 10：373.

9. 有一位学者提出了另一个论断，与我的很不同但很有说服力。她认为，狄德罗的《私生子》及其附加的理论对话属于 18 世纪前浪漫主义运动的一部分。See Caroline Warman，"Pre-Romantic French Thought，" in *The Oxford Handbook of European Romanticism*, ed.，Paul Hamilton（Oxford：Oxford University Press，2016），17 – 32.

10. 实际上，这样做的是狄德罗的舅舅。

11. Jacques Chouillet, *Diderot*（Paris：SEDES，1977），154.

12. 哥尔多尼后来观看了狄德罗的这出戏，并在自己的回忆录中反驳了弗雷龙的这个说法。See Jean Balcou, *Fréron contre les philosophes*（Geneva：Droz，1975），257.

13. 关于这个剧目七次演出的情况，见 Jean-François Edmond Barbier, *Chronique de la Régence et du règne de Louis XV（1718 – 1763）, ou Journal de Barbier*（Paris：Charpentier，1857），7：248 – 50。

14. Henry Carrington Lancaster, *The Comédie Française, 1701 – 1774：Plays, Actors, Spectators, Finances*（Philadelphia：American Philosophical Society，1951），797.

15. 这出戏很大程度上参照了莫里哀的首部剧作《女学究》（1672 年上演）。

16. English Showalter，"'Madame a fait un livre'：Madame de Graffigny, Palissot et *Les Philosophes*，" *RDE* 23（1997）：109 – 25.

17. Charles Palissot de Montenoy, *Les philosophes, comédie en trois actes, en vers*（Paris：Duchesne，1760），54. 帕利索在中伤之外还对狄德罗进行了进一步污蔑，他说这位哲人写了一篇言辞激烈的反驳文章，攻击了自己和自己的两位赞助人，一位是位高权重的罗贝克公主，另一位是拉·马克伯爵夫人，她是政府首脑舒瓦瑟尔公爵的情妇。后来，人们发现实际上是狄德罗的朋友、参与了百科全书编撰工作的莫雷莱神父写了带有欺骗性的《〈哲人们〉序》（《夏尔·帕利索想象》），这位神父也因此被送进了巴士底狱。

18. Palissot de Montenoy, *Les Philosophes*, 74.

19. *Corr.*, 3：190.

20. Ibid., 3：292.

21. Robert Darnton, *The Great Cat Massacre and Other Episodes in French Cultural History* (New York：Basic Books, 1984), 242.

22. 之后的第二年，紧接着这个令人惊艳的成就，卢梭发表了他一生中最重要的政治理论作品《社会契约论》（1762）。与此同一年，他又发表了有关教育的论文《爱弥儿》。到了18世纪60年代中期，生活状态越来越如隐士一般的卢梭不但开始拥有了一群狂热的信众，还代替了伏尔泰，成为18世纪尚在世的最伟大的标志性文学人物。

23. Diderot, *Rameau's Nephew—Le Neveu de Rameau：A Multi-Media Bilingual Edition*, trans. Kate E. Tunstall and Caroline Warman (Cambridge, UK：Open Book Publishers, 2016), 85.

24. Ibid., 15.

25. 二人之间的联系开始于1753年，当时拉摩协助帕利索写了一出歌舞杂耍剧，在法兰西戏剧院上演，该剧攻击了狄德罗和百科全书派人士。剧作的标题是《这个时代的哲人们》，是一出所谓的"反对哲学的歌舞杂耍剧"，作者为贝尔坦·德·布拉尼，帕利索和拉摩。See *Rameau le neveu：Textes et documents*, ed. André Magnan (Paris：CNRS, 1993), 60 – 66.

26. Ibid., 43.

27. Ibid., 12.

28. Louis-Sébastien Mercier, *Tableau de Paris*, ed. Jean-Claude Bonnet (Paris：Mercure de France, 1994), 2：1447.

29. *Rameau le Neveu*, 109.

30. Ibid., 10.

31. Diderot, *Rameau's Nephew—Le neveu de Rameau*, 15 – 16.

32. Ibid., 16.

33. Ibid.

34. 正如狄德罗在编写"自然法"这个条目时写到过的一样，他直至生命的最后一刻都相信"美德是如此的美丽，甚至连贼都尊敬它的形象，哪怕是在他们的洞穴里最黑暗的角落中"。*Enc.*, 5：131 – 34.

35. Diderot, *Rameau's Nephew—Le neveu de Rameau*, 43.

36. Ibid., 115.

37. Ibid., 95.

38. Ibid., 74.

39. Ibid., 82.

40. Ibid., 42.

41. Ibid., 66.

42. Johann Wolfgang von Goethe, *The Autobiography of Goethe: Truth and Poetry: From My Own Life*, trans. John Oxenford (London: G. Bell, 1894), 301.

43. 有关《拉摩的侄儿》与歌德的哲学，更重要的是与黑格尔的哲学之间的关系，下面这本书提出了一个有趣的分析。Petr Lom, *The Limits of Doubt: The Moral and Political Implications of Skepticism* (Albany: State University of New York Press, 2001), 65 – 66.

44. Friedrich Schiller and Johann Wolfgang von Goethe, *Correspondence Between Schiller and Goethe, from 1794 to 1805*, vol. 2, trans. L. Dora Schmitz (London: G. Bell, 1879), 493.

45. Ibid., 493.

第七章　论艺术：狄德罗在卢浮宫

1. See Annie Becq, *Genèse de l'sthétique française moderne. De la raison classique l'imagination créatrice: 1680 – 1814* (Paris: Albin Michel, 1994).

2. 1773 以后，格林的秘书雅克 – 亨利·迈斯特接替格林成为《文学通信》的总编。

3. 杜伊勒里宫成了王室的主要基地，直到其在 1871 年巴黎公社接管法国全境期间被烧毁。

4. "Lettres sur l'Académie Royale de Sculpture et de Peinture et sur le Salon de 1777," reprinted in *Revue universelle des arts* 19 (Paris: veuve Jules Renouard, 1864): 185 – 86, cited in Thomas E. Crow, *Painters and Public Life in Eighteenth-Century Paris* (New Haven: Yale University Press, 1985), 4.

5. Jacqueline Lichtenstein, *The Blind Spot: An Essay on the Relations between*

Painting and Sculpture in the Modern Age, trans. Chris Miller（Los Angeles：Getty Research Institute Publications Program，2008），11.

6. 此中有一个值得注意的特例：该学院是不接收女性的。

7. 《百科全书》中的"鉴赏家"条目呼应了这一观点。*Enc.*，3：898.

8. Crow，*Painters and Public Life*，10.

9. Ibid.，8.

10. Diderot，*Diderot on Art I：The Salon of 1765 and Notes on Painting*，trans. John Goodman（New Haven：Yale University Press，1995），1.

11. Ibid.，238.

12. Diderot，*Essais sur la peinture：Salons de 1759，1761，1763*（Paris：Hermann，1984），112.

13. 有关这一发展轨迹的讨论，见 Jacques Proust，"L'initiation artistique de Diderot，" *Gazette des beaux-arts* 55（1960）：225 – 32。

14. 很有意思的是，狄德罗在这里坚持认为美是相对性很强的一个概念，与个人感官知觉的和谐关系或是个人头脑中发生的联系息息相关。See Colas Duflo，*Diderot philosophe*（Paris：Champion，2013），103.

15. Diderot，*Diderot on Art I*，1.

16. Diderot，*Essais sur la peinture*，181. 实际上，首部完整的艺术史问世于此后的一年（1764），即 Winckelmann，*Geschichte der Kunst des Alterthums*（The History of Art in Antiquity）。

17. Michael Hatt and Charlotte Klonk，*Art History：A Critical Introduction to Its Methods*（Manchester，UK：Manchester University Press，2006），3.

18. Diderot，*Essais sur la peinture*，181.

19. Diderot，*Diderot on Art I*，158.

20. Diderot，*Essais sur la peinture*，212.

21. Ibid.，213.

22. Diderot，*Diderot on Art II：The Salon of 1767*，trans. John Goodman（New Haven：Yale University Press，1995），1：86.

23. Diderot，*Essais sur la peinture*，97.

24. Ibid.，220.

25. Ibid.

26. 1765 年，在称赞这位画家描绘了"一个被布遮住了的上了釉的带盖儿瓷汤碗，一个柠檬，一块被打开后随意丢在一旁的餐巾，放在圆形砧板上的一块肉酱，还有半杯红酒"之后，狄德罗随后认识到

"自然界中没有什么事物是不值得［成为画家的主题］的，唯一的问题在于如何表现这些事物"。See *Diderot on Art I*, 62.

27. Ibid. , 97.

28. Diderot, *Notes on Painting*, ibid. , 222.

29. 实际上，狄德罗指的很可能是风景画家克洛德－约瑟夫·韦尔内，以及他能够在画布上营造出夺取无助之人生命的恐怖海难场面的非凡能力。

30. Diderot, *Diderot on Art I*, 225.

31. Peter Gay, *The Enlightenment: The Science of Freedom* (New York: Norton, 1996), 240.

32. 布歇不但是雕刻师、陶艺师和设计了极具价值的挂毯的设计师，还被委任为该学院的历史画教授和院长这个最高的职务。

33. Diderot, *Essais sur la peinture*, 195.

34. Gay, *The Enlightenment*, 240.

35. Diderot, *Essais sur la peinture*, 197.

36. Diderot, *Diderot on Art II*, 224.

37. See René Démoris, "Le langage du corps et l'expression des passions de Félibien à Diderot," *Des mots et des couleurs*, vol. 2 (Lille: Presses Universitaire de Lille, 1987), 64.

38. Diderot, *Pensées détachées sur la peinture, la sculpture, l'architecture et la poésie pour servir de suite aux Salons* (Paris: Ligaran, 2015), 10.

39. 还有一位作家表达了与我类似的观点，见 John Hope Mason, *The Irresistible Diderot* (London: Quartet Books, 1982), 171。

40. 狄德罗在他的 1781 年沙龙展评论中谈到雅克－路易·达维德时说："这位画家的作品极富风格、精神饱满，画中人物的面部表情生动而不做作，姿态自然而高贵。" Diderot, *Héros et martyrs, Salons de 1769, 1771, 1775, 1781* (Paris: Hermann, 1995), 350.

41. 这类主题在勒·纳安兄弟的作品之后很不常见。See Emma Barker, *Greuze and the Painting of Sentiment* (Cambridge, UK: Cambridge University Press, 2005).

42. *Année littéraire*, 1761, Lettre 9, 209.

43. Diderot, *Essais sur la peinture*, 234.

44. Diderot, *Diderot on Art I*, 97.

45. Ibid. , 98.

46. Ibid. , 98 – 99.

47. Ibid. , 97 – 98.

48. Ibid. , 99.

49. Ibid. , 94.

50. Diderot, *Diderot on Art* Ⅱ, 88.

51. Ibid. , 88 – 89.

52. See Eik Kahng, "L'Affaire Greuze and the Sublime of History Painting," *Art Bulletin* 86, no. 1 (March 2004): 96 – 113. Kahng 指出，这幅画 "是特例而不是常规"。Fragonard 此后还创作了一系列"无法被归类"的绘画作品，其中包括家庭生活场景、幻想画作品，还有情色闺房画。

53. Ibid. , 145 – 46.

54. 关于这一点的总结，见 Tom Baldwin, "Ekphrasis and Related Issues in Diderot's Salons," in *New Essays on Diderot*, ed. James Fowler (Cambridge, UK: Cambridge University Press, 2011), 236。

55. Ibid. , 146.

56. Norman Bryson, *Word and Image: French Painting and the Ancien Régime* (Cambridge, UK: Cambridge University Press, 1981), 155.

57. See Wilda Anderson, *Diderot's Dream* (Baltimore: Johns Hopkins Univeristy Press, 1990) . See also Andrew Herrick Clark, *Diderot's Part: Aesthetics and Physiology* (Hampshire, UK: Ashgate, 2008) .

58. Theresa M. Kelly, *Reinventing Allegory* (Cambridge, UK: Cambridge University Press, 1997), 88.

59. 下面这本书充分地探讨了狄德罗虚构性的艺术评论文章中令人眩晕的各个层次。See Michael Fried, *Absorption and Theatricality: Painting and Beholder in the Age of Diderot* (Berkeley: University of California Press), 1980.

60. Diderot, *Diderot on Art I*, 141.

61. 柏拉图想要传达的信息是，人们无法理解所谓柏拉图的现实世界的 "理念"。See Theresa M. Kelley, *Reinventing Allegory*, 90.

62. Diderot, *Diderot on Art I*, 141 – 42.

63. Carol Sherman, *Diderot and the Art of Dialogue* (Geneva: Droz, 1976), 41.

第八章　论物种的起源

1. Diderot, *Héros et martyrs*, *Salons de 1769*, *1771*, *1775*, *1781* （Paris：Hermann，1995），100 – 01.

2. 周四是"犹太会堂"日。诸位宾客周日来到这里。从万塞讷监狱获释之后不久，最早在 1749 年 11 月左右，狄德罗得知了霍尔巴赫的这个聚会地点。霍尔巴赫在 1759 年买下了这座豪宅。See A. C. Kors，*D'Holbach's Coterie：An Enlightenment in Paris* （Princeton：Princeton University Press，1976），12.

3. 狄德罗充满感情地称位于皇家路的这座建筑为思想的避难所，里面都是巴黎"最杰出、最敏锐的人"："头衔和广博的学识不足以成为那里的入场券，你必须是高尚的。在那里，你一定能与别人进行思想交流；在那里，历史、政治、金融、文学和哲学是讨论的主题；在那里，他人会在给予你充分尊重的情况下反驳你的观点；在那里，你能找到真正世界性的人。" Diderot，*Diderot on Art I：The Salon of 1765 and Notes on Painting*，trans. John Goodman （New Haven：Yale University Press，1995），128 – 29. 1765 年后，宾客名单被限制在十五人以内。*Corr.*，5：212. See also Antoine Lilti，*The World of the Salons：Sociability and Worldliness in Eighteenth-Century France*，trans. Lydia G. Cochrane （New York：Oxford University Press，2005），22.

4. 为了避免引来图书行业总管的怒火，又能发表这类作品，霍尔巴赫将自己的手稿送到了远在阿姆斯特丹或者南锡的出版商那里。为了进一步避免审查，他还把书的创作归于近期去世的作家。到了 1770 年，这个把戏使霍尔巴赫成为 18 世纪创作亵渎上帝的作品最多产的作家。See Mladen Kozul，*Les Lumières imaginaires：Holbach et la traduction* （Oxford：Oxford University Studies in the Enlightenment，2016）.

5. *Corr.*，9：94 – 96.

6. Ibid.，9：125.

7. Ibid.，9：126.

8. Diderot，*Rameau's Nephew and D'Alembert's Dream*，trans. Leonard Tancock （London：Penguin，1966），149.

9. 笛卡尔最初探讨这个问题是在他 1641 年出版的《第一哲学沉思集》

中。在这部作品中,他希望能够论证人类的灵魂与身体截然不同,灵魂不会随着身体的消亡而死去。他在之后还断言说,身体和头脑是由松果体连接在一起的;思想代表了外部世界,但和外部世界并不相像;人类具有存在于物质世界之外的先天观念。有关笛卡尔对狄德罗的影响,见 Aram Vartanian, *Descartes and Diderot: A Study of Scientific Naturalism in the Enlightenment* (Princeton: Princeton University Press, 1953), 3。

10. Diderot, *Rameau's Nephew and D'Alembert's Dream*, 149.

11. 这尊雕像在 1763 年为蓬帕杜夫人而制,之后获得了狄德罗在 1763 年沙龙展评论中的盛赞。如今,这尊雕像被安放在卢浮宫黎塞留馆的首层。

12. See Mary D. Sheriff, *Moved by Love: Inspired Artists and Deviant Women in Eighteenth-Century France* (Chicago: University of Chicago Press, 2004), 183. See also Marc Buffat, "Diderot, Falconet, et l'amour de la postérité," *RDE* 43 (2008), 9 – 20.

13. Sheriff, *Moved by Love*, 183.

14. Diderot, *Rameau's Nephew and D'Alembert's Dream*, 151.

15. Ibid., 151 – 52.

16. Ibid., 152.

17. *Bibliothèque raisonnée des ouvrages des savants de l'Europe. Pour les mois de janvier, février et mars 1730* (Amsterdam: chez les Wetsteins et Smith, 1730), 4: 377 – 91.

18. Diderot, *Rameau's Nephew and D'Alembert's Dream*, 152 – 53.

19. Rachel Ginnis Fuchs, "Crimes against Children in Nineteenth-Century France: Child Abuse," *Law and Human Behavior* 6, nos. 3 – 4 (1982): 240.

20. Diderot, *Rameau's Nephew and D'Alembert's Dream*, 153.

21. Ibid.

22. Ibid., 166.

23. Ibid., 167.

24. Ibid., 169. 在这本书的另几处,身体各部分与大脑的交流被比喻为一架有记忆和直觉的能够自我弹奏的羽管键琴,或是一只与一张有生命的网联结在一起的蜘蛛,蜘蛛通过不可见的丝线感知世界。

25. Ibid., 170.

26. Ibid. , 171.

27. 在这个梦的第一部分，书中的狄德罗和达朗贝尔这两个角色在讨论后者的人生，二人都同意预成论是无稽之谈。博尔德之后也会驳斥雷斯皮纳斯小姐提出的这个理论。有关狄德罗对生命的产生的理解与当时相关理论的联系，比如哈勒尔、博内和布丰的理论，见 Andrew Herrick Clark, *Diderot's Part: Aesthetics and Physiology* (Hampshire, UK: Ashgate, 2008), 67 – 75。

28. Diderot, *Rameau's Nephew and D'Alembert's Dream*, 172.

29. Ibid.

30. Ibid. , 173.

31. Ibid.

32. See W. G. Moore, "Lucretius and Montaigne," *Yale French Studies*, no. 38 (1967): 109 – 14; William B. Jensen, "Newton and Lucretius: Some Overlooked Parallels," in *Lucretius: His Continuing Influence and Contemporary Relevance*, ed. David B. Suits and Timothy J. Madigan (Rochester: RIT Press, 2011), 2.

33. Diderot, *Rameau's Nephew and D'Alembert's Dream*, 173 – 74.

34. Ibid. , 174.

35. Ibid. , 174 – 75.

36. See Ronald L. Numbers, *The Creationists: From Scientific Creationism to Intelligent Design* (Cambridge, MA: Harvard University Press, 2006).

37. 有学者认为这是对存在锁链的兴趣引发的研究。See Arthur O. Lovejoy, *The Great Chain of Being: A Study of the History of an Idea* (New Brunswick, NJ: Transaction Publishers, 2009), 183 – 84.

38. 在古代，人类是自然存在锁链中的一部分。亚里士多德将动物分为各类属种时，将人类放在了存在锁链的顶端。

39. See Thierry Hoquet, *Buffon/Linné: eternels rivaux de la biologie?* (Paris: Dunod, 2007), 97. 有关人类退化理论，尤其是其与奴隶制和非洲人的关系更深入的讨论，见 Andrew S. Curran, *The Anatomy of Blackness: Science and Slavery in an Age of Enlightenment* (Baltimore: Johns Hopkins University Press, 2011), 特别是该书的第三章。

40. Diderot, *Rameau's Nephew and D'Alembert's Dream*, 175 – 76.

41. See Andrew Curran, *Sublime Disorder: Physical Monstrosity in Diderot's Universe* (Oxford: Studies on Voltaire and the Eighteenth Century, 2001).

42. Ibid. , 190.

43. Diderot, *Rameau's Nephew and D'Alembert's Dream*, 225.

44. See Patrick Graille, "Portrait scientifi que et littéraire de l'hybride au siècle des Lumières," in *Eighteenth-Century Life: Faces of Monstrosity in Eighteenth-Century Thought*, ed. Andrew Curran, Robert P. Maccubbin, and David F. Morill (Baltimore: Johns Hopkins University Press, 1997), 21: 2, 70 – 88.

45. Diderot, *Rameau's Nephew and d'Alembert's Dream*, 232. 她从达朗贝尔那里听说狄德罗先生竟然以她为主角之一写了一系列对话之后，非常气愤，并让达朗贝尔坚持要狄德罗烧掉手稿。狄德罗谎称自己这样做了。

46. DPV, 17: 27.

第九章　性学家

1. *Corr.*, 4: 120.

2. *Corr.*, 16: 64. 他甚至认为这和童年经历给人留下的印记有关。在写给某人的信中，狄德罗坦白说，对他的孩童时期有重要影响的情欲经历发生在朗格勒。"一个长得甜美可人的小女孩咬了我的手。我向她的父亲告状，结果，这位父亲当着我的面掀起女儿的裙子，打了她的屁股。对那个女孩的小屁股的记忆伴随了我一生。谁知道这对我的道德标准产生了什么影响呢?"

3. *Corr.*, 3: 216.

4. Adriann Beverland, *État de l'homme dans le péché originel* (Imprimé dans le monde, 1714), 37 – 38.

5. See *Opuscules divers, contenants un recueil de quelques lettres très instructives pour la conduite des curés et jeunes ecclésiastiques* (Langres: Claude Personne, 1719), 60.

6. Ibid. , 58.

7. Ibid. , 61 and 63.

8. Madame de Vandeul, *Diderot, mon père* (Strasbourg: Circe, 1992), 56.

9. DPV, 2: 18.

10. DPV, 3: 233.

11. André-Joseph Panckoucke, *L'art de désoppiler* [sic] *la rate* (Gallipoli, 175886 [Paris, 1758]), 148.

12. Jacques-André Naigeon, *Mémoires historiques et philosophiques sur la vie et les ouvrages de D. Di derot* (Paris: chez J. L. J. Brière, 1886), 37.

13. DPV, 17: 412.

14. Diderot, *Sur les femmes* (Paris: Pichon, 1919), 11.

15. Ibid. , 21.

16. Ibid.

17. Diderot, *Jacques the Fatalist*, trans. David Coward (Oxford: Oxford University Press, 1999), 97.

18. 有关雅克里维特的这部电影与狄德罗戏剧理论的关系，以及这部里维特的电影遭禁（以及随后的上映和成功）的具体情况，见 Mary M. Wiles, Jacques Rivette (Urbana: University of Illinois Press, 2012), 22–40。2012 年，纪尧姆·尼克卢也拍摄了一版《修女》。

19. 这是一篇后记，对故事做了总结，并揭示了其创作起源。

20. DPV, 11: 70.

21. Ibid. , 11: 30.

22. Ibid. , 11: 31.

23. Diderot, *The Nun*, trans. Russell Goulbourne (Oxford: Oxford University Press, 2005), 105.

24. Ibid. , 26.

25. See Pierre Saint-Amand, *The Libertine's Progress: Seduction in the Eighteenth-Century French Novel*, trans. Jennifer Curtiss Gage (Hanover, NH: University Press of New England, 1994), 53.

26. Ibid. , 35.

27. Ibid. , 58.

28. Ibid. , 123.

29. Ibid. , 103.

30. Ibid. , 136.

31. DPV, 11: 31. See Jean de Booy and Alan Freer, "*Jacques le Fataliste*" et "*La Religieuse*" devant la critique révolutionnaire in Studies on Voltaire and the Eighteenth Century (Geneva: Institut et Musée Voltaire, 1965), 33, 157.

32. 这篇评论从未发表。

33. Louis-Antoine de Bougainville, *Voyage autour du monde, par la frégate du roi La Boudeuse, et la flûte L'Étoile* (Paris: chez Saillant & Nyon, 1772).

34. Ibid., 3: 74.

35. Ibid., 3: 74 – 75.

36. Ibid., 3: 78 – 79.

37. Ibid., 3: 65.

38. Ibid., 2: 44.

39. Ibid., 3: 87.

40. Diderot, *Rameau's Nephew and Other Works* [inc. Supplement to Bougainville's Voyage] (Indianapolis: Hackett, 2001) 187.

41. Ibid., 194.

42. Ibid., 196.

43. Ibid., 198 – 99.

44. Ibid., 206.

45. Ibid., 204.

46. Ibid., 208.

47. 有关这样的诽谤，可参考天主教半月刊杂志 *Revue pratique d'apologétique* (Paris: G. Beauchesne, 1796), 17: 231。

48. *Code Pénal, ou Recueil des principales ordonnances, édits et déclarations* (Paris: chez Desaint et Saillant, 1752), 2: 256.

49. Ibid. See Maurice Lever, *Les Bûchers de Sodome* (Paris: Fayard, 1985).

50. *Enc.*, 16: 617.

51. Diderot, *Rameau's Nephew and D'Alembert's Dream*, trans. Tancock, 170.

52. Ibid., 172.

53. Ibid., 175.

54. *Corr.*, 4: 39.

55. Louis Crompton, *Homosexuality and Civilization* (Cambridge, MA: Harvard University Press, 2003), 522.

56. Diderot, *Diderot on Art I*, 217.

57. Diderot, *Rameau's Nephew and D'Alembert's Dream*, 135.

58. *Corr.*, 7: 96.

59. *Corr.*, 8: 118.

60. *Corr.*, 2: 269.

第十章 论爱情

1. Corr. , 2：97.
2. Ibid.
3. Friedrich Nietzsche, *On the Genealogy of Morals and Ecce Homo*（New York：Vintage, 1989）, 107.
4. Ibid.
5. Ibid.
6. *Corr.* , 1：27 – 28.
7. Ibid. , 1：32.
8. Alice Laborde, *Diderot et Madame de Puisieux*（Saratoga, CA：Anma Libri, 1984）, 18.
9. DPV, 1：392.
10. 这个报告见于 Émile Campardon, *Les Prodigalités d'un fermier général：complément aux mémoires de Madame d'Épinay*（Paris：Charavay, 1882）, 119 – 20。
11. *Denis Diderot*, ed. Raymond Trousson（Paris：PUPS, 2005）, 60.
12. Ibid. , 61.
13. *Corr.* , 1：141.
14. Ibid. , 2：124 – 25.
15. Ibid. , 5：69.
16. Meghan K. Roberts, *Sentimental Savants：Philosophical Families in Enlightenment France*（Chicago：University of Chicago Press, 2016）, 125.
17. Sigmund Freud, *Civilization and Its Discontents*, ed. Todd Dufresne, trans. Gregory C. Richter（Peterborough, Ontario：Broadview）, 2015.
18. Diderot, *Rameau's Nephew and d'Alembert's Dream*, trans. Tancock, 5 – 46.
19. Wilson, *Diderot*, 229. 有关沃兰家在各处的居所，见 Laurent Versini, "Diderot piéton de Paris," in *Travaux de littérature* 13（Geneva：Droz, 2000）, 177 – 94。
20. 即现在的图尔内勒堤岸。

21. *Corr.*, 2: 168 – 69.

22. Ibid., 3: 68.

23. Ibid., 2: 136 – 37.

24. Ibid., 3: 74.

25. Ibid.

26. Ibid.

27. See Stenger, *Diderot*, 185; and Michel Delon, *Diderot cul par-dessus tête* (Paris: Albin Michel, 2013), 259.

28. *Corr.*, 2: 193.

29. Ibid., 3: 63.

30. Ibid., 3: 69.

31. Ibid., 5: 35.

32. Ibid., 2: 145.

33. Ibid., 7: 68.

34. Ibid., 6: 155 – 60.

35. Ibid., 4: 52.

36. Auguste Rey, *Le Château de la Chevrette et Madame d'Épinay* (Paris: Plon, 1904), 121.

37. Ibid.

38. See Versini, "Diderot piéton de Paris," 185.

39. *Corr.*, 10: 97. 引自他的《去往波旁和朗格勒的旅行以及其他故事》。

40. *Corr.*, 10: 142.

41. *Corr.*, 10: 154.

42. *Corr.*, 10: 155.

43. *Corr.*, 15: 77.

44. *Corr.*, 15: 254.

45. Lydia Claude Hartman, "Esquisse d'un portrait de Sophie Volland: quelques notes sur la vie privée, les amitiés du philosophe," *Diderot Studies* 16 (Geneva: Droz, 1973), 69 – 89, 71.

46. *Corr.*, 2: 284.

47. Ibid.

第十一章 去往俄国的旅程：政治，哲学，
叶卡捷琳娜大帝

1. Robert K. Massie, *Catherine the Great: Portrait of a Woman* (New York: Random House, 2012), 7.

2. Ibid.

3. Ibid.

4. Catherine the Great, *The Memoires of Catherine the Great*, trans. Mark Cruse and Hilde Hoogenboom (New York: Modern Library, 2006), xxvi.

5. Ibid. , xxx.

6. Stenger, *Diderot*, 306.

7. See Inna Gorbatov, *Catherine the Great and the French Philosophers of the Enlightenment: Montesquieu, Voltaire, Rousseau, Diderot, and Grimm* (Bethesda, MD: Academic Press, 2006), 77.

8. Catherine the Great, *The Memoirs of Catherine the Great*, xxvi.

9. Cited in *Corr.* , 7: 354.

10. Ibid. , 7: 355.

11. Ibid. , 7: 101.

12. Ibid. , 7: 67.

13. 这些画被他的叔叔，富有的金融家、艺术收藏家安托万·克罗扎在 17 世纪末和 18 世纪初购得。在这件事上，狄德罗获得了弗朗索瓦·特龙金和罗贝尔·特龙金的协助，前者提出了购买这个收藏的想法，后者查验了收藏包括了哪些作品。

14. 对克罗扎家族的讨论，见 Joanna Pitman, *The Dragon's Trail: The Biography of Raphael's Masterpiece* (New York: Touchstone, 2007)。另见奥尔登·戈登 (Alden Gordon) 为该收藏制作的作品清单，*The Houses and Collections of the Marquis de Marigny, Documents for the History of Collecting: French Inventories*, vol. 1 (Los Angeles: Getty, 2003)。

15. Henry Tronchin, *Le Conseiller François Tronchin et ses amis: Voltaire, Grimm, Diderot, etc.* (Paris: Plon, 1895), 307.

16. *Corr.* , 12: 49.

17. J. F. Bosher, "The French Crisis of 1770," *History: Journal of the*

Historical Association 57, no. 189 (1972): 18.

18. 这是加利亚尼神父《关于小麦贸易的对话》的写作背景，狄德罗在
    1770 年对该文做了大量编辑和出版工作。这个有关谷物的争论也是
    狄德罗所做的《为加利亚尼神父辩护》的来源，这篇书信写于 1770
    年至 1771 年。这封信从未发表，发现于范德尔基金会所存文稿中。

19. Bosher, "The French Crisis of 1770," 24.

20. *Corr.*, 12: 49.

21. Anthony Strugnell, *Diderot's Politics: A Study of the Evolution of Diderot's
    Political Thought After the Encyclopédie*, *International Archives of the
    History of Ideas* 62 (Heidelberg: Springer Netherlands, 1973), 134. 勒
    内·尼古拉·夏尔·奥古斯丁·德·莫普本人曾任巴黎最高法院院
    长，在 1768 年任法国大法官，后来暂时剥夺了最高法院的权利。

22. *Corr.*, 12: 49. 他在这里具体指的是教宗敕令无须登记注册就可以
    在法国传播的情况。

23. Strugnell, *Diderot's Politics*, 108.

24. *Corr.*, 12: 49.

25. Ibid., 12: 64.

26. Ibid.

27. 狄德罗从十七年前就开始为让女儿嫁入这个显赫的朗格勒实业家族
    做初步的安排。See ibid., 1: 191. 18 世纪 60 年代中期，狄德罗曾
    放弃过这个非正式的婚约——他当时甚至短暂地考虑过格林作为
    "女婿"的可能性——但在 1767 年回归了最初的计划。工程师维亚
    莱也曾是人选之一。See ibid., 7: 181.

28. Ibid., 10: 40 – 41.

29. Ibid., 12: 113.

30. Ibid., 12: 135.

31. Ibid., 12: 136.

32. 在写给自己妹妹的一封类似的信中，他忧郁地承认："我没有孩子
    了，我孤身一人，这样的孤独让我难以承受。"（ibid., 12: 139）在
    给格林的信中，狄德罗坦白了自己对这段婚姻的担忧，气愤地抱怨
    说阿贝尔想把"［安热莉克］打扮成玩偶"，而且似乎不希望让她继
    续演奏羽管键琴了（ibid., 12: 179 – 80）。

33. Ibid., 12: 126.

34. Diderot, *Mémoires pour Catherine II* (Paris: Garnier frères, 1966), 266.

35. *Corr.*, 12：232.
36. Ibid.
37. 阿列克谢·瓦西里耶维奇·纳雷什金（1742—1800）在宫中的职位等级是内侍（德语为 Kammerherr，即英文中的 chamberlain）。
38. 即北海。
39. *Corr.*, 13：15.
40. *Corr.*, 13：31.
41. 在此期间，狄德罗还为爱尔维修的《论人》和赫姆斯特赫斯的《关于人类及其相互关系的书信》做了评注，并给《拉摩的侄儿》和《宿命论者雅克》加入了新的内容。
42. Stenger, *Diderot*, 617.
43. Laurent Versini, "Note sur le voyage de Diderot en Russie," in *L'influence française en Russie au XVIIIème siècle*, ed. Jean-Pierre Poussou, Anne Mézin, and Yves Perret-Gentil (Paris：Institut d'études slaves, 2004), 227.
44. 花了一埃居……一埃居？
    我做了什么？啊，我看了她的臀。
    花了两埃居？我做了什么？
    我抓住了她的××××；我××××了她。
    我一共花了三埃居，两退斯顿，一奥波尔，
    我得到了她的胸，臀，和××××，还有梅毒。
    Herbert Dieckmann, *Inventaire du fonds Vandeul et inédits de Diderot* (Geneva：Droz, 1951), 288.
45. *Corr.*, 13：64.
46. Herbert Dieckmann, "An Unpublished Notice of Diderot on Falconet," *Journal of the Warburg and Courtauld Institutes* 15 (1952)：257 – 58.
47. *Corr.*, 12：228.
48. Wilson, *Diderot*, 631. 狄德罗肯定也考虑过和他在圣彼得堡的另一位真正的朋友格林一起居住，但后者由于女皇的儿子，即大公的婚礼忙得不可开交，而婚礼在狄德罗到达后的第二天就要举行了。
49. Inna Gorbatov, "Le voyage de Diderot en Russie," *Études littéraires* 38, nos. 2 – 3 (2007)：215 – 29.
50. 狄德罗仍在俄国期间（1774 年 2 月），叶卡捷琳娜大帝开始与格里戈里·亚历山德罗维奇·波将金交往。这是她人生中最重要的一段感情，后者秘密地成为她事实上的丈夫，更成为她最信任的代理人和顾问。

51. Massie, *Catherine the Great*, 524.

52. Ibid. , 338.

53. Voltaire, *Œuvres complètes de Voltaire*, éd. Louis Moland（Paris：Garnier, 1877 – 85）, 26：551.

54. *Corr.* , 13：81.

55. 迫于压力，狄德罗不得不在《百科全书》第三卷的"勘误表"中撤回了这个说法。详见下面这本书中非常出色的序言：Diderot, *Diderot, Political Writings*, ed. John Hope Mason and Robert Wokler（Cambridge, UK：Cambridge University Press, 1992）, xii。

56. David Williams, ed. , *The Enlightenment：Cambridge Readings in the History of Political Thought*（Cambridge, UK：Cambridge University Press, 1999）, 33.

57. Diderot, *Mémoires pour Catherine II*, 178.

58. Virginia Cowles, *The Romanovs*（London：William Collins, 1979）, 90. 雅克·内克尔在 1789 年提出了这个想法，但遭到了贵族阶层的拒绝。

59. Louis-Philippe, comte de Ségur, *Mémoires ou Souvenirs et anecdotes*（Paris：Henri Colburn, 1827）, 3：35.

60. State Papers Foreign 91［Russia］, vol. 94, fol. 136, Public Records Office, British Museum.

61. 他还表示愿意向达朗贝尔提供一笔高额的年金，以及普鲁士科学院的院长一职。

62. 霍尔巴赫的这个作品是用已故的百科全书派人士塞萨尔·谢诺·迪马赛的名义发表的。See Strugnell, *Diderot's Politics*, 132.

63. Diderot, "Introduction"［to *Pages contre un tyran*］, *Œuvres politiques*（Paris：Garnier, 1963）, 129.

64. Ibid. , 148.

65. 这篇评论是在一部未经授权的、在阿姆斯特丹出版的狄德罗文集中发表的。该文集还包括了其他作家创作的平庸书作和文章。See Adrienne Hytier, "Le Philosophe et le despote," *Diderot Studies* 9（1964）：74.

66. V. A. Bilbassov, *Diderot à Pétersbourg*（Saint Petersburg：Skorokhodov,

1884），173. 格林在 1774 年 2 月 7 日写给涅谢尔罗迭的一封信中暗示说腓特烈主使了这个阴谋。*Corr.*，13：192.

67. Ibid.，13：208.

68. Ibid.，13：203.

69. Ibid.，13：234.

第十二章　遗言：讲给专制统治者和美国起义者

1. *Corr.*，14：48.

2. Ibid.，13：223. 狄德罗在距离里加 25 英里的"米陶"被人拖上了船。

3. *Corr.*，13：238.

4. 狄德罗没有说明他们是在什么地方失去了叶卡捷琳娜大帝给他的马车。

5. 起草者是伊万·伊万诺维奇·别茨科伊。See *Plans et statuts des différents établissements ordonnés par Sa Majesté Impériale Catherine II pour l'éducation de la jeunesse et l'utilité générale de son empire*（Amsterdam：M. M. Rey, 1775）.

6. *Corr.*，13：231.

7. 根据让-巴蒂斯特-安托万·叙阿尔的记述，狄德罗回到巴黎时对这位女性"充满了钦佩"。See Corr.，14：106 - 08.

8. Diderot, "Introduction"［to Pages contre un tyran］, *Œuvres politiques*（Paris：Garnier, 1963）, 179.

9. Ibid.，163.

10. See *Corr.*，14：73. 12 月，狄德罗写信给叶卡捷琳娜大帝，请她召回她的立法委员会，创造一个新的法典来作为新俄国的基石。

11. Diderot, "Introduction," 343.

12. Ibid.，344.

13. Ibid.，345.

14. Florence Boulerie, "Diderot a-t-il inventé une université pour le gouvernement de Russie?" in François Cadilhon, Jean Mondot, and Jacques Verger, eds., *Universités et institutions universitaires européennes au XVIIIe siècle：entre modernisation et tradition*（Bordeaux：Presses universitaires de Bordeaux, 1999）, 131.

15. Diderot, *Œuvres complètes* (Paris: Le club français du livre, 1971), 11: 745.

16. Ibid., 11: 745 – 46. 有关文明与教化 "野蛮人" 以及教育之间联系的讨论，参见 Michèle Chabanon "Le Plan d'une université: une ouverture à demi-mot," *RDE* 35 (2003): 41 – 60。

17. See Béatrice Didier, "Quand Diderot faisait le plan d'une université," *RDE* 18 (1995): 81 – 91.

18. Diderot, *Œuvres complètes* (1971), 11: 750.

19. 1787 年 11 月 29 日最高法院签发了 "宗教宽容敕令"，敕令禁止对清教徒的迫害，并允许他们在政府和军队中获得职位。法国犹太人的地位在 1791 年 9 月法国大革命爆发后得到恢复。

20. Stenger, *Diderot*, 653.

21. *Corr.*, 14: 218.

22. Ibid., 14: 150.

23. Ibid., 14: 218.

24. 这个作品一开始在《文学通信》上发表时的标题为《家庭消遣计划》。

25. James Fowler, ed., "Introduction," in *New Essays on Diderot* (Cambridge, UK: Cambridge University Press, 2011), 7.

26. Pierre Frantz, *Est-il bon? Est-il méchant?* (Paris: Folio, 2012).

27. See *Corr.*, 14: 169. See also Thierry Belleguic (dir.), *Le Dernier Diderot: autour de l'*Essai sur les règnes de Claude et de Néron, *Diderot Studies*, no. 32 (2012). 霍尔巴赫和奈容在原译者拉·格朗热神父去世后完成了这个作品的翻译。

28. 18 世纪，塞内加戏剧家的身份没有得到承认。

29. DPV, 1: 425.

30. Diderot, *Essai sur la vie de Sénèque le philosophe, sur ses écrits et sur les règnes de Claude et de Néron* (Paris: chez les frères De Bure, 1779), 7: 11. See also Joanna Stalnaker, "Diderot's Literary Testament," *Diderot Studies* 31 (2009): 45 – 56.

31. See Elena Russo, "Slander and Glory in the Republic of Letters: Diderot and Seneca Confront Rousseau," *Republics of Letters*, no. 1 (May 2009), http://rofl.stanford.edu/node/40.

32. Diderot, *Essai sur la vie de Sénèque*, 7: 11.

33. DPV 15：126 – 27.

34. 和狄德罗的两本有关塞内加的书作不同，卢梭的《忏悔录》一发售就卖出了 8000 册。See Dorthea E. von Mücke, *The Practices of the Enlightenment：Aesthetics, Authorship, and the Public* (New York：Columbia University Press, 2015), 265.

35. *Nouvelles de la république des lettres et des arts* 11, March 13, 1782 (Paris：Ruault, 1782), 82.

36. See Michèle Duchet, *Diderot et l'Histoire des deux Indes* (Paris：A. G. Nizet, 1978), 31.

37. 该手册名为《军事学校》。See Hans-Jürgen Lüsebrink and Manfred Tietz, "Introduction," in Hans-Jürgen Lüsebrink and Manfred Tietz, eds. , *Lectures de Raynal：l' "Histoire des deux Indes" en Europe et en Amérique au XVIIIe siècle. Studies on Voltaire and the Eighteenth Century* 286 (Oxford：Voltaire Foundation, 1991), 2.

38. Girolamo Imbruglia, "Civilisation and Colonisation：Enlightenment Theories in the Debate between Diderot and Raynal," *History of European Ideas* 41, no. 7 (2015)：859. 舒瓦瑟尔本人在圣多明戈就拥有种植园，他算是提倡文明奴隶制、思想相对进步的群体中的一员。

39. Lüsebrink and Tietz, eds. , *Lectures de Raynal*, 3.

40. Goggi, "Quelques remarques sur la collaboration de Diderot à la première édition de l'*Histoire des deux Indes*," ibid. , 17.

41. Diderot, *Diderot, Political Writings*, ed. John Hope Mason and Robert Wokler (Cambridge, UK：Cambridge University Press, 1992), 171.

42. Ibid. , 172.

43. Ibid. , 182.

44. Andrew S. Curran, *Anatomy of Blackness：Science and Slavery in an Age of Enlightenment* (Baltimore：Johns Hopkins University Press, 2011), 229, n. 41.

45. HDI, 1770, 4：167 – 68.

46. Diderot, *Political Writings*, 212.

47. HDI, 1780, 3：280.

48. Ibid. , 1780, 4：418.

49. See Guillaume Ansart, "Variations on Montesquieu：Raynal and Diderot's *Histoire des deux Indes* and the American Revolution," *Journal of the*

History of Ideas 70（3）：399 – 420.

50. Jonathan Israel, *The Expanding Blaze: How the American Revolution Ignited the World*, 1775 – 1848（Princeton：Princeton University Press, 2017）, 117.

51. 尽管狄德罗晚年的通信有很多间断的部分，但他很可能和富兰克林多少有些联络。其中一则证据可以在 A. C. G. 德东 1783 年 8 月 10 日写给富兰克林的信中找到。德东在信中提到，狄德罗安排他参观了富兰克林在 20 年前的著名发明"玻璃琴"。这封信意味着狄德罗也见过这个乐器，很可能也见过富兰克林本人。See Benjamin Franklin, *The Papers of Benjamin Franklin*（New Haven：Yale University Press, 2011）, 40：453.

52. Ibid., 20：447 – 48.

53. C. P. Courtney, "Burke, Franklin et Raynal: à propos de deux lettres inédites," in *Revue d'histoire littéraire de la France* 62, no. 1（1962）：81.

54. 尽管这本书提出了荒谬的论断，说"新"大陆有地域性退化的问题，但雷纳尔依然因此获得了这个荣誉。

55. HDI, 1774, 7：182.

56. 关于狄德罗对该书做出的修改的精彩总结，见 Strugnell, *Diderot's Politics*, 208 – 09。

57. HDI, 1780, 4：417.

58. Ibid., 1780, 4：456.

59. Ibid., 1780, 1：398.

60. *Correspondance littéraire, philosophique et critique par Grimm, Diderot, Raynal, Meister*, etc., 14：465. See *Corr.*, 14：225.

61. 理论上，这句引文原本是献给埃莉莎·德雷珀的，但后来与雷纳尔联系在了一起。

62. *Corr.*, 15：211.

63. 尽管无法确认，但狄德罗似乎从未寄出这封信。

64. *Corr.*, 15：213；15：226.

65. Ibid., 15：227.

66. Diderot, *Political Writings*, 214.

尾声 行走在两个永恒之间

1. *Corr.*，15：19. 这两个人互通了 26 封信。

2. Ibid.，15：91.

3. Ibid.，15：38. 我援引的是他和弗朗索瓦·特龙金谈话中实际使用的类比。

4. Ibid.，15：90.

5. Ibid.

6. Ibid.

7. 卢梭之死在下面这本书中得到了极佳的记述，见 Leo Damrosch, *Jean-Jacques Rousseau*：*Restless Genius*（New York：Houghton Mifflin, 2007），488。

8. *Corr.*，15：132.

9. Ibid.，15：247. See Eric Hazan, *The Invention of Paris*：*A History in Footsteps*, trans. David Fernbach（London：Verso, 2010），20. Louis-Sebastien Mercier 描述了 Tableau de Paris 店里通常有的冰激凌口味（Amsterdam, 1789），12：180。

10. DPV, 17：516.

11. 我借用了下面这位学者的表述，见 Charles Wolfe, *Materialism*：*A Historico-Philosophical Introduction*（Ghent：Springer, 2016），62。

12. 该书的标题中提到的宿命论和今天所说的"宿命论"很不同。现在，宿命论者向天意或者命运屈服，认为他们对未来和自身没有掌控力。与此极为不同的是，狄德罗所说的宿命论者并不相信自己的人生是由命运决定的，而是由生理和心理实质决定的。

13. Diderot, *Jacques the Fatalist*, trans. David Coward（Oxford：Oxford University Press, 1999），3.

14. 从哲学上讲，宿命论和决定论很不一样，但狄德罗的思想将二者合并了起来。See Anthony Strugnell, *Diderot's Politics*：*A Study of the Evolution of Diderot's Political Thought After the Encyclopédie*, *International Archives of the History of Ideas* 62（Heidelberg：Springer Netherlands, 1973），45.

15. 1756 年，在写给剧作家保罗－路易·朗杜瓦的一封信中，狄德罗很直截了当地断言说，在一个万事万物都已经被决定好了的世界中，人类的行为无非对应着"整体秩序，我们的［生理］组织，我们所受的教育，以及接续发生的一系列事件"。See DPV 9：257.

16. Colas Duflos, *Les aventures de Sophie：la philosophie dans le roman au XVIIIème siècle*（Paris：CNRS editions, 2013），253.

17. 苏格拉底的一则名言就是，对未知感到恐惧是荒谬的。See Plato, *Apologie de Socrate，Criton，Phédon*, trans. Léon Robin and Joseph Moreau（Paris：Gallimard, 1968），43.

18. Diderot, *Jacques the Fatalist*, 63.

19. *Corr.*, 15：321.

20. Madame de Vandeul, *Diderot, mon père*（Strasbourg：Circe, 1992），48.

21. Ibid.

22. Ibid., 56.

23. *Corr.*, 15：320.

24. Ibid., 15：335.

25. Diderot, *Voyage à Bourbonne, à Langres et autres récits*（Paris：Aux Amateurs des livres, 1989），27. 和他的朋友、广受好评的特龙金医生一样，狄德罗一直以来都相信治疗疾病的最有效方式是锻炼，并且应当避免催泻和放血。

26. Vandeul, *Diderot, mon père*, 48.

27. Ibid., 49.

28. 对伏尔泰去世时的记录，见 Roger Pearson, *Voltaire Almighty*（New York：Bloomsbury, 2005），385 – 91。

29. 伏尔泰的遗体被摘去了心脏和大脑，一直葬在塞纳河畔罗米伊，直到 1791 年被送入了先贤祠。达朗贝尔在 1783 年去世，也曾面临着被扔到垃圾场的羞辱。不过，达朗贝尔最终被体面的安葬，多亏了一个技术性条件：作为法兰西学术院的干事，他被给予了特别保护，并被允许安葬在波尔舍龙公墓。See Wilson, *Diderot*, 711.

30. L. Petit de Bachaumont et al., *Mémoires secrets pour servir à l'histoire de la République des Lettres en France*（London：chez John Adamson, 1784），23：241.

31. 狄德罗的女婿卡永里·德·范德尔记述说，这位神父"获得了［狄德罗］夫妇的一致尊敬"。*Corr.*, 15：331.

32. Vandeul, *Diderot, mon père*, 50.

33. Ibid. , 51.

34. Ibid.

35. Ibid. , 51 – 52.

36. Ibid. , 52.

37. Ibid.

38. *Enc.* , 8：576.

39. *Corr.* , 6：66.

40. 另一位学者表达了相同的观点。See Philippe Blom, *A Wicked Company：The Forgotten Radicalism of the European Enlightenment* (Basic Books, 2010) , 308.

41. René Tarin, *Diderot et la Révolution française：controverses et polémiques autour d'un philosophe* (Paris：Champion, 2001) , 51 – 52.

42. 事实上，路易 – 塞巴斯蒂安·梅西耶早在 1791 年就说过这首诗的作者是狄德罗，他宣称自己在普罗科皮咖啡馆听到过狄德罗朗诵这首诗。这个引用实际上是伏尔泰对梅里耶神父的著作《圣约书》的改述，狄德罗对此也很熟悉。See Pascal Pellerin, "Diderot, Voltaire et le curé Meslier：un sujet tabou," *Diderot Studies* 29 (2003) , 54.

43. 于是，狄德罗此后被视为好杀戮的无套裤汉的原型，并且与最早的暴民煽动者、在 1796 年被送上断头台的弗朗索瓦·诺埃尔·巴贝夫联系在一起。这个形象在巴吕埃尔神父的作品《雅各宾派历史回忆录》中得到了广泛传播，这部作品将狄德罗塑造成参与了反基督教阴谋的极端分子。

44. F. G. de La Rochefoucauld, *Esprit des écrivains du 18ème siècle* (Paris：chez Giguet et Michaud, 1809) , 29.

45. This is a famous quote from Auguste Comte, *Le Livre：revue mensuelle* (Paris：A. Quantin, 1884) , 114.

46. Raymond Trousson, ed. , *Denis Diderot*, 30.

47. *Célébration du centenaire de Diderot au Palais du Trocadéro le dimanche* 27 *juillet* 1884：*discours de M. Pierre Laffitte* (Paris：au dépôt de la Revue occidentale, 1884) , 5.

48. 这是一个更大的工程的一部分，该工程计划将法兰西第三共和国的价值观念通过城市的面貌展现出来，除狄德罗的雕像外，还应当有其他一大批向 18 世纪的英雄人物致敬的雕像，其中包括让 – 保罗·马拉、卡米耶·德穆兰、乔治·丹敦和孔多塞侯爵。1884 年，巴黎还安排制作了另一尊狄德罗雕像，由莱昂·艾梅·若阿基姆·勒库安特完成后，安放在安特卫普广场，这尊雕像后于 1942 年融化。

49. Daniel Brewer, *The Enlightenment Past: Reconstructing Eighteenth-Century French Thought* (Cambridge, UK: Cambridge University Press, 2008), 151.

50. Ibid.

51. 让·戈特兰没能来得及在落成典礼举行之前完成雕塑的制作。他用一个鬼魂似的石膏模型作为替代品，在雕塑现在的位置上放了近两年。See *Le Correspondant* (Paris: bureaux du Correspondant, 1884) 100: 910.

52. Colas Duflo, "Et pourquoi des dialogues en des temps de systèmes?," *Diderot Studies* 28 (2000): 95 – 109, p. 96.

53. Elisabeth de Fontenay, *Diderot ou le matérialisme enchanté* (Paris: Grasset et Fasquelle, 1981), 14. See also Andrew Curran, *Sublime Disorder: Physical Monstrosity in Diderot's Universe*.

54. Duflo, "Et pourquoi des dialogues?," 96.

参考文献

Albertan-Coppola, Sylviane. "Les Préjugés légitimes de Chaumeix ou l'*Encyclopédie* sous la loupe d'un apologiste." *Recherches sur Diderot et sur l'Encyclopédie*, no. 20 (1996): 149–58. Paris: Aux Amateurs de Livres.

Alembert, Jean le Rond d'. *Discours prononcés dans l'Académie françoise, le jeudi 19 décembre MDCCLIV, à la réception de M. d'Alembert. Suivi de Réponse de M. Gresset* [Jean-Baptiste-Louis], *Directeur de l'Académie françoise, au Discours prononcé par M. d'Alembert*. Paris: Brunet, 1754.

——. *Preliminary Discourse to the Encyclopedia of Diderot*. Translated and introduced by Richard N. Schwab. Chicago: University of Chicago Press, 1995.

Algrant, Christine Pevitt. *Madame de Pompadour: Mistress of France*. New York: Grove, 2003.

Anderson, Wilda. *Diderot's Dream*. Baltimore: Johns Hopkins University Press, 1990.

Andrew, Edward G. *Patrons of Enlightenment*. Toronto: University of Toronto Press, 2006.

Ansart, Guillaume. "Variations on Montesquieu: Raynal and Diderot's *Histoire des deux Indes* and the American Revolution." *Journal of the History of Ideas* 3, no. 70 (2009): 399–420. Philadelphia: University of Pennsylvania Press.

Argenson, René-Louis de Voyer de Paulmy d'. *Mémoires et journal inédit du marquis d'Argenson*. Paris: P. Jannet, 1857.

Arrests de la Cour de Parlement, portant condamnation de plusieurs livres et autres ouvrages imprimés. Paris: P.G. Simon, 1759.

Bachaumont, Louis Petit de. *Mémoires secrets pour servir à l'histoire de la République des Lettres en France,* vol. 23. London: John Adamson, 1784.

Bacon, Francis. *The Advancement of Learning.* Edited by Stephen Jay Gould. New York: Random House and Modern Library, 2001.

Balcou, Jean. *Fréron contre les philosophes.* Geneva: Droz, 1975.

Bald, Margaret. *Literature Suppressed on Religious Grounds.* New York: Infobase Publishing, 2006.

Baldwin, Tom. "Ekphrasis and Related Issues in Diderot's *Salons.*" In James Fowler, ed., *New Essays on Diderot,* 234–47. Cambridge, UK: Cambridge University Press, 2011.

Barbier, Edmond Jean François. *Chronique de la Régence et du règne de Louis XV (1718–1763), ou Journal de Barbier,* Série 7. Paris: Charpentier, 1866.

Barker, Emma. *Greuze and the Painting of Sentiment.* Cambridge, UK: Cambridge University Press, 2005.

Barruel, abbé Augustin. *Mémoires pour servir à l'histoire du jacobinisme.* 5 vols. Ausburg: les libraires associés, 1797.

Bayle, Pierre. *Pensées diverses sur la comète.* Edited by Joyce Bost and Hubert Bost. Paris: Flammarion, 2007.

Becq, Annie. *Genèse de l'esthétique française moderne. De la Raison classique à l'Imagination créatrice, 1680–1814.* Paris: Albin Michel, coll. "Bibliothèque de l'évolution de l'humanité," [1984], 1994.

——. "L'*Encyclopédie*: le choix de l'ordre alphabétique." *Recherches sur Diderot et sur l'Encyclopédie* 18 (1995): 133–37. Paris: Aux Amateurs de Livres.

Belleguic, Thierry. "La matière de l'art: Diderot et l'expérience esthétique dans les premiers *Salons.*" *Diderot Studies,* no. 30 (2007): 3–10. Geneva: Droz.

Bender, John B., and Michael Marrinan. *The Culture of Diagram.* Stanford: Stanford University Press, 2010.

Berenguier, Nadine. *Conduct Books for Girls in Enlightenment France.* London: Routledge, 2016.

Betskoy, Ivanovich. *Plans et statuts des différents établissements ordonnés par Sa Majesté Impériale Catherine II pour l'éducation de la jeunesse et l'utilité générale de son empire.* Amsterdam: M. M. Rey, 1775.

Beverland, Adriaen. *État de l'homme dans le péché original.* Amsterdam: Imprimé dans le monde, 1714.

Bibliothèque raisonnée des ouvrages des savants de l'Europe. Pour les mois de janvier, février et mars 1730, 4:377–91. Amsterdam: J. Wetstein and G. Smith, 1730.

Bilbassov, V. A. *Diderot à Pétersbourg.* Saint Petersburg: Skorokhodov, 1884.

Blanchard, Gilles, and Mark Olsen. "Le système de renvois dans l'*Encyclopédie*: une cartographie des structures de connaissances au XVIIIe siècle." *Recherches sur Diderot et sur l'Encyclopédie* 31–32 (April 2002): 45–70. Paris: Aux Amateurs de Livres.

Blom, Philippe. *Enlightening the World: Encyclopédie, The Book that Changed the World.* New York: Palgrave Macmillan, 2005.

———. *A Wicked Company: The Forgotten Radicalism of the European Enlightenment.* New York: Basic Books, 2010.

Bonnefon, Paul. "Diderot prisonnier à Vincennes." *Revue d'histoire littéraire de la France.*, no. 6 (1899): 200–24. Geneva: Droz.

Booy, Jean de, and Alan Freer. "*Jacques le Fataliste*" et "*La Religieuse*" *devant la critique révolutionnaire (1796–1800).* Geneva: Institut et Musée Voltaire, SVEC, 1965, no. 33.

Bosher, John Francis. "The French Crisis of 1770." *History: The Journal of the Historical Association* 57, no. 189 (1972). London: Historical Association.

Bougainville, Louis-Antoine de. *Voyage autour du monde, par la frégate du roi La Boudeuse et la flûte L'Étoile; en 1766, 1767, 1768 et 1769.* Paris: Saillant et Nyon, 1772.

Boulerie, Florence. "Diderot a-t-il inventé une université pour le gouvernement de Russie?" In François Cadilhon, Jean Mondot, and Jacques Verger, eds., *Universités et institutions universitaires européennes au XVIIIe siècle: entre modernisation et tradition*, 131–47. Bordeaux: Presses universitaires de Bordeaux, 1999.

Bouquet, Henri Louis. *L'Ancien collège d'Harcourt et le lycée Saint-Louis. Notes et documents.* Avec un dessin de George Antoine Rochegrosse. Paris: Delalain frères, 1891.

Brewer, Daniel. *The Discourse of Enlightenment in Eighteenth-Century France.* Cambridge, UK: Cambridge University Press, 1993.

——. *The Enlightenment Past: Reconstructing Eighteenth-Century French Thought.* Cambridge, UK: Cambridge University Press, 2008.

Brillon, Pierre-Jacques. *Dictionnaire de jurisprudence et des arrests*, vol. 6. Paris: Cavelier, Brunet, Gosselin et Cavelier, 1727.

British Museum, Public Records Office. *State Papers Foreign 91* [Russia], vol. 94, fol. 136.

Bruzen de la Martinière, Antoine Augustin. *Le Grand Dictionnaire géographique et critique.* 10 vols. Venice: Jean Baptiste Pasquali, 1726–39.

Bryson, Norman. *Word and Image: French Painting of the Ancien Régime.* Cambridge, UK: Cambridge University Press, 1981.

Buddeus, Johann Franz, Louis Philon, and Jean Chretien Fischer. *Traité de l'athéisme et de la superstition.* Translated by Louis Philon. Amsterdam: J. Schreuder et P. Mortier le jeune, 1756.

Buffat, Marc. "Diderot, Falconet et l'amour de la postérité." *Recherches sur Diderot et sur l'Encyclopédie*, no. 43 (2008): 9–20. Paris: Aux Amateurs de Livres.

Byrne, James M. *Religion and the Enlightenment: From Descartes to Kant.* Louisville: John Knox Press, 1996.

Cambridge History of Eighteenth Century Philosophy. Vol. 2. Cambridge, UK: Cambridge University Press, 2006.

Campardon, Émile. *Les Prodigalités d'un fermier général: complément aux mémoires de madame d'Épinay.* Paris: Charavay frères, 1882.

Catherine the Great. *The Memoirs of Catherine the Great.* Translated by Mark Cruise and Hilde Hoogenboom. New York: Modern Library Paperback, 2006.

"Célébration du centenaire de Diderot au Palais du Trocadéro le dimanche

27 juillet 1884: Discours de M. Pierre Laffitte." *La Revue occidentale philosophique, sociale et politique*, no. 4 (1884): 263. Paris: Au bureau de la Revue.

Censorship: A World Encyclopedia. Edited by Derek Jones. London: Routledge, 2001.

Chabanon, Michèle. "Le *Plan d'une université*: une ouverture à demi-mot." *Recherches sur Diderot et sur l'Encyclopédie*, no. 35 (2003): 41-60. Paris: Aux Amateurs de Livres.

Chaumeix, Abraham-Joseph de. *Préjugés légitimes contre l'*Encyclopédie *et essai de réfutation de ce dictionnaire.* 2 vols. Brussels: Herissant, 1758–59.

Le Chevalier de Jaucourt: l'homme aux dix-sept mille articles. Edited by Gilles Barroux and François Pépin. Paris: Société Diderot, 2015.

Chomel, Noël, and Pierre Roger. *Supplément au Dictionnaire œconomique* [sic] *contenant divers moyens d'augmenter son bien, et de conserver sa santé.* Amsterdam: J. Covens et C. Mortier, 1740.

Choudhury, Mita. *The Wanton Jesuit and the Wayward Saint: A Tale of Sex, Religion, and Politics in Eighteenth-Century France.* University Park: Pennsylvania State University Press, 2015.

Chouillet, Anne-Marie. "Trois lettres inédites de Diderot." *Recherches sur Diderot et sur l'Encyclopédie.* no. 11 (1991): 8-18. Paris: Aux Amateurs de Livres.

Chouillet, Jacques, et Anne-Marie Chouillet. *Diderot.* Paris: CDU-SEDES, 1977.

Clark, Andrew Herrick. *Diderot's Part.* Hampshire, UK: Ashgate, 2008.

Code Pénal, ou Recueil des principales ordonnances, édits et déclarations. 2 vols. Paris: Desaint et Saillant, 1752.

Collignon, Albert. *Diderot: sa vie, ses œuvres, sa correspondance.* Paris: F. Alcan, 1895.

Comte, Auguste. *Le Livre: revue mensuelle des lettres, des sciences et des arts* 114 (1884). Paris: A. Quantin.

Cordess, Christopher. "Criminality and Psychoanalysis." In *The Freud Encyclopedia: Theory, Therapy, and Culture,* ed. Edward Erwin. London: Routledge, 2002.

Le Correspondant, recueil périodique. Vol. 100. Paris: Bureaux du *Correspondant*, 1884.

Courtney, C. P. "Burke, Franklin et Raynal: à propos de deux lettres inédites." *Revue d'histoire littéraire de la France* 62, no. 1 (1962): 78–86. Geneva: Droz.

Cowles, Virginia. *The Romanovs.* London: Collins, Smith, 1979.

Crampe-Casnabet, Michèle. "Les articles 'Âme' dans l'*Encyclopédie.*" *Recherches sur Diderot et sur l'Encyclopédie*, no. 25 (1998): 91–99. Paris: Aux Amateurs de Livres.

Crompton, Louis. *Homosexuality and Civilization.* Cambridge, MA: Harvard University Press, 2003.

Cronk, Nicholas. *Voltaire: A Very Short Introduction.* Oxford: Oxford University Press, 2017.

Crow, Thomas E. *Painters and Public Life in Eighteenth-Century Paris.* New Haven: Yale University Press, 1985.

Crowther, Louise. "Diderot, Spinoza, and the Question of Virtue." *MHRA Working Papers in the Humanities* 2 (2007): 11–18. Cambridge, UK: Modern Humanities Research Association.

Cunningham, Andrew, and Ole Peter Grell. *Medicine and Religion in Enlightenment Europe.* Hampshire, UK: Ashgate, 2007.

Curran, Andrew S. *Sublime Disorder: Physical Monstrosity in Diderot's Universe.* Oxford: Studies on Voltaire and the Eighteenth Century, 2001.

———. *The Anatomy of Blackness: Science and Slavery in an Age of Enlightenment.* Baltimore: Johns Hopkins University Press, 2011.

Damrosch, Leopold. *Jean-Jacques Rousseau: Restless Genius.* Boston: Houghton Mifflin, 2007.

Darnton, Robert. *The Business of Enlightenment: A Publishing History of the Encyclopédie, 1775–1800.* Cambridge, MA: Harvard University Press, 1779.

———. *The Great Cat Massacre and Other Episodes in French Cultural History.* New York: Basic Books, 1984.

——. *Poetry and the Police: Communication Networks in Eighteenth-Century Paris.* Cambridge, MA: Belknap Press, 2010.

Delon, Michel. *Diderot cul par-dessus tête.* Paris: Albin Michel, 2013.

*Le Dernier Diderot: autour de l'*Essai sur les règnes de Claude et de Néron. Edited by Thierry Belleguic. *Diderot Studies*, no. 32 (2012). Geneva: Droz.

Descartes, René. *The Philosophical Writings of Descartes.* Vol. 2. Translated by John Cottingham, Robert Stoothoff, and Dugald Murdoch. New York: Cambridge University Press, 2008.

Diderot, Denis. *Essai sur la vie de Sénèque le philosophe, sur ses écrits et sur les règnes de Claude et de Néron.* 2 vols. La Haye, France: Detune, 1779.

——. *Œuvres complètes de Diderot.* 20 vols. Edited by Jules Assézat. Paris: Garnier Frères, 1875–77.

——. *Sur les femmes.* Paris: L. Pichon, 1919.

——. *Correspondance.* Edited by Georges Roth and Jean Varloot. Paris: Éditions de Minuit, 1955.

——. "Introduction" [to *Pages contre un tyran*], *Œuvres politiques.* Paris: Garnier, 1963.

——. *Mémoires pour Catherine II.* Paris: Garnier, 1966.

——. *Rameau's Nephew and D'Alembert's Dream.* Translated by Leonard Tancock. London: Penguin, 1966.

——. *Œuvres complètes.* 15 vols. Edited by Roger Lewinter. Paris: Le Club français du livre, 1969–73.

——. *Œuvres complètes.* 34 vols. expected. Edited by Herbert Dieckmann, Jean Varloot, Jacques Proust, and Jean Fabre. Paris: Hermann, 1975–.

——. *Essais sur la peinture: Salons de 1759, 1761, 1763.* Edited by Jacques Chouillet and Gita May. Paris: Hermann, 1984.

——. *Voyage à Bourbonne, à Langres et autres récits.* Paris: Aux Amateurs de Livres, 1989.

——. *Political Writings.* Edited by John Hope Mason and Robert Wokler. Cambridge, UK: Cambridge University Press, 1992.

——. *Diderot on Art I*. Translated by John Goodman, introduced by Thomas E. Crow. New Haven: Yale University Press, 1995.

——. *Diderot on Art II*. Translated by John Goodman, introduced by Thomas E. Crow. New Haven: Yale University Press, 1995.

——. *Jacques the Fatalist and His Master*. Edited by David Coward. Oxford: Oxford University Press, 1999.

——. *Rameau's Nephew and Other Works*. Edited by Ralph Henry Bowen, translated by Jacques Barzun. Indianapolis: Hackett, 2001.

——. *The Nun*. Translated by Russell Goulbourne. Oxford: Oxford University Press, 2005.

——. *Diderot, Rameau's Nephew and First Satire*. Translated by Margaret Mauldon. New York: Oxford University Press, 2006.

——. *Œuvres philosophiques*. Edited by Michel Delon with Barbara De Negroni. Paris: Gallimard, 2010.

——. *Pensées détachées sur la peinture, la sculpture, l'architecture et la poésie pour servir de suite aux Salons*. Chalon-sur-Saône: Éditions Ligaran, 2015.

——. *De la poésie dramatique: réponse à la lettre de Mme Riccoboni*. Chalon-sur-Saône: Éditions Ligaran, 2015.

——. *Rameau's Nephew. Le neveu de Rameau: A Multi-Media Bilingual Edition*. Edited by Marian Hobson, Kate E. Tunstall, and Caroline Warman. Cambridge, UK: Open Book, 2016.

Diderot, Denis, and Jean le Rond d'Alembert. *Encyclopédie, ou Dictionnaire raisonné des sciences, des arts et des métiers*. 17 vols. of text, 11 vols. of illustrations. Paris: Briasson, David l'aîné, Le Breton, Durand, 1751–72.

Didier, Béatrice. "Quand Diderot faisait le plan d'une université." *Recherches sur Diderot et sur l'Encyclopédie*. no. 18 (1995): 81–91. Paris: Aux Amateurs de Livres.

Dieckman, Herbert. *Inventaire du fonds Vandeul et inédits de Diderot*. Geneva: Droz, 1951.

——. "An Unpublished Notice of Diderot on Falconet." *Journal of the Warburg and Courtauld Institutes*, no. 15 (1952): 257–58. London: Warburg Institute.

Doyle, William. *Jansenism: Catholic Resistance to Authority from the Reformation to the French Revolution.* New York: Saint Martin's, 2000.

Duchet, Michèle. *Diderot et l'Histoire des deux Indes.* Paris: Éditions A.G. Nizet, 1978.

Duflo, Colas. "Et pourquoi des dialogues en des temps de systèmes?" *Diderot Studies*, no. 28 (2000): 95–109. Geneva: Droz.

———. *Les aventures de Sophie: la philosophie dans le roman au XVIIIème siècle.* Paris: CNRS Éditions, 2013.

———. *Diderot philosophe.* Paris: Champion, 2013.

Encyclopedia of the Enlightenment. Edited by Michel Delon. Chicago: Fitzroy Dearborn, 2001.

The Enlightenment: Cambridge Readings in the History of Political Thought. Edited by David Williams. Cambridge, UK: Cambridge University Press, 1999.

Épinay, Louise Tardieu d'Esclavelles, marquise d'. *Mémoires et correspondance de Madame d'Épinay, où elle donne des détails sur ses liaisons avec Duclos, J.-J. Rousseau, Grimm, Diderot, le baron d'Holbach, Saint-Lambert, Mme d'Houdetot, et autres personnages célèbres du dix-huitième siècle.* Paris: Volland le jeune, 1818.

Erwin, Edward. *The Freud Encyclopedia: Theory, Therapy, and Culture.* New York: Routledge, 2002.

Falkenstein, Lorne, and Giovanni Grandi. "Étienne Bonnot de Condillac." In *The Stanford Encyclopedia of Philosophy*, ed. Edward N. Zalta. Stanford: Metaphysics Research Lab, Stanford University, 2017.

Fontenay, Élisabeth de. *Diderot ou le matérialisme enchanté.* Paris: Grasset et Fasquelle, 1981.

Formey, Jean-Henri-Samuel. *Pensées raisonnables opposées aux "Pensées philosophiques"; avec un essai de critique sur le livre intitulé "Les Mœurs"* [de François-Vincent Toussaint]. Berlin: Chretien Frederic Voss, 1769.

Fossa, François de. *Le Château historique de Vincennes à travers les âges.* 2 vols. Paris: H. Daragon, 1908.

Fowler, James. *New Essays on Diderot*. Cambridge, UK: Cambridge University Press, 2011.

François, L. *Lettres à M. Bizot de Fonteny à propos de l'érection de la statue de Diderot*. Langres, France: Rallet-Bideaud, 1884.

Franklin, Benjamin. *The Papers of Benjamin Franklin*. New Haven: Yale University Press, 2011.

Frantz, Pierre, and Élisabeth Lavezzi. *Les Salons de Diderot: théorie et écriture*. Paris: Presses de l'Université de Paris-Sorbonne, 2008.

Freud, Sigmund. *Civilization and Its Discontents*. Edited by Todd Dufresne, translated by Gregory C. Richter. Peterborough, Ontario: Broadview Press, 2016.

Fried, Michael. *Absorption and Theatricality: Painting and Beholder in the Age of Diderot*. Berkeley: University of California Press, 1980.

Fuchs, Rachel Ginnis. "Crimes against Children in Nineteenth-Century France: Child Abuse." *Law and Human Behavior* (American Psychological Association) 6, nos. 3–4 (1982): 237–59.

Furbank, Philip Nicholas. *Diderot: A Critical Biography*. New York: Knopf, 1992.

Gay, Peter. *Deism: An Anthology*. Princeton: Van Nostrand, 1969.

Geffriaud Rosso, Jeannette. *Diderot et le portrait*. Pisa, Italy: Libreria Goliardica, 1998.

Giffart, Pierre-François, and Raphaël Trichet du Fresne. *Traité de la peinture, par Léonard de Vinci*. Paris: Pierre-François Giffart, 1716.

Goethe, Johann Wolfgang von. *The Autobiography of Goethe: Truth and Poetry: From My Own Life*. Translated by John Oxenford. London: G. Bell, 1894.

Goggi, Gianluigi. "Quelques remarques sur la collaboration de Diderot à la première édition de l'*Histoire des deux Indes*." *Studies on Voltaire and the Eighteenth Century*, no. 286 (1991): 17–52. Oxford: Voltaire Foundation.

Gorbatov, Inna. *Catherine the Great and the French Philosophers of the Enlightenment: Montesquieu, Voltaire, Rousseau, Diderot, and Grimm*. Bethesda, MD: Academic Press, 2006.

———. "Le voyage de Diderot en Russie." *Études littéraires* 38, nos. 2–3 (2007): 215–29.

Gordon, Alden. *The Houses and Collections of the Marquis de Marigny.* In *Documents for the History of Collecting: French Inventories*, vol, 1. Los Angeles: Getty, 2003.

Gordon, Douglas H., and Norman L. Torrey. *The Censoring of Diderot's Encyclopédie and the Re-established Text.* New York: Columbia University Press, 1947.

Graille, Patrick. "Portrait scientifique et littéraire de l'hybride au siècle des Lumières." In Andrew Curran, Robert P. Maccubbin, and David F. Morill, eds., *Faces of Monstrosity in Eighteenth-Century Thought.* Special issue of *Eighteenth-Century Life*, no. 21 (May 1997): 70–88. Baltimore: Johns Hopkins University Press.

Greenblatt, Stephen. *The Swerve: How the World Became Modern.* New York: Norton, 2011.

Grimm, Friedrich-Melchior, Denis Diderot, Jacques-Henri Meister, and Guillaume-Thomas Raynal. *Correspondance littéraire, philosophique et critique par Grimm, Diderot, Raynal, Meister, etc.* 16 vols. Paris: Garnier Frères, 1877–82.

Grosclaude, Pierre. *L'Encyclopédie: un audacieux message.* Paris: Nouvelles Éditions Latines, 1951.

Haechler, Jean. *L'Encyclopédie: les combats et les hommes.* Paris: Belles Lettres, 1998.

Hanna, Blake T. "Diderot théologien." *Revue d'histoire littéraire de la France*, no. 78 (January–February 1978): 19–35. Paris: Armand Colin.

———. "Denis Diderot: formation traditionnelle et moderne." *Recherches sur Diderot et sur l'Encyclopédie*, no. 5 (1988): 3–18. Paris: Aux Amateurs de Livres.

Hartman, Lydia Claude. "Esquisse d'un portrait de Sophie Volland: quelques notes sur la vie privée, les amitiés du philosophe." *Diderot Studies*, no. 16 (1973): 69–89. Geneva: Droz.

Hatt, Michael, and Charlotte Klonk. *Art History: A Critical Introduction to Its Methods.* Manchester: Manchester University Press, 2006.

Hazan, Éric. *The Invention of Paris: A History in Footsteps.* Translated by David Fernbach. London: Verso, 2010.

Helvétius, Claude-Adrien. *Œuvres complètes d'Helvétius.* Vol. 1. Edited by Gerhardt Stenger and Jonas Steffen. Paris: Honoré Champion, 2016.

Hesseln, Mathias Robert de. *Dictionnaire universel de la France.* 6 vols. Paris: Dessaint, 1771.

Hitchens, Christopher. *The Portable Atheist: Essential Readings for the Nonbeliever.* Philadelphia: Da Capo, 2007.

Hobbes, Thomas. *Leviathan.* Edited by C. B. Macpherson. London: Penguin Classics, 1985.

Hoquet, Thierry. *Buffon-Linné: éternels rivaux de la biologie.* Paris: Dunod, 2007.

Hours, Bernard. *La vertu et le secret. Le dauphin, fils de Louis XV.* Paris: Champion, 2006.

Huntington, Samuel P. *The Soldier and the State: The Theory and Politics of Civil-Military Relations.* Cambridge, MA: Belknap Press, 1985.

Hytier, Adrienne. "Le Philosophe et le despote: histoire d'une inimitié, Diderot et Frédéric II." *Diderot Studies* 6 (1964): 55–87. Geneva: Droz.

Imbruglia, Girolamo. "Civilisation and Colonisation: Enlightenment Theories in the Debate between Diderot and Raynal." *History of European Ideas* 41, no. 7 (2015): 858–82.

Israel, Jonathan Irvine. *Radical Enlightenment: Philosophy and the Making of Modernity 1650–1750.* Oxford: Oxford University Press, 2001.

———. *Enlightenment Contested: Philosophy, Modernity, and the Emancipation of Man, 1670–1752.* Oxford: Oxford University Press, 2006.

———. *The Expanding Blaze: How the American Revolution Ignited the World, 1775–1848.* Princeton: Princeton University Press, 2017.

Jensen, William B. "Newton and Lucretius: Some Overlooked Parallels." In David B. Suits and Timothy J. Madigan, eds. *Lucretius: His Continuing Influence and Contemporary Relevance,* 13–27. Rochester: RIT Press, 2011.

Joy, Lynn S. "Interpreting Nature: Gassendi Versus Diderot on the Unity of Knowledge." In Donald R. Kelley and Richard H. Popkin, eds. *The Shapes of Knowledge from the Renaissance to the Enlightenment*, 123–34. Dordrecht: Kluwer, 1991.

Kafker, Frank A. "Gua de Malves and the *Encyclopédie*." *Diderot Studies*, no. 19 (1978): 93–102. Geneva: Droz.

——, and Jeff Loveland. "Diderot et Laurent Durand, son éditeur principal." In *Recherches sur Diderot et sur l'Encyclopédie*, 29–40. Paris: Aux Amateurs de Livres, 2005.

Kahng, Eik. "L'Affaire Greuze and the Sublime of History Painting." *Art Bulletin*, no. 86, issue 1 (March 2004): 96–113.

Kelly, Theresa M. *Reinventing Allegory.* Cambridge, UK: Cambridge University Press, 1997.

Kors, Alan Charles. *D'Holbach's Coterie. An Enlightenment in Paris.* Princeton: Princeton University Press, 1976.

Kozul, Mladen. *Les Lumières imaginaires: Holbach et la traduction.* Oxford: Oxford University Studies in the Enlightenment, 2016.

Kuritz, Paul. *The Making of Theatre History.* Upper Saddle River, NJ: Prentice Hall, 1988.

Laborde, Alice M. *Diderot et Madame de Puisieux.* Saratoga, CA: Anma libri, 1984.

Lacouture, Jean. *Jésuites: une multibiographie.* Vol. 1. Paris: Seuil, 1995.

Lafarga, Francisco. *Diderot.* Barcelona: Publicacions Edicions Universitat de Barcelona, 1987.

Laffitte, Pierre. *Célébration du centenaire de Diderot au Palais du Trocadéro le dimanche 27 juillet 1884. Discours de M. Pierre Laffitte.* Paris: au dépôt de la *Revue occidentale*, 1884.

Laissus, Yves. "Une lettre inédite de d'Alembert." *Revue d'histoire des sciences et de leurs applications*, no. 7 (1954): 1–5. Paris: Presses universitaires de France.

Lancaster, Henry Carrington. *The Comédie Française, 1701–1774: Plays, Actors, Spectators, Finances.* Philadelphia: American Philosophical Society, 1951.

La Rochefoucauld-Liancourt, Frédéric Gaëtan de. *Esprit des écrivains du 18ème siècle.* Paris: Giguet et Michaud, 1809.

Latude, Jean Henri. *Mémoires de Henri Masers de Latude, prisonnier pendant trente-cinq ans à la Bastille, à Vincennes, à Charenton et à Bicêtre.* Gand: Dullé, 1841.

Le Breton, André-François. "Brevet exclusif qui permet aux sieurs Guerin, Testard, et autres artificiers, de faire et exécuter, pendant 12 ans, un feu d'artifice sur la rivière de Seine, la veille de la fête de S. Louis, du dix-neuf mai 1741." Paris: Le Breton, 1741.

Leca-Tsiomis, Marie. Écrire l'Encyclopédie: *Diderot: de l'usage des diction-naires à la grammaire philosophique.* Oxford: Voltaire Foundation, 1999.

——. *Diderot, choix d'articles de l'Encyclopédie.* Paris: Éditions du CTHS, 2001.

Lecourt, Dominique. *Diderot: passions, sexe, raison.* Paris: Presses Universitaires de France, 2013.

Lectures de Raynal: l'"Histoire des deux Indes" en Europe et en Amérique au XVIIIe siècle. Edited by Hans-Jürgen Lüsebrink and Manfred Tietz. *Studies on Voltaire and the Eighteenth Century,* no. 286 (1991). Oxford: Voltaire Foundation.

Leibniz, Gottfried Wilhelm. *Theodicy: Essays on the Goodness of God, the Freedom of Man, and the Origin of Evil.* Edited by Austin Farrer, translated by E. M. Huggard. New Haven: Yale University Press, 1952.

Lever, Évelyne. *Madame de Pompadour.* Paris: Éditions académiques Perrin, 2000.

Lever, Maurice. *Les Bûchers de Sodome.* Paris: Fayard, 1985.

Lichtenstein, Jacqueline. *The Blind Spot: An Essay on the Relations between Painting and Sculpture in the Modern Age.* Translated by Chris Miller. Los Angeles: Getty Research Institute, 2008.

Lilti, Antoine. *The World of the Salons: Sociability and Worldliness in Eighteenth-Century France.* Translated by Lydia G. Cochrane. New York: Oxford University Press, 2005.

Locke, John. *The Second Treatise of Government.* Edited by C. B. Macpherson. Indianapolis: Hackett, 1980.

———. *Two Treatises of Government*. Edited by Peter Laslett. Cambridge, UK: Cambridge University Press, 1988.

Lom, Petr. *The Limits of Doubt: The Moral and Political Implications of Skepticism*. Albany: State University Press, 2001.

Lovejoy, Arthur O. *The Great Chain of Being: A Study of the History of an Idea*. New Brunswick, NJ: Transaction, 2009.

Magnan, André. *Rameau le neveu. Textes et documents*. Paris: CNRS, and Saint-Étienne: Éditions de l'Université de Saint-Étienne, 1993.

Manneville, Charles. *Une vieille église de Paris: Saint-Médard*. Paris: Champion, 1906.

Marmontel, Jean-François. *Memoirs of Marmontel*. 2 vols. Paris: Société des bibliophiles, Merrill & Baker, 1903.

Marx, Karl. "Confessions." Translated by Andy Blunden. *International Review of Social History* 1 (1956). Cambridge, UK: Cambridge University Press.

Mason, John Hope. *The Irresistible Diderot*. London: Quartet Books, 1982.

Massie, Robert K. *Catherine the Great: Portrait of a Woman*. New York: Random House, 2012.

Matérialistes français du XVIIIe siècle: La Mettrie, Helvétius, d'Holbach. Edited by Sophie Audidière, Jean-Claude Bourdin, Jean-Marie Lardic, Francine Markovits, and Charles Zarka. Paris: Presses universitaires de France, 2006.

Matter, Jacques. *Lettres et pièces rares ou inédites publiées et accompagnées d'introductions et de notes*. Paris: Librairie D'Amyot, 1846.

McCracken, Grant David. *Culture and Consumption: New Approaches to the Symbolic Character of Consumer Goods and Activities*. Bloomington: Indiana University Press, 1988.

McManners, John. *Church and Society in Eighteenth-Century France*. Vol. 2: *The Religion of the People and the Politics of Religion*. Oxford: Oxford University Press, 1999.

Medicine and Religion in Enlightenment Europe. Edited by Ole Peter Grell and Andrew Cunningham. Hampshire, UK: Ashgate, 2007.

Meister, Jacques-Henri. "Aux Mânes de Diderot." In Jules Assézat and Maurice Tourneux, eds., *Œuvres complètes de Diderot*, xii–xix. Paris: Garnier Frères, 1875.

Mémoires pour l'histoire des sciences et des beaux-arts. Vol. 177. Paris: Jean Boudot, 1745.

Mercier, Louis Sébastien. *Tableau de Paris*. Vol. 4. Amsterdam, 1782.

———. *Tableau de Paris*. 2 vols. Edited by Jean-Claude Bonnet. Paris: Mercure de France, 1994.

Mercure de France, dédié au Roi. Paris: Cailleau, October 1749.

Meslier, Jean. *Testament: Memoir of the Thoughts and Sentiments of Jean Meslier*. Edited by Mike Shreve. Amherst, NY: Prometheus Books, 2009.

Millard, John, and Philip Playstowe. *The Gentleman's Guide in His Tour through France*. London: G. Kearsly, 1770.

Montgeron, Louis-Basile Carré de. *La vérité des miracles opérés à l'intercession de M. de Pâris*. 1737.

Moore, W. G. "Lucretius and Montaigne." *Yale French Studies*, no. 38 (1967): 109–14. New Haven: Yale University Press.

Moreau, Jacob-Nicolas. *Nouveau mémoire pour servir à l'histoire des Cacouacs*. Amsterdam, 1757.

Morère, Pierre. "Signes et langage chez Locke et Condillac." *Bulletin de la société d'études anglo-américaines des XVIIe et XVIIIe siècles*, no. 23 (1986): 16–29. Reims: Presses Universitaires de Reims.

"Mort de M. Diderot." *Année littéraire* 6 (1784): 282. Paris: Mérigot le jeune.

Mortier, Roland. "Didier Diderot lecteur de Denis: ses *Réflexions sur l'Essai sur le mérite et la vertu*." *Recherches sur Diderot et sur l'Encyclopédie*, no. 10 (1991): 21–39. Paris: Aux Amateurs de Livres.

Moureau, François. *La plume et le plomb: espaces de l'imprimé et du manuscrit au siècle des Lumières*. Paris: PUPS, 2006.

Mücke, Dorthea E. von. *The Practices of the Enlightenment: Aesthetics, Authorship, and the Public*. New York: Columbia University Press, 2015.

Naigeon, Jacques-André. *Mémoires historiques et philosophiques sur la vie et les ouvrages de D. Diderot.* Paris: J. L. J. Brière, 1886.

Newton, Isaac. *Sir Isaac Newton's Mathematical Principles of Natural Philosophy and His System of the World.* Edited by Florian Cajori. Berkeley: University of California Press, 1934.

———. *Philosophical Writings.* Edited by Andrew Janiak. Cambridge Texts in the History of Philosophy. Cambridge: Cambridge University Press, 2004.

Nietzsche, Friedrich Wilhelm, *On the Genealogy of Morals: Ecce Homo.* Edited by Walter Kaufmann and R. J. Hollingdale. New York: Vintage, 1989.

Niklaus, Robert. "Les *Pensées philosophiques* de Diderot et les *Pensées* de Pascal." *Diderot Studies,* no. 20 (1981): 201–17. Geneva: Droz.

Nouvelles de la République des lettres et des arts. Vol. 11. Paris: Ruault, March 1782.

Numbers, Ronald L. *The Creationists: From Scientific Creationism to Intelligent Design.* Cambridge, MA: Harvard University Press, 2006.

O'Malley, John W., ed. *The Jesuits II: Cultures, Sciences, and the Arts, 1540–1773.* Toronto: University of Toronto Press, 2006.

O'Neal, John C. *Changing Minds: The Shifting Perception of Culture in Eighteenth-Century France.* Newark: University of Delaware Press, 2002.

Opuscules divers, contenants un recueil de quelques lettres très instructives pour la conduite des curés et des jeunes ecclésiastiques; avec un faux raisonnement des gens du monde sur leur conduite, détruit par les principes du bon sens et de la religion. Langres, France: Claude Personne, 1719.

Palissot de Montenoy, Charles. *Les philosophes, comédie en trois actes, en vers.* Paris: Duchesne, 1760.

Panckoucke, André Joseph. *L'Art de désoppiler* [sic] *la rate, Sive de modo C. prudenter: en prenant chaque Feuillet pour se T. Le D. Entremêlé de quelques bonnes choses.* Gallipoli, 175886 [Paris, 1758].

Parlement de Paris. *Recueil de pièces concernant la thèse de M. l'abbé de Prades, soutenue en Sorbonne le 18 Novembre 1751, censurée par la Faculté de Théologie le 27 janvier 1752, & par M. l'Archevêque de Paris le 29 du même mois, divisée en trois parties.* 1753.

———. *Arrests de la Cour de Parlement, portant condamnation de plusieurs livres & autres ouvrages imprimés.* 1759.

Pascal, Blaise. *Pascal's Pensées.* Introduction by T. S. Eliot. New York: Dutton, 1958.

Pearson, Roger. *Voltaire Almighty.* New York: Bloomsbury, 2005.

Pellerin, Pascal. "Diderot, Voltaire et le curé Meslier: un sujet tabou." *Diderot Studies,* no. 29 (2003): 53–63. Geneva: Droz.

Pernety, Dom Antoine-Joseph. *Dictionnaire portatif de peinture, sculpture et gravure; avec un Traité pratique des différentes manières de peindre, dont la théorie est développée dans les articles qui en sont susceptibles.* Paris: Bauche, 1757.

Picart, Bernard, and Jean Frédéric Bernard. *Cérémonies et coutumes religieuses de tous les peuples du monde.* Vol. 1. Amsterdam: Bernard, 1723.

Pinault, Madeleine. "Diderot et les illustrateurs de l'*Encyclopédie.*" *Revue de l'art,* no. 66 (1984): 17–38. Paris: Éditions du CNRS.

———. "Sur les planches de l'*Encyclopédie* de Diderot et d'Alembert." *L'Encyclopédisme.* Actes du colloque de Caen. 12–16 janvier 1987, Paris: Klincksieck, 1991: 355–62.

Pitman, Joanna. *The Dragon's Trail: The Biography of Raphael's Masterpiece.* New York: Touchstone, 2007.

Platon. *Apologie de Socrate, Criton, Phédon.* Translated by Léon Robin and Joseph Moreau. Paris: Gallimard, 1968.

Proust, Jacques. "L'initiation artistique de Diderot." *Gazette des beaux-arts,* no. 55 (April 1960): 225–32. Paris: Presses Universitaires de France.

———. *Diderot et l'Encyclopédie.* Paris: Albin Michel, 1962.

Rétat, Pierre. *L'Attentat de Damiens: discours sur l'événement au XVIIIe siècle.* Lyon: Éditions du C.N.R.S/Presses universitaires de Lyon, Centre d'études du XVIIIe siècle, Université Lyon II, 1979.

Rey, Auguste. Le Château de la Chevrette et Madame d'Épinay. Paris: Plon, 1904.

Roberts, Meghan K. *Sentimental Savants: Philosophical Families in Enlightenment France.* Chicago: University of Chicago Press, 2016.

Roche, Daniel. "Encyclopedias and the Diffusion of Knowledge." In *Cambridge History of Eighteenth-Century Political Thought*, 172–94, ed. Mark Goldie and Robert Wolker. New York: Cambridge University Press, 2006.

Rousseau, Jean-Jacques. *Discourse on the Origin of Inequality.* Indianapolis: Hackett, 1992.

———. *Confessions.* Translated by Angela Scholar. Oxford: Oxford University Press, 2000.

———. *Œuvres complètes.* Vol. 1. Edited by Bernard Gagnebin, Marcel Raymond, and Robert Osmont. Paris: Gallimard, 2001.

———. *The Confessions of Jean-Jacques Rousseau.* Edited by J. M. Cohen. London: Penguin, 2007.

Roussel, Charles François. *Le Diocèse de Langres: histoire et statistique.* Vol. 4. Langres, France: Librairie de Jules Dalet, 1879.

Russo, Elena. "Slander and Glory in the Republic of Letters: Diderot and Seneca Confront Rousseau." *Republics of Letters: A Journal for the Study of Knowledge, Politics, and the Arts*, no. 1 (May 2009), http://rofl.stanford.edu/node/40. Stanford: Stanford University Press.

Saint-Amand, Pierre. *The Libertine's Progress: Seduction in the Eighteenth-Century French Novel.* Translated by Jennifer Curtiss Gage. Hanover, NH: University Press of New England, 1994.

Schiller, Friedrich, and Johann Wolfgang von Goethe. *Correspondence between Schiller and Goethe from 1794 to 1805.* 2 vols. Edited by L. Dora Schmitz. London: G. Bell, 1877.

Ségur, Louis-Philippe, comte de. *Mémoires ou Souvenirs et anecdotes.* Paris: Henri Colburn, 1827.

Sejten, Anne Elisabeth. *Diderot ou Le défi esthétique. Les écrits de jeunesse, 1746–1751.* Paris: Jean Vrin, coll. "Essais d'art et de philosophie," 1999.

Shank, John Bennett. *The Newton Wars and the Beginning of the French Enlighten-ment*. Chicago: University of Chicago Press, 2008.

Sheriff, Mary D. *Moved by Love: Inspired Artists and Deviant Women in Eighteenth-Century France*. Chicago: University of Chicago Press, 2004.

Sherman, Carol. *Diderot and the Art of Dialogue*. Geneva: Droz, 1976.

Showalter, English. "'Madame a fait un livre': Madame de Graffigny, Palis-sot et *Les Philosophes*." *Recherches sur Diderot et sur l'Encyclopédie*, no. 23 (1997): 109–25. Paris: Aux Amateurs de Livres,

Smith, David Warner. *Helvetius: A Study in Persecution*. Oxford: Clarendon Press, 1965.

Spink, John Stephenson. "The Abbé de Prades and the Encyclopaedists: Was There a Plot?" *French Studies* 24, no. 3 (July 1970): 225–36. New Haven: Yale University Press.

Stallings, Alicia Elsbeth. "So Potent was Religion in Persuading to do Wrong." In *The Nature of Things*, 6–15, trans. A. E. Stallings. London, 2007.

Stalnaker, Joanna. "Diderot's Literary Testament." *Diderot Studies*, no. 31 (2009): 45–56. Geneva: Droz.

———.*The Unfinished Enlightenment: Description in the Age of the Encyclopedia*. Ithaca: Cornell University Press, 2010.

Stenger, Gerhardt. *L'affaire des Cacouacs: trois pamphlets contre les philo-sophes des Lumières*. Saint-Étienne, France: Éditions de l'Université de Saint-Étienne, coll. "Lire le dix-huitième siècle," 2004.

———. *Diderot: le combattant de la liberté*. Paris: Perrin, 2013.

Strayer, Brian Eugene. *Suffering Saints: Jansenists and Convulsionnaires in France, 1640–1799*. Brighton: Sussex Academic Press, 2012.

Strugnell, Anthony. *Diderot's Politics: A Study of the Evolution of Diderot's Polit-ical Thought After the Encyclopédie*. International Archives of the History of Ideas. Vol. 62. Netherlands: Springer, 1973.

———. "La candidature de Diderot à la Société Royale de Londres." *Recherches sur Diderot et sur l'Encyclopédie*, no. 4 (1988): 37–41. Paris: Aux Amateurs de Livres.

Taine, Hippolyte. *Les Origines de la France contemporaine*. Paris: Librairie Hachette, 1885.

Tarin, René. *Diderot et la Révolution française*. Paris: Champion, 2001.

Thelliez, Berthe. *L'Homme qui poignarda Louis XV: Robert-François Damien, 1715–1757*. Paris: Tallandier, 2002.

Tindal, Matthew. *Christianity as Old as the Creation*. Vol. 1. Stuttgart-Bad Cannstatt: Frommann-Holzboog, 1967.

Tronchin, Henry. *Le conseiller François Tronchin et ses amis Voltaire, Grimm, Diderot, etc*. Paris: Plon, 1895.

Trousson, Raymond. *Denis Diderot*, textes réunis et présentés par Raymond Trousson. Paris: Presses de l'Université de Paris-Sorbonne, coll. "Mémoire de la critique," 2005.

———. *Denis Diderot ou Le vrai Prométhée*. Paris: Tallandier, 2005.

Tunstall, Kate E. "Paradoxe sur le portrait: autoportrait de Diderot en Montaigne." *Diderot Studies*, no. 30 (2007): 195–207. Geneva: Droz.

———. *Blindness and Enlightenment: An Essay*. New York: Continuum, 2011.

Turgot, Anne-Robert-Jacques. *Œuvres de Turgot et documents le concernant, avec biographie et notes*. Paris: F. Alcan, 1913.

Turnell, Martin. *The Rise of the French Novel: Marivaux, Crébillon fils, Rousseau, Stendhal, Flaubert, Alain-Fournier, Raymond Radiguet*. London: H. Hamilton, 1979.

Valet, Paul. *Le Diacre Paris et les convulsionnaires de St. Médard. Le jansénisme et Port-Royal. Le masque de Pascal*. Paris: Champion, 1900.

Vandeul, Marie-Angélique de. *Diderot, mon père*. Strasbourg: Circé, 1992.

Van Kley, Dale K. *The Damiens Affair and the Unraveling of the Ancien Regime, 1750–1770*. Princeton: Princeton University Press, 1984.

———. *The Religious Origins of the French Revolution: From Calvin to the Civil Constitution, 1560–1791*. New Haven: Yale University Press, 1996.

Vartanian, Aram. *Diderot and Descartes: A Study of Scientific Naturalism in the Enlightenment*. Princeton: Princeton University Press, 1953.

Versini, Laurent. "Diderot piéton de Paris." *Travaux de littérature*, no. 13 (2000): 177–94. Geneva: Droz.

———. "Note sur le voyage de Diderot en Russie." In Jean-Pierre Poussou, Anne Mézin, and Yves Perret-Gentil, eds. *L'Influence française en Russie au XVIIIème siècle*, 223–34. Paris: Presses de l'Université de Paris-Sorbonne, collection historique de l'Institut d'études slaves, 2004.

Viard, Georges. *Langres au XVIIIe siècle: tradition et lumières au pays de Diderot*. Langres, France: Dominique Guéniot, 1985.

Voltaire. *Œuvres complètes de Voltaire*. 52 vols. Edited by Louis Moland. Paris: Garnier, 1877–85.

———. *The Complete Works of Voltaire. Les Œuvres Complètes de Voltaire*. Oxford: Voltaire Foundation, 1996.

———. *Letters on England*. Translated by Leonard Tancock. New York: Penguin, 2005.

Weil, Françoise. "L'impression des tomes VIII à XVII de l'*Encyclopédie*." *Recherches sur Diderot et sur l'Encyclopédie*, no. 1 (1986): 85–93. Paris: Aux Amateurs de Livres.

Werner, Stephen. *Blueprint: A Study of Diderot and the Encyclopédie Plates*. Birmingham, AL: Summa, 1993.

Wiles, Mary M. *Jacques Rivette*. Urbana: University of Illinois Press, 2012.

Wilson, Arthur McCandless. *Diderot*. New York: Oxford University Press, 1957.

Wolfe, Charles. *Materialism: A Historico-Philosophical Introduction*. Ghent: Springer, 2016.

Yeo, Richard R. "A Solution to the Multitude of Books: Ephraim Chambers's *Cyclopaedia* (1728) as 'the Best Book in the Universe.'" *Journal of the History of Ideas*, no. 64 (2003): 61–72. Philadelphia: University of Pennsylvania Press.

———. *Encyclopaedic Visions: Scientific Dictionaries and Enlightenment Culture*. Cambridge, UK: Cambridge University Press, 2010.

译名对照表

Académie des Inscriptions et Belles-Lettres 法兰西铭文与美文学术院（简称法兰西文学院）

Académie française 法兰西学术院

Académie Royale d'Architecture 法兰西皇家建筑学院

Académie Royale de Sculpture et de Peinture de Paris 法国皇家绘画与雕塑学院

Académie Royale des Sciences de Paris 巴黎皇家科学院

Académie Royale des Sciences et des Belles-Lettres de Prusse 普鲁士皇家科学及文学院

Agrippina 阿格里皮娜

Aguesseau, Henri-François d' 亨利·弗朗索瓦·德·阿格索

Alainville, Henri-Louis d' 亨利-路易·达兰维尔

Alembert, Jean le Rond d' 让·勒朗·达朗贝尔

American Philosophical Society 美国哲学会

Amsterdam 阿姆斯特丹

Ange, brother 安格修士

Annecy 阿讷西

Ansbach, the Margrave of 安斯巴赫侯爵

Argenson, count René-Louis de Voyer de Paulmy d' 勒内-路易·德·瓦耶·德·波尔米·德·阿尔让松伯爵

Argenson, marquis Marc-Pierre de Voyer de Paulmy d' 马克-皮埃尔·德·瓦耶·德·波尔米·德·阿尔让松侯爵

Argis, Antoine-Gaspard Boucher d' 安托万·加斯帕尔·布歇·德·阿尔吉

Aristotle 亚里士多德

Arpajon 阿尔帕荣

Augustine, saint 圣奥古斯丁

Bonnet, Charles 夏尔·博内

Bordeaux 波尔多

Bordeu, Théophile de 泰奥菲勒·德·博尔德

Bossey 博赛

Bourbonne 波旁

Boucher, François 弗朗索瓦·布歇

Bougainville, count Louis-Antoine de 路易-安托万·德·布干维尔伯爵

Boyer, Jean-François 让-弗朗索瓦·布耶尔

Brenet, Nicolas-Guy 尼古拉-居伊·布勒内

Briasson, Antoine-Claude 安托万-克洛德·布里亚松

Brunel de La Carlière, Élisabeth Françoise 伊丽莎白·弗朗索瓦丝·布吕内尔·德·拉·卡利埃

Buffon, count Georges-Louis Leclerc de 乔治-路易·勒克莱尔，布丰伯爵

Burgundy 勃艮第

Burke, Edmund 埃德蒙·伯克

Café de la Régence 摄政咖啡馆

Café Procope 普罗科皮咖啡馆

Calas, Jean 让·卡拉斯

Calydon 卡莱顿

Cana in Galilee 加利利的迦拿

Cardel, Elisabeth (Babet) 伊丽莎白（芭贝特）·卡尔代

Carlière, Madame de la 德·拉·卡利耶夫人

Carmelites 加尔默罗会

Carmontelle, Louis Carrogis, called 路易·卡罗日，被称为路易·卡蒙泰勒

Caroillon, Simone La Salette, 西蒙娜·卡永里·拉·萨莱特夫人

Catherine II (*known as* Catherine the Great), empress of Russia 叶卡捷琳娜二世（被称为叶卡捷琳娜大帝），俄国女皇

Catherine Palace 叶卡捷琳娜宫

Collège de France 法兰西公学院

Collège des jésuites (Langres) 耶稣会学院

Colleville, Jean-Baptiste Henri Deshays de, called Deshays 让－巴蒂斯特·亨利·德赛·德·科勒维尔，被称为德赛

Collot, Marie-Anne 玛丽－安妮·科洛

Comédie-Française 巴黎喜剧院

Comte, Auguste 奥古斯特·孔特

Conciergerie (prison) 巴黎古监狱

Condillac, abbot Étienne Bonnot de 艾蒂安·博诺·德·孔狄亚克神父

Condorcet, marquis Marie Jean Antoine Nicolas de Caritat de 马里·让·安托万·尼古拉·德·卡里塔·德·孔多塞侯爵

Consne-Cours-sur-Loire 卢瓦尔河畔科讷库尔

Convent of the Visitation 访亲女修道院

Cook, captain James 詹姆斯·库克船长

Corday, Charlotte 夏洛特·科黛

Corneille, Pierre 皮埃尔·高乃依

Correggio, Antonio Allegri da 安东尼奥·阿莱格里·达·柯勒乔

Couperin, François 弗朗索瓦·库伯兰

Cousin, Jean 让·库赞

Crébillon, Claude-Prosper Jolyot de 克洛德－普罗斯珀·若利奥·德·克雷比永

Croismare, marquis Marc Antoine Nicolas de 马克·安托万·尼古拉·德·克鲁瓦斯马尔侯爵

Crozat, Louis-Antoine, baron of Thiers 路易－安托万·克罗扎，梯也尔男爵

Dalberg, count Karl von 卡尔·冯·达尔贝格伯爵

Damien (or Damiens), Robert-François 罗贝尔－弗朗索瓦·达米安（写作 Damien 或 Damiens）

Damilaville, Étienne Noël 艾蒂安·诺埃尔·达米拉维尔

Danton, Georges 乔治·丹敦

D'Anvers square 安特卫普广场

Dupré de Saint-Maur, Marie-Marthe Alléon 玛丽－玛特尔·阿莱翁·迪普雷·德·圣莫尔

Durand, Laurent 洛朗·迪朗

Dürer, Albrecht 阿尔布雷希特·丢勒

Dvina River 德维纳河

Dyck, Anthony van 安东尼·范·戴克

Eidous, Marc-Antoine 马克－安托万·艾杜

Épinay, marquise Louise Tardieu d'Esclavelles d' 路易丝·塔迪厄·德·埃斯克拉韦勒·德·埃皮奈

Erasmus, Desiderius 德西德里乌斯·伊拉斯谟

Ermenonville, château d' 埃默农维尔庄园

Étrépigny 埃特雷皮尼

Falconet, Étienne-Maurice 艾蒂安－莫里斯·法尔康涅

Faubourg Saint-Antoine 福堡圣安托万区

Faubourg Saint-Germain 福堡圣热尔曼区

Fauche, Samuel 萨穆埃尔·福什

Ferney 费内

Fert, A. J. de A. J. 德·费尔

Fleury, Omer de 奥默·德·弗勒里

Foissy, chevalier de 富瓦西爵士

Fontenelle, Bernard Le Bouyer de 贝尔纳·勒布耶·德·丰特内勒

Formey, Johann Heinrich Samuel（Formey, Jean-Henri-Samuel）约翰·海因里希·萨穆埃尔·福尔梅（即让－亨利－萨米埃尔·福尔梅）

Fossés-Saint-Germain-des-Prés 福塞圣热尔曼德普雷区

For-l'Évêque prison 勒维克堡监狱

Fragonard, Jean-Honoré 让－奥诺雷·弗拉戈纳尔

Franche-Comté 弗朗什－孔泰区

France, Victoire-Louise-Marie-Thérèse de 法兰西公主维克图瓦－路易丝－玛丽－泰蕾兹

Frankfurt 法兰克福

Guillotte, François-Jacques 弗朗索瓦 – 雅克·吉约特

Guillotte, Madame 吉约特夫人

Haarlem 哈勒姆

Haller, Albrecht von 阿尔布雷希特·冯·哈勒尔

Hamburg 汉堡

Hardouin 阿杜安

Haussmann, baron Georges-Eugène 乔治 – 欧仁·奥斯曼男爵

Helvétius, Claude-Adrien 克洛德 – 阿德里安·爱尔维修

Hémery, Joseph d' 约瑟夫·德·埃默里

Hemsterhuis, François 弗朗索瓦·赫姆斯特赫斯

Hermitage (Rousseau's house at La Chevrette) 归隐处 (卢梭在小山羊庄园的房子)

Hermitage (Saint Petersburg) 埃尔米塔日 (圣彼得堡)

Hesse-Darmstadt, the prince of 黑森 – 达姆施塔特亲王

Hippocrates 希波克拉底

Hobbes, Thomas 托马斯·霍布斯

Holbach, baron Paul Henri Thiry d' 保罗 – 亨利·蒂里·德·霍尔巴赫男爵

Holmes, Gervais 热尔韦·霍姆斯

Hooke, Joseph 约瑟夫·胡克

Horace 贺拉斯

Hôtel de Bezons 伯宗宾馆

Houdetot, Élisabeth Sophie Françoise Lalive de Bellegarde, d' 伊丽莎白·索菲·弗朗索瓦丝·拉利韦·德·贝勒加德, 德·乌德托

Houdon, Jean Antoine 让 – 安托万·乌东

Houry, Laurent-Charles 洛朗 – 夏尔·乌里

Hôtel de Ville 巴黎市政厅

Huguenot 胡格诺派

Hume, David 大卫·休谟

Île de France (Mauritius) 法兰西岛 (毛里求斯)

Warens（née de la Tour du Pil）），Françoise-Louise de 弗朗索瓦兹 - 路
易丝·德·华伦（娘家姓德·拉·图尔·杜·皮尔）

Watteau, Jean-Antoine 让 - 安托万·瓦托

Wille, Johann Georg 约翰·格奥尔格·维勒

Winckelmann, Johann Joachim 约翰·约阿希姆·温克尔曼

Wolff, Christian 克里斯蒂安·沃尔夫

Yvon, abbot Claude 克洛德·伊冯神父

Zaandam 赞丹

Zola, Émile 埃米尔·左拉

德尼·狄德罗原创、翻译、编辑作品

An Inquiry Concerning Virtue and Merit（*Essai sur le mérite et la vertu*,
translation of Anthony Ashley Cooper Shaftesbury）《论美德与德性》（译自
沙夫茨伯里的英文原著）

Apologie de l'abbé Galiani（*Apology of Abbé Galiani*）《为加利亚尼神父
辩护》

Correspondance littéraire（*Literary Correspondence*）《文学通信》

De la suffisance de la religion naturelle《论自然宗教的不足》
De l'interprétation de la nature（*Pensées sur l'interprétation de la nature/
On the Interpretation of Nature*）《对解释自然的思考》

Éléments de physiologie（*Elements of Physiology*）《生理学要素》
Éloge de Richardson（*Praise of Richardson*）《理查森赞》
Encyclopédie, ou Dictionnaire raisonné des sciences, des arts et des métiers
（*Encyclopedia, or Reasoned Dictionary of Science, Arts and Crafts*）《百科
全书，或科学、艺术或工艺详解辞典》
Recueil de planches《百科全书·图编》

Entretiens sur Le Fils naturel（*Conversations on the Natural Son*）《关于〈私生子〉的谈话》

Essai sur la vie de Sénèque le philosophe（*Essay on the Life of Seneca the Philosopher*）《哲学家塞内加的一生》

Essai sur les règnes de Claude et de Néron（*Essay on the Reigns of Claudius and Nero*）《论克劳狄乌斯和尼禄的统治》

Essais sur la peinture（*Notes on Painting*）《绘画论》

Est-il bon? Est-il méchant?（*Is He Good? Is He Wicked?* Original title：*Plan d'un divertissement domestique*〈*Plan for a Domestic Entertainment*〉）《当好人还是当坏人?》（原标题为《家庭消遣计划》）

Histoire philosophique et politique des deux Indes（*Philosophical and Political History of the Two Indies*）《东西印度群岛哲学及政治历史》

Historical Essay on the Police in France《关于法国警察历史的文章》

Jacques le Fataliste et son maître（*Jacques the Fatalist and His Master*）《宿命论者雅克和他的主人》

La Promenade du sceptique（*The Skeptic's Walk*）《怀疑论者的漫步》

La Religieuse（*The Nun*）《修女》

Le Fils naturel, ou Les épreuves de la vertu（*The Natural Son, or the Trials of Virtue*）《私生子，或对美德的考验》

Le Neveu de Rameau（entitled *Satire seconde*）《拉摩的侄儿》（标题为《第二讽刺对话》）

Le Père de famille（*The Father of the Family*）《一家之主》

Le Rêve de d'Alembert（*D'Alembert's Dream*）《达朗贝尔的梦》

Le shérif（*The Sheriff*, unfinished）《治安官》（未完成）

Les Bijoux indiscrets（*Indiscreet Jewels*）《八卦珠宝》

"*Les éleuthéromanes*"（"*The Maniacs for Liberty*"）《自由狂人》

Lettre sur les aveugles（*Letter on the Blind*）《论盲人的书简》

Lettre sur les sourds et les muets（*Letter on the Deaf and Dumb*）《论聋哑者书信集》

Medicinal Dictionary（translation of Robert James' original work）《医学词典》（译自罗伯特·詹姆斯的英文原著）

Mémoires pour Catherine II（*Memoirs for Catherine II*）《叶卡捷琳娜大帝回忆录》

Memoirs on Different Mathematical Subjects《数学问题回忆录》

Notes on Painting《论绘画》

Observations sur le Nakaz（*Comments on the Nakaz*）《对〈圣谕〉的评论》

Pages contre un tyran（*Pages Against A Tyran*）《对一位暴君的反对意见》

Paradoxe sur le comédien（*Paradox of the Actor*）《演员的矛盾》

Pensées philosophiques（*Philosophical Thoughts*）《哲学思想录》

Plan d'une université pour le gouvernement de Russie（*Plan of a University for the Government of Russia*）《为俄国政府起草的大学计划》

Principes de politique des souverains（*Political Principles of Sovereigns*）《君主的政治原则》

"Regrets sur ma vieille robe de chambre"（"Regrets over My Old Dressing Gown"）《追思我的旧睡袍》

Salons《沙龙评论》

Suite de l'Apologie de M. l'abbé de Prades《对普拉德神父先生的道歉的补充》

Supplément au voyage de Bougainville（*Supplement to Bougainville's Voyage*）《布干维尔游记补遗》

Sur la poésie dramatique（*On Dramatic Poetry*）《论戏剧性诗歌》

Sur les femmes（*On Women*）《论女性》

"*The Auberge of the Cloven Hoof*"《山羊蹄酒馆》

The Grecian History（*Histoire de la Grèce*，translation of Temple Stanyon）《古希腊史》（译自坦普尔·斯塔尼安原作）

"This Is Not A Story"《这不是一个故事》

Voyage à Bourbonne, à Langres et autres récits (*Travel to Bourbonne, Langres and Other Stories*)《去往波旁和朗格勒的旅行以及其他故事》

其他文字作品及期刊

Abrégé de la vie des peintres (*The Principles of Painting*)《绘画原理》

Almanach Royal《皇家年历》

Année littéraire《文学年代》

A Philosophical Enquiry into the Origin of Our Ideas of the Sublime《论崇高与美丽两种观念根源的哲学探究》

Apology of Socrates《苏格拉底的申辩》

Articles of Confederation《邦联条例》

Christianity as Old as the Creation《基督教与创世同龄》

Christianity Not Mysterious《基督教并不神秘》

Christianity Unveiled《揭穿了的宗教》

Civilization and Its Discontents《文明及其不满》

Clarissa, or, the History of a Young Lady《克拉丽莎，又名一名年轻女子的故事》

Common Sense《常识》

Confessions《忏悔录》

Critical History of Jesus Christ《耶稣基督批评史》

Cyclopaedia: or, An Universal Dictionary of Arts and Sciences (1728)《百科全书；或艺术与科学通用字典》

Declaration of Independence《独立宣言》

Déclaration des Droits de l'Homme et du Citoyen《人权宣言》

De la recherche de la vérité (*Search after Truth*)《真理的探索》

Dererum Natura《物性论》

De L'esprit《论精神》

De l'esprit des loix (*The Spirit of Law*)《论法的精神》

De l'homme《论人》

Description of Greece《希腊志》

Dialogues sur le commerce des blés（*Dialogues on the Commerce of Wheat*）《关于小麦贸易的对话》

Dictionnaire de l'Académie français《法兰西学术院词典》

Dictionnaire de Trévoux《特雷武词典》

Dictionnaire historique et critique（*Historical and Critical Dictionary*）《历史和批判性辞典》

Dictionnaire universal《通用词典》

Discours sur les sciences et les arts《论科学与艺术》

Discours sur l'orgine et les fondements de l'inégalité parmines homes（*Second Discourse*）《论人类不平等的起源和基础》（又名《第二讲演集》）

Discourse on the Arts and Sciences《论科学与艺术》

"*Discourse préliminaire*"（"*Preliminary Discourse*"）《百科全书序章》

Don Quichotte《堂吉诃德》

Du contrat social（*The Social Contract*）《社会契约论》

Ecclesiasticus《德训篇》

École militaire《军事学校》

Elementa physiologiae corporis humani（*Elements of Human Physiology*）《人类生理学要素》

Émile《爱弥儿》

Encyclopédie méthodique《方法论百科全书》

Essai sur les préjugés（*Essay on Prejudices*）《论偏见》

Essai sur l'origine des connaissances humaines（*Essay on the Origin of Human Knowledge*）《论人类知觉的起源》

Essays《随笔集》

Examination on the Essay on Prejudices《对〈论偏见〉的审视》

Gil Blas《吉尔·布拉斯》

Histoire naturelle（*Natural History*）《自然通史》

Homelies or Sermons on Genesis《论〈创世记〉的布道或宣道文》

Il vero amico（The True Friend）《真朋友》

Journal étranger《外国期刊》
Julie, ou La nouvelle Héloïse《朱莉，或新爱洛伊斯》

La Bigarrure《杂闻报》
L'art de jouir（The Art of Pleasure）《享乐的艺术》
La volupté（Ecstasy）《快感》
La vraie science de la portraiture（The True Science of Portraiture）《肖像绘制的真正技巧》
Le devin du village《乡村中的占卜师》
Le Persifleur（The Scoffer）《嘲弄者》
Le Roman comique《滑稽小说》
Les mœurs（The Manners）《风俗》
Les philosophes《哲人们》
Les philosophes du siècle《这个时代的哲人们》
Lettre à d'Alembert sur les spectacles《关于戏剧问题致达朗贝尔的一封信》
Lettres philosophiques《哲学通信》
Lettre sur l'homme et ses rapports《关于人类及其相互关系的书信》
Leviathan《利维坦》
L'histoire de Madame de Montbrillant《蒙布里扬夫人的故事》

Manon Lescaut《玛农·莱斯科》
Meditations on First Philosophy《第一哲学沉思集》
Mémoires de Trévoux《特雷武月刊》
Memoirs of the Thoughts and Sentiments of Jean Meslier《让·梅里耶思想及观点回忆录》
Mémoires pour Abraham Chaumeix contre les prétendus philosophes Diderot et d'Alembert《关于亚伯拉罕·肖梅对所谓的哲人狄德罗和达朗贝尔的

回忆录》

Mémoires pour servir à l'histoire du Jacobinisme《雅各宾派历史回忆录》

Mémoires secrets《秘密回忆录》

Mercure de France《风雅信使》

Méthode pour apprendre à dessiner les passions (*Method for Learning to Draw the Passions* [*emotional states*])《描绘情感的方法》

Mille et une nuits (*One Thousand and One Nights*)《一千零一夜》

Nakaz (*Instruction*)《圣谕》

Natural History (*Histoire Naturell*)《自然通史》

Natural Theology or Evidences of the Existence and Attributes of the Deity《自然神学》

Nouveau mémoire pour servir à l'histoire des Cacouacs (*New Memoir to Serve as the History of the Cacouacs*)《作为鼓噪之徒的历史的新回忆录》

Nouvelles écclésiastiques《神职人员新闻》

Nouvelles de la république des lettres《文人共和国新闻》

Nouvelles littéraires (*Literary News*)《文学新闻》

"Oiseau Blanc: conte bleu"《白色的鸟：蓝色的故事》

On Crimes and Punishments《论犯罪与刑罚》

On Providence《论天命》

On the Firmness of the Wise Person《论智者不惑》

On the Tranquillity of Mind《论心灵的安宁》

Pamela, or, Virtue Rewarded《帕米拉，又名美德的报偿》

Parallèle de l'architecture antique et de la moderne (*The Parallels between Modern and Classical Architecture*)《现代与古典建筑的相似之处》

Pensées《思想录》

Pensées anti-philosophiques《反哲学思想录》

Pensées chrétiennes《基督教思想录》

Pensées raisonnables《理性思想录》

Phaedo《斐多篇》

Philosophiæ Naturalis Principia Mathematica《自然哲学的数学原理》

Petites lettres sur les grands philosophes《有关大哲学家的小书信》

Preface to the Comedy of Les Philosophes, *or the Vision of Charles Palissot*
《〈哲人们〉序，或夏尔·帕利索想象》

Préjugés légitimes contre l'Encyclopédie《针对〈百科全书〉的合理偏见》

Rameaus Neffe (Goethe's translation)《拉摩的侄儿》（歌德译）

Ratio Studiorum《教学大全》

Republic《理想国》

Sofa, The《沙发》

" Systéme des connaissances humaines " (" System of Human Knowledge")《人类知识体系》

System of Nature《自然的体系》

Voyage autour du monde (*A Voyage around the World*)《环球纪行》

Tablettes《书板》

The Advancement of Learning《学术的进展》

The Elements of Algebra《代数要素》

The London Merchant《伦敦商人》

The Sacred Contagion《神圣的瘟疫》

Tractatus theologico-politicus《神学政治论》

Traité de la peinture (*Treatise on Painting*)《绘画论》

绘画作品（文中提及，但未被包含在插图列表中）

A Father Reading the Bible to His Family《一位父亲为他的家人讲解圣经》

Blonde Odalisque《躺在沙发上的金发侍女》

Brown Odalisque《躺在沙发上的棕发侍女》

Death of Sardanapalus《萨达那帕拉之死》

Filial Piety《孝顺》

Saint George and the Dragon《圣乔治屠龙》

图片来源

第10页 *Portrait of Diderot after Garand*, engraving by Pierre Chenu. Courtesy of the Maison des Lumières Denis Diderot, Langres.

第12页 *Portrait of Denis Diderot*, oil painting by Louis-Michel van Loo. Musée du Louvre. Alamy Stock Photo.

第16页 *View of the City of Langres*, as seen from the west side, 1700. Watercolor, anonymous. Bibliothèque Nationale de France.

第18页 *The Place Chambeau*, Langres, c. 1840, watercolor by G. Saby. Collections des Musées de Langres. Photo by Sylvain Riandet.

第19页 *Statue of Diderot* in Langres by Auguste Bartholdi. © Jean-François Feutriez.

第20页 The house where Diderot was born, currently 9 place Diderot, Langres. Photo © Jean-François Feutriez.

第21页 *Portrait of Didier Diderot*, oil painting, anonymous. Collections des Musées de Langres.

第22页 A knife made by Didier Diderot, master cutler. Courtesy of the Maison des Lumières Denis Diderot, Langres.

第23页 The workshop of a cutler. Wesleyan University Special Collections and Archives.

第26页 *Tonsuring of an Abbot*, by Bernard Picart. *Cérémonies et coutumes religieuses de tous les peuples du monde* (Amsterdam: Laporte, 1783). Wesleyan University Special Collections and Archives.

第30页 The collège d'Harcourt, engraving, 1675, anonymous. Chronicle / Alamy.

第32页 *View of the Sorbonne*, showing the courtyard of the Musée des artistes. Hand-colored aquatint. *Vues des plus beaux édifices publics et particuliers de la ville de Paris dessinées par Durand, Garbizza [Toussaint] et Mopillé, architectes, et gravées par Janinet, J.B. Chapuis, etc.* (Paris: Esnault, 1810). Courtesy Anne S.K. Brown Military Collection, Brown University Library.

第37页 *Portrait of Jean-Jacques Rousseau*, pastel by Maurice-Quentin de La Tour. Musée Jean-Jacques Rousseau, Montmorency.

第50页 *Portrait of Voltaire*, study by Maurice-Quentin de La Tour. Musée Antoine-Lécuyer / ART Collection / Alamy.

第59页 Frontispiece of the first edition of the *Pensées philosophiques* (1746). "Philosophy rips the mask off hideous superstition." Beinecke Rare Book and Manuscript Library, Yale University.

第63页 *François de Pâris*, engraving by Jean II Restout. Louis Basile Carré de Montgeron, *La Vérité des miracles opérés à l'intercession de M. de Pâris*, 1737. Private Collection.

第64页 *Believers and* convulsionnaires *gathering around François de Pâris's tomb in the Saint-Médard cemetery*, engraving by Jean II Restout. Louis Basile Carré de Montgeron, *La Vérité des miracles opérés à l'intercession de M. de Pâris*, 1737. Private Collection.

第68页 *Portrait of Nicolas-René Berryer*, oil painting by Jacques François Delyen. Musée des Beaux-Arts de Troyes. Photo Carole Bell.

第72页 *Portrait of Nicholas Saunderson*, engraving, after J. Vanderbank. Wellcome Images.

第78页 The Château de Vincennes. View of the keep. Photo Pocholo Calapre / Alamy.

第96页 *Portrait of Jean le Rond d'Alembert*, engraving from Maurice-Quentin de La Tour's pastel, 1752. Wellcome Collection.

第98页　*Portrait of Abbé Étienne Bonnot de Condillac*, engraving, anonymous. *Essai sur l'origine des connaissances humaines, Œuvres de Condillac* (An VI-1798). McCain Library and Archives at the University of Southern Mississippi.

第104页　Diderot's "System of Human Knowledge," a schematic outline of all fields of human knowledge, published in the first volume of the *Encyclopédie*. Engraving from the *Recueil de planches*. Wesleyan University Special Collections and Archives.

第108页　"The Vegetable Lamb Plant," a legendary plant described in the *Encyclopédie*. From Henry Lee, *The Vegetable Lamb of Tartary: A Curious Fable of the Cotton Plant* (London: S. Low, 1887). Redrawn from Johann Zahn's *Specula Physico-Mathematico-Historica Notabilium ac Mirabilium Sciendorum* (1696). Courtesy Williams College Libraries.

第114页　Diderot's signed approval to publish. Courtesy *Recherches sur Diderot et sur* l'Encloypédie, 2013.

第115页（上图）　*The Engraver's Studio*, engraving in *Recueil de planches*. Wesleyan University Special Collections and Archives.

第115页（下图）　*Letterpress Print Shop*, engraving in *Recueil de planches*. Private Collection.

第117页　Surgical tools, engraving in *Recueil de planches*. Wesleyan University Special Collections and Archives.

第118页　African slaves working in a sugar mill, engraving in *Recueil de planches*. Wesleyan University Special Collections and Archives.

第123页（上图）　*Portrait of Madame de Pompadour*, pastel by Maurice-Quentin de La Tour. Musée du Louvre. Heritage Image Partnership LTD / Alamy.

第123页（下图）　*Portrait of Guillaume-Chrétien de Lamoignon de Chiebes de Malesherbes*, oil painting by Jean Valade. Musée Carnavalet, Paris / The Artchives / Alamy.

第130页　The rue Taranne appears at the lower right on Michel-Étienne Turgot's map of Paris, 1734–39. Private Collection.

第132页 *Robert-François Damiens*, engraving, anonymous. Chronicle / Alamy.

第134页 *The Execution of Robert-François Damiens*, engraving, anonymous. Alamy.

第139页 *Portrait of Madame Louise d'Épinay*, pastel by Jean-Étienne Liotard. © Musées d'art et d'histoire, Geneva, Cabinet d'arts graphiques. Photo Bettina Jacot-Descombs.

第140页 *Portrait of F. M. Grimm*, from Carmontelle, engraving by Ambroise Tardieu. Austrian National Library / Interfoto / Alamy Stock Photo.

第151页 *Portrait of the Chevalier de Jaucourt*, engraving, anonymous.

第157页 Title page of Volume 8 of the *Encyclopédie*, 1765. Collection of the author.

第169页 Scene from *Les philosophes*, engraving in *Œuvres de M. Palissot* (Liège: Chez Clément Plomteux, 1777). Collection of the author.

第174页 Supposed copy of a line drawing of Jean-François Rameau by Johann Georg Wille, inscribed "Rameau, my student in 1746." Diderot, *Le neveu de Rameau* (Paris: A. Quantin, 1883). Collection of the author.

第184页 The Louvre and surroundings on Michel-Étienne Turgot's map of Paris, 1734–39. Private Collection.

第185页 *The Western Facade of the Louvre*, oil painting by Philibert-Louis Debucourt. Musée du Louvre / Active Museum / Alamy.

第186页 The Salon du Louvre of 1787, etching and engraving after Johan Heinrich Ramberg. The Elisha Whittelsey Collection. Metropolitan Museum of Art.

第193页 *Pygmalion and Galatea*, sculpture by Étienne-Maurice Falconet. The Walters Art Museum, Baltimore.

第194页 *The Ray*, oil painting by Jean-Baptiste Siméon Chardin. Musée du Louvre. Photo Violette Graille.

第197页 *The Blonde Odalisque*, oil painting by François Boucher. Musée du Louvre. Photo Violette Graille.

第199页 *Belisarius Begging for Alms*, oil painting by Jacques-Louis David. Musée du Louvre. Heritage Image Partnership Ltd / Alamy.

第201页 *The Marriage Contract*, oil painting by Jean-Baptiste Greuze. Musée du Louvre / Artimages / Alamy.

第202页 *Girl with a Dead Canary*, oil painting by Jean-Baptiste Greuze. National Galleries of Scotland, RMN-Grand Palais / Art Resource, NY.

第206页 *Coast Scene: Genoa Lighthouse and the Temple of Minerva Medica*, oil painting by Claude-Joseph Vernet. © Musées d'art et d'histoire, Geneva. Photo Yves Siza.

第208页 *The High Priest Coresus Sacrificing Himself to Save Callirhoe*, oil painting by Jean-Honoré Fragonard. Musée du Louvre. Heritage Image Partnership / Alamy.

第214页 *Portrait of the Baron d'Holbach*, nineteenth-century engraving, anonymous. Chronicle / Alamy.

第224页 *Portrait of Mademoiselle de l'Espinasse*, watercolor and gouache by Louis Carrogis (Carmontelle). Musée Condé. © RMN-Grand Palais / Art Resource, NY. Photo René-Gabriel Ojéda.

第225页 *Portrait of Théophile de Bordeu*, vignette by Lambert, engraving by Tardieu. Wellcome Library, London.

第226页 *Freshwater Polyps*, engraving and watercolor, in *Roesel Insecten-Belustigung*, 1755. Collection of the Author.

第233页 *Portrait of Comte de Buffon*, engraving by Hart, after François-Hubert Drouais. Wellcome Library, London.

第252页 "She plays and sings like an angel," engraving by Antoine-Cosme Giraud, in Diderot, *La religieuse* (Paris, 1804). Bibliothèque de l'Assemblée nationale.

第256页 *Portrait of Admiral and Count Louis-Antoine de Bougainville*, engraving, anonymous. Reportage / Archival Image.

第267页 *The Baron Melchior de Grimm and Denis Diderot*, pencil drawing by Louis Carrogis (Carmontelle). Private collection / Bridgeman Images.

第284页 *Portrait of Madame de Maux, her daughter Mademoiselle de Maux, and Monsieur de Saint-Quentin*, watercolor by Louis Carrogis (Carmontelle). Musée Condé, Chantilly, France. Photo by René-Gabriel Ojéda.

第306页 *Profile Portrait of Catherine II*, oil painting by Fedor Rokotov. Tretyakof Gallery. GL Archive / Alamy.

第323页 *Portrait of Louis XVI*, stipple engraving, anonymous. Gift of Susan Dwight Bliss. Metropolitan Museum of Art.

第330页 *Guillaume Thomas Raynal, the Defender of Humanity, Truth, and Liberty*, engraved frontispiece, anonymous, in *Histoire philosophique et politique des établissements et du commerce des Européens dans les deux Indes* (Geneva: Jean-Léonard Pellet, 1780). Collection of the author.

第343页 *Bust of Voltaire*, marble on gray marble socle by Jean-Antoine Houdon. Metropolitan Museum of Art. Purchase of Mr. and Mrs. Charles Wrightsman.

第358页 Diderot with chin in hand, engraving by Pierre Chenu after Garand. Courtesy of the Maison des Lumières Denis Diderot, Langres.

第359页 *Memento mori or Death Portrait of Denis Diderot*, colored pencil drawing by Jean-Baptiste Greuze. Montargis, Musée Girodet.

第361页 *Portrait of a Man with a Bust of Denis Diderot*, oil painting by Jean-Simon Berthélemy. Bpk Bildagentur / Staatlich Kunsthalle Karlsruhe / Photo Annette Fischer / Heike Kohler / Art Resource NY.

第364页 *Diderot and His Thirteen Mistresses*, engraved portrait, anonymous, in L. François, *Lettres à M. Bizot de Fonteny à propos de l'érection de la statue de Diderot* (Langres: Rallet-Bideaud, 1884). Bibliothèque Nationale de France.

第365页 In 1884, Diderot was honored at the Trocadéro Palace in Paris. *The Salle des Fêtes at the Trocadéro Palace, Paris*, engraving by Trichon, in Simon de Vandière, *L'Exposition universelle de 1878 illustrée* (Paris: Calmann Lévy, 1879). Brown University Libraries.

第366页 *Statue of Denis Diderot* by Jean Gautherin, inaugurated in 1884 in Paris near the rue Taranne. © Léopold Mercier / Roger-Viollet.

图书在版编目（CIP）数据

狄德罗与自由思考的艺术／（美）安德鲁·S. 柯伦
（Andrew S. Curran）著；何铮译. —— 北京：社会科学
文献出版社，2021.8
书名原文：Diderot and the Art of Thinking
Freely
ISBN 978 - 7 - 5201 - 8310 - 9

Ⅰ. ①狄⋯ Ⅱ. ①安⋯ ②何⋯ Ⅲ. ①狄德罗（
Diderot, Denis 1713 - 1784）- 哲学思想 - 研究 Ⅳ.
①B565. 28

中国版本图书馆 CIP 数据核字（2021）第 087351 号

狄德罗与自由思考的艺术

著　　者／〔美〕安德鲁·S. 柯伦（Andrew S. Curran）
译　　者／何　铮

出 版 人／王利民
组稿编辑／董风云
责任编辑／李　洋

出　　版／社会科学文献出版社·甲骨文工作室（分社）（010）59366527
　　　　　　地址：北京市北三环中路甲 29 号院华龙大厦　邮编：100029
　　　　　　网址：www. ssap. com. cn
发　　行／市场营销中心（010）59367081　59367083
印　　装／三河市东方印刷有限公司

规　　格／开　本：889mm × 1194mm　1/32
　　　　　　印　张：15.75　字　数：368 千字
版　　次／2021 年 8 月第 1 版　2021 年 8 月第 1 次印刷
书　　号／ISBN 978 - 7 - 5201 - 8310 - 9
著作权合同
登 记 号／图字 01 - 2019 - 3671 号
定　　价／89.00 元